[第3版]
ケーススタディ
危険運転致死傷罪

城　祐一郎　著
Tachi Yuichiro

東京法令出版

第3版　はしがき

　令和2年には、自動車運転死傷処罰法の改正により、妨害行為による危険運転致死傷罪に2つの類型が追加され、また、その他に検討を要する令和元年8月19日盛岡地裁判決、令和2年6月8日青森地裁判決及び令和3年2月12日名古屋高裁判決などの裁判例が出されたことから、それらを解説するため第3版として改訂することとした。

　第3版についてもこれまで同様、捜査の現場で活用されることを期待している。

　なお、本書においても、東京法令出版㈱の井出初音氏には本当にお世話になった。ここで熱く謝意を表したい。

　　令和4年2月

昭和大学医学部教授・警察大学校講師・
元最高検察庁検事　　　　城　祐一郎

第2版　はしがき

　「ケーススタディ危険運転致死傷罪」を刊行してから1年10月を経過し、その間に、種々の新しい裁判例や問題点、更には、より適切かつ効率的な捜査遂行に役立てるように解釈や考え方を改めることとした点なども生じたことから、これらの点を追加、修正するなどし、ここに第2版を世に出すこととした。基本的なスタイルは従来のままとし、できるだけ多くの新規情報や思考過程を提供できるように心がけたつもりである。

　本書についても、初版と同様に捜査の現場で役立つことを心から祈っている次第である。

　なお、本書作成に当たっては、東京法令出版企画編集部野呂瀬裕行氏、岡根谷沙織氏及び井出初音氏には大変お世話になった。心から感謝を申し上げる次第である。

　　平成30年7月

　　　　　昭和大学医学部教授（薬学博士）・警察大学校専門講師・
　　　　　慶應義塾大学法科大学院非常勤講師　　　　城　祐一郎

はしがき

　本書は、平成26年5月から同28年6月まで、『月刊交通』に連載した「ケーススタディ危険運転致死傷罪」をまとめて大幅に加筆、訂正した上、新たな事案を多数追加して発刊したものである。

　特に、危険ドラッグについては、上記連載では触れることができなかったので、本書において新たに掲載することにした。

　本書は、危険運転致死傷罪の捜査を全く行ったことがない捜査官であっても、どのような事案がこれに該当し、又は該当しないのかなどの問題点について、図などを使って容易に理解できるように意図したものである。

　そのため、具体的なケースを細かく分けて掲載し、それらに対応する捜査処理をベースに解説することで、実際の捜査に役立てるように配慮したつもりである。

　また、できるだけ新しい事案を盛り込むこととし、公刊物未登載の事案も積極的に掲載している。類似の事案であれば、捜査上の問題点も共通している可能性があり、捜査処理に当たっても参考になるのではないかと考えている。

　危険運転致死傷罪が刑法上に制定されてから早や14年が経過するが、それでもこの罪にあまりなじみがないという交通捜査官は少なくない。そのため、危険運転致死傷罪の立件に消極的になりがちな傾向に陥るおそれもあると聞知している。

　本書を有効に活用し、悲惨な交通被害者を救済し、今後の危険運転致死傷罪による事故の発生を予防するためにも、有効かつ適切な交通捜査に努めてもらいたいと思っている。

　本書がそのような場面において少しでも役に立つことがあれば、著者として、これほど嬉しいことはない。

なお、本書の発刊に当たっては、東京法令出版株式会社の西田悠希子氏の献身的な努力がなければ完成の日の目をみなかったものである。同氏に深く謝意を表したい。

　平成28年8月
　　　　　　明治大学法科大学院特任教授・最高検察庁検事　城　祐一郎

目　次

第1部
アルコール又は薬物、病気の影響により正常な運転が困難な状態で自動車を走行させる行為に係る危険運転致死傷罪の成否

第1章　アルコールの影響 ……………………………………………… 3

[1]　2条1号と3条1項及び道路交通法117条の2第1項1号の成立要件の違い ……………………………………… 5

Case 1

[2]　具体的な成立要件（2条1号についての捜査留意点）……………… 16

Case 2〜3

[3]　2条1号と3条1項の擬律判断 ……………………………………… 49

Case 4〜8

[4]　「正常な運転が困難な状態」の認定における積極的な間接事実及び消極的な間接事実 ………………………… 66

Case 9

[5]　危険運転致死傷事案における幇助犯 ……………………………… 82

Case10

[6]　過失運転致死傷アルコール等影響発覚免脱罪 …………………… 94

Case11〜13

第2章　薬物の影響（危険ドラッグ等）……………………………… 121

[1]　総論 ……………………………………………………………… 123

Case 1

[2]　薬物の影響による危険運転致死傷罪立証のための間接事実の収集 ……………………………………………………… 142

Case 2 〜 5

③　2条1号と3条1項の擬律判断 ·· 163

Case 6 〜 7

④　危険ドラッグ以外の薬物（睡眠導入剤等）の影響によ
る危険運転致死傷罪 ·· 173

Case 8

第3章　病気の影響 ·· 191

①　てんかん ··· 193

Case 1 〜 5

②　低血糖症 ··· 217

Case 6 ・ 7

③　睡眠時無呼吸症候群 ·· 223

Case 8

④　その他の病気の場合 ·· 232

第2部　そのほかの類型

第1章　制御することが困難な高速度による危険運転致死傷罪の成否

①　湾曲した道路における「進行を制御することが困難な
高速度」とは ··· 234

Case 1

②　直線道路における「進行を制御することが困難な高速
度」とは ··· 243

Case 2 〜 3

③　交差点での右左折の際の「進行を制御することが困難
な高速度」とは ··· 251

Case 4 ・ 5

④　「進行を制御することが困難な高速度」に交通法規に
　　　よる道路規制や、他の車両の走行状況は含まれるのか·················254
　　　Case 6 ・ 7
　⑤　ドリフト走行について ···259
　　　Case 8

第2章　運転技能を有しないで自動車を走行させる
　　　行為に係る危険運転致死傷罪の成否····························263
　　　Case

第3章　妨害行為等による危険運転致死傷罪の成否
　①　幅寄せ行為による妨害行為··269
　　　Case 1
　②　追い上げ行為による妨害行為··282
　　　Case 2
　③　妨害行為の後に停止させた場合··288
　　　Case 3
　④　令和2年の法改正により追加された規定に関する妨害
　　　行為（その1）··298
　　　Case 4
　⑤　令和2年の法改正により追加された規定に関する妨害
　　　行為（その2）··305
　　　Case 5
　⑥　本罪について共同正犯が認められる場合··································313
　　　Case 6
　⑦　逃走目的で対向車線上を走行した場合、「人又は車の
　　　通行を妨害する目的」が認められるか·····································319
　　　Case 7

⑧ 横断者や右折車等に対して衝突した場合 …………………………… 331

Case 8

⑨ 信号機による交通規制のない交差点に高速度で進入し
た場合 ……………………………………………………………………… 335

Case 9

⑩ 横断車両に対して高速で衝突した場合 ………………………………… 337

Case10

第4章　殊更赤色信号無視による危険運転致死傷罪の成否

① 殊更赤無視による危険運転致死傷罪の構成要件のうち
「殊更赤無視」について …………………………………………………… 347

Case 1

② 殊更赤無視による危険運転致死傷罪の構成要件のうち
「重大な交通の危険を生じさせる速度」について ……………………… 356

Case 2

③ 停止線までに停車できない場合 ………………………………………… 360

Case 3

④ 交差点内から発進した場合 ……………………………………………… 365

Case 4

⑤ 赤色信号に気づいたときには、既に、交差点直前まで
来てしまっていて安全に停止できないとされる場合 ………………… 372

Case 5

⑥ 信号表示に全く従うつもりがない場合（パトカーに追
いかけられている場合など） …………………………………………… 377

Case 6

⑦ 交通事故の発生場所に関する成否への影響 …………………………… 383

Case 7 - 1 ～ 7 - 3

⑧ 交差点に進入しようとした際には青色信号に変化して
いた場合 ··· 388
Case 8
⑨ 殊更赤無視による危険運転致死傷罪における共同正犯
の成否 ··· 390
Case 9〜10

第5章　通行禁止道路の進行による危険運転致死傷
罪の成否 ··· 425
Case 1〜5

第6章　無免許加重類型 ··· 443
Case

第7章　危険運転致死傷罪の競合関係
① 危険運転致死傷罪の各類型が競合する場合 ···························· 452
Case 1〜2
② 危険運転致死傷罪と道路交通法違反となるひき逃げと
がなされた場合 ·· 463
Case 3

─── 凡　例 ───

○本書では、参考文献を次の略語で表記した。

本文中の表記

刑　集………………… 大審院刑事判例集、最高裁判所刑事判例集

東高時報……………… 東京高等裁判所刑事判決時報

高検速報……………… 高等裁判所刑事裁判速報集（各高等検察庁編）

判　時………………… 判例時報　判例時報社

判　タ………………… 判例タイムズ　判例タイムズ社

ジュリ………………… ジュリスト　有斐閣

捜　研………………… 捜査研究　東京法令出版

逃げ得………………… 「逃げ得」を許さない交通事件捜査〔第2版〕

　　　　　　　　　　　城祐一郎　著　立花書房

現場の疑問…………… Q&A実例交通事件捜査における現場の疑問〔第

　　　　　　　　　　　2版〕

　　　　　　　　　　　城祐一郎　著　立花書房

大コメ刑法…………… 大コンメンタール刑法【第二版】

　　　　　　　　　　　大塚仁・河上和雄・佐藤文哉・古田佑紀　編

　　　　　　　　　　　青林書院

第**1**部 **アルコール又は薬物、病気の影響**により正常な運転が困難な状態で自動車を走行させる行為に係る危険運転致死傷罪の成否

2条 次に掲げる行為を行い、よって、人を負傷させた者は15年以下の懲役に処し、人を死亡させた者は1年以上の有期懲役に処する。
⑴ アルコール又は薬物の影響により正常な運転が困難な状態で自動車を走行させる行為

3条 アルコール又は薬物の影響により、その走行中に正常な運転に支障が生じるおそれがある状態で、自動車を運転し、よって、そのアルコール又は薬物の影響により正常な運転が困難な状態に陥り、人を負傷させた者は12年以下の懲役に処し、人を死亡させた者は15年以下の懲役に処する。
2 自動車の運転に支障を及ぼすおそれがある病気として政令で定めるものの影響により、その走行中に正常な運転に支障が生じるおそれがある状態で、自動車を運転し、よって、その病気の影響により正常な運転が困難な状態に陥り、人を死傷させた者も、前項と同様とする。

（過失運転致死傷アルコール等影響発覚免脱）
4条 アルコール又は薬物の影響によりその走行中に正常な運転に支障が生じるおそれがある状態で自動車を運転した者が、運転上必要な注意を怠り、よって人を死傷させた場合において、その運転の時のアルコール又は薬物の影響の有無又は程度が発覚することを免れる目的で、更にアルコール又は薬物を摂取すること、その場を離れて身体に保有するアルコール又は薬物の濃度を減少させることその他その影響の有無又は程度が発覚することを免れるべき行為をしたときは、12年以下の懲役に処する。

```
アルコール又は薬物、病気の影響により
正常な運転が困難な状態で自動車を走行させる行為
```

アルコール	薬 物	病 気

or

or

2条1号	3条1項	2条1号	3条1項	3条2項

・アルコールの検出
　結果が微量だった
　場合は？

・4条との関係は？

・幇助犯について

第 1 章
アルコールの影響

はじめに

　「自動車の運転により人を死傷させる行為等の処罰に関する法律」（以下「自動車運転死傷処罰法」という。）では、従来からのアルコール等の影響による危険運転致死傷罪のほかに、そこまでには至らない同法３条の危険運転致死傷罪が新設された。この規定は、２条の危険運転致死傷罪における危険運転行為と同等とまではいえないものの、なお危険性・悪質性が高いと認められる運転行為をあえて行い、客観的に「正常な運転が困難な状態」に陥って人を死傷させる行為を処罰するもので、その法定刑を２条の危険運転致死傷罪よりは軽く、同法５条の過失運転致死傷罪よりは重く定めている（高井良浩「自動車の運転により人を死傷させる行為等の処罰に関する法律について」捜研760号８頁）。

　自動車運転死傷処罰法２条１号では、

　　　次に掲げる行為を行い、よって、人を負傷させた者は15年以下の懲役に処し、人を死亡させた者は１年以上の有期懲役に処する。
　(1)　アルコール（中略）の影響により正常な運転が困難な状態で自動車を走行させる行為

としており、同法３条１項では、上記行為と類似した行為について、

　　　アルコール（中略）の影響により、その走行中に正常な運転に支障が生じるおそれがある状態で、自動車を運転し、よって、そのアルコール（中略）の影響により正常な運転が困難な状態に陥り、人を負傷させた者は12年以下の懲役に処し、人を死亡させた者は15年以下の懲役に処する。

と規定していることから、「アルコールの影響により正常な運転が困難な状

態」とはどのような状態であるのか、また、「アルコールの影響により、その走行中に正常な運転に支障が生じるおそれがある状態」とはどのような状態であるのかなど、この同法3条1項と同法2条1号との関係を明らかにしておく必要がある。

また、道路交通法65条は、

> 何人も、酒気を帯びて車両等を運転してはならない。

と規定し、同法117条の2第1項において、

> 次の各号（中略）に該当する者は、5年以下の懲役又は100万円以下の罰金に処する。
>
> (1) 第65条（酒気帯び運転等の禁止）第1項の規定に違反して車両等を運転した者で、その運転をした場合において酒に酔った状態（アルコールの影響により正常な運転ができないおそれがある状態をいう。（中略））にあったもの

としていることから、ここでいう「アルコールの影響により正常な運転ができないおそれがある状態」とはどのような状態をいうのか、また、その状態は、先に示した危険運転致死傷罪における「アルコールの影響により正常な運転が困難な状態」や、「アルコールの影響により、その走行中に正常な運転に支障が生じるおそれがある状態」とはどのように異なるのかについても、併せて明らかにしておく必要がある。

2条1号と3条1項及び道路交通法117条の2第1項1号の成立要件の違い

1 「アルコールの影響により正常な運転が困難な状態」、「アルコールの影響により正常な運転ができないおそれがある状態」及び「アルコールの影響により正常な運転に支障が生じるおそれがある状態」の各概念の違い

　上述したように、関係法令上、刑罰に値するアルコールの影響による運転状態として、3通りのものが挙げられている。それぞれの概念が意味するところの客観的行為態様の違いについて、正確に理解しておく必要がある。

(1) 自動車運転死傷処罰法2条1号の「アルコールの影響により正常な運転が困難な状態」とは

　これについては、平成23年10月31日最高裁決定（刑集65巻7号1138頁）によれば、「『アルコールの影響により正常な運転が困難な状態』とは、アルコールの影響により道路交通の状況等に応じた運転操作を行うことが困難な心身の状態をいい、アルコールの影響により前方を注視してそこにある危険を的確に把握して対処することができない状態もこれに当たる。」と述べられており、また、同決定における大谷裁判官の補足意見においては、更に詳細に、「精神的、身体的能力がアルコールによって影響を受け、道路の状況、交通の状況に応じ、障害を発見する注意能力、これを危険と認識し、回避方法を判断する能力、その判断に従って回避操作をする運転操作能力等が低下し、危険に的確に対処できない状態にあることをいうと解される。」とされている。

　そして、このような状態にあったかどうかを判断するに当たっては、「事故の態様のほか、事故前の飲酒量及び酩酊状況、事故前の運転状況、事故後の言動、飲酒検知結果等を総合的に考慮すべきである。」（上記最高裁決定）とされているように、事故の態様、アルコールの摂取状況、事故前の運転状況や事故後の言動等を総合評価して決することとなる。

　ただ、このようにいっても抽象的であり、実際のところ、捜査上の判断としては、「正常な運転が困難な状態」であると認定された事例を積み

〔1〕第1章　アルコールの影響

重ねて、それら事例との類似性からこの認定を導き出すこととなろう。

(2)　**自動車運転死傷処罰法3条1項の「正常な運転に支障が生じるおそれがある状態」とは**

　これについては、「正常な運転が困難な状態」であるとまではいえないものの、自動車を運転するのに必要な注意力、判断能力又は操作能力が、そうではないときの状態と比べて相当程度減退して危険性のある状態のほか、そのような危険性のある状態になり得る具体的なおそれがある状態の両者を含むものと考えられている（前出髙井9頁）。

　具体的には、アルコールの場合であれば、それが酒気帯び運転罪に該当する程度のアルコールを身体に保有する状態でこれに該当すると解されている（同上10頁）。

　したがって、捜査に当たっては、酒気帯び運転の際に認められる影響の程度の状態であれば、「正常な運転に支障が生じるおそれがある状態」であると考えればよい。

　なお、「本罪は酒気帯び運転罪のように客観的に一定程度のアルコールを身体に保有しながら自動車を運転する行為を処罰する罪ではなく、運転の危険性・悪質性に着目した罪であるから、例えば、アルコール等の影響を受けやすい者について、酒気帯び運転罪に該当しないアルコール量を保有しているに止まる場合であったとしても、自動車を運転するのに必要な注意力等が相当程度減退して危険性のある状態にあれば、『正常な運転に支障が生じるおそれがある状態』に該当する。」（同上10頁）と解されている。

(3)　**道路交通法117条の2第1項1号の「正常な運転ができないおそれがある状態」とは**

　これについては、車両等を正常に運転するについて必要な注意力、すなわち外部に対する注意力、中枢神経の活動力、抑制心等を欠くおそれがある状態をいうとされている（野下文生等編著『16訂版　道路交通法解説』707頁）。つまり、道路における危険を防止し、交通の安全と円滑

を図るため運転者に課せられている注意義務を十分に果たすことができない心身の状態をいうのであって、要は、車両の運転者として、安全な運行をするための十分な注意を払うことができないおそれがある状態と考えればよいであろう。

ただ、このようにいってもやはり抽象的であり、この種事犯で処理された事例を参考にして、その類似性を検討して「正常な運転ができないおそれがある状態」であったかどうかを判断することとなろう。

(4) 上記3つの状態の程度の違いは

そこで、先の「正常な運転に支障が生じるおそれがある状態」、「正常な運転が困難な状態」及び「正常な運転ができないおそれがある状態」との関係であるが、結局のところ、酩酊の程度の問題であり、そのひどい状態から順に、

「正常な運転が困難な状態」

∨

「正常な運転ができないおそれがある状態」

∨

「正常な運転に支障が生じるおそれがある状態」

と考えればよいと思われる。

2 故意(認識)の内容の違い

(1) 自動車運転死傷処罰法2条1号の危険運転致死傷罪と、同法3条1項の危険運転致死傷罪における故意の内容の違いについて

これらは、いずれも故意犯であることから、前者であれば、「正常な運転が困難な状態」の認識が必要であるし、後者であれば、「正常な運転に支障が生じるおそれがある状態」にあることを認識する必要がある。

ただ、同法3条1項の危険運転致死傷罪と、同法2条1号の危険運転致死傷罪との大きな違いは、前者がその成立に当たって「正常な運転が困難な状態」であることの認識を必要とするのに対し、後者は、その認識が不要であることにある。

すなわち、後者は、「正常な運転に支障が生じるおそれがある状態」にあることを認識することで十分であり、「正常な運転が困難な状態」であることまでの認識を必要としないとされる。つまり、同法3条では、「よって」の文言の後に、「正常な運転が困難な状態に陥り」とされていることから、それは実行行為の一部とはならず、単に、「正常な運転に支障が生じるおそれがある状態」で運転をしたことと「正常な運転が困難な状態」に陥ったこととの間に因果関係が認められれば足りるということになる。

(2)　認識の内容
ア　「正常な運転が困難な状態」についての認識

　自らの運転行為において、それが「正常な運転が困難な状態」であるとの評価が必要なのではなく、それを基礎付ける事実を認識していれば足りる。酒のせいで頭がふらふらするとか、物が二重に見えるとか、前方がよく見えなくなったなど、正常な運転が困難な状態に陥るための事実関係を認識していればよい。その上で、被疑者が、それでも自分としては正常に運転できると思っていたと供述しても、「正常な運転が困難な状態」であることを認識していたと認定して差し支えない。そのような状態であるかどうかは、法的な評価であることから、被疑者自身が判断する筋合いのものではないからである。

　もっとも、この「正常な運転が困難な状態」の場合にあっては、そもそも極度の酩酊のために何も記憶していなかったり、意識を喪失してしまっていたりすることも多い。

　そのため、その「正常な運転が困難な状態」に陥る以前の段階での認識をもって、その後の「正常な運転が困難な状態」については、これに対応する認識を有していたはずであるとの推認により、その認識に基づく故意を認定するしかない場合もあろうかと考えている。

　それゆえ、被疑者の認識としては、上記のような、酒のせいで頭がふらふらするとか、物が二重に見えるとか、前方がよく見えなくなったなどの正常な運転が困難な状態に陥るための事実関係を認識し、そ

の後、客観的に「正常な運転が困難な状態」に陥ったという事実関係がある場合には、その「正常な運転が困難な状態」に陥ることも認識していたと推認できるものと考える。

　端的にいって、飲酒酩酊により「正常な運転が困難な状態」であることが客観的に認められれば、自動車の運転者が自己の身体状況等について把握、認識していないことは通常は考えられないことから、そのような状態で運転していれば、これを否定できるような特段の事情がない限り、「正常な運転が困難な状態」であることを認識していたものと認定してよいというべきであろう。

　前記**平成23年10月31日最高裁決定**においても、「被告人の本件事故前の飲酒量や本件前後の被告人の言動等によれば、被告人は自身が飲酒酩酊により上記のような状態にあったことを認識していたことも推認できるというべきである。」として、被告人が「正常な運転が困難な状態」にあったことを自認していなくても、飲酒量や事故前後の自らの言動等から、被告人自身が飲酒酩酊により「正常な運転が困難な状態」であることを認識していたと推認している。

　また、同様に客観的事実から被疑者のそのような認識を推認したものとして、**平成19年５月９日大阪地裁判決**（公刊物未登載）なども挙げられる。この事案は、運転開始前に、ビール等のアルコール飲料に加えて、エリミン錠と呼ばれる睡眠薬を飲み、それらの影響により危険運転を実行したというものであったところ、「正常な運転が困難」であることの認識に関して、「正常な運転が困難な状態にあったことに関する被告人の認識についてみると、（中略）運転を開始する時点において、ビールをジョッキで７、８杯飲んだときよりも酔っていると感じたり、運転中にも運転操作の遅れや眠気を感じていたというのであり、さらに（中略）被告人とＡとのやりとり等に照らすと、被告人

は、右折の操作を誤ったこと、前方車両の後ろに停止することに失敗しそうになったこと、Aの言葉に適切に対応できなかったこと等を認識していたことが認められるから、本件当時、正常な運転が困難な状態であったことを認識していたことは明らかである。」として、外形的事実から被疑者の「正常な運転が困難な状態」にあることの認識を認定している。

[2条1号]

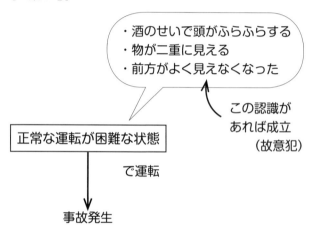

イ 「正常な運転に支障が生じるおそれがある状態」にあることの認識

その客観的な状態としては、前述したように、それが酒気帯び運転罪に該当する程度のアルコールを身体に保有する状態であればよいが、この認識としては、後述するように、酒気帯び運転罪の成立の場合には、身体にアルコールを保有するという認識だけで足りていたものの、危険運転致死傷罪の場合には、それだけでは足りないと考えられる（前出高井10頁）。つまり、「正常な運転に支障が生じるおそれがある状態」であることが構成要件となり、それに対応する故意が必要とされることから、単に、身体にアルコールを保有する状態の認識だけでなく、それが「正常な運転に支障が生じるおそれがある状態」であることを認識する必要があるからである。それゆえ、具体的なアルコールの保有量についてまで認識が必要とされるわけではないが、身

体にアルコールを有する状態であることの認識だけでは足りないこととなる。法律上の規定の仕方が異なっている以上、このような解釈になることは当然である。

とはいっても、先にア「正常な運転が困難な状態」で述べたように、法的評価を被疑者に求めているわけではないのであるから、「正常な運転に支障が生じるおそれがある状態」であることを基礎付ける事実を認識していれば足りるのは同様である。具体的には、呼気1リットル中に0.15ミリグラムのアルコールを保有することになる程度のアルコールを摂取したこと、つまり、ビール大瓶1本程度を飲んだという自らの飲酒量に関する事実や、頭がぼーっとしたとか、足がふらつくなどといった飲酒後の心身の変化の状況等を認識していたのであれば、それらは「正常な運転に支障が生じるおそれがある状態」をもたらすものであるので、そのような事実の認識で、「正常な運転に支障が生じるおそれがある状態」を認識していたものと考えられる。

この点について、「飲酒運転において必要な自動車運転死傷処罰法3条1項の故意については、『呼気1リットル当たり0.15ミリグラムのアルコールを身体に保有することとなる程度の量の飲酒をしたこと

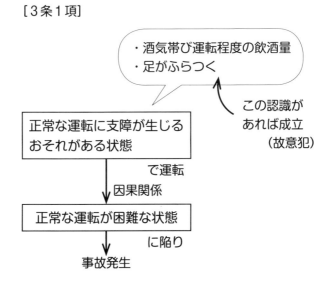

（『呼気１リットル当たり0.15ミリグラムのアルコールを身体に保有している』ということ自体の認識ではなく、あくまでも、『その程度の量の飲酒をしたこと』の認識であることに注意）』及び『自動車を運転したこと』の認識があれば足りるものと解される。したがって、（中略）実務上は、事故後に行われた運転者の呼気検査において、呼気１リットル当たり0.15ミリグラム以上のアルコールが検出され、かつ、それに相応する程度の飲酒をした事実（例えば、運転前に、ビールの中ジョッキを２、３杯飲んだという事実）の認識があることを立証すれば足り、それ以上に、運転者が、判断能力が鈍っていることを認識していたなどということまでを立証する必要はない。」（東京地検交通部副部長　山田利行「危険運転致死傷罪（自動車運転死傷処罰法２条１号及び３条１項）の実務的運用について」警察学論集68巻１号60頁）との見解も参考になるであろう。

　なお、この３条１項の主観的要件と２条１号の主観的要件との関係については、次のような見解が参考になる。すなわち、「第２条の罪の認識と第３条の罪の認識との区別については、（中略）アルコールの摂取による事例を念頭に置くと、アルコールの摂取においては、その作用の機序からしても、アルコールの影響により仮睡状態に陥る前に強度の眠気を感じることが通常であるところ、『正常な運転が困難な状態』についての未必的認識が認められる場合には第２条の罪が成立するのであるから、第３条の罪の認識にとどまるという場合は、容易には考え難い。すなわち、アルコールを摂取した後に運転する場合を念頭に置くと、運転開始当初、走行中に正常な運転に支障が生じるおそれがある状態にあることを認識しつつ、その後の運転につれ、正常な運転が困難な状態にあることの認識に至らないまま突然意識が消失するということは考え難いのである。（中略）」、これに対し、「事故直前に被告人の心身の状況が急変し、『正常な運転が困難な状態』と評価できる時間的範囲が限られている事例については、第２条の罪の故意を認定することが困難となり、第３条の罪が適用されることが考えられる。もっとも、心身の状況が急変するような飲酒に及んだとす

れば、そのような状況に陥ることを未必的に予見しており、第２条の罪の故意が認められることが多いともいえるから、実際上、アルコールを摂取した類型においては、第２条の罪ではなく第３条の罪のみが適用される事案はさほど多くないのではないかとも考えられる。」（島戸純「自動車の運転により人を死傷させる行為等の処罰に関する法律第２条の罪及び第３条の罪に関する故意の立証について（下）」警察学論集70巻10号133〜135頁）と述べられていることが参考になろう。

(3) 酒酔い運転における「正常な運転ができないおそれがある状態」

この場合の故意の内容としての認識は、危険運転致死傷罪における故意の内容となる認識とは異なり、自己が「酒気を帯びて車両等を運転し」たことであって、その酩酊の程度を認識する必要はない。つまり、道路交通法65条１項は、「何人も、酒気を帯びて車両等を運転してはならない。」として、酒気を帯びての運転行為を禁じているのであるから、これに対する違反行為は、酒気を帯びていることを認識しながら、その状態で車両等を運転すればよく、それで同条において禁止する違反行為についての構成要件は充足する。

したがって、その際に「身体に政令で定める程度以上にアルコールを保有する状態にあった」ことや、「酒に酔った状態（アルコールの影響により正常な運転ができないおそれがある状態をいう。）にあった」ことの認識は不要である。それらの条件は、罰則の条文上に定められた、いわば客観的処罰条件であって、「酒気を帯びて」運転した結果、それらの条件に該当した場合には、酒気帯び運転なり、酒酔い運転なりとして処罰するという規定の仕方になっているからである。

判例上も、**昭和46年12月23日最高裁判決**（刑集25巻９号1100頁）によれば、「酒酔い運転の罪が成立するために必要な故意の内容としては、行為者において、飲酒によりアルコールを自己の身体に保有しながら車両等の運転をすることの認識があれば足りるものと解すべきであって、アルコールの影響により『正常な運転ができないおそれがある状態』に達しているかどうかは、客観的に判断されるべきことがらであり、行為者

においてそこまで認識していることは必要でないものといわなければならない。」と判断されている。

したがって、その違反についての認識の具体的な内容としては、飲酒したことと、その上で車両等を運転したことを認識していれば足りるのであって、その際の飲酒量とか酩酊の程度などを認識する必要はない。それゆえ、酒気帯び運転や酒酔い運転の際に、自分としては酔っていたとは思っていなかったとか、呼気1リットル中に0.15ミリグラムより少ない量のアルコールしか体内に残っていないと思っていたなどという弁解は、法的には全く意味を持たない（これらの点についての詳細は、拙著現場の疑問3頁以下参照）。

Case 1

A車の運転者甲は、本件交差点に向かって進行してきたが、対面信号機の赤色表示に従って停止していたC車及びその後方に停止していた一般原動機付自転車B車に全く気付くことなく、時速約50キロメートルで進行し、ブレーキを掛けることもなくB車の後方から追突した。そして、その衝撃でB車を前に押し出してC車に衝突させ、さらに、路上に転倒したB車の運転者乙を轢いたため、乙は重傷を負った。

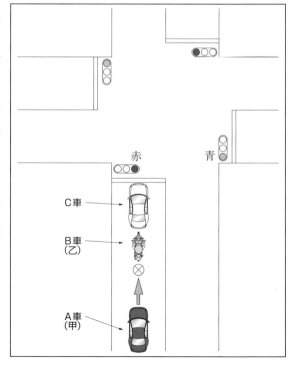

Case 1-1

　甲は前後不覚になるほど酒に酔っており、事故を起こしたことも全く気付いていないような状況であった。甲の刑責は？

　本設例では、前後不覚に酩酊している状況などに照らし、「アルコールの影響により正常な運転が困難な状態」であったと認定してよいであろう。したがって、自動車運転死傷処罰法2条1号の危険運転致傷罪が成立する。

Case 1-2

　甲は運転を開始したときは、酒酔いの程度はそれほどでもないと思っていたものの、その後、どこをどのように運転していたかも分からず、事故を起こしたときには、事故を起こしたことも全く気付いていないような状況であった。甲の刑責は？

　本設例では、運転開始当初は、いまだ「正常な運転に支障が生じるおそれがある状態」でしかなかったと思われるが、その後、事故に至る際には、前後不覚に酩酊している状況などに照らし、「アルコールの影響により正常な運転が困難な状態」であったと認定してよいであろう。したがって、自動車運転死傷処罰法3条1項の危険運転致傷罪が成立する。

Case 1-3

　甲はCase1-1のような状態で運転し、上記事故を惹起したものの、幸い乙は服が破れただけで何らのけがもしなかったとしたら、甲の刑責は？

　本設例では、「正常な運転ができないおそれがある状態」より酩酊の程度がひどい「正常な運転が困難な状態」にあるのであるから、道路交通法上の酒酔い運転罪が成立することは明らかである。

具体的な成立要件（2条1号についての捜査留意点）

　前記のような概念の区別はできても、実際上、どの程度の酩酊であれば、どれに該当するのかなど、捜査上迷うことは当然に起こり得るであろう。ここからは、より具体的に、個々の状況に合わせて、それら危険運転致死傷罪の成否について検討していきたい。

　自動車運転死傷処罰法2条1号は、

> アルコール（中略）の影響により正常な運転が困難な状態で自動車を走行させる行為

を危険運転致死傷罪の一類型として規定しているが、具体的に、事故当時の被疑者の体内のアルコール保有量、事故前の運転状況、事故態様などが、どの程度、どのような状況であれば、この類型の危険運転致死傷罪の成立が認められるのだろうか。特に、事故当時の被疑者の体内のアルコール保有量がどの程度でなければならないのか、また、事故前の運転状況として走行が難しい道路を進行してきたような場合は、「正常な運転が困難な状態で自動車を走行させ」たことにはならないのか、さらに、事故後の被疑者の言動等その心身の状況が、どのようなものであれば、この類型の危険運転致死傷罪の成立が認められるのか検討する必要がある。

Case 2

甲は、ビールや焼酎などを多量に飲んだため、足取りがふらふらし、一緒に飲んだ同僚乙に抱きかかえられるようにして居酒屋を出たところ、甲は乙が止めるにもかかわらず、A車に乗り込み、これを運転したものの、酩酊のため、

① 対向車線上に自車をはみ出させるなど蛇行運転をし、
② ハンドル操作を誤って、自車左前部を道路左側の建物に衝突させた後、自車の車線上に戻り、
③ 前方の信号機の表示がよく見えなかったので、その表示に従うことなく交差点内に進入し、さらに、
④ 同交差点角のブロック塀に自車を衝突させ、その上、
⑤ 対向車線上に飛び出して対向直進してきたB車に自車前部を衝突させて、その運転者丙に傷害を負わせた。甲も負傷して病院に運ばれたが、事故当時のことは何も覚えていなかった。

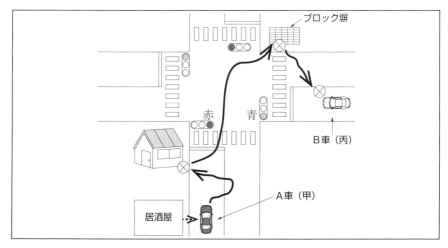

18 〔1〕第1章　アルコールの影響

Case 2-1

　事故直後の飲酒検知の結果、呼気1リットル中1.0ミリグラムのアルコールが検出された。甲の刑責は？

Point

　本設例における甲の運転状況等を見て、「アルコールの影響により正常な運転が困難な状態」であったといえるかどうかについて、まず検討すべきは、その飲酒量や、事故後に検知された体内のアルコール保有量である。

　ただ、どのような飲酒状況であっても、結局のところ、事故時の体内のアルコール保有量が最終的な酩酊の程度を決めるわけであるから、ここでは、体内のアルコール保有量に注目して検討することとする。

　以下、これらの裁判例を使って、検討する。

番号	裁　判　例	出　　典
①	令和3年4月27日岐阜地裁判決	公刊物未登載
②	令和3年3月4日福岡地裁判決	裁判所ウェブサイト
③	令和2年6月12日静岡地裁沼津支部判決	公刊物未登載
④	令和2年6月8日青森地裁判決	公刊物未登載
⑤	令和元年10月18日大阪地裁判決	公刊物未登載
⑥	平成29年7月6日旭川地裁判決	公刊物未登載
⑦	平成28年9月20日那覇地裁判決	公刊物未登載
⑧	平成28年9月6日さいたま地裁判決	公刊物未登載
⑨	平成28年6月4日甲府地裁判決	公刊物未登載
⑩	平成27年11月25日旭川地裁判決	裁判所ウェブサイト
⑪	平成27年10月26日長野地裁判決	公刊物未登載
⑫	平成27年1月29日さいたま地裁判決	公刊物未登載
⑬	平成27年1月13日さいたま地裁判決	公刊物未登載
⑭	平成26年11月7日さいたま地裁判決	公刊物未登載

⑮	平成26年10月6日東京地裁判決	公刊物未登載
⑯	平成26年9月17日東京地裁判決	公刊物未登載
⑰	平成24年12月12日神戸地裁判決	裁判所ウェブサイト
⑱	平成23年10月31日最高裁決定	刑集65巻7号1138頁
⑲	平成22年7月2日大阪地裁堺支部判決	裁判所ウェブサイト
⑳	平成21年11月27日東京高裁判決	高検速報（平21）号143頁
㉑	平成19年5月9日大阪地裁判決	公刊物未登載
㉒	平成18年10月3日仙台地裁判決	裁判所ウェブサイト
㉓	平成18年2月14日千葉地裁判決	判タ1214号315頁
㉔	平成18年1月23日仙台地裁判決	裁判所ウェブサイト
㉕	平成17年1月26日さいたま地裁判決	裁判所ウェブサイト
㉖	平成15年10月6日千葉地裁松戸支部判決	判時1848号159頁
㉗	平成14年11月28日東京地裁判決	判タ1119号274頁
㉘	平成14年10月29日東京地裁八王子支部判決	判タ1118号299頁
㉙	平成14年3月13日宇都宮地裁真岡支部判決	判タ1088号301頁

1　各裁判例におけるアルコールの程度

　　これまでの裁判例（上記表）から、この危険運転致死傷罪が認められた事案のうちで、事故後の被告人の体内のアルコール量が判明しているものは以下のとおりである。

① 事故後間もなくの時点で、呼気1リットル中に0.95ミリグラムのアルコールを保有

② 事故後21分経過後の時点で、呼気1リットル中に1.0ミリグラムのアルコールを保有

③ 事故時において、呼気1リットル中に推定約1.116ないし1.184ミリリットルのアルコールを保有（ただし、なぜ「推定」とされているのかは判決文から不明）

④ 事故後約5時間15分を経過した時点で血液の血中アルコール濃度は1ミリリットル当たり1.04ミリグラムで、事故当時は呼気1リットルにつき0.81から1.02ミリグラムと算出。

⑥　事故後42分後の時点で、呼気１リットル中に0.45ミリグラムのアルコールを保有

⑦　事故後間もなくの時点で、呼気１リットル中に0.91ミリグラムのアルコールを保有

⑩　事故後間もなくの時点で、呼気１リットル中に0.5ミリグラムのアルコールを保有

⑪　事故後約２時間を経過した時点で、呼気１リットル中に0.65ミリグラムのアルコールを保有

⑬　事故後約45分を経過した時点で、呼気１リットルにつき0.45ミリグラムのアルコールを保有

⑭　事故後約１時間を経過した時点で、呼気１リットルにつき0.9ミリグラムのアルコールを保有

⑮　事故後約38分を経過した時点で、呼気１リットルにつき0.91ミリグラムのアルコールを保有

⑯　事故後約50分を経過した時点で、呼気１リットルにつき0.56ミリグラムのアルコールを保有

⑰　事故後約２時間を経過した時点で、呼気１リットル中に0.4ミリグラムのアルコールを保有

⑱　事故後約50分を経過した時点で、呼気１リットルにつき0.25〜0.3ミリグラムのアルコールを保有

⑲　事故後約１時間を経過した時点で、呼気１リットル中に0.7ミリグラムのアルコールを保有

⑳　事故後約２時間を経過した時点で、呼気１リットル中に1.1ミリグラムのアルコールを保有

㉑　事故後約４時間を経過した時点で、呼気１リットルにつき0.15ミリグラムのアルコールを保有

㉔　事故後約１時間を経過した時点で、呼気１リットルにつき0.3ミリグラムのアルコールを保有

㉕　事故後約２時間を経過した時点で、呼気１リットルにつき0.4ミリグラムのアルコールを保有

㉖　事故後約１時間を経過した時点で、呼気１リットルにつき0.55ミリグラム

のアルコールを保有

㉗　事故後約２時間を経過した時点で、呼気１リットルにつき0.45ミリグラムのアルコールを保有

㉙　事故後約30分を経過した時点で、呼気１リットルにつき0.7ミリグラムのアルコールを保有

2　本設例の解答

　本設例では、事故直後の飲酒検知で、呼気１リットル中1.0ミリグラムのアルコールが検出されており、これは、上記の各裁判例と比べてもそれ以上のアルコール量と考えられることから、体内におけるアルコール保有量の観点からは、「アルコールの影響により正常な運転が困難な状態」と認定するに問題はないであろう。

3　事故後逃走した場合

　もっとも、事故後逃走するなどして、飲酒検知をすることができない場合などもある。そのような場合には、事前の飲酒量を特定するなどした上、ウィドマーク法を用いるなどして、事故当時の体内におけるアルコール保有量を推定すべきである（このウィドマーク法の原理や計算方法等については、現場の疑問35頁以下参照。なお、Case４及び9‐1において、その計算の仕方を示している。）。

　ただ、そのような場合でも、被疑者の関係者は、その飲酒量について少なめに供述するのが通常であるから、飲酒した際のレシートや店側の帳簿上の記載内容を精査して、できるだけ客観的な角度からも飲酒量を特定する必要がある。特に、被疑者が顧客などであった場合、店側の協力が不十分であることもしばしばみられることから、そのような場合には、道路交通法65条３項の酒類提供罪等も視野に入れ、強制捜査により、帳簿類の押収や、酒類の在庫状況の確認などをも行うことを検討しなければならない。

22 〔1〕第1章 アルコールの影響

Case 2-2

　事故前の運転状況は、危険運転致死傷罪の成否にどのような影響を与えるのか。本設例では、この点はどう考えるべきか。

Point

本設例での検討事項
① 対向車線上に自車をはみ出させるなど蛇行運転をしていること
② ハンドル操作を誤って、自車左前部を道路左側の建物に衝突させていること
③ 前方の信号機の表示がよく見えず、その表示に従うことなく交差点内に進入していること
④ 同交差点角のブロック塀に自車を衝突させていること
といった一連の酩酊運転の状況が窺われ、その後に本件事故を発生させている。

　このような事故前の運転状況は、もはや「正常な運転が困難な状況」であると十分に認められるものと思われるが、先に挙げたこれまでの裁判例などに見られた事故前の運転状況を明らかにして、それら事案とも比較しておくこととする。

1　各裁判例で認定された事故前の運転状況

　Case 2-1②の事案では、自車を駐車していたコインパーキングから職務質問を受けるまでの3キロメートル以上もの間、前照灯を点灯させることなく自動車を走行させた上、この間に、少なくとも2回、交差点で停止後右ウインカーを一瞬点滅させた後に左ウインカーを点滅させそのまま直進するという異様な運転をしていた。

　Case 2-1③の事案では、本件前日に飲酒を開始してから本件事故に至るまでの間、自車を縁石に接触させるなどの物損事故を2度起こしている上、友人を自宅に送り届けて4軒目の店に戻る際には、友人から運転を止められたにも

かかわらず運転を継続し、さらに飲酒を続けた挙句に本件犯行に及んでいる。

Case 2 - 1 ⑥の事案では、運転中にもかかわらず、人目もはばからずに信号待ちの間に飲酒し、事故直前には執ようなあおり行為や危険な割込みを行っていた上、事故を起こした交差点には時速約119キロメートル以上の高速度で進入していたという事実が認められる。

Case 2 - 1 ⑦の事案では、交差点を右折する際に誤って中央分離帯で区切られた道路の反対車線に進入し逆走状態になっていた事実が認められる。

Case 2 - 1 ⑧の事案では、仕事帰りに飲酒した後、雇い主を送って帰宅するため本件自動車の運転を開始したところ、ほどなくして眠気を感じ始め、赤信号で停車中に仮睡状態に陥ったことを認識したにもかかわらず早く帰りたいとの思いから運転を続けたという事実が認められる。

Case 2 - 1 ⑨の事案では、本件自動車を運転していた中で、本件直前には交差点で約27分間も眠り込み、意識がもうろうとした状態であった事実が認められる。

Case 2 - 1 ⑩の事案では、自車を駐車場から急発進させ、歩道の側端部付近の縁石に自車を乗り上げさせて走行したという事実が認められる。

Case 2 - 1 ⑪の事案では、駐車場内で自車を後退中に物損事故を起こしたり、工事用バリケードに接触する物損事故を起こしたりした事実が認められる。

Case 2 - 1 ⑫の事案では、運転開始後，急発進や蛇行運転を繰り返していた事実が認められる。

Case 2 - 1 ⑯の事案では、事故現場直前の信号交差点において、右折レーン先頭で停止中、右折可矢印信号が表示されても右折しようとせず、2分18秒間停止した上、その後、右折進行不可の赤色信号でありながら発進し、対向車線上に自車を進出させた事実が認められる。

Case 2 - 1 ⑱の最高裁決定では、「本件事故前の運転中においても、同乗者からふだんとは違う高速度の運転であることを指摘される」ことがあった上、「本件道路上においては、被告人が自車を走行させた条件の下では、前方を向いている限り、先行する被害車両を遅くとも衝突の約9秒前（車間距離としては約150メートル）からは認識できる状況にあったにもかかわらず、被告人は、被害車両の直近に至るまでの8秒程度にわたり、その存在に気付かないで

自車を走行させて」いたという事実が認定されている。

　次に、Case 2-1⑳の判決では、幅の狭い片側一車線道路であり、最高速度が時速40キロメートル、右側はみ出し禁止の交通規制がなされている道路において、本件カーブの出口周辺の様子が見通せないのに手前から急加速し、本件カーブに入った後も加速を続け、自車を制御できなくなって、対向車線に進出したという事故直前の運転状況が窺われる。

　Case 2-1㉑では、時速約20キロメートルの低速度であるにもかかわらず、右折の際、ハンドル操作を誤って、道路左側にある縁石に自車を乗り上げたり、前方を走行中の自動車に追突しそうになるなどの事実が認定されている。

　Case 2-1㉒の判決では、被告人が走行中に、3回にわたりセンターラインをまたぎ、センターラインの凹凸の振動が伝わって危ないと思ったなどのふらついた走行をした上、ガードレールに衝突しそうになるなどしていたという事実が認定されている。

　Case 2-1㉓では、運転開始後においても、交差点に設置された赤色の回転灯や、その周囲の風景が回転灯の光でぼんやりと映る状態だったので、酒が効いてきたかなと感じていた上、自動車用の信号機と歩行者等用信号機の表示を混同し、青色が目にボーッと映ったのを見て、自動車用の信号機も青色だと思い、交差点の左右の車両や歩行者等のことを気にせずに交差点を通過し、その直後にハッとして、危ない運転をしていることに気付いたりしていた。そして、本件事故現場の手前約600メートル付近に道路が左カーブから右カーブになる地点があり、その右カーブになった辺りで、ハンドルを持つ手にガッガッという振動を感じたので、慌てて前を見ると、道路左側のガードレールがライトに映し出され、自動車が左に寄りすぎていることが分かり、ぶつかると思って、ハンドルを右に切り、体勢を立て直した。このときは、酒の酔いが回っており、いつものハンドル操作ができない状態だったので、自動車が左に寄りすぎていた旨の事実が認定されている。

　Case 2-1㉔の判決では、運転を開始したが、赤色信号で停止中に居眠りをして信号表示が変わっても停止を続けたり、赤色信号による停止を怠って無視したりするなどの行為を繰り返していた。また、その過程で無用な加速、減速、さらには、合図をしないで車線変更を繰り返すなどの行為に出ていた旨の事実が認定されている。

Case 2-1㉕の判決では、被告人が運転する自動車で被害者を乗せて走行中、急ハンドルを切ったり急ブレーキを掛けたり、また、スピードを出しすぎたりしていたところ、幅員6メートルで緩やかに右方にカーブした道路に差し掛かった際、被告人は、左前方の民家のブロック壁に接触しそうになったことから、右に急ハンドルを切るや、今度は右前方の民家の壁などに接触しそうになって左に急ハンドルを切り、これを数回繰り返して蛇行して運転していた事実が認められている。

Case 2-1㉖の判決では、被告人は、目の前がぼやけた状態で、身体に酔いが回っていることを自覚しながら運転を開始し、開始後間もなく仮睡状態に陥って断続的に意識をなくす状態であったという事実が認定されている。

Case 2-1㉗の判決では、被告人は、自然と瞼が落ちてくるほどの強い眠気を感じながら運転し、蛇行運転などもしていたという事実が認定されている。

Case 2-1㉘の判決では、被告人は、駐車場に止めた自動車の運転席に乗り込んだものの、容易にエンジンキーを鍵穴に差し込めない状態であり、また、駐車場の料金投入口に料金を投入できない状態であったことから、同乗者に代わって投入してもらい、駐車場から急発進して左折した際、信号待ちをしていた自動二輪車に追突した上、赤色信号を無視して逃走したという事実が認定されている。

Case 2-1㉙の判決では、ほとんど意識のない状態で、左右に大きく蛇行しながら走行し、赤色信号を青色信号と見間違えるなどの事実が認定されている。

2 本設例の解答

結局のところ、以上の各裁判例と比較しても、本設例では、事故前の運転状況として、「正常な運転が困難な状態」と評価することに問題はないであろう。

Case 2-3

事故態様は、危険運転致死傷罪の成否にどのような影響を与えるのか。
この点について、本設例ではどのように考えるべきか。

Point

　事故態様であるが、これが危険運転致死傷罪の成否を判断する上で最も重要なものである。すなわち、Case 2 - 1 ⑱の最高裁決定において、大谷裁判官が「『正常な運転が困難な状態』かどうかの判断においては、まずは、事故態様自体から推認される被告人の心身の状態が、客観的評価になじむものでもあり、重視されるべきものと考える。」と述べているように、事故態様がどのようなものであったかが最も重要なポイントとなるものである。

　本設例では、Case 2 - 2 で述べたような事故前の運転状況に続き、「対向車線上に飛び出して対向直進してきたＢ車に自車前部を衝突させ」たものである。このような事故態様に鑑みれば、およそ「正常な運転が困難な状態」にあったからこそ、対向車線上に飛び出したものと考えられよう。ただ、Case 2 - 2 と同様に、Case 2 - 1 の各裁判例において、この事故態様についてどのようなものが認定されているかを見ておくこととする。

1　各裁判例で認定されている事故態様

　Case 2 - 1 ①の事案では、運転前の飲酒の影響により、仮睡状態に陥り、対向車線上の自車を進出させて対向車と正面衝突をしていたというものである。

　Case 2 - 1 ②の事案では、進路前方の車道上に座り込んでいた被害者に気付かず、同人に自車前部を衝突させた上、車底部に巻き込み、約３キロメートルにわたって同人を引きずって死亡させたというものである。

　Case 2 - 1 ③の事案では、制限速度時速40キロメートルのところを本件事故の数秒前には時速約123キロメートルで走行し、かつ、追越し禁止であるにもかかわらず、対向車線に進出して前方車両を追い越し、制限速度に従い対向進行中であった被害車両が避ける間もないまま時速約93キロメートルで正面衝突したというものである。

　Case 2 - 1 ④の事案では、夜間、指定最高速度が時速50キロメートルの見通しのよい片側一車線の直線の国道上で走行中、本件事故現場の約0.8キロメートル手前を通過する時点で既に法定速度を大幅に超える時速約129キロメートルないし138キロメートルであり、その後も更に加速して追突の約２秒前には時速約163キロメートルであった状態で、同車両を先行車両に追突させたとい

うものである。

　また、被告人は、本件事故現場の約200ないし300メートル手前の地点までには、先行車両のテールランプ等を発見し、その存在を認識できたにもかかわらず、先行車両に追突する約2秒前まで被告人車両のアクセルを踏んで同車両の加速を続け、衝突直前に至って初めて急制動の措置を講じており、先行車両の存在に直前まで気づいていなかった。被告人車両の速度等を勘案すると、被告人は、約4ないし6秒程度の間、先行車両の存在を認識しないまま高速度運転を続けていたものである。

　Case 2 - 1⑤の事案では、夜間、無灯火のまま蛇行運転した上、制限速度をはるかに上回る時速約82キロメートルの高速度で、赤色信号に従わずに対向車線から本件交差点に進入し、被害者車両に自車を衝突させる事故を起こした。

　Case 2 - 1⑥の事案では、自車走行車線の先行車両に急接近した後、急ハンドルを切って追い越した上、時速約119キロメートル以上で走行させたことにより（なお、現場道路の最高速度は時速60キロメートル）、自車右前輪を前方交差点出口付近に設けられた中央分離帯縁石に衝突させて同前輪を脱輪させ、操縦の自由を失い、自車を同中央分離帯を乗り越えて対向車線に進出させ、折から対向進行してきたV運転の普通乗用自動車に自車前部を衝突させている。

　Case 2 - 1⑦の事案では、交差点を右折進行する際、自車を対向車線に進入させて約79メートル走行させ、折から対向進行してきたA運転の普通乗用自動車（軽四）左前部に自車左前部を衝突させている。

　Case 2 - 1⑧の事案では、時速約30ないし50キロメートルで進行中、仮睡状態に陥り、自車を左前方に斜走させ、折から進路前方の道路左側端を進行していた自転車に自車前部を衝突させている。

　Case 2 - 1⑨の事案では、自車を対向車線に進出させて時速約114キロメートルで走行させたため、折から対向進行してきた普通乗用自動車右前部に自車右前部を衝突させている。

　Case 2 - 1⑬の事案では、事故現場手前約184メートルの地点から右側通行し、自車を標識に衝突させて折損した上、被害者運転の自転車に気付かないまま衝突している。

　Case 2 - 1⑮の事案では、運転開始後約4分程で、停車中の被害者運転車両を認めていながら、急制動の措置を全く講ずることなく、時速約15キロメート

ルで追突している。

Case 2 - 1 ⑯の事案では、被害者運転車両と衝突する直前、縁石にぶつかった上、ノーブレーキで被害者運転車両と正面衝突している。

Case 2 - 1 ⑱の最高裁決定では、「本件道路は、ほぼ直線の海上の一本道路であり、交差点もなく、当時は夜間で交通量も閑散であった。このような本件道路で、被告人は、本件事故時、暗いとはいえ、衝突の約9秒前には発見できたはずの被害車両を約8秒間発見せず、追突の約1秒前に気付いて急ブレーキを掛け、右転把するも、ほとんど制動などの効果もないまま衝突に至っている。」という状況下において、「自車を時速約100キロメートルで高速度走行させていたにもかかわらず8秒程度にわたって被害車両の存在を認識」せずにブレーキを掛けることもなく追突したものであった。そして、そのような認識をしていなかった理由として「その間終始前方を見ていなかったか、前方を見ることがあっても被害車両を認識することができない状態にあったかのいずれかということになる。認識可能なものが注意力を欠いて認識できない後者の場合はもちろんのこと、前者の場合であっても、約8秒間もの長い間、特段の理由もなく前方を見ないまま高速度走行して危険な運転を継続したということになり、被告人は、いずれにしても、正常な状態にある運転者では通常考え難い異常な状態で自車を走行させていたというほかない。」と評されるような事故態様であったことが窺われる。

Case 2 - 1 ⑲の判決では、被告人は、自車に乗り込み、後方の安全確認をすることなく、同車両を歩道に向けて後退させたところ、同歩道を歩行していた被害者に衝突させ、同人を転倒させた。その際、同人は、同車両の底部に巻き込まれてしまったが、被告人は、そのことに全く気付かないまま、自車を走行させ、車道上を蛇行した後、付近の民家に衝突して停止した。被告人は、途中で被害者が離れるまでの間、約47.7メートルにわたり同人を引きずったまま走行したという事故態様が認定されている。

Case 2 - 1 ⑳の判決では、Case 2 - 2 の答で述べた事故前の運転状況に続いて、自車を時速約100キロメートルないし120キロメートルの高速度で走行させ、カーブに入った自車を制御できなくなって、対向車線に進出させたことにより、対向して進行してきた普通乗用自動車等に自車前部を衝突させたという事故態様が認定されている。

Case 2 - 1 ㉑の判決では、被告人は、被害者の自転車の後方約9.9メートルの
地点まで接近してもその衝突を避けようとせず、同乗者がその左腕を何度か揺
さぶったことで、ようやく少しハンドルを右に切ったものの、間に合わず、同
自転車に衝突したという事故態様が認定されている。

　Case 2 - 1 ㉒の判決では、被告人は、本件トラックを走行させていたとこ
ろ、仮睡状態に陥り、赤色信号に従って停止していた被害者の軽四輪貨物自動
車に追突させたという事故態様が認定されている。

　Case 2 - 1 ㉓の判決では、被告人は、Case 2 - 2 の解説で述べた事故前の運
転状況に続いて、前はもちろん周囲もぼーっとした状態で運転を続けていたと
ころ、急に衝撃とともにフロントガラスが割れて、初めて事故を起こしたこと
が分かったという状況で、被害者に全く気付かないまま自車を衝突させたとい
う事故態様が認定されている。

　Case 2 - 1 ㉔の判決では、Case 2 - 2 の解説で述べた事故前の運転状況に続
いて、対面信号機が赤色表示をしているのを看過し、自車を横断歩行中の被害
者らに衝突させたという事故態様が認定されている。

　Case 2 - 1 ㉕の判決では、Case 2 - 2 の解説で述べた事故前の運転状況に続
いて、蛇行して90メートル余り走行した末、道路左端の電柱に自車左前部を激
突させたという事故態様が認定されている。

　Case 2 - 1 ㉖及び㉗の判決では、いずれも仮睡状態に陥って意識のない状態
で事故を起こしたという事実が認定されている。

　Case 2 - 1 ㉘の判決では、前方を進行中の原動機付自転車に気付くことなく
追突し、その運転者の身体が自車のフロントガラスに当たって落ちたのを目に
した上、同乗者から「止めろ。引きずっとるで。」と怒鳴られたのに、停止す
ることもなく、約90メートルも引きずって走行を続けたという事故態様が認定
されている。

　Case 2 - 1 ㉙の判決では、信号を見間違えて被害者の車両に追突したという
事故態様が認定されている。

2　本設例の解答

　Case 2 - 1 の各裁判例と比較しても、対向車線上に飛び出した本設例の事故
態様は、「正常な運転が困難な状態」と十分に評価されるものであろう。

Case 3

甲は、ビールや焼酎などを多量に飲んだため、足取りがふらふらし、「オレは酔ってないぞう。もっと飲ませろ。」、「こんなぐらいで飲んだうちに入るか。」などと大声をあげて騒いでおり、一緒に飲んだ同僚乙に抱きかかえられるようにして居酒屋を出たところ、甲は乙が止め

るにもかかわらず、A車に乗り込み、これを運転したところ、約10分間にわたり、細い路地などを約5キロメートル走行した後、酩酊のため対面信号機の表示がよく見えないのに青色信号であると思って、時速約80キロメートルの高速度で、そのまま交差点に進入したところ、左方から青色信号に従って進行して来たB車に自車前部を衝突させ、その運転者丙を負傷させた。その後、現場に駆けつけた警察官に対し、「お前は誰だ。」「オレはなんでここにいるんだ。」などと怒鳴り散らし、地面に座り込んでしまった。それから間もなくのうちに飲酒検知をしたところ、呼気1リットル中に0.3ミリグラムのアルコールが検出された。

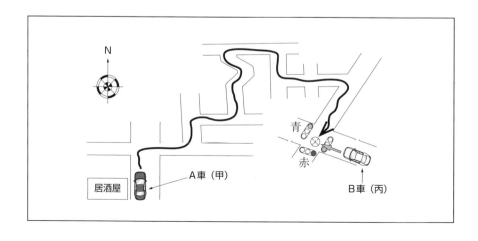

② 具体的な成立要件（２条１号についての捜査留意点） **31**

Case 3-1

　本設例事故直後の飲酒検知の結果は、呼気１リットル中0.3ミリグラムの
アルコールが検出されたというものであるが、本設例程度のアルコール体内
保有量であっても、危険運転致死傷罪が成立するのか。

1　酩酊の程度から検討

　事故直後における被疑者のアルコール体内保有量として、この0.3ミリグラ
ムという量は、これまでに危険運転致死傷罪を認定した裁判例と比較しても多
い量とは思われない。「正常な運転が困難な状態」かどうかの判断上、被疑者
のアルコール体内保有量が非常に重要なウエイトを占めるのは否定できないこ
とからも問題となろう。

　ただ、人によってアルコールに対する強さの度合いには差があるのであっ
て、飲酒検知結果が少ない値であっても、本設例におけるような酩酊のひどさ
を示す各事実が認められる以上、強度の酩酊下にあったものと認定され、「正
常な運転が困難な状態」と認めてもよいと思われる。

2　裁判例

　Case 2 - 1 ⑱の最高裁決定の事案では、事故後約50分を経過した時点で、被
告人のアルコール体内保有量は、呼気１リットルにつき0.25〜0.3ミリグラム
というものであったが、結論として、危険運転致死傷罪の成立は認められてい
る。

　もっとも、この事案では、被告人は、友人に、水を持ってくるよう頼み、友
人が２リットルのペットボトルで水を持ってくると、そのうち１リットル弱を
飲んだことが認められる状況の下で、本件最高裁決定は、「本件における飲酒
検知の結果は、事故後約50分が経過していることや、少量とはいえない水を飲
んだ上でのものであることが考慮されなければならない。」としながらも、「事
故後の時間の経過や水を飲んだ場合の飲酒検知の結果の影響は僅少であるとの
実験結果が提出されている一方で、本件当日の被告人の飲酒量からすれば、血
液１ミリリットル中に1.0ミリグラムに近いアルコールを保有するに至るとす

32 〔1〕第1章 アルコールの影響

る実験結果も提出されているが、いずれも摂取状況や個体差を考慮せざるを得ないことからすると、これらの実験結果から本件事故時の被告人の体内のアルコール保有度を確定することはできないといわざるを得ない。」とされ、最終的な飲酒検知結果を左右するものではないとしていることも頭に入れておく必要がある。

また、事故直後の飲酒検知結果が、呼気1リットル中に0.2ミリグラムのアルコールが検出されたという事案において、これが危険運転致死傷罪に該当するとして審理されている事案も存する。

この事案では、被告人は、約4時間の間に、ビールを約1,900ミリリットル飲んだというものであった。そして、被告人は駐車場から車道上に出て進行しようとしたところ、車道に出る直前に、被害者らの自転車が右方から左方に向かって走行してきているのに気付いたが、アクセルとブレーキを踏み違えて急加速してそれらに衝突した。被告人が運転を開始してから事故発生までの時間は、約10秒程度であった。その結果、1名を死亡させ、他2名に傷害を負わせたというものであった。

3 本設例の検討

いずれにしても、飲酒検知結果も「正常な運転が困難な状態」かどうか判断する上での一つの要素に過ぎないのであるから、これだけで「正常な運転が困難な状態」かが決まるわけではないので、先の最高裁決定で示された判断基準に従って、各要素を個々に検討していく必要がある。

そうであれば、本設例においても、飲酒検知の結果だけでなく、それ以外の要素も併せて検討する必要があるということになろう。

Case 3-2

Case3-1では、呼気1リットル中に0.3ミリグラムのアルコールが含まれていたというものであったが、では、それが呼気1リットル中0.25ミリグラムのアルコールであった場合は、どうか。

Point

　このようなケースとして問題となったのが、いわゆるアメリカ村危険運転致死傷事件と呼ばれる**平成28年11月2日大阪地裁判決**（公刊物未登載）の事案であるので、ここでこの事案を紹介する。

1　事案の概要等

　この事案は、もともと過失運転致死傷罪として公判請求されていた事案であるが、その後、大阪地検公判部の補充捜査により、アルコールの影響により正常な運転が困難な状態であったとして、自動車運転死傷行為処罰法2条1号による危険運転致死傷罪に訴因変更されたものである。しかしながら、本件判決においては、過失運転致死傷罪の成立しか認められないという結果となったものである。

　この事案の概要は、次のとおりである。

　被告人は、20代の女性であるが、平成27年5月11日午前3時46分頃、大阪市中央区心斎橋2丁目所在の駐車場（この付近がいわゆる「アメリカ村」と呼ばれている地域である。）の14番駐車枠から車道に出る際、アクセルとブレーキを踏み間違えて急加速し、車道を自転車で通行中の被害者らの自転車後部に自車前部を衝突させて被害者らを転倒させるなどした結果、被害者らに頭蓋底骨折等の傷害を負わせて死亡させるなどしたものであった。

　被告人の身体からは、事故後の飲酒検知により、呼気1リットル中0.25ミリグラムのアルコールが検出された。被告人の飲酒状況としては、事故日の前日である同月10日午後11時半頃から、コンビニエンスストアで購入した発泡酒500ミリリットルを概ね全部飲んだ後、飲食店で生ビール4杯を飲んだ上、さらに、同店を出てから上記車両の駐車場に赴く間にコンビニエンスストアで350ミリリットルの缶ビールを購入して、そのうちの5分の3程度を飲んだものであり、その酒量としては、合計で1,900ミリリットル相当であると認められた。もっとも判決では、検察官が主張していた最後の缶ビールの飲酒については事実認定されていない。したがって、判決では、飲酒量としてはビール等を1,350ミリリットルないし1,650ミリリットルと認定している。

いずれにせよ、そのような飲酒状況が認められるところ、この事案の処理として、過失運転致死傷罪が適切であるのか、危険運転致死傷罪が適切であるのか問題とされたのである。

2　アルコールの影響により正常な運転が困難な状態に該当するか

前述した平成23年10月31日最高裁決定によれば、正常な運転が困難な状態とは、アルコールの影響により道路交通の状況等に応じた運転操作を行うことが困難な心身の状態をいうと解されるところ、本件の事故態様等に照らして、この要件に該当する状況であったといえるかどうか検討しなければならない。

そして、その判断に当たっては、同決定においても述べられているように、「事故の態様のほか、事故前の飲酒状況及び酩酊状態、事故前の運転状況、事故後の言動、飲酒検知結果等を総合考慮」しなければならない。

そこで、①事故前の飲酒状況及び酩酊状態、②事故前の運転状況、③事故後の言動等、④事故の態様に分けて以下検討する。

3　事故前の飲酒状況及び酩酊状態について

飲酒量や飲酒時間については、前述したとおりである。そして、その際の酩酊状態については、本件判決では、「被告人は、普段よりも口数やＡ（筆者注：友人で同乗者）らに対するスキンシップが多くなっていたが、本件駐車場に戻る際、道に迷ったりふらふらしたりすることはなくＡらを先導して歩き、話し方や話す内容にも不自然な点はなかった。」と認定している。防犯カメラの映像からも、特段に酩酊して歩行しているような状況はうかがえなかった。

しかしながら、その他にも被告人の酩酊の程度に関する事実としては、被告人は、飲食店で飲酒後、本件駐車場に赴く途中で立ち寄ったコンビニエンスストアにおいて、前述した缶ビールの他に、カップラーメンを購入しており、そこに熱湯を入れて蓋をした上でレジ袋に入れていた。ところが、被告人は、そのような熱湯の入ったカップラーメンの入った袋を頭上に上げて万歳のポーズをとるなどの行為に出たりしており、同行していた友人らは、被告人が酩酊していると感じていたなどの事実も存していた。

4 事故前の運転状況について

(1) 被告人は、本件の駐車場から本件車両を車道に進出させるに当たり、14番駐車枠の区画が狭かったことから、切り返しをするなど丁寧な運転をしなければ、他の区画部分を仕切る鉄柵に衝突する危険があった。にもかかわらず、被告人は、そのような配慮をせずに同車両を発進進行させたことから、近くの別の駐車枠の鉄柵に右前輪を乗り上げさせてしまった。

　その際、同乗していた友人らは、発進時に背中が座席シートに押しつけられるほどの衝撃を感じていた。

　これらの事実は、被告人が発進時にアクセル操作を誤って急発進したのではないかと疑わせるに十分な事実であろう。

(2) しかしながら、本件判決は、これらの点に関して、「被告人は、アクセルペダルを普段と同様に軽めに踏んで発進させた旨供述しているところ」として、被告人の公判廷での供述内容を前提とした上で、「運転者である被告人とは異なり発進のタイミングや衝撃の予測も困難であったと考えられるAらが、本件車両に同乗するのは当日が初めてで、発進時に背中を座席シートから浮かせていたこともあり、運転者以上に衝撃を感じた可能性は否定できない。」として、同乗者らの衝撃が必ずしも急発進によるものではないという実態を反映していないと推定している。

(3) また、鉄柵に乗り上げた行為についても、「本件車両が発進してから約5メートル先の本件鉄柵に乗り上げるまでに約6秒の時間を要していたことからしても、被告人が発進時にアクセルペダルを相当強く踏み込んだり、発進後にしばらくアクセルペダルを踏み続けたりしたとは認め難く、アクセル操作を誤ったとの評価は相当でない。」とした。その理由としては、被告人が公判廷で発進直後にブレーキペダルを踏んだと供述していたこと、同乗者Aが発進後何かに乗り上げるまでの間に減速していたとの供述をしていること、午前3時46分32秒時点の防犯カメラの画像によれば、本件車両のブレーキペダルが点灯していると見て矛盾がないとみられること、本件車両が発進後、本件鉄柵に乗り上げるまでに約6秒の時間を要していることなどの理由を挙げている。

(4) しかしながら、前記のような事実認定を前提としても、上記鉄柵に気付かないまま自車の車輪を乗り上げさせるという行為は、正常な運転が困難な状

態にあったという事実を強力に推認させよう。特に、被告人は、本件車両を運転して前記駐車場に来たとき、素面の状態で、14番駐車枠に自車を入れて停止させたのであるが、その際、同所の鉄柵に自車を乗り上げさせるという失敗をしていた。そのようなことがあったのであるから、その意識がある限り、当然に、他の駐車枠の鉄柵に対しても注意を払い、それに自車を乗り上げさせないように配慮して運転するのが正常な状態での運転であろうと認められる状況にあったのである。

(5)　もっとも、この点について、本件判決は、「被告人が本件鉄柵に気付かないまま発進したことのみをもって、直ちにアルコールの影響により認知能力等が著しく低下していたとは認められない。」と否定している。

　その理由としては、「確かに、被告人は、本件車両を14番駐車枠に駐車した際にも本件鉄柵にタイヤを乗り上げており、被告人自身もその際に一度は何かに乗り上げた感覚があったことを自認しているから、発進時に本件鉄柵の存在に気付くのが自然のようにも思われるが、被告人が駐車時に何に乗り上げたのかを確認することまではしなかったとも供述していることや、本件車両が本件鉄柵を無理なく乗り越えられる性能を有しているようにうかがえることからすると、被告人は本件鉄柵のような障害物についてはさほど気に留めていなかった可能性が否定できないし、本件車両を駐車した時点から発進させるまでの間に4時間以上の時間が経過していたことも踏まえると、駐車時に感じた乗り上げ感覚を発進時に思い出さなかったとしても、特に不自然とはいえない。被告人は、コンビニエンスストアから本件駐車場に戻って来た際に本件鉄柵のすぐ近くを通過しているから、その際に本件鉄柵が被告人の視界に入っていた可能性もあるが、その時点ではいまだ被告人はAが自分に代わって運転すると考えていたことからすると、本件鉄柵に意識が向かなかったとしても不自然とはいえず、本件鉄柵の存在に気付かないまま乗り上げたことへの評価が変わるものではない。なお、被告人は、本件鉄柵に乗り上げた後に直ちにブレーキペダルを踏むなどの行動に出てはいないが、『本件鉄柵に乗り上げた後右足のかかとが浮いたことや飲酒運転が発覚し警察に捕まるかもしれないと思ったことから焦った』旨の被告人供述を前提とすると、直ちにブレーキペダルを踏んで減速等しなかったことも正常な状態にある運転者では考えられない異常な行動とまではいい難い。」と認定して

いる。

　ただ、それらの理由づけは、いずれも被告人の公判廷での供述を前提として、本件鉄柵に気付かなかったことを正当化しようとしているきらいがあるし、鉄柵に乗り上げた後、通常であれば直ちにブレーキを踏むことにより安全に停止させようとするのが正常な運転行為であろう。しかしながら、そのような行為に出なかった理由について、右足のかかとが浮いたことや、警察に捕まるかもしれないということが本当に理由になるのか、甚だ疑問であるといわざるを得ない。

5　事故後の言動等について

　本件では、被告人は、事故後、被害者の救助をしようとしており、アルコールの影響によるものと認められる事実はうかがわれない。これらは、アルコールの影響による危険運転致死傷罪の成立を否定する方向に働く事実であるといえよう。

6　事故の態様について

⑴　本件事故の際には、被告人は、車道に出ようとした際、アクセルとブレーキを踏み間違えて、被害者らの運転する自転車に衝突したのであるが、この行為の際に、正常な運転が困難な状態にあったからであるといえるか検討しなければならない。

　アクセルとブレーキの踏み間違いは、アルコールの影響などなくとも通常の過失行為として認められるものである。本件では、そのような踏み間違い行為が、アルコールの影響により正常な運転が困難であったからゆえのものであるといえるかどうかが問題となる。

⑵　この点本件判決では、「被害者の自転車を認めて狼狽しブレーキペダルとアクセルペダルを踏み間違えたという点についてみても、確かに被告人が被害者を発見した時点では、いまだ被害者と本件車両先端との距離は約４メートルあり、ブレーキペダルを踏むなどすれば安全に回避することは可能であったといえ、アルコールの影響により正常な判断等ができなかったのではないかとの疑いは生じ得る。」として、危険運転致死傷罪の成立が疑われる状況にあると認定している。

〔1〕第1章　アルコールの影響

　　しかしながら、「本件鉄柵に乗り上げて右足のかかとが浮いたことや警察
　に捕まると考えたことで焦りを感じている中で、突如自転車が視界に入り更
　に焦ったという被告人供述や、助手席に同乗しており本件当夜は全く飲酒を
　していなかったＡも、同じ頃に被害者を発見して危ないと思った旨供述して
　いることからすると、想定外の出来事が重なったため注意力が分散してアク
　セルペダルとブレーキペダルとを踏み間違えたこと自体は、アルコールの影
　響を抜きにしても想定し得る行動といえ、このような運転態様等から直ちに
　被告人がアルコールの影響により道路交通の状況に応じた運転操作が困難な
　状態に陥っていたと認めることはできない。なお、アクセルペダルとブレー
　キペダルとを踏み間違えた後、被告人が直ちにペダルを踏み替えた形跡は認
　められないが、踏み間違えてから本件車両が自転車に衝突するまでの時間が
　２ないし３秒程しかなく、被告人においてすぐにブレーキの故障等ではなく
　踏み間違えであることに気付いてブレーキペダルに踏み替えることは困難で
　あったといえるから、この点も異常な運転行為との評価に結び付く事情とは
　いえない。」と認定していた。

　　結局のところ、被告人が鉄柵に乗り上げて動転していたことや、同乗者も
　同じ頃に被害者を発見して危ないと思ったことから、そのような際には注意
　力が分散してアクセルとブレーキを踏み間違うことはあり得るので、それは
　アルコールの影響と必ずしもつながるものではないとしている。

(3)　確かに、この時点でのアクセルとブレーキの踏み間違い行為を、単純にそ
　れだけを捉えて評価するのであれば、このような判決の評価もあり得ないで
　はないであろう。飲酒運転をした場合であっても、正常に運転行為をなし得
　ていた場合であれば、アクセルとブレーキの踏み間違いをして事故を惹起し
　ても、その場合にはアルコールの影響により正常な運転が困難な状態である
　との評価には至らないのはもちろんである。

　　しかしながら、本件判決には、このアクセルとブレーキの踏み間違いに至
　るまでに、それが必然的に起き得るような危険性をうかがわせる状況が蓄積
　された上で惹起されたものであるとの全体的評価に対する視点が欠けている
　ものと思われる。

　　本件では、少なくとも同乗者が衝撃を感じるような急発進がなされたこ
　と、他の区画の鉄柵を乗り越えながら全く停止しようとしていなかったこ

と、長時間にわたる飲酒により、泥酔などという状態ではないものの、酩酊状態にあったことは、運転直前の行為や同乗者が感じ取ったことから明らかであることなどに照らせば、そのような状況下にある者であれば、アクセルとブレーキを踏み間違うという基本的な運転操作を誤ることも当然にあり得るであろう。それは単純な過失という領域を超えて、より事故発生の危険性の高い状況の中に被告人が存在するということを意味するものである。

　このような前提となる事実関係が付加されることで、アルコールの影響により、正常な運転が困難な状態に陥ったため、運転操作のうちの極めて基本的なアクセルとブレーキの踏み間違いをするという事態に至るものと評価できることから、本件事故の原因となる運転操作の誤りは、正常な運転が困難であったからと認定するのが妥当であろうかと思われる。

7　他事件との比較をした上での考察

　前述したアルコールの影響による危険運転致死傷罪が認められた事例と比較しても、本件の事故態様や酩酊の程度などはかなり軽い部類に含まれることは否定し難いところである。

　特に、この罪の成立にもっとも大きな要素となる体内のアルコール保有量が、呼気1リットル中0.25ミリグラムというのは、それら参考事例などと比較しても少量であろう。それゆえ、本件での危険運転致死傷罪を否定する考え方も理解できないわけではない。

　もっとも、これまで述べてきたように、本件での訴因変更は極めて妥当であり、危険運転致死傷罪の成立が認められてしかるべき事案であったと思われるが、一方で否定される要素も存する事案であったというべきであろう。

Case 3-3

　事故前の運転状況は、危険運転致死傷罪の成否にどのような影響を与えるのか。この一見正常に見える点について、本設例ではどのように考えるべきか。

Point

　本設例で問題となるのは、飲酒後事故前の走行状況であり、特に、事故などを起こすことなく、長距離、長時間走行した場合、これが危険運転致死傷罪の成否にどのような影響を与えるのかが問題となる。

　本設例では、約10分間にわたり、約5キロメートルの細い路地等を走行した事実をどのように評価すべきであろうか。つまり、「正常な運転が困難な状態」であったのなら、そのような細い路地等を正確に運転して通り抜けることは不可能ではないか、逆に、そのような走行ができたということは、「正常な運転が困難な状態」ではなかったのではないかという疑問が生じるからである。

1　平成23年10月31日最高裁決定

　この点が大きな争点となったのは、Case 2 - 1 ⑱の最高裁決定の事案においてである。

(1)　平成20年1月8日福岡地裁判決（第一審判決）

　この判決では、被告人は、事故現場に至るまでに、「左右に湾曲した道路を道なりに走行させ、その途中に点在している交差点を左折し、あるいは右折し、更には直進通過することを繰り返していたというだけでなく、住宅街の中にある車道幅員約2.7メートルの道路においても、車幅1.79メートルの車を運転、走行させている。」ほか、その経路の中には、「住宅街の中を通り抜ける区間があるところ、同区間では、道路が微妙に湾曲している上、道幅は狭く、しかも、左右に住宅が迫っているというだけでなく、道路脇には電柱が設置されている箇所もあり、特に、夜間は、街灯はあっても薄暗く、同区間を通行する自動車運転者は前照灯を頼りに進路前方を注意深く確認しながら進行する必要があると認められる。そして、被告人は、本件事故直前、このような状況にある同区間を車を運転して走行させたというだけでなく、その間、接触事故等を起こした形跡は一切存在しない。」ことから、これらの事情に照らせば、「被告人が、実際に、道路及び交通の状況等に応じて、車の運転操作を行っていたことは明らかである。」などと認定した。そし

て、これも理由の一つとして、本件福岡地裁判決では、危険運転致死傷罪の成立を否定した。

(2) 最高裁決定

　しかしながら、本件最高裁決定では、「本件事故現場に至るまでは、約8分間にわたり道路状況等に応じた運転をしていたこと等を考慮しても、本件当時、被告人が相当程度の酩酊状態にあったことは明らかである。」として、そのような飲酒後事故前の道路状況に応じた運転行為の存在は、必ずしも危険運転致死傷罪の成立を否定するものとはならないとした。

　特に、本件最高裁決定の補足意見で大谷裁判官は、「事故前の状況について、被告人は、スナックから本件道路まで約8分間、距離にして約6キロメートル、中には幅員約2.7メートルの狭い道路を、接触事故などを起こすことなく通り抜けてきている。しかし、この点については、被告人が当夜運転した前記道路は、被告人の自宅付近の道路であることを考慮すべきであろう。すなわち、実況見分調書等によれば、スナックから本件道路に至るほぼ中間に被告人の自宅があるから、自宅から本件道路までは毎日通勤のため通行している道路であり、最も幅員が狭い部分もこれに含まれる。スナックから自宅までは、通勤経路ではないが、本件当日も自宅付近の駐車場から車で向かった道路であって、その道路状況は被告人の熟知しているところであろう。このような道路を、狭いが故に緊張感を持って運転して事故を起こさなかったことは、理解できないわけではなく、『正常な運転が困難な状態』かどうかの判断に当たり、過大に評価することは相当でないと考える。」としていることが大いに参考になる。

　このように、事故前に被告人が相当程度の距離や時間を道路状況に応じて運転していたと見られる事案においては、一般的に通りやすい道路状況であるかどうか、仮にそのような道路状況になくても、その道路が被告人の通り慣れた道であるかどうか、つまり、熟知している道であるかどうか、また、歩行者等や一般車両等の交通量の多い道であるかどうか、当該車両の運転性能はどうかなど、その走行を容易にする要素の有無、程度を吟味する必要があろう。

42 〔1〕第1章 アルコールの影響

2 その他の裁判例

　また、Case 2 - 1 ⑱の最高裁決定の事案以外にも、事故前に被告人が相当程度の距離や時間を道路状況に応じて運転していたと見られる事案において、危険運転致死傷罪の成立を認めているものもある。

　Case 2 - 1 ⑬判決の事案は、被告人は、自宅において約7時間もの長時間にわたり飲酒していたものであるが、運転開始後、約0.1キロメートル進行した地点から記憶がなく、そのまま、2.1キロメートルにわたって走行し、その後、事故を惹起するに至ったものであった。

　Case 2 - 1 ㉒判決の事案は、被告人が飲酒後、自動車の運転を開始して、その途中で、道路のセンターラインを踏み越えたり、ガードレールに衝突しそうになりながらも、約37キロメートルという距離を走行した後に、仮睡状態に陥り、信号待ちをしていた被害者の車両に追突し、その運転者を死亡させたというものであった。そして、同判決では、他の様々な要素を検討した上で、そのような長距離の走行があるにしても、道路のセンターラインを踏み越えたり、ガードレールに衝突しそうになった事実なども考慮して、危険運転致死罪の成立を認めたものであった。

　また、**平成23年1月19日福岡地裁判決**（公刊物未登載）では、飲酒後、事故現場まで約3.4キロメートルを走行していた事案において、被告人の飲酒検知結果が呼気1リットル当たり0.7ミリグラムと高い体内アルコール濃度を示したことや、歩行中の被害者に何らかの制動措置を講ずることなく衝突していることなどから危険運転致死傷罪の成立を認めたものであるが、その際に、被告人が駐車場を出る際に、自動精算機で駐車料金を精算し、信号機のある交差点を通過し、一部道幅が狭く、路肩に障害物がある道路などを走行しながらも、周囲に自車を接触等させることなく、上記距離の走行をしていることが「正常な運転が困難な状態」ではない証左であるとの弁護人の主張に対し、「事故現場までの間も正常な運転は難しい状態にあったものの、通常の帰宅経路で慣れた運転経路であったことや、人通りが少ない時間帯であったことなどが幸いし、偶然にも接触せずに事故現場まで辿り着いたにすぎないと考えられ」るとして、危険運転致死傷罪を認めた判断に疑いを容れるような事情とはなり得ないとした。

　この判断は、Case 2 - 1 ⑱最高裁決定の大谷裁判官が示した判断と同様であ

② 具体的な成立要件（2条1号についての捜査留意点）　*43*

り、当該道路が熟知した道路であったか、交通量はどうであったかなどの要素を検討して、「正常な運転が困難な状態」であることを妨げる理由とはならないとしたものである。

3　本設例の解答

以上、検討したような考え方からすれば、本設例においても、当該道路が甲の熟知したものであり、また、交通量も多くないなどの事情が認められれば、少なくとも事故前の運転状況において一見正常に見えて特に問題がなかったとしても、甲に対する危険運転致傷罪が否定されることにはならないことと考えるべきである。

Case 3-4

事故前後の言動等に関する被疑者の状況は、危険運転致死傷罪の成否にどのような影響を与えるのか。この点について、本設例ではどのように考えるべきか。

Point

被疑者の事故前後の言動等の状況は、その酩酊の程度を顕著に表すものとして、「正常な運転が困難な状態」であるかどうかの判断上、極めて有効な判断資料を提供するものである。以下、事故前の言動等と事故後の言動等に分けて検討する。

1　事故前の言動

(1)　本設例での事故前の甲の言動

足取りがふらふらしている上、「オレは酔ってないぞう。もっと飲ませろ。」、「こんなぐらいで飲んだうちに入るか。」などと大声をあげて騒いでおり、一緒に飲んだ同僚乙に抱きかかえられるようにして居酒屋を出たという事実関係が認められる。これだけでも相当に酩酊していることが判明する

44 〔1〕第1章 アルコールの影響

が、このような酩酊状態が危険運転致死傷罪の成否に当たってどのように評価されることとなるか、これまでの裁判例の中でどのような事実が認められているか検討することとする。

(2) 裁判例

Case 2-1②の事案では、バーで勤務中に、カウンターに手を付きながら上体を左右にくねらせる、足元がふらつくなど、酒に酔っているとうかがえる様子を見せており、バーを退店してからコインパーキングへ徒歩で向かう途中も、左右にふらつきながら歩き、同パーキング入口付近では塀に体をぶつけ、料金精算の際には、操作を誤り、別の駐車枠についての支払をした上、ロック板が上がった状態のままそれを乗り越えて自車を出庫させ、そのまま走り去ったことが認められる。

Case 2-1③の事案では、本件前日から約10時間の間に4軒の店で合計200ミリリットル以上の多量のアルコールを摂取したにもかかわらず自動車の運転を開始したものである。

Case 2-1④の事案では、本件事故直前、被告人車両を運転中であった被告人が同乗者Ⅰの呼びかけに応じないことがあり、同人が「起きでらか。」などと声をかけると、被告人は体をビクッとさせ驚いた様子であった。

Case 2-1⑥の事案では、事故の約17分前に立ち寄ったコンビニエンスストアの防犯カメラ映像では、必ずしも明確ではないものの、よく見るとふらついている様子がうかがわれ、この映像を分析して、身体が大きく揺れて歩いているとの事実を明らかにしていた。

Case 2-1⑦の事案では、被告人は、友人宅等でテキーラや缶チューハイなどを多量に飲酒し、目の焦点が合わず直立や歩行もままならないほど酩酊して正常な運転動作を行うことが困難な状態でありながら、自動車で帰宅することとし安易に飲酒運転に及んだものであったと認定されている。

Case 2-1⑩の事案では、被告人が、焼肉店から出る際、店舗のある2階から1階への階段を左側の壁にぶつかりながら降りていたという状態であったと認定されている。

Case 2-1⑱の最高裁決定であるが、「身体のバランスを崩して平衡感覚を保ち得ないなどの状態を示していた。被告人は、自ら酔っている旨の発言

もし」ており、具体的には、「被告人は、居酒屋を退店する際、腰掛けて靴を履いているときにバランスを崩すように肩を揺らしたり、店員に対して『酔うとります』と言ったりもしている。スナックでも、従業員の女性に対して『今日は酔っぱらっとるけん』などと言ったり、同店の丸椅子に座ろうとした際、バランスを崩して後ろに倒れそうになったり、同女が飲んでいる水割りのグラスの底を持ち上げて無理に飲ませようとして水割りを同女のスカートにこぼしたり、左肘を左太股の上に置いて前屈みの姿勢になったり、伸びをした後大きくため息をついたりするなど、高い酩酊状態の様相を示している。」と認定されている。

Case 2-1 ⑰の事案では、被告人は、赴いたスナックにおいて、頭を下げてカウンターに突っ伏したり、椅子の後ろにもたれかかり俯くなどして居眠りをしていた様子が認められた上、上記スナックで代金の精算をして外に出たものの、上体がふらつき、また、足下も多少ふらついていた。そして、被告人は、運転開始後、運転中に視野が狭くなるのを感じていたと認定されている。

Case 2-1 ⑳の判決では、本件事故前に、同僚と激しい口論をするなど普段と異なる状態であった上、トイレに行く際にいわゆる千鳥足の状態であったことや、被告人自身も、飲酒中トイレに行くときに目がかすんだり、被告人車を運転して2軒目の飲食店に行く途中目がかすんで先行車のテールランプが見にくくなったことを認識していたことなどの事実が認定されている。

Case 2-1 ㉑の事案では、被告人の足がふらついていたという事実が認定されている。

Case 2-1 ㉒の事案では、飲酒の際、トイレに行ったとき、足元がふらつく感じがあり、2軒目の飲食店では、ソファーに両足を伸ばして座るなど、酒に酔っただらしない態度をとっていた事実が認められるほか、走行中に、あくびがでたり目がしょぼしょぼしてきて強い眠気を感じたりもしていたという事実が認定されている。

Case 2-1 ㉓の事案では、49日の法要後の供応の際の飲酒であったところ、そのような状況下であるにもかかわらず、出席した女性らをしつこくカラオケに誘った上、ズボンのポケットに両手を入れた状態で身体を前後に揺らしていたことから、第三者から見ても分かるほど平衡感覚を保てない状態

46 〔1〕第1章　アルコールの影響

にあったと認定されている。

　Case 2 - 1 ㉕の事案では、店を出るときの被告人は、歩くのもゆっくり
で、車に乗り込む際、ふらふらと身体がふらつくなどしていたと認定されて
いる。

　Case 2 - 1 ㉖の事案では、被告人が独立歩行が困難で部下に支えてもらわ
なければ歩けない状態であったことが認定されている。

　Case 2 - 1 ㉗の事案では、被告人は、呂律が回らず、左右に揺れて正常に
歩行することができないほどの泥酔状態であったことが認定されている。

　Case 2 - 1 ㉘の事案では、ふらついて倒れかかるような状態であったこと
が認定されている。

(3)　本設例の解答

　これらの裁判例と比較しても、本設例の被告人の事故前の酩酊状況は、
「正常な運転が困難な状態」であることを支える一つの判断材料となること
は間違いないといえよう。

2　事故後の言動等

(1)　本設例での言動

　本設例では、「現場に駆けつけた警察官に対し、『お前は誰だ。』『オレはな
んでここにいるんだ。』などと怒鳴り散らし、その後、地面に座り込んで
眠ってしまった。」という事実関係が存している。このような酩酊状態がど
のように評価されることとなるか、上記同様に、これまでの裁判例の中でど
のような事実が認められているか検討することとする。

(2)　裁判例

　Case 2 - 1 ②の事案では、被告人は、飲酒検知の際の歩行検査で5メート
ルの地点で足がふらつき立ち止まったこと、引致された警察署に到着した際
には、足がふらついて転倒しそうになったため警察官に両脇を抱えられたこ
とが認められる。

　Case 2 - 1 ⑥の事案では、飲酒検知時の言動はしどろもどろであった。

　Case 2 - 1 ⑱の最高裁決定の事案では、「被告人は、事故直後、同乗者か

ら何が起きたのか尋ねられて分からない旨答えたり、そのすぐ後に友人に電話で『事故を起こしちゃったん。事故した相手がおらん』と言うなど、事故直後は、衝突時の状況やその後の被害車両の状況すら把握できていなかった」ことや、「被告人は、飲酒検知後警察官から質問を受けた際、質問事項には答えており、完全に倒れ込むことはなかったものの、肩や頭が左右に揺れたり、腰が徐々に前にずれてきて座っている姿勢が崩れることもあった」と認定されている。

Case 2-1⑲の事案では、事故後、臨場した警察官の職務質問を受けた際、強い酒の臭いをさせ、ふらつきながら直立することができない状態にあり、運転免許証を提示するにも手間取るほどであったという事実が認定されている。

Case 2-1㉔の事案では、被告人は、衝突後、衝突現場において警察官から事情聴取されたが、その際、ふらついたりすることはなかったものの、強い酒臭がし、話す言い回しがくどいなどの状況にあったと認定されている。

Case 2-1㉕の事案では、本件事故の約2時間後に行われた飲酒検知の際には、被告人の顔面から50センチメートル離れた位置でも強い酒臭が認められたと認定されている。

Case 2-1㉗の事案では、被告人は、事故直後、酔いのため正常な応答ができない状態にあったと認定されている。

Case 2-1㉘の事案では、事故後、同乗者が被害者の救助に向かったのを無視して、再度、自車を発進させ、コンビニエンスストアを見付けるや、停車させてワンカップの日本酒を購入して直ちに飲み干した。駆けつけた警察官に対しては暴言を吐き、その後の取調べでは、床に寝てしまう状況であったことが認定されている。

(3) **本設例の解答**

これらの裁判例と比較しても、本設例の被告人の事故後の酩酊状況は、「正常な運転が困難な状態」であることを支える一つの判断材料となることは間違いないといえよう。

3 まとめ

　以上、検討した事故前後の言動等の状況を含めて、本設例の事故態様が信号機の表示を誤認するような酩酊下の運転行為によるものであることなどにも照らせば、事故時のアルコール体内保有量がそれほど多いものではなかったとしても、また、事故前にある程度の走行時間、走行距離があったとしても、本設例では、「正常な運転が困難な状態」での自動車の運転と認定してよいものと思われる。

③　2条1号と3条1項の擬律判断　**49**

3 2条1号と3条1項の擬律判断

Case 4

　A車の運転者甲は、本件交差点に向かって進行してきたが、対面信号機の赤色表示に従って停止していたC車及びその後方に停止していた一般原動機付自転車B車に全く気付くことなく、時速約50キロメートルで進行し、ブレーキを掛けることもなくB車の後方から追突した。そして、その衝撃でB車を前に押し出してC車に衝突させ、さらに、路上に転倒したB車の運転者乙をA車の底部に引き込んだまま、約1キロメートルにわたって逃走した。そのため、乙は重傷を負った。そして、甲は、上記逃走後約6時間を経過した時点で、警察に逮捕された。

　この場合において、

①　甲の逮捕時の飲酒検知結果として、呼気1リットル中0.45ミリグラムのアルコールが検出されたという事実

②　甲が運転する前に一緒に飲酒していた同僚が「甲は相当に酔っていると感じた。」と述べている事実

③　甲は、犯行前後のことはほとんど覚えていないが、「衝突する前400メートルあたりで、視界がぼやけた。衝突地点の手前約50メートルのあたりで前方に信号待ちの車両があったことは覚えているが、それ以外に記憶はない。」と供述しているという事実

④　飲酒後運転を開始してから事故現場に至るまでの約5キロメートルの道程において、2か所に防犯カメラが設置されており、A車の通過場面が撮影されているが、いずれも運転に異常さは見られないという事実

⑤　事故後、甲は、警察に逮捕されるまでの間に、コンビニで買い物を

50 〔1〕第1章 アルコールの影響

しているが、そこでの防犯カメラでは、特に酔っているようには見えないという事実
がそれぞれ存するとして、甲の刑責は？

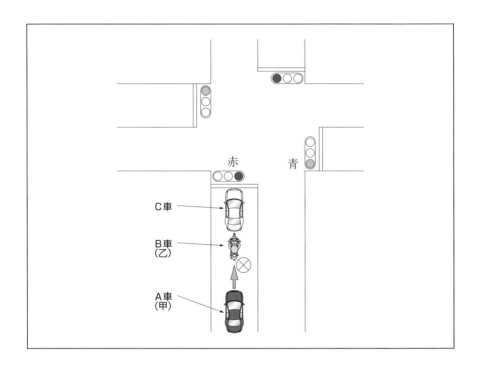

1 ウィドマーク式による算出結果

　本設例のように事故後逃走した事案では、飲酒検知までに長時間が経過していることもあるので、事故当時の身体に保有されるアルコールの量を、ウィドマーク式により算出する必要がある（以下の計算の仕方やその根拠等については、拙著逃げ得30頁、現場の疑問33頁以下参照）。

　事故当時の血中アルコール濃度をＣとすると、この場合の計算式は、
　　Ｃｔ（ｔ時間後の血中アルコール濃度）－Ｃ（血中アルコール濃度）－
　　β（減少率）×ｔ
により表される。そして、このβの値は、
　　　0.11～0.19

とされており、本設例では、前記①で示されたように、6時間経過後に、呼気1リットル中0.45ミリグラムのアルコールが検出されていることから、その時点の血中アルコール濃度が1ミリリットル中0.9ミリグラムとなって、それらの値を計算式に代入すると、まず、βが0.11の場合には、

$$0.9 = C - 0.11 \times 6$$

となるので、この場合のCは、1.56となり、呼気1リットル中のアルコール濃度に換算すれば、0.78ミリグラムとなる。

また、βが0.19の場合には、

$$0.9 = C - 0.19 \times 6$$

となるので、この場合のCは、2.04となり、呼気1リットル中のアルコール濃度に換算すれば、1.02ミリグラムとなる。

したがって、本設例では、被疑者の事故当時の呼気1リットル中のアルコール濃度は、約0.8〜1.0ミリグラムということがいえる。この濃度はかなり高いものということができよう。

2 「正常な運転が困難な状態」であるか否か

本設例では、前記①から計算される本件事故時での被疑者の体内のアルコール濃度が相当に高度なものといえるほか、前記②及び③は、アルコールにより正常な運転が困難な状態であったことを示す間接事実といえよう。

ところが、前記④及び⑤については、正常な運転が困難な状態であることを否定する方向に働く間接事実であるといえる。

しかしながら、これまでにも何度も紹介している**平成23年10月31日最高裁決定**（Case 2 - 1 ⑱）において、大谷裁判官がその補足意見で、「『正常な運転が困難な状態』かどうかの判断においては、まずは、事故態様自体から推認される被告人の心身の状態が、客観的評価になじむものでもあり、重視されるべきものと考える。」と述べているように、事故態様それ自体が重視されるものとすると、本設例では、衝突地点手前約50メートルの地点で、信号待ちのために停止していた被害車両を認識しながら、同車両との衝突事故を回避するための措置を何も採らなかったという点が「正常な運転が困難な状態」であったかどうかの判断上重要なポイントとなろう。

そして、本設例では、被害車両を認識した時点で減速措置等を講じていれ

ば、同車の後方に安全に停止することは極めて容易であったにもかかわらず、被疑者は、時速約50キロメートルでの走行を続け、ブレーキを掛けることもなく追突したのであるから、これはアルコールの影響により、追突の危険を感じることができず、制動措置を講ずる必要性の判断すらできなかったものと考えられ、「正常な運転が困難な状態」にあったものと認めてよいものと思われる。

3　前記④と⑤の各間接事実について

　ただ、確かに前記④及び⑤の各間接事実については、「正常な運転が困難な状態」ではなかったと推測させるものである。

⑴　運転に異常が見られなくても

　しかしながら、まず、前記④については、一見すると正常な運転であるかのようにみえるものの、その事実を過大に評価するべきではない。つまり、走り慣れた道路であれば酩酊下においても正常に走行できる場合もあるからである（多くの飲酒運転事案においても、常に事故を伴っているわけではないこともこのことを証明するものといえよう。）。

　この点について、上記大谷裁判官の補足意見では、「事故前の状況について、被告人は、スナックから本件道路まで約8分間、距離にして約6キロメートル、中には幅員約2.7メートルの狭い道路を、接触事故などを起こすことなく通り抜けてきている。」という被告人の運転状況が「正常な運転が困難な状態」でないとする方向への認定に働くのではないかとの問題意識から、「しかし、この点については、被告人が当夜運転した前記道路は、被告人の自宅付近の道路であることを考慮すべきであろう。」とし、Case 3－3の2（42頁）で述べたように、そのような道路を適切に運転したとしても、走りなれた道路であるなどの事情があれば、事故を起こさなかったことは、理解できないわけではなく、『正常な運転が困難な状態』かどうかの判断に当たり、過大に評価することは相当でない旨判示されていることなどに照らしても、特に重視すべき事情には当たらないと考えるべきである。

　さらに、危険ドラッグを吸引して、その影響による「正常な運転が困難な状態」での危険運転致死事件である**平成25年6月10日名古屋地裁判決**（判時2198号142頁）においても（この判決内容の詳細は後述する。）、被告人は、事故前に幅員が比較的狭い住宅街道路を無事故で走行していた事実が認められ

たが、同判決では、「正常な運転が困難な状態」にあったものとして、有罪判決が言い渡されている。

これらの判決などに示された判断に照らせば、本設例において、事故現場まで特段の異常な運転態様が見られなかったとしても、必ずしも「正常な運転が困難な状態」であることを否定するには当たらないと考えられる。

なお、このように事故前に被疑者が相当な距離を運転していたと認められる事案においては、その距離の他に、その運転態様、当該経路の道路状況（幅員、勾配、見通し、路面の状況等）及びその周囲の状況、当該道路についての慣れの程度（通り慣れた道路であるかどうか）、運転の時間帯、人や車の交通量等を正確に把握しておくことが必要であろう。

(2) コンビニで買い物していても

次に、前記⑤であるが、事故発生により意識が覚醒するという事態が起きるのは経験則上しばしば見られることであり、しかも、時の経過とともに酩酊度は低下するのであるから、被疑者がコンビニにおいて買い物をすることができ、その状態から酩酊を窺わせるものが見られなかったとしても、事故時において、「正常な運転が困難な状態」を否定することにはならないであろう。

特に、アルコールの影響による「正常な運転が困難な状態」での危険運転致傷事案において、事故後逃走し、不救護・不申告による道路交通法違反も併せて起訴されて、それが有罪となっている例は通常よく見られるところである（**平成26年2月4日千葉地裁判決**[注]（公刊物未登載）等参照）。それらの事案では、事故現場から逃走して自宅等まで無事に帰り着いているものであることから、危険運転致傷が認められるような事案でも、逃走行為を正常に行うことができるのであり、上記判決等においても、そのような逃走行為が

[注]　同判決の事案は、「平成25年5月17日午後7時56分頃、千葉県習志野市内の道路において、運転開始前に飲んだ酒の影響により、前方注視及び運転操作が困難な状態で、普通貨物自動車を時速約45ないし60キロメートルで走行させ、もってアルコールの影響により正常な運転が困難な状態で自車を走行させたことにより、その頃、同所付近において、自車進路左前方を同方向に進行中の被害者（当時18歳）運転の自転車後部に自車左前部を衝突させてボンネット上に跳ね上げた上、フロントガラスに衝突させて路上に転倒させ、よって、同人に加療約14日間を要する右肩関節挫傷等の傷害を負わせた。」という危険運転致傷事案と、その後の不救護・不申告事案である。

あったとしても、事故時に「正常な運転が困難な状態」であったことを否定はしていない。そもそも、その事故後の逃走行為を捉えて、無事に逃走できたのであるから、事故時には「正常な運転が困難な状態」ではなかったという論理はいかにも受け容れがたいものであろう。そうであるなら、事故後に正常な運転等や、本設例におけるようなコンビニでの買い物などがなされていても、それだけでは事故時に「正常な運転が困難な状態」であったことを否定する理由にはならないものと考えられる。

4　2条1号か3条1項かの擬律判断

では、事故発生時において、「正常な運転が困難な状態」であるとしても、本設例ではそれが自動車運転死傷処罰法2条1号若しくは同法3条1項のいずれに該当するのか。

この判断をするためには、被疑者が本件事故を発生させるまでの運転行為において、既に、「正常な運転が困難な状態」であったのか、それとも、「正常な運転に支障が生じるおそれがある状態」で運転していたものの、その後、「正常な運転が困難な状態」に陥ったと認められるのか、そのいずれであるのかを見極めなければならない。

本設例では、前記1で述べたように、被疑者の事故当時の呼気1リットル中のアルコール濃度は、約0.8～1.0ミリグラムという高濃度であること、運転開始前の段階で、同僚から見ても相当に酔っていると見られていること、被疑者は、犯行前のこともほとんど覚えていないような状態で運転をしていたことなどに照らせば、運転を開始した直後の頃から、既に「正常な運転が困難な状態」にあったものと認定すべきであろう。

そうであるなら、本設例では、同法2条1号を適用すべきである。

5　「正常な運転が困難な状態」についての認識

また、被疑者に「正常な運転が困難な状態」についての認識があったかどうかであるが、事故現場手前約400メートルの地点で、視界がぼやけたという認識を有したのであるから、これは「正常な運転が困難な状態」であったことを基礎付ける事実ということができ、この「正常な運転が困難な状態」についての認識も有していたと認めてよいものと思われる。

6 起訴された事実の概要

　本設例は、平成27年1月29日さいたま地裁判決（公刊物未登載）の事案を参考にしたものであり、同判決で認定された罪となるべき事実の概要は、次のとおりである。

　被告人は、

第1　平成26年7月12日午後10時頃、埼玉県○○市内の道路において、運転開始前に飲んだアルコールの影響により、前方注視及び運転操作が困難な状態で普通乗用自動車を時速約55キロメートルで走行させ、もってアルコールの影響により正常な運転が困難な状態で自車を走行させたことにより、その頃、同所先道路において、自車前方で信号待ちのため停止中のV1（当時○歳）運転の原動機付自転車後部に自車右前部を衝突させて前方に押し出し、同所に停止中のV2（当時○歳）運転の普通乗用自動車後部に前記V1運転車両前部を衝突させた上、自車前部を前記V2運転車両後部に衝突させ、前記V1を路上に転倒させて自車底部に巻き込んだまま同市内○○先路上までの約1,372メートルの間その身体を引きずり、よって、同人に肋骨多発骨折を伴う胸腔内臓器損傷等の傷害を負わせ、同日午後10時41分頃、同人を前記傷害により死亡させたほか、前記V2に加療約2週間を要する頸椎捻挫等の傷害を負わせた

第2　同日午後10時頃、上記道路において、普通乗用自動車を運転中、前記のとおり、V1に傷害を負わせる交通事故を起こし、もって自己の運転に起因して人に傷害を負わせたのに、直ちに車両の運転を停止して前記V1を救護する等必要な措置を講じず、かつ、その事故発生の日時及び場所等法律の定める事項を、直ちに最寄りの警察署の警察官に報告しなかった

ものである。

Case 5

　A車の運転者甲は、本件交差点に向かって進行してきたが、対面信号機の赤色表示に従って停止していた普通乗用自動車B車に全く気付くことなく、B車の後方から追突した。B車の運転者乙及び同乗者丙は、衝突の衝撃で軽傷を負った。A車の運転者甲は、直ちに現場から逃走した。
　この場合において、
① 事故から１時間45分経過後に飲酒検知した結果、呼気１リットル中0.75ミリグラムのアルコールが検出されたという事実
② 甲は、事故時より４時間前から１時間ほど前までの間に、アルコール度数９パーセントの缶酎ハイ合計約1,200ミリリットルを飲んだ上、事故直前30分ほど前に、アルコール度数25パーセントの焼酎約100ミリリットルを水割りにして一気飲みをしたという事実
③ 上記飲酒後、間もなくのうちに運転を開始したという事実
④ 甲は、事故現場より700メートルほど手前の地点で、「車が二重にぶれて見えるようになった。」、また、同様に300メートルほど手前の地点で、「ハンドルを握ってもふわふわした感触がしたし、アクセルを踏んでも同様な感触がした。」などと供述したという事実
⑤ 本件事故に至るまでの甲の運転状況を目撃した者はおらず、また、それを写した防犯ビデオなども存しないという事実
⑥ 事故後、甲が無言でふらふらしている様子が目撃されているという事実
⑦ 事故後、甲は、パチンコをしていたが、その際転倒したりしてまともにパチンコもできない状況が店内の防犯ビデオに録画されていたという事実
がそれぞれ存するとして、甲の刑責は？

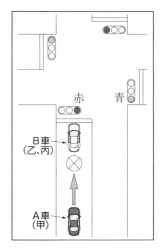

③ ２条１号と３条１項の擬律判断　**57**

1　まず検討すべき事項

　本設例においては、まず、事故時における被疑者が体内に保有するアルコール濃度を明らかにしておかなくてはならない。Case 4 と同様に、これをウィドマーク式で計算をすると、呼気１リットル中0.85〜0.9ミリグラムのアルコールが体内に保有されていたことが判明する。

　そのような高濃度のアルコールを身体に保有した状態であり、しかも前方を見ていれば必ず発見できるＢ車に全く気付くことなく、何らの制動措置をも講じることなく、Ｂ車に追突をしているという事故態様、さらに、事故前の運転時に前記④のような状態にあり、事故後の前記⑥及び⑦の極度に酩酊している状況等に照らしても、その事故時において、「正常な運転が困難な状態」にあったことは明らかであるといえよう。

　ただ、前記⑤で示されたように、本件事故現場に至るまでの間、特に蛇行したり、何かに衝突したりしたなどの異常な運転を認めるに足る証拠はないが、Case 3 - 3 やCase 4 で検討したように、事故前に一見正常と見られるような運転行為であっても、事故態様や事故後の状況等に照らして、「正常な運転が困難な状態」であったと認定することは可能であり、本設例でも、前記⑤のような事情があっても、「正常な運転が困難な状態」であったことを否定する理由にはならないと考えてよいと思われる。

2　２条１号か３条１項かの擬律判断

　このように本設例において、危険運転致傷罪が成立するとしても、自動車運転死傷処罰法２条１号の危険運転致傷罪か、同法３条１項の危険運転致傷罪のどちらが成立するのであろうか。

　本設例では、前記②及び③で示されているように、アルコール度数25パーセントの焼酎約100ミリリットルを水割りにして一気飲みをして、間もなくのうちに運転を開始したという事実が認められるところ、酩酊への至り方の問題として、一気飲みをしたことによる急激な酩酊が事故直前に起きたのだとすると、当初の運転中は、「正常な運転に支障が生じるおそれがある状態」程度であったものが、事故直前に至って、急に酔いが回り、「正常な運転が困難な状態」となったというおそれがないかどうか検討しておく必要があろう。

　しかしながら、前記④で示されているように、事故現場より700メートルほ

ど手前の地点で、「車が二重にぶれて見えるようになった。」、また、同様に300
メートルほど手前の地点で、「ハンドルを握ってもふわふわした感触がした
し、アクセルを踏んでも同様な感触がした。」などという状況がある以上、既
に、事故に至る運転中に「正常な運転が困難な状態」に陥っていたものと認め
られるし、また、被疑者にその認識もあったものと認められよう。

したがって、本設例では、同法2条1号の危険運転致傷罪が成立するものと
考えられる。

3 起訴された事実の概要

本設例は、平成26年9月3日甲府地裁判決（公刊物未登載）を参考にしたも
のであるが、同判決で認められた罪となるべき事実は、次のとおりである。

被告人は、

第1 平成26年7月4日午前10時14分頃、山梨県○○郡○○町内の道路におい
て、運転開始前に飲んだ酒の影響により、前方注視及び運転操作が困難な
状態で、普通乗用自動車を時速約20ないし30キロメートルで走行させ、
もってアルコールの影響により正常な運転が困難な状態で自車を走行させ
たことにより、同日午前10時15分頃、同町○○先道路において、工事によ
る交通規制に従って停止していたV₁（当時○歳）運転の普通乗用自動車
後部に自車前部を衝突させ、よって、同人に加療約2週間を要する頸椎捻
挫の傷害を、同人運転車両同乗者V₂（当時○歳）に加療約2週間を要す
る頸椎捻挫の傷害をそれぞれ負わせ

第2 同日午前10時15分頃、前記道路において、前記第1記載の車両を運転
中、前記第1記載のとおり、前記V₁運転車両を損壊する事故を起こした
のに、その事故発生の日時及び場所等法律の定める事項を、直ちに最寄り
の警察署の警察官に報告しなかった

ものである。

Case 6

　A車の運転者甲は、左折禁止の交差点を、その標識を看過して左折したため、左方道路から進行してきたB車と衝突し、B車の運転者乙は、軽傷を負った。

　この場合において、

①　事故直後の飲酒検知の結果、呼気１リットル中0.4ミリグラムのアルコールが検出されたという事実

②　甲は、衝突した瞬間、はっとしたことは覚えているが、事故直前の状況については覚えていないと供述している事実

③　甲は、運転を開始して間もなくのころに、いつも以上に酔っていたから、このまま運転したら事故を起こしてしまうのではないかと心配になり、代行運転を頼もうかとも考えたと供述している事実

④　甲は、衝突直前、40メートルほどの距離を時速約15キロメートル（時間にして約９秒）で走行し、ブレーキを掛けずにB車に衝突しているという事実

⑤　A車は立体駐車場に駐車してあったものであるところ、甲は、同立体駐車場のスロープを無事に運転し、出口のバーの前で一時停止し、その料金を精算した上で、バーが開いてから発進し出場しているという事実

⑥　市街地の道路を深夜とはいえ、時間にして約８分間、距離にして約2.5キロメートルにわたって事故を起こすことなく運転し、事故現場に至ったという事実

⑦　共に飲酒していた同僚は、別れ際の甲の言動について、しっかりした口調で話していたし、きちんと歩いていた旨供述しているという事実

がそれぞれ存するとして、甲の刑責は？

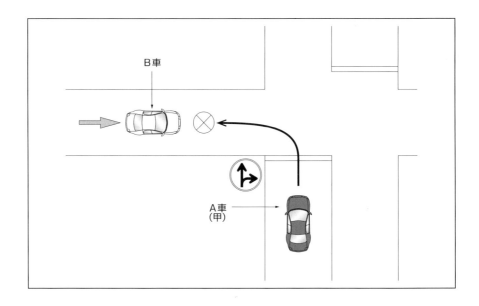

1 本設例の検討

　本設例では、前記④で示された事故態様において、約９秒間、前方を見ていなかったか、前方を見ていたとしても、Ｂ車の存在に気付いておらず、制動措置も全く採られていないのであるから、そのような状態が「正常な運転が困難な状態」にあることは明らかであろう。もっとも事故時には仮睡状態に陥っていた疑いもあるが、そのような仮睡状態に陥るのは、通常はアルコールの影響によるものと認められるから、仮睡状態であったとしても、「正常な運転が困難な状態」であることに違いはないものと思われる。

　もっとも、前記⑤ないし⑦は、「正常な運転が困難な状態」ではなかったと推認させる間接事実であるが、事故時において、その直前の状況を全く覚えておらず、衝突してはっと我に返るような状態は、やはり「正常な運転が困難な状態」であると評価すべきものである。

　もっとも、本設例においては、自動車運転死傷処罰法２条１号の危険運転致傷罪が成立するのか、同法３条１項の危険運転致傷罪が成立するかは検討の余地がある。

　特に、前記③の事実は、自己の運転状況について冷静に判断できており、こ

の段階においては、「正常な運転が困難な状態」というよりも、「正常な運転に支障が生じるおそれがある状態」であると見られる余地はあろう。そうであるなら、本設例では、自動車運転死傷処罰法３条１項が適用されてもよい事案であると考えることもできよう。

2　起訴された事実の概要

　本設例は、平成26年７月28日長野地裁松本支部判決（公刊物未登載）を参考にしたものであるが、同事案では、同法３条１項によって処理されており、同判決で認められた罪となるべき事実は、次のとおりである。

　被告人は、平成26年６月７日午前０時49分頃、普通乗用自動車を運転し、長野県○○市内の道路を進行するに当たり、運転開始前に飲んだ酒の影響により、その走行中に前方注視及び運転操作に支障がある状態で同車を運転し、もって、アルコールの影響によりその走行中に正常な運転に支障が生じるおそれがある状態で、自動車を運転し、よって、同日午前０時50分頃、同市内○○先道路において、その影響により前方注視及び運転操作が困難な状態に陥り、その頃、同市△△先の道路標識により左折進行が禁止されている交差点を、同道路標識を看過して時速約15キロメートルで左折進行し、折から左方道路から進行してきたＶ（当時○歳）運転の普通乗用自動車の右後部に自車右前部を衝突させ、よって、同人に全治約４日間を要する頸椎捻挫の傷害を負わせたものである。

62 〔1〕第1章 アルコールの影響

Case 7

　A車の運転者甲は、走行中、左側にある建物に突っ込んで、同乗者乙が軽傷を負った。

　この場合において、

① 　事故直後の飲酒検知の結果、呼気1リットル中0.25ミリグラムのアルコールが検出されたという事実

② 　甲は、飲酒後に自動車を運転していたことは記憶しているものの、飲酒量、運転経路、事故状況等については、ほとんど記憶していないという事実

③ 　甲は、飲酒した店でトイレに行く際に、頭がくらくらして、足下がふらついて真っすぐ歩けなかったと供述している事実

④ 　A車は立体駐車場に駐車してあったものであるところ、甲は、同立体駐車場のエレベーター内で直立できず、ふらついており、また、自車に向かう途中も真っすぐ歩行できず、途中でしゃがみこんでおう吐し、しばらく立ち上がることができなかったという事実

⑤ 　立体駐車場1階出口において、料金支払機に現金を挿入することができず、降車したもののふらつき、自車に寄り掛かるようにしながら料金を挿入したという事実

⑥ 　甲は、その後立ち寄ったコンビニの駐車場にスムーズに乗り入れ、駐車位置の白線の中にぴたりと停止させたという事実

⑦ 　その際、甲は、運転席から転がるように降りてきておう吐したという事実

⑧ 　甲は、走行中、センターラインを越えたような振動を感じて、その振動により目が覚めたことがあったと供述している事実

⑨ 　飲酒後、事故現場まで約5キロメートルの距離を、特に、事故を起こすこともなく走行していた事実

⑩ 　本件事故で甲も負傷したが、その際、意識朦朧となっていたという事実

がそれぞれ存するとして、甲の刑責は？

1 本設例の検討

本設例においては、被疑者の飲酒検知結果からは、それほど多量のアルコールが身体に保有されている状態には見られない。しかしながら、おう吐を繰り返したり、真っすぐに歩行できなかったなど、アルコールの影響が顕著に現れている。また、事故直後に意識朦朧となっていることや、事故状況等についてほとんど記憶していないことなどに照らせば、本設例においても、事故時において、「正常な運転が困難な状態」にあったものと認めるべきであろう。

ただ、前記⑥や⑨の事実については、上記の状態を否定する方向に働く事実であるが、事故前に正常に見られる運転がなされる例も多いことは、これまでに述べたとおりであり、事故態様などを含めた色々な事実が「正常な運転が困難な状態」にあったことを強く推認させる場合には、前記⑥や⑨のような事実が存したとしても「正常な運転が困難な状態」にあったと認定してよいものと思われる。

もっとも本設例において、自動車運転死傷処罰法2条1号を適用するか、同法3条1項を適用するかは検討しなければならない。

基本的には、本設例の事故の際の態様や、それまでの酩酊の度合いなどを考慮すれば、同法2条1号が適用されるべき危険運転致傷罪であると考えられる。

ただ、本設例では、飲酒酩酊に陥っている状況はよく分かるものの、飲酒検知の結果がそれほど高くないことや、前記⑥や⑨の事実を重視するのであれば、「正常な運転に支障が生じるおそれがある状態」で運転した後、事故に至る際に、「正常な運転が困難な状態」に陥ったとの認定もあり得るかとは思われる。

2 起訴された事実の概要

ちなみに、本設例は、平成26年9月1日前橋地裁判決（公刊物未登載）を参考にしたものであるが、同判決の事案では、同法3条1項によって処理されており、同判決で認められた罪となるべき事実は、次のとおりである。

被告人は、平成26年5月22日早朝、群馬県内の道路において、運転開始前に飲んだ酒の影響により、走行中に正常な運転に支障が生じるおそれがある状態で普通乗用自動車を運転し、その頃、同所付近を時速約30キロメートルで走行中、その影響により前方注視及び運転操作が困難な状態に陥り、自車前部を道路左側の橋の欄干に衝突させて、自車同乗者Vに加療約2週間を要する右肋骨骨折等の傷害を負わせたものである。

Case 8

甲は、進路前方で停止していた車両に追突したことで同車運転者乙を負傷させた。その直後、事故現場に駆けつけた警察官丙は、甲からアルコール臭を感じ取ったため、甲の飲酒検知を実施したところ、甲の呼気1リットル中に0.9ミリグラムのアルコールが検出された。

甲は、丙の質問にもまともに答えられず、自力で立っていられない程に酩酊していた。丙は、直ちに甲を現行犯逮捕することとしたが、何罪により逮捕すべきか。

1 現行犯逮捕とは

刑事訴訟法212条1項は、現行犯を、

　現に罪を行い、又は現に罪を行い終った者を現行犯人とする。

と定義付け、同法213条において、

　現行犯人は、何人でも、逮捕状なくしてこれを逮捕することができる。

と規定していることにより、令状なくして逮捕に及ぶことができるものである。

したがって、警察官が犯人を逮捕するに当たっては、それが「現に罪を行い、又は現に罪を行い終った者」であることが自ら確認できる場合でなければならない。

そこで、本問において、想定される逮捕罪名は、①酒気帯び運転罪又は酒酔

い運転罪と過失運転致傷罪、②自動車運転死傷処罰法２条１号の危険運転致傷罪、又は③同法３条１項のいずれかであろう。

2 現行犯逮捕ができるだけの要件の有無

　このうち、①については現場に臨場した警察官は、運転者の様子を目視できる上、その運転状況についても本人若しくは事故の相手方等から聞くことができることから、現行犯逮捕の要件を満たすことに問題はなく、酒気帯び運転とするか、酒酔い運転とするかはともかくとしても、それらの罪名と過失運転致死傷罪とで現行犯逮捕できるであろう。

　次に、②であるが、事故後の運転者の酩酊の程度がひどく、また、事故の態様において全くブレーキを踏んだ形跡がないなど、およそ「正常な運転が困難な状態」での運転の結果であると認識できる状況があるのであれば、この場合も、②として現行犯逮捕ができるだけの要件は存するといえよう。

　問題は③の場合として現行犯逮捕することがあるのかという点である。事故現場に警察官が駆けつけた際の状況は、②の場合と同様のはずである。③の場合であっても、事故の際には、「正常な運転が困難な状態」に陥っているからである。ただ、③を適用する場合は、事故に至る過程において、「アルコールの影響により、その走行中に正常な運転に支障が生じるおそれがある状態で、自動車を運転し」よって「正常な運転が困難な状態」に陥って事故が生じるのであるところ、警察官が「アルコール又は薬物の影響により、その走行中に正常な運転に支障が生じるおそれがある状態」での運転を現認することはないので、③の構成要件が充足されることを確認し得ないから、この③での現行犯逮捕はできないのではないかとの疑問も生ずるからである。

　しかしながら、現行犯逮捕において、「現に罪を行い終わった」ことについて、その一部始終を現認していなければならないことはないと解されるので、「正常な運転が困難な状態」を現認した場合に、③の一部を確認できているとして③での現行犯逮捕をしても法律上の問題はないものと思われる。

　もっとも、実務的には、現に、当該運転者の状況や事故態様などからして、それが「正常な運転が困難な状態」であると認められるのであれば、②の場合であるとして現行犯逮捕すべきであろう。そして、その状況が認められなければ、①として現行犯逮捕することになる。

「正常な運転が困難な状態」の認定における積極的な間接事実及び消極的な間接事実

　これから検討するCase 9は、被告人がアルコール等の影響により「正常な運転が困難な状態」にあったかどうかという法的評価を伴う事実認定が問題とされたものである。

　アルコールの影響により正常な運転が困難な状態で自動車を走行させる行為による危険運転致死傷罪の成否については、これまでにもいくつか事例を挙げたように、これを肯定する方向に働く積極的な間接事実と、否定する方向に働く消極的な間接事実とが混在するのが通常である。そのような場合に、どのような間接事実をどのような角度からどのように評価するかが問題となる。特に、消極的な間接事実があった場合に、それが「正常な運転が困難な状態」を否定するほどの影響を及ぼすものであるかどうかを冷静に判断する必要がある。

Case 9

　被疑者は、平成26年7月13日、午前4時半から同7時までの間、アルバイト先の海の家において、ビール中ジョッキ3杯（ジョッキ1杯のビールは缶ビールと同じく350ミリリットルとする。）、350ミリリットルの缶酎ハイ1缶を飲み、更に、午前7時から9時までの間に、缶酎ハイ5缶を飲んだ。そのため、被疑者は、酩酊状態となり、他の従業員に酒を飲めとからんだり、座っていた椅子ごと後ろに倒れたりなどしていた。

その後、正午頃から同日午後２時頃までの間、同海の家で仮眠をとった。しかしながら、仮眠後にシャワーを浴びた際、自分が脱いだ衣類の場所が分からず、全裸で店内を歩いたり、客に出す食品を満足に電子レンジで加熱することができないなどの状態にあった。

同日午後４時20分頃、被疑者は、煙草を買うために付近のコンビニエンスストアに赴くこととし、同所まで乗って来ていた普通乗用自動車に乗り込み、図のとおり、見通しのよい幅員約５メートルの直線道路を時速約50〜60キロメートルで走行した。その際、被疑者は、所持していたスマートフォンを取り出し、メール等の操作をするため、100メートル以上も前方を見ることなく、約７〜８秒の間、スマートフォンの画面を見て運転をしたところ、前方の道路左端を歩行していた４名の被害者に気付くことなくはね飛ばした（なお、同所の道路状況からすれば、120メートル以上手前から被害者を発見し認識していたはずであった。）。そして、そのうちの３名は死亡し、１名は重傷を負った。

被疑者は、事故後、人をはねたことをすぐに理解したが、酒を飲んでいたことから逃走することとし、そのまま直進し、図のとおり、約10.5キロメートル走行した後、同日午後５時半頃、事故現場付近まで戻った。

その逃走している間に、コンビニエンスストアで煙草を買い、その際に、海の家の同僚に電話を掛け、「事故っちゃった。どうしよう。」と言ったことから、同僚は、すぐに現場に戻り、警察に連絡するように勧めた。同店内の防犯ビデオからは被疑者が特に酩酊しているような様子はうかがわれなかった。

そして、被疑者は、事故現場付近まで戻って停車した後、110番通報をした。その際の通話状況は自然な会話ができており、かみ合っていないなどの酩酊状態を示すものはなかった。ただ、「人を轢いちゃった模様です。」とか、「コンビニに行く途中で巻き込まれまして」などと、他人事のような反応をしているほか、「何人くらい轢いたんですか。」との問いに対し、「いや、一人だとは思うんですけど。」などと事態を全く認識していない返答

68 〔1〕第1章 アルコールの影響

をしていた。また、自車のナンバーを答えられず、自車から降りてナンバーを読むように言われて、それで初めて自車から降りてナンバーを答えた。
　その後、現場に駆けつけた警察官に逮捕されたが、その際の飲酒検知の結果は、呼気1リットル中に0.55ミリグラムのアルコールが検出された。

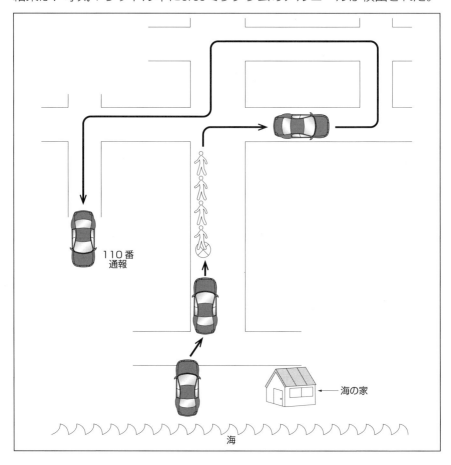

④ 「正常な運転が困難な状態」の認定における積極的な間接事実及び消極的な間接事実 **69**

Case 9-1

　本設例における飲酒量は被疑者の供述によるものであるが、最終的な飲酒検知結果に照らして真実を供述しているものと認定できるか。ウィドマーク式で計算した場合、どのような結果となるか。

Point

　まず、実際にウィドマーク式で計算してみる必要がある。缶酎ハイ５缶を飲み終えたのが午前９時であった場合、午後５時半の時点で呼気１リットル中0.55ミリグラムものアルコールが検出されるのかどうか疑問がないではない。そのような場合には、被疑者の飲酒量についての供述が虚偽である可能性があるので、実際に自らこの計算を実施することは重要である。

　ちなみに、ウィドマーク式の計算式は、

　　　血中アルコール濃度（Ｃ）＝アルコール摂取量/体重×体内分布係数

　　　ｔ時間後の血中アルコール濃度＝Ｃ－減少率×ｔ

で表されるところ、まず、必要な数字として、

　　　ビールのアルコール濃度　　５パーセント

　　　酎ハイのアルコール濃度　　８パーセント

　　　アルコール比重　0.789→計算上、0.8とする。

　　　被疑者の体重　62キログラム

　　　体内分布係数　0.60〜0.96

　　　減少率　0.11〜0.19

に基づいて計算することとなる。

1　午前４時半から７時までの飲酒量

　　被告人の供述によれば、午前４時半から７時までの間に、

　　ビール中ジョッキ３杯

　　350ミリリットルの缶酎ハイ１缶

　を飲んだとなっていることから、まず、午前７時の時点での被告人の体内にお

ける血中アルコール濃度を算出する。

(1) まず、この段階でのアルコール摂取量は、ビールについて、

350×3 = 1,050ミリリットルとなり、これに濃度5パーセントの0.05と、比重である0.8を掛け合わせる。

1,050×0.05×0.8 = 42

となり、この時点でビールによるアルコールとして42グラムが体内に存することとなる。

(2) また、缶酎ハイについては、350ミリリットルで、濃度が8パーセントで、比重が0.8であることから、

350×0.08×0.8 = 22.4

となり、缶酎ハイ1缶で22グラムのアルコールが体内に存することになる（端数は切り捨て）。

(3) そこで、その合計である

42＋22 = 64グラム

がこの時点での体内アルコール摂取量となる。

(4) そして、この数字を、分母である被告人の体重と体内分布係数を掛けたもので割ることとなる。

まず、分母は、

62×0.60～0.96 = 37.2～59.52

となるので、それぞれの数字の端数を切り捨てて、前記64グラムを割ると

64/37～59 = 1.73～1.08

となる。

つまり、この午前7時の時点で、被告人の血中アルコール濃度は、

1.7～1.1

で、ちなみに、呼気1リットルの濃度に換算すれば

0.85～0.55

となる。

(5) そこで、このアルコールが同日午後5時半である10時間半後にどれだけ被告人の体内に残留するかを計算すると、前記計算式のtのところに、10.5を入れることになる。

まず、午前7時の時点の血中アルコール濃度である1.7～1.1から差し引く

④ 「正常な運転が困難な状態」の認定における積極的な間接事実及び消極的な間接事実　*71*

ものを計算するとして、減少率と時間を掛けることとする。これは、

　　$0.11 \sim 0.19 \times 10.5 = 1.155 \sim 1.995$

となり、四捨五入して

　　$1.2 \sim 2.0$

を先の血中アルコール濃度から差し引くことになる。すると、数字の大小を対応するようにすると、

　　$1.7 \sim 1.1 - 2.0 \sim 1.2 = -0.3 \sim -0.1$

となり、この結果は、－となる。

(6)　この意味するところは、午前7時の時点で、体内にあった1.7〜1.1のアルコールは、午後5時半までの間に全て分解されて残っていないということを意味する。

　　したがって、午後5時半の時点での飲酒検知結果である呼気1リットル中に0.55ミリグラムのアルコールが存するに当たり、午前7時までの飲酒は全く影響を与えていないことになる。

2　午前7時から9時までの飲酒量

　次に、午前7時から9時までの間に、被告人の供述によれば、

缶酎ハイ5缶

を飲んだということであるから、以下同様に計算する。

　まず、この午前9時の時点までに追加されたアルコール摂取量は、

　　$350 \times 5 \times 0.08 \times 0.8 = 112$

となり、これを分母となる37〜59で割ると

　　$112/37 \sim 59 = 3.03 \sim 1.90$

となり、この午前9時の時点までに追加されたアルコール分の血中アルコール濃度が、

　　$3.0 \sim 1.9$

となる。この数値から差し引くものとして、午後5時半である8時間半後についての減少率と時間を掛けると

　　$0.11 \sim 0.19 \times 8.5 = 0.935 \sim 1.615$

となるので、先の午前9時の時点までに追加されたアルコール分から差し引くと

72 〔1〕第1章　アルコールの影響

　　3.0〜1.9 − 1.6〜0.9 = 1.4〜1.0

となる。

　したがって、これを呼気1リットル中のアルコール濃度に換算して、

　　0.7〜0.5ミリグラム

となり、飲酒検知結果とおおむね一致する。

　すなわち、被告人が午前9時頃までに飲んだ缶酎ハイが5缶であれば、それが検知結果まで残留したものと判断される。ただ、それより少ない量であれば、その後に、ビール等を飲むことが不可欠となる。

3　計算結果と飲酒検知結果

　結局のところ、被告人が犯行当日午後や、犯行直前まで飲酒していたかどうかは、それがなくても飲酒検知結果とは矛盾しないことから、虚偽の供述をしているものとは認められない。本設例では、缶酎ハイのアルコール濃度が高かったことからこのような結果になったものと思われる。

Case 9-2

　犯行時にスマートフォンの画面を見ていたことは、危険運転致死傷罪の成否にどのような影響を与えるのか。その時間が7〜8秒ではなく、15〜20秒であった場合はどうか。

Point

　危険運転致死傷罪の成否に当たっては、飲酒量及びアルコール体内保有量だけでなく、これまでに述べたように、実行行為の態様も重要な判断資料となる。

　そして、本設例におけるような前方不注視は、飲酒酩酊状態でなくとも通常起き得る過失態様であることから、通常の過失犯による前方不注視とどこが異なるのか。また、その不注視の時間の長短は、「正常な運転が困難な状態」との認定に傾くのか、それとも過失としての認定に傾くのか検討しなけ

ればならない。

1 7から8秒間の前方不注視

(1) 本設例の解答

結論として、いくら携帯電話を見るためとはいっても、距離にして100メートル以上、時間にして約7、8秒もの間、前方を見ることなく運転するという行為は、およそ正常な運転者であれば恐ろしくてできない行為である。にもかかわらず、そのような運転が可能であったということは、アルコールの影響下にあったからとしか考えられず、そのような影響下でなされた異常な運転行為である以上、その際に被疑者は、「正常な運転が困難な状態」にあったものと評価すべきであろう。

(2) 平成23年10月31日最高裁決定（Case 2 - 1 ⑱）

この事案は、前述したように、「8秒程度にわたって被害車両の存在を認識していなかった」ものである。そして、「約8秒間もの長い間、特段の理由もなく前方を見ないまま高速度走行して危険な運転を継続したということになり、被告人は、いずれにしても、正常な状態にある運転者では通常考え難い異常な状態で自車を走行させていたというほかない。」としていることが参考になる。

さらに、このように前方を見ずに運転を継続したことが「正常な運転が困難な状態」にあったかどうかについては、上記最高裁決定における大谷裁判官の補足意見が非常に参考になる。

すなわち、「本件道路は、ほぼ直線の海上の一本道路であり、交差点もなく、当時は夜間で交通量も閑散であった。このような本件道路で、被告人は、本件事故時、暗いとはいえ、衝突の約9秒前には発見できたはずの被害車両を約8秒間発見せず、追突の約1秒前に気付いて急ブレーキを掛け、右転把するも、ほとんど制動などの効果もないまま衝突に至っている。

この約8秒間が脇見運転によるものかどうかについて第1審と原審で判断が分かれているが、私としては、被告人がとにかく約1秒前まで被害車両を発見し認識していなかったことにこそ（この点は、ブレーキ痕などから客観的に認定できる。また、被告人には、事故態様、事故原因について明確な認

識はない。）、本件事故当時の被告人の尋常ではない心身の状態がうかがわれると考える。すなわち、本件道路は、ほぼ直線の海上道路で信号もなく、対向車もまばらであり、被告人としては専ら先行車両の有無、動静に注意すればよい状況にあった。また、第1審判決の認定によれば、本件道路は被告人の自宅から勤務先に向かう道路であり、被告人は毎日本件自動車で通行しているものである。毎日通勤する道路で、気をひかれる光景もなかったにもかかわらず、ほとんど衝突の寸前まで被害車両を発見、認識できなかったのである。これは単なる『よそ見』や『考え事』では説明がつかないのであって、著しいというべき程度の注意能力の弛緩、判断能力の鈍麻を認めないわけにはいかない。」と述べられているが、本設例でもほぼ同様の判断ができるであろう。この最高裁決定の事案での「よそ見」が、本設例では携帯電話の画面を見る行為に替わるだけであって、道路状況等もほぼ同様に考えることができるものと思われる。

　また仮に、被疑者が携帯電話の画面を継続して見ることなく、チラチラとしてでも前方を見ていたとしても、120メートル以上手前から被害者を発見し認識できたはずであるにもかかわらず、発見していないという事実は、上記最高裁決定が指摘する「前方を見ることがあっても被害車両を認識することができない状態」に他ならず、そうであるなら、同決定がいうように「認識可能なものが注意力を欠いて認識できない後者の場合はもちろんのこと」とされるほどの「正常な状態にある運転者では通常考え難い異常な状態で自車を走行させた」ことになり、やはり、「正常な運転が困難な状態」での運転に該当することになると考えられる。

2　10秒から15秒の前方不注視

　平成25年5月29日仙台地裁判決（公刊物未登載）の事案は、不必要なオーディオ操作にもっぱら気をとられ、進路前方をほとんど見ないまま、時速約75キロメートルで、約276.2メートル、時間にすれば約13秒もの間、自車を走行させた末、道路舗装工事に全く気付かず、作業中の被害者らに衝突して2名を死亡させ、2名に重傷を負わせたというものであるが、「片側三車線で交通量の少ない深夜であったとはいえ、仙台市内中心部の一般道路で、この間には信号機が設置されている2か所の十字路交差点がある道路状況において、前記の高速

度で走行する場合、通常であれば、恐怖心等が作用し、13秒もの間前方にほとんど目を向けないまま走行するとは到底考えられず、このような被告人の運転は異常なものである。」とし、その上で、なぜそのような異常な運転をしたかについて検討し、それがアルコールの影響によるもので「相当程度酩酊状態にあったことは明らかである。」とし、「したがって、アルコールの影響により平衡感覚が正常に作用しないまま、被告人は車を発進させ走行させているのであって、被告人が約13秒間にわたり前方をほとんど見ないで高速度で運転するという、通常では想定し難い行動をとった原因はアルコールの影響以外には考えられない。」として、被告人がアルコールの影響により正常な運転が困難な状態にあったものと認定し、危険運転致死傷罪の成立を認めたものである。

3　15秒から20秒の前方不注視

では、被疑者が前方を注視していなかった時間が、15秒ないし20秒であった場合はどうか。

この点については、**平成27年7月9日札幌地裁判決**（公刊物未登載）が参考になる。

ここでは、まず、被告人の前方不注視に関する事実認定として、次のような事実を認定した。

すなわち、「この道路は、歩車道の区別や中央線のない幅員4.7メートルのほぼ直線の道路で、見通しも良く、丁字路交差点から衝突地点までは約440メートルの距離があり、被告人が立ち会った実況見分によれば、衝突地点の約160メートル手前から被害者らを人として認識可能であった。被告人は、角を曲がってから車の速度を上げ、おおむね時速50ないし60キロメートルの速度を維持しながら車を進行させ、そのまま、前方の道路左側を2列に固まって同一方向に歩いている被害者らに車を衝突させて次々とはね飛ばした。この間、被告人は、直線道路に入ってから間もなく、3、4秒後に、ズボンの右後ろポケットから右手でスマートフォンを取り出して左手に持ち替え、その約3秒後にスマートフォンの操作をするため、顔を真下に向けて、画面に目を落としている。5秒程度画面を見続けて操作をした後、対向車の有無を確認するため一瞬だけ顔を上げて右斜め前方直近に視線を向けたが、再び画面に目を落として4、5秒間画面を見続けながら操作をし続け、更にもう一度同様に一瞬だけ顔

を上げてから再び画面を注視して操作を続けるなどし、4、5秒程度経過した
ところで衝突事故の衝撃を感じたというのである。ところで、被告人は、この
ように途中で2度顔を上げたとはいうものの、被告人質問における被告人の動
作を見る限り、顔をほぼ真下に向けた状態から、前に向けてまた真下に戻し終
わるまでの時間がせいぜい1秒程度であり、右斜め前方に視線をやった時間と
なると、文字どおり瞬きする程度の瞬間的な動きでしかない。しかも、被告人
は、歩行者の確認という点については、全く意識をしていなかったというので
あるから、単に顔を上げた動作をしただけであり、それが前方の安全を確認す
るものであったなどとは到底言えない。本来、前方を注視してさえいれば、容
易に被害者らを発見可能であったにもかかわらず、被告人の運転というのは、
最初にスマートフォンの画面を注視し始めてから衝突するまでの間を通じて、
前方とりわけ歩行者の有無や安全などを全く確認しないまま、ほぼ画面だけを
見続けるような運転であったと認められる。そのような形で基本的に画面を見
続けていた時間は、被告人が述べる注視の時間を足していっても約15秒間にも
達するし、直線道路に入ってから画面を注視し始めるまでの被告人の時間的な
感覚の方が比較的正しいと仮定すると、最低でも20秒程度は注視し続けていた
ような計算になる。」とした。

　そのような15秒から20秒にわたる前方不注視に対する法的評価として、同判
決では、「そもそも、この道路を時速50ないし60キロメートルという速度で車
を走行させながら、15ないし20秒程度もの間、下を向き続けるなどという運転
の態様自体が、『よそ見』というレベルをはるかに超える危険極まりない行動
としか言いようがない。2、3秒ならまだしもおよそ『よそ見』とは次元が異
なる。事故の恐怖を感じることなく、こうした運転ができること自体が異常で
あるし、携帯電話の画面を見ながら運転することがある人にとっても、ここま
での危険な行為は自殺行為に等しく、正常な注意力や判断力のある運転者であ
れば到底考えられないような運転である。このような運転の状態が、『前方を
注視してそこにある危険を的確に把握して対処することができる状態』と対極
にあることは、誰が見ても明らかである。したがって、被告人は、本件の当
時、道路交通の状況等に応じた運転操作を行うことが困難な心身の状態、すな
わち、正常な運転が困難な状態にあったことが客観的に見て明らかといえる。」
と判断した。

④ 「正常な運転が困難な状態」の認定における積極的な間接事実及び消極的な間接事実　**77**

　また、更に同判決では、「そして、被告人がこれほどまでに異常な運転をしたのは、表面的にはスマートフォンの操作に熱中したことによるものであるが、それは、とりもなおさず、運転をする者の務めとして常に前方の安全を確認しながら車を走行させなければならないという最も基本となる注意力や判断力をほぼゼロに等しいくらいに失っていたからにほかならない。被告人自身、この道路の人通りが少ないとはいえ、歩行者が通ることもあることは分かっていたというのに、本件では、まずスマートフォンを操作しようとする段階から、歩行者の確認という点につき全く意識すらしていなかったというのであって、このことからも、被告人の注意力等が著しく減退していた様子を見て取ることができる。先に見たとおり酒の影響による体調の変化を本人が自覚するほど被告人に酔いが残っていたことを併せ考えると、このような単なる油断では説明の付かないような著しい注意力の減退や判断力の鈍麻は、常識的に見て、まさにその酒の影響によるものとしか考えられない。2、3秒程度であれば、何かの拍子に手元やスマートフォンなどに気を取られることはあるかもしれないが、15秒から20秒にわたる」ものであれば、それはもはや「正常な運転が困難な状態」で自動車を走行させて人を死傷させたことを明らかに示すものであるとした。

　結局、この判決で述べられているように、通常の過失犯で認められる「よそ見」というのは、せいぜい2～3秒の間の視線の前方からの逸脱などをいうものであって、7～8秒などという長時間、更にはそれ以上の時間にわたるものについては、過失犯の領域を超えるものであって、「正常な運転が困難な状態」にあることを示す間接事実となるものと考えられよう。

Case 9-3

犯行後の被疑者の行為については、どのような評価をすべきであるのか。

Point

　この類型の危険運転致死傷罪においても、被疑者が逃走を企てることは多く、そのため、そのような事実は、その逃走行為をどのように評価すべきか

78 〔1〕第1章 アルコールの影響

問題となる。無事に逃走できれば「正常な運転が困難な状態」ではなかった
と評価される消極的な間接事実となるのか、そうであるなら、うまく逃げた
者こそ「逃げ得」になるのかという問題にどう対処するのか検討する必要が
あろう。

1 犯行後、事故を起こさずに走行できたという事実

被疑者は、事故後、直ちに現場から逃走しており、その後、特段の事故など
を起こすことなく、約10.1キロメートルを走行している。このような走行状態
などから、被疑者が事故当時、「正常な運転が困難な状態」にあったとは認定
できないのではないかとの疑問や、その途中のコンビニエンスストアでの防犯
ビデオの映像から酩酊状態がうかがわれず、また、その際の友人との間の電話
においても同様であり、さらに、110番通報でもまともな会話ができていたこ
となどは、いずれも「正常な運転が困難な状態」ではなかったという方向に働
く消極的な間接事実となる（もっとも、110番通報での会話については、本設
例で記載したように、酩酊を示すものも存すると考えられる。）。

たしかに、それらの間接事実は、本設例の危険運転致死傷罪の成立を否定す
る方向に働くものであろう。

2 総合的な判断が必要

しかしながら、最終的に、

(1) 事故時には、少なくとも呼気1リットル中0.55ミリグラムのアルコールが
体内に保有されていたものであって、その濃度はかなり高いものと認められ
ること

(2) 被疑者は犯行前、素っ裸で海の家の中を歩いており、およそ正常な精神状
態にあるものとは認めがたく、高度に酩酊していたものと考えられること

(3) 事故後の走行経路は極めて単純なものであり、事故を起こすことなくその
走行ができたからといって、正常な運転が可能であったと認定されるもので
はないこと

(4) 前記判決で認定されているように、いくら携帯電話を見るためとはいって
も、長時間にわたって前方を見ることなく運転するという行為は、およそ正
常な運転者であれば恐ろしくてできない行為であり、それが可能であったと

4　「正常な運転が困難な状態」の認定における積極的な間接事実及び消極的な間接事実

いうことは、アルコールの影響下にあったからとしか考えられず、そのような影響下では、正常な運転が困難であったものと認められることなどの積極的認定を否定するまでには至らないと考えられよう。

更にいえば、事故により覚醒し、アルコールの影響下にあるにしても、事故前よりは正常に近い運転が可能になるということも経験則上あり得る事柄といえるのではないかと思われるし、事故後の友人らとの電話や買い物についても同様に評価できるのではないかと考えられる。

この点、上記札幌地裁の控訴審である**平成27年12月8日札幌高裁判決**（公刊物未登載）では、被告人が運転を開始してから事故を発生させるまで的確な運転をしていた上、本件事故直後にも的確な運転をしていたのであるから、そのような運転態様に照らせば、「正常な運転が困難な状態」にあったとは認められないと弁護側が主張したことに対し、「被告人が運転を開始してから本件道路に差し掛かるまでの距離が数百メートルにすぎない上、本件事故後の運転について、事故を引き起こしたことによる精神的衝撃やそれに伴う覚醒効果等を考慮すると、事故前後の運転に際して他に事故を起こさなかったことなど、異常な点が認められないとしても、被告人が本件事故を起こした当時に正常な運転が困難な状態であったことと矛盾するものではない。」とし、特に、事故後の運転において事故などを起こさなかった理由として、「事故を引き起こしたことによる精神的衝撃やそれに伴う覚醒効果等」を考慮していることは、他の同様の事件においても適用できる法理であるといえよう。なお、同判決は**平成29年4月18日最高裁決定**（公刊物未登載）により上告棄却され、最高裁においてもその判断は是認されている。

したがって、うまく逃げおおせたような場合であっても、必ずしもその行為だけから「正常な運転が困難な状態」でなかったとの結論が導き出されるものではないことに留意する必要がある。

公判につながる捜査上の重要ポイント

被疑者のアルコールの影響により正常な運転が困難な状態での自動車の走

行による危険運転致死傷罪において、前方不注視によるものは今後も起き得るものと考えられる。

　その際、前記最高裁決定や前記札幌地裁判決などの事案と同様の長時間の前方不注視であれば、「正常な運転が困難な状態」であったと認定することに問題は少ないと思われるものの、それより短い時間であった場合などでは、それが単なる「わき見」にすぎないのか、それでは済まない危険運転に至るものであるかについて、どのように立証すればよいのか検討を要するであろう。

　そこで、その対策としては、通常の運転者に実験に参加してもらうことが考えられる。具体的には、当該事案における前方不注視とされる時間、前方を見なかったという体験をしてもらって、それがいかに恐怖心をもたらすのかを確認してもらうという立証方法も考えてよいのではないかと思っている。

　つまり、運転免許を有する一般人数名を選んで、当該事故現場を被疑者の走行速度で走行する車両に同乗してもらい、まずは、その道路を自分が運転したらどのようなものかを見てもらう。それから、もう一度同乗してもらい、今度は、当該前方不注視の時間、前方を見ずに同乗してもらい、そのような走行をどのように感じるか、自分で同車両を運転していたとして、そのようなことがしらふの状態で可能か、仮に、自己の携帯電話を見るにしても、そのような長い間、携帯電話の画面だけを見続けて、運転することができるかなどを同乗した状態で体験してもらうという方法が考えられよう。

　その上で、当該道路において、当該時間、前を見ないで運転するなどということは恐ろしくてできないという供述を得られるのであれば、通常の運転者には、被疑者と同様の行為に及ぶことはおよそ不可能であるということとなり、それが被疑者にできたのは、アルコールの影響下にあったからであり、そのような影響下で前方を見ないで運転するという行為は、正常な運転が困難な状態での運転行為と評することができるのではないかと考えられよう。

　さらに、それら一般人を同乗させて走行させる際の運転席から見える状況につき、併せてビデオで撮影するなどし（被害者の位置にダミー人形を置くなどしてもよいと思われるが）、その撮影されている間の走行距離及び時間

についての移動感覚を裁判員に体験してもらうのもよいのではないかと思われる。

　なお、本設例の被疑事実としては、次のようなものとなろう。

　被疑者は、

第1　平成26年7月13日午後4時28分頃、北海道○○市内の道路において、運転開始前に飲んだ酒の影響により、前方注視が困難な状態で、普通乗用自動車を北方向から南方向に向けて時速約50ないし60キロメートルで走行させ、もってアルコールの影響により正常な運転が困難な状態で自車を走行させたことにより、同所付近道路において、進路左前方を自車と同一方向に歩行中の被害者らに気付かないまま、同人らに自車左前部を衝突させて同人らをはね飛ばして路上に転倒させ、よって、同人らに脳幹部離断等の傷害等を負わせ、即時同所において、同人らを前記傷害に基づく出血性ショック等により死亡等させた

第2　前記日時場所において、前記普通乗用自動車を運転中、前記のとおり、前記被害者らに傷害を負わせる交通事故を起こし、もって自己の運転に起因して人に傷害を負わせたのに、直ちに車両の運転を停止して同人らを救護する等必要な措置を講じず、かつ、その事故発生の日時及び場所等法律の定める事項を、直ちに最寄りの警察署の警察官に報告しなかった

ものである。

82　〔1〕第1章　アルコールの影響

5　危険運転致死傷事案における幇助犯

　危険運転致死傷罪においても刑法総則の規定の適用があることから、共犯の規定は適用される。したがって、同乗者において、運転者の危険運転致死傷罪の共同正犯若しくは幇助犯となる場合があることに注意しておかなければならない。ここでは、そのうちの幇助犯について検討することとする。

　そもそも、幇助犯が成立するためには、一般的には、他人の犯罪に加功する意思をもって、有形・無形の方法により、その他人の犯罪を容易にすることを要する（大コメ刑法〔第2版〕第5巻537頁）。そして、判例上、結果的加重犯についても（危険運転致死傷罪はこれに含まれる。）、基本犯についての幇助行為があれば、その結果行為に対する幇助犯の成立が認められている（同217頁以下）。

　具体的には、まず、本犯者の実行行為を認識すること（犯行の認識）、その上で、その犯行を容易にしようと意図すること（幇助の故意）、そして、その犯行を容易にさせる有形、無形の行為に及ぶこと（幇助の実行行為）が必要である。

　ただ、実際にどのような行為に及ぶことが必要であるのか、また、その際の故意の内容としては具体的にどのようなものでなければならないのかなど、個々の事例に応じて判断する必要がある。特に、直接的に甲の運転行為を手伝うなどの行為がない場合などにおいては、どのような行為に幇助の実行行為を認めることができるのかということも問題となる。

Case 10

　甲は、職場の先輩で仕事全般について指導を受けている乙と一緒にビールや焼酎などを多量に飲んだため、足取りがふらふらし、「オレは酔ってないぞ。もっと飲ませろ。」などと大声をあげて、乙に抱きかかえられるようにして居酒屋を出たところ、甲と乙は一緒に駐車場に止めてあったA車に向かった。甲は、「先輩、家まで送りますよ。」と言うと、乙は、「お前、相当酔っているだろう。大丈夫か。」と答えたところ、甲は、「大丈夫、大丈夫。乗ってくださいよ。」と言うので、乙は、「そうか、じゃあ

5 危険運転致死傷事案における幇助犯

そうするか。」と言って、A車に乗り込んだ。そして、駐車場を出ようとしたところ、甲が財布からお金を出すこともできなかったので、乙は代わりに機械に現金を入れて駐車場から出た。

その後、甲はA車を運転したものの、酩酊のため、道路右側の車線上を走行するなど蛇行運転をし、信号機が設置された交差点でも信号機を見ることなく直進したところ、ハンドル操作を誤って、自車左前部を交差点角の建物に衝突させた後、また、道路右側を走行し、道路右側の縁石に自車を接触させた後、左側の車線上に戻ったものの、前方をよく見ていなかったので、停止中のB車に衝突し、その運転者丙に傷害を負わせた。その後、現場に駆けつけた警察官に対し、「お前は誰だ。」「オレはなんでここにいるんだ。」などと怒鳴り散らし、その後、地面に座り込んで眠ってしまった。その後、間もなくのうちに飲酒検知をしたところ、呼気1リットル中に0.8ミリグラムのアルコールが検出された。

この場合において、甲にアルコール等の影響により正常な運転が困難な状態での自動車の走行に係る危険運転致傷罪が成立することは明らかであるが、乙の刑責は？

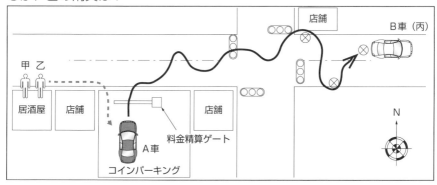

84 〔1〕第1章　アルコールの影響

　本設例と類似の2つの裁判例を紹介して、それを参考にしながら、本設例においてどのように考えるべきかを検討したい。

1　平成23年2月14日さいたま地裁判決（裁判所ウェブサイト）

　ここでまず紹介したいのは、Case 2 - 1 ⑳の**平成21年11月27日東京高裁判決**の事案であり、この事案の同乗者が幇助犯としての刑責を問われた**平成25年4月15日最高裁決定**（刑集67巻4号437頁）の事案で、その第1審である**平成23年2月14日さいたま地裁判決**である。

⑴　本件全体の事案の概要

　ア　被告人A（当時45歳）及び被告人B（当時43歳）は、運送会社に勤務する同僚運転手であり、同社に勤務するC（当時32歳）とは、仕事の指導等をする先輩の関係にあるのみならず、職場内の遊び仲間でもあった。

　　被告人両名は、平成20年2月17日午後1時30分頃から同日午後6時20分頃までの間、飲食店でCらと共に飲酒をしたところ、Cが高度に酩酊した様子をその場で認識したばかりでなく、更に飲酒をするため、別の場所に向かってCがスポーツカータイプの普通乗用自動車（以下「本件車両」という。）で疾走する様子を後から追う車内から見て、「あんなに飛ばして大丈夫かな」などと話し、Cの運転を心配していた。

　　被告人両名は、目的の店に到着後、同店駐車場に駐車中の本件車両に乗り込んで、Cと共に同店の開店を待つうち、同日午後7時10分前後頃、Cから、「まだ時間あるんですよね。一回りしてきましょうか。」などと言われ、開店までの待ち時間に、本件車両に被告人両名を同乗させて付近の道路を走行させることの了解を求められた折、被告人Aが、顔をCに向けて頷くなどし、被告人Bが、「そうしようか。」などと答え、それぞれ了解を与えた。

　　具体的には、被告人両名とも、本犯者Cが、高度に酩酊していたこと、及びそのような状態であるにもかかわらず自動車の運転を開始しようとしていることを認識しながら同車両に乗り込み、被告人Aは助手席に、被告人Bは後部座席に着席し、そして、被告人Aは、助手席から本犯者に顔を向けて首を縦に振って同車両を走行することに了解を与え、また、被告人Bは、後部座席から運転を開始することに「そうしようか。」などと言っ

5 危険運転致死傷事案における幇助犯　85

て了解を与えた上、いずれの被告人もその後の走行を黙認していたというものであった。

　これを受けて、Ｃは、アルコールの影響により正常な運転が困難な状態で、上記駐車場から本件車両を発進させてこれを走行させ、これにより、同日午後７時25分頃、埼玉県熊谷市内の道路において、本件車両を時速100ないし120キロメートルで走行させて対向車線に進出させ、対向車２台に順次衝突させて、その乗員のうち２名を死亡させ、４名に傷害を負わせる本件事故を起こした。被告人両名は、その間、先に了解を与えた際の態度を変えず、Ｃの運転を制止することなく本件車両に同乗し、これを黙認し続けていた。

イ　このように本件は、Ｃによる危険運転致死傷行為に及ぶ車両に同乗した被告人Ａと被告人Ｂの２名による幇助が問題とされた事案である。

(2)　**本犯者Ｃの実行行為について**

　論理的にまず検討されなければならないのは、本犯者Ｃの実行行為についての被告人Ａ及びＢの認識である。

　これについては公判でも争われ、被告人らは、本犯者Ｃが「アルコールの影響により正常な運転が困難な状態」に陥っていたことについて認識していなかったと主張した。

　しかしながら、本犯者Ｃが午後１時30分頃から午後６時20分頃までの間に、ビールをグラスで１杯（約280ミリリットル）と焼酎のウーロン茶割り７杯（１杯当たりに使用される焼酎は、アルコール度数25度のもので、その量は約100ミリリットル）と多量に飲酒していたのを一緒に飲んでいて目撃していた上、その際に、本犯者Ｃが同僚の食べ残

した味噌ラーメンのスープを口にしたり、同僚と激しい口論をするなど普段と異なる状態であった上、トイレに行く際にいわゆる千鳥足の状態であったのを見ていたのであるから、5時間近くにわたり共に飲酒していた被告人両名に本犯者Cの酩酊の程度がひどく「正常な運転が困難な状態」であったことの認識がなかったとはおよそ考えられないことから、その主張は排斥されている。

ただ、弁護人が公判で実際に主張したように、本犯者Cが「アルコールの影響により正常な運転が困難な状態」に陥っていたことを認識していたとすると、そのような本犯者Cの運転する本件車両に同乗することは自らを死傷の危険にさらすことになることから、被告人両名が、上記認識の下に同乗したとは考えられないとの主張には一定の合理性はあると思われる。

しかしながら、このような主張に対し、本件さいたま地裁判決では、「確かに、被告人両名が現に本件事故により重傷を負っていることを併せみれば、弁護人らの指摘にはもっともな面もある。」としながらも、被告人両名は、最初の店で長時間にわたり飲酒した後に、次の店の駐車場に到着しているのであるから、本犯者Cの運転の危険性を認識しつつも、酔いのため気分が大きくなって冷静な判断ができなかったとしても、あながち不自然ではないなどとして、「本件車両に同乗することの危険性を余り意識しなかったことも十分にあり得るところである。そうすると、弁護人ら指摘の事情によって、被告人両名の認識に関する上記認定が左右されることはないというべきである。」とされたものである。

(3) 被告人両名の上記行為が幇助行為に該当するのか

次に検討されなければならないのは、被告人両名の上記行為が幇助行為に該当するか、また、その際に幇助の故意があったかという点などについてである（ただ、公判では、そもそもそのような了解や黙認をしたかどうかという事実認定についても争われたが、それは捜査段階での供述調書の信用性等の問題であるため、ここでは検討の対象とはせずに、裁判所の認定した事実に基づいて検討することとする。）。

具体的には、被告人Aが首を縦に振って了解を与えたことや、被告人Bが「そうしようか。」などと言って了解を与えたことが、犯行を容易にさせたも

のとして幇助行為に該当するか、また、その後、運転開始に及ぶに当たり、被告人両名には本犯者の運転を制止すべき義務があるのに、これを制止せずに黙認したことが、犯行を容易にしたものとして幇助行為に該当するのか、そして、それらのいずれの行為についても幇助の意思に基づくものと評価できるのかという点などが問題とされた。

ア　本犯者Ｃと被告人両名の関係下での了解を与える行為

　(ア)　ここで特徴的な事柄として、本犯者Ｃと被告人両名の関係についてみておく必要がある。

　　　上述したように、本件当時、被告人Ａは45歳、被告人Ｂは43歳、本犯者Ｃは32歳であり、いずれも同じ運送会社の運転手として勤務していたものであるところ、それらの者の勤務年数は、被告人Ａが約20年、被告人Ｂが約15年、本犯者Ｃが６、７年という状況であった。

　　　そして、被告人Ａは、勤務先からの信頼が厚く、他の運転手からも頼りにされる存在であり、本犯者Ｃに対しては、先輩として荷物の積み方などの仕事の仕方を教えたり、共に飲酒したり、ゴルフをしに行ったりしており、本犯者も、このような被告人Ａに対し、目上の人として礼儀正しく接していたものである。

　　　また、被告人Ｂは、本犯者Ｃに対し、業務の引き継ぎなどに際して一通り仕事を教える必要があったことから、本犯者に対して荷物の縛り方等を教えたこともあり、本犯者Ｃもそれに従っていた。

　(イ)　このような間柄である被告人両名と本犯者Ｃとの関係に照らせば、本犯者Ｃの思いつきでしばらくドライブをすることの提案に対し、「被告人両名が了解を与えたことにより、本犯者が、単に自身の提案が受け入れられたと認識したにとどまらず、本件車両を走行させる意思をより強固なものにしたことは明らかというべきである。そうすると、被告人両名が了解を与えたことにより、本犯者の犯行が容易になったと認められる。」とした本件さいたま地裁判決の判断は正当なものと評価できると思われる。

　　　この場合の幇助行為は、凶器を供与するなどの有形的な方法ではなく、激励し、助言を与えるような場合と同様の無形的、精神的な方法での幇助行為であるが、このような行為も本犯者の犯罪実行の意思をより

強固にするものであることから、幇助の実行行為として十分に認められるものである。

イ　本件黙認行為について

次に、運転を開始することについて黙認していたことが幇助行為に該当するかについて検討する。まず、その前提となる制止義務があったかどうかについて、本件さいたま地裁判決では、「被告人両名と本犯者との関係、被告人両名は、本犯者が本件車両を発進させることについて了解を与えたこと、被告人両名が了解を与えたことにより、本犯者は、本件車両を走行させる意思をより強固なものにしたこと、被告人両名は、本犯者が、本件当時、高度に酩酊していて、アルコールの影響により正常な運転が困難な状態にあったことを認識していたことなどの事情に照らすと、被告人両名には、本犯者が本件車両を走行させることを制止しなければならない作為義務があったことは明らかである。」としているが、この判断過程及び結論に異論を差し挟む余地はないであろう。

その上で、本件黙認行為についての幇助行為該当性については、同判決は、本犯者が、駐車場から「本件車両を発進、走行させて本件事故に至るまでに十数分の時間的間隔があったことを併せ考えれば、被告人両名において、本犯者に対して、本件車両を走行させることを止めるよう指示、説得することが可能かつ容易であり、また、本犯者も、先輩である被告人両名から指示、説得されれば、走行を継続することに心理的な障害が生じたと認められるから、被告人両名が制止しなかったことにより、本犯者の犯行が容易になったことは明らかである。」としていることに尽きると思われる。

ウ　上告審について

そして、本件の上告審である最高裁決定でも、「Cと被告人両名との関係、Cが被告人両名に本件車両発進につき了解を求めるに至った経緯及び状況、これに対する被告人両名の応答態度等に照らせば、Cが本件車両を運転するについては、先輩であり、同乗している被告人両名の意向を確認し、了解を得られたことが重要な契機となっている一方、被告人両名は、Cがアルコールの影響により正常な運転が困難な状態であることを認識しながら、本件車両発進に了解を与え、そのCの運転を制止することなくそ

のまま本件車両に同乗してこれを黙認し続けたと認められるのであるから、上記の被告人両名の了解とこれに続く黙認という行為が、Cの運転の意思をより強固なものにすることにより、Cの危険運転致死傷罪を容易にしたことは明らかであって、被告人両名に危険運転致死傷幇助罪が成立するというべきである。」と本件さいたま地裁判決と同様の判断を示し、被告人A及びBの上告を棄却した。これにより、被告人両名に対する懲役2年の実刑判決が確定した。

　もっとも「このように、最高裁が、関与に至る経緯や、Cとの人的関係等から、黙認の幇助行為該当性を認めていることからすれば、関与に至る経緯に照らして黙認が意思の表明と認められない場合（例えば、当初眠っていて、途中で目を覚ましたが、同乗し続けて黙認した場合）や、人的関係が極めて希薄な場合（例えば、たまたま飲み屋で知り合った者が、走行に了解を与え、同乗して黙認した場合）には、幇助犯の成立が否定されるであろう。」（亀井源太郎「車両の発進を了解し、同乗し運転を黙認し続けた行為と危険運転致死傷幇助罪」ジュリ1466号167頁）という視点を忘れてはならない。

　エ　幇助の故意について

　なお、最後に、幇助の故意が認められるかであるが、前記の各幇助行為を認識しながら、本犯者の運転行為を放置していたのであるから、それは自らの幇助行為を認容していたものであり、幇助の故意として欠けるところはない。

2　本設例における幇助行為について

　そこで本設例について検討してみるに、たしかに乙は甲に自分を自宅まで送ってくれるように依頼するなどの甲の運転行為の開始に向けた積極的な行為は存しない。しかし、乙は甲の先輩であり、甲が気を遣って乙を送らなければならないと思うことは、乙も当然に予想できることである。そのような上下関係がある中で、甲が気を遣って述べた提案に対し、それを了解するということは、単に、甲の自由な意思決定による便宜の提供ではなく、暗黙のうちの要求行為とそれへの応諾行為と評価され得るものであろう。このような観点からすれば、乙が了解するという行為は、単に黙認するというにとどまらないもの

で、積極的な幇助行為とも評することができよう。

ただ、そこまでの認定ができないとしても、本件最高裁決定でも述べられたように、乙が了解を与えたことにより、本犯者が、単に自身の提案が受け入れられたと認識したにとどまらず、本件車両を走行させる意思をより強固なものにしたものであり、乙が了解を与えたことにより、本犯者の犯行が容易になったと認められるということができよう。

その上で、甲の職場での指導者的な先輩であるという乙の立場からすれば、甲の運転行為を制止すべき義務があったことも当然であり、その義務に違反して黙認したという行為は、甲の犯行を容易にさせたものと十分に評価できるものである。

また、本設例では、乙は駐車場の料金を支払ってやっており、これが駐車場から路上への進出行為を容易にする行為として、幇助行為に該当するかどうか検討を要する。このような行為をも含めたもので、参考になる裁判例を紹介する。

3 平成20年9月19日仙台地裁判決（研修725号105頁）

Case 2-1 ㉔の裁判例が本犯者に対するものであり、その同乗者である被告人が幇助犯としての刑責を問われた**平成21年2月24日仙台高裁判決（高検速報（平21）号309頁）**及び同判決の原判決である**同20年9月19日仙台地裁判決**の事案がある。

(1) 事案の概要

この事案において、同乗者である被告人は、本犯者に自宅まで送り届けるよう依頼した上、当該車両に乗り込み、同車両を駐車していた駐車場の駐車料金の一部として600円を本犯者に交付するなどし、その後、同駐車場を出て走行する同車両に乗っていたところ、本件事故に至ったというものである。

本犯者については、危険運転致死傷罪の成立が認められたものの、同乗者たる被告人については、その際の本犯者の犯行に対する認識として、アルコールの影響により正常な運転が困難な状態であるとまでの認識を有していたわけではないとして、酒酔い運転罪の範囲内での幇助犯として起訴されていた。

この同乗者である被告人は、本犯者と一緒に飲酒しているのであり、その酩酊の程度等については認識していたはずであるものの、運転開始後の異常

な運転態様については、運転前の段階では当然に認識し得ないし、この被告人が飲食店で居眠りをしていたとの証拠関係も存することから、本犯者のアルコールの影響により正常な運転が困難な状態であるとの認識が十分になかったと認定されたものと思われる。

しかしながら、少なくとも本犯者が酒酔い運転の犯行に及ぶことは認識していたものと考えられ、その範囲での幇助犯という構成にしたものと考えられるところである。

(2) 同乗者である被告人の行為は幇助行為か

そして、この同乗者である被告人の行為について、幇助犯として刑罰に値する行為として評価できるものがあるかどうか検討しなければならない。

まず、本件仙台地裁判決では、同乗者が送り届けることを本犯者に依頼したと認定しているが、証拠上、少なくともその言動において、同乗者が直接的にその依頼文言を口にしたという事実関係は認められない。しかしながら、同判決では、「被告人は本犯者の飲酒を知った上で、本犯者の車の助手席に乗り込み、本犯者に仮眠や代行運転等の利用を勧めるなどしていないのであって、その後、本犯者が被告人をその自宅に送ろうとしたことからしても、被告人は、本犯者に対して自宅に送るよう依頼したということができる。」として、その際の客観的状況から黙示的な依頼行為があったものと認定している。そして、黙示的にせよ依頼行為があれば、本犯者は、その同乗者のために運転をしなければと考えて、運転行為に向けた決意を固めるのであるから、このような依頼行為は、無形的な幇助行為と認めてよいものと思われる。

そして、同判決では、「被告人が助手席に乗り込むことにより、本犯者は車を運転して帰ることを決めて車を走らせ事故現場に至っていること、事故現場は被告人の自宅に向かう途中の道路であり、本犯者は被告人を自宅に送ろうと車を走らせていたこと、駐車場を出る際、被告人が駐車料金の一部を支払っていることからすれば、被告人は、本犯者の運転行為を助けたと評価することができる。」と判示している。

助手席に乗り込むことや、仮睡や代行運転の指示をしなかったことは、いずれも本犯者の運転に向けた決意を強化させるものであり、無形的幇助とし

て評価したものであるし、また、駐車料金の一部を支払うことも、それで駐車場から出て路上を走行することができるようになるのであるから、これなどは有形的幇助と認めることができるものであろう。

もちろん、それらの行為を認識、認容している以上、幇助の故意としても欠けるところはないとされているものである。

この事案の各判決でも認められているように、本設例についても、駐車料金を支払ってやることは、幇助行為の一つと認定して差し支えないものと思料する。

4　平成28年6月13日長野地裁判決（公刊物未登載）

この事案は、無免許の運転者（正犯）が、危険ドラッグを吸引し、正常な運転ができない状態で、対向車線を高速で逆走させる等して、対向車2台に衝突して運転者を死亡・傷害を負わせた犯行に際し、被告人が正犯者に運転の継続を依頼し同乗したことによるもので、危険運転致死傷幇助罪が認定されたものである。

この判決で認定された罪となるべき事実は、概ね次のとおりである。

被告人は、Aが、平成26年5月14日午前11時52分頃、長野県中野市内の道路において、運転中に使用した、神経伝達作用を阻害し、運動失調、カタレプシー、意識の喪失等を引き起こす薬効を有するいわゆる危険ドラッグであるメチル＝2―［1―（5―フルオロペンチル）―1H―インダゾール―3―カルボキサミド］―3―メチルブタノアート（通称名5―Fluoro―AMB）を含有する植物片である薬物の影響により前記薬効である運動失調等が発現して、正常な運転が困難な状態で普通乗用自動車を走行させ、前方注視及びハンドル、ブレーキ等の適切な運転操作が困難な状態で普通乗用自動車を運転し、もって、薬物の影響により正常な運転が困難な状態で自車を走行させたことにより、その頃、自車を対向車線に進出させ、時速約126キロメートルを超える速度で対向車線を逆走して交差点に進入して、同交差点内において、対向進行してきたB運転の普通乗用自動車右前部に自車の右前部を正面から衝突させ、さらに、前記B運転車両の後続車であったC運転の普通乗用自動車前部に自車前部を衝突させた上、前記C車両を後方に押し出し、道路側面のブロック塀に衝突させるなどした上、その後続車であったD運転の普通乗用自動車左側面部

に、前記Ｃ運転車両の後部を衝突させ、よって、同人に脳挫滅等の傷害を負わせ、その頃、同所において同人を同傷害により死亡させた上、前記Ｂに加療約352日間を要する右肘開放性モンテジア骨折、肺挫傷、出血性ショック等の傷害を、前記Ｄに約１週間の安静を要する頸椎捻挫等の傷害をそれぞれ負わせる交通事故を起こした際、前記Ａが前記薬物の影響により、前記薬効による運動失調等が発現して、正常な運転が困難な状態で、被告人所有の前記車両を走行させることになると認識しながら、かつ、前記Ａが公安委員会の運転免許を受けていないことを知りながら、同日午前11時40分頃、長野市内の空き地において、同車助手席に座った状態で、同車運転席に座っていた同人に対し、同人が前記薬物を吸引すると認識した上で、「Ａ頼むわ。」などと言って、運転の継続を依頼するとともに、自己を運送することを依頼し、その後、同人が前記交通事故を起こすまでの間、同人運転車両に同乗し続け、もって同人をして、前記薬物を吸引した状態で前記車両を運転することを容易にするとともに、運転継続の意思を強固にさせ、同人による前記危険運転致死傷の犯行を幇助し、かつ、公安委員会の運転免許を受けないで運転する前記車両に同乗したものである。

　本件において、被告人は、かねてからＡをはじめとする仲間と危険ドラッグを吸引して、ぽーっとするような状態になったり、呂律が回らなくなったりする状態になることが分かっていたほか、運転操作を誤って物損事故を起こすなどの経験があった。

　そして、Ａが購入した危険ドラッグを吸引しながら本件普通乗用自動車を運転し、従前の危険ドラッグと比べても強い効果が生じ、自ら運転ができない状態にまでなっていたにもかかわらず、Ａから運転の交代を求められた際、本件危険ドラッグの危険性を指摘して、運転を中止させることなく、安易に運転の継続を依頼し、本件普通乗用自動車に同乗を続けたものであることから、これが幇助行為に該当することは明らかな事案であった。

5　本設例の解答

　以上、検討したように、本設例では、乙は、甲の危険運転致傷罪の幇助犯としての刑責を負う。

6 過失運転致死傷アルコール等影響発覚免脱罪

　アルコールの影響による危険運転致死傷罪においては、その犯行の発覚を免れるため、現場から逃走するという事案がしばしば見られるところである。そこで、自動車運転死傷処罰法4条では、飲酒運転等による事故後の逃走行為等について、過失運転致死傷アルコール等影響発覚免脱罪として処罰の対象としている。

　この種事案の捜査に当たっては、その成立要件等を正確に理解しておく必要があり、どのような場合に、この罪が成立し、また、成立しないことになるのかについて検討する。

　自動車運転死傷処罰法4条は、

　　アルコール又は薬物の影響によりその走行中に正常な運転に支障が生じるおそれがある状態で自動車を運転した者が、運転上必要な注意を怠り、よって人を死傷させた場合において、その運転の時のアルコール又は薬物の影響の有無又は程度が発覚することを免れる目的で、更にアルコール又は薬物を摂取すること、その場を離れて身体に保有するアルコール又は薬物の濃度を減少させることその他その影響の有無又は程度が発覚することを免れるべき行為をしたときは、12年以下の懲役に処する。

と規定する。

　これは、飲酒運転等により事故を起こして被害者を負傷等させた者が、飲酒運転等の発覚を免れるために、追加して酒を飲んだり、現場から逃走したりする行為を処罰しようというものである。

　つまり、アルコール等の影響による危険運転致死傷罪（同法2条1号及び3条1項）は、それらの影響により「正常な運転が困難な状態」であることの立証を求められているところ、この過失運転致死傷アルコール等影響発覚免脱罪は、犯人が逃走してその立証ができない場合などを考慮し、飲酒運転等をした場合において、過失により人を死傷させた上、重い処罰を免れよう

6 過失運転致死傷アルコール等影響発覚免脱罪　95

としてアルコール等の影響についての証拠収集を妨げるという悪質性の高い行為が行われた場合に、その処罰としての科刑を適正に行うために設けられたものである（前出高井13頁）。

　そして、本罪は、「アルコール等の影響によりその走行中に正常な運転に支障が生じるおそれがある状態で自動車を運転」するという故意の行為、「運転上必要な注意を怠り、よって人を死傷させ」るという過失行為、「その影響の程度が発覚することを免れるべき行為」をするという故意の行為のいわば複合形態の罪である。

　本罪の保護法益は、主として人の生命・身体であり、「その影響の程度が発覚することを免れるべき行為」を構成要件とする点で、併せて刑事司法作用も保護法益とするものである（同上）。

　では、この罪が成立するための要件として、どのような証拠関係が求められるのであろうか。

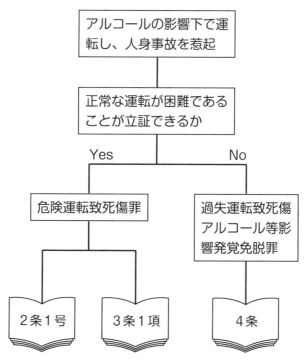

Case 11

　A車の運転者甲は、運転開始前に飲酒したものの、比較的意識はしっかりしており、そのまま運転を続けたところ、道路脇の看板に見とれて信号待ちのために停止していたB車の後部に衝突し、その運転者乙に傷害を負わせた。

　甲は、自己の犯行の発覚を防ぐため、直ちに逃走することとし、A車を運転してB車の脇を抜けて走行した。ところが、目撃者からの通報により駆けつけたパトカーに追跡され、事故から約20分後にパトカーに追いつかれて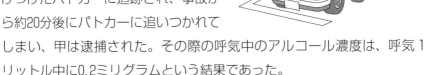
しまい、甲は逮捕された。その際の呼気中のアルコール濃度は、呼気1リットル中に0.2ミリグラムという結果であった。

　この場合の甲の刑責は？

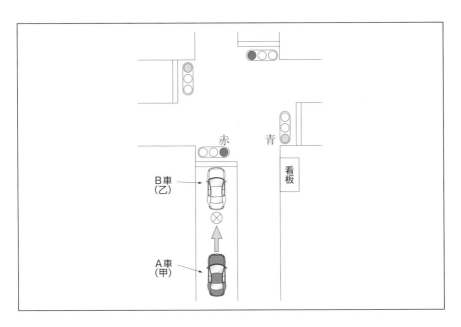

1 本条の罪の成立要件

まず、本罪が成立するためには、

① 「アルコール又は薬物の影響によりその走行中に正常な運転に支障が生じるおそれがある状態で自動車を運転」するという故意行為

② 「運転上必要な注意を怠り、よって人を死傷させ」るという過失行為

③ 「その運転の時のアルコール又は薬物の影響の有無又は程度が発覚することを免れる目的で、更にアルコール又は薬物を摂取すること、その場を離れて身体に保有するアルコール又は薬物の濃度を減少させることその他その影響の有無又は程度が発覚することを免れるべき行為」という免脱行為である故意行為

に及ぶ必要がある。

(1) ここで、それぞれの要件を見ておくが、①の要件は、自動車運転死傷処罰法３条１項の危険運転致死傷罪が成立するための要件と同じであり、②の要件は、同法５条の過失運転致死傷、つまり、改正前の刑法211条２項の自動車運転過失致死傷罪における過失行為と同じである。

(2) ただ、②の要件に関しては、過失運転致死傷罪においては、被害者の死傷の結果についての認識は不要であるが、本罪の成立に当たっては、その認識が必要とされる点に違いがあることに注意する必要がある。もちろん、未必的認識で十分であるが、単なる物損事故であると思っていたとの認識であった場合には、本罪の構成要件を充足しない。免脱の目的が「よって人を死傷させた場合」におけるアルコール等の影響の発覚を防ぐためのものでなければならない以上、その事故において「よって人を死傷させた」ことの認識が当然に必要になるからである。

(3) そのため、「物損の認識はあったが、事故を起こしたことについて慌てており、死傷の有無までは頭が回らなかった。」という弁解がなされるおそれがある。

しかしながら、自動車運転者であれば、衝突事故を起こせば、たとえ車両同士であっても、相手方が何らかのけがをしたことについて、少なくとも未必的には認識しているのが通常であろう。

そのため、事故態様や、事故後の言動等について、被害者及び目撃者、更には、ドライブレコーダや防犯カメラなどの解析に努めることにより、そのような弁解を排斥できるよう捜査すべきである。

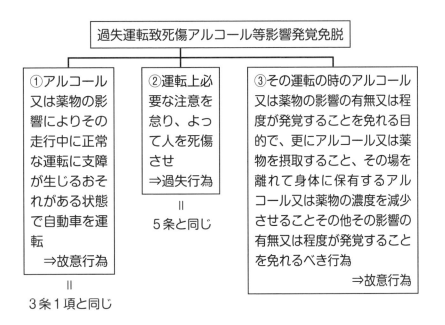

2 免脱行為について

そして、本罪で最も問題となるのは、③の免脱行為であるが、具体的な構成要件としてどのような行為などが必要とされるのか検討する。

(1) 「その運転の時のアルコール又は薬物の影響の有無又は程度が発覚することを免れる目的」

まず、この行為は、「その運転の時のアルコール又は薬物の影響の有無又は程度が発覚することを免れる目的」でなされることを要する目的犯である。したがって、例えば、自宅で飲酒していたところ、子供が熱を出したので直ちに病院に連れて行こうとし、その途中で事故を起こしたものの、子供を病院に連れて行くことを優先して、現場から離れたという場合には、この目的が存しないものと考えられている（法制審議会刑事法（自動車運転に係る死傷事犯関係）部会第6回議事録27頁）。

また、具体的に、飲酒運転がばれるのが怖くて逃げたという供述をする被疑者も多いと思われるが、そのような「飲酒運転がばれるのが怖くて」というのは、「アルコールの影響の発覚を免れる目的ということだと通常は思われますので、その場合にはこの目的が認められ得るということだろうと思います。」（同上議事録25頁）との意見が述べられていることが参考になろう。したがって、そのような被疑者の意図は、本条にいう目的の要件を満たすことになる。

さらに、被疑者の中には、頭が真っ白になって逃げたという供述をする者もいるとは思われるが、そのような行為に出るということは、結局のところ、飲酒運転の発覚を免れたいが故の行為であると考えられ、上記法制審議会における議論でも「頭が真っ白になって逃げたのですというような被疑者が出てくることも予想されるのですけれども、その際には、当該被疑者がどういう状況を認識しながら、どういう行動を取ったのかという点を分析していきますと、気が動転していたという弁解がなされていたとしても、この条文との関係では、『発覚することを免れる目的』が存在したことを、客観的事実から認定できることは多いのではないかと思っております。」との意見が出されていることも参考になると思われる。

また、この点について、「『頭が真っ白』とは、予想だにしなかった出来事に慌てて一時的に何も考えられなくなった状態という程度の意味合いで世上用いられているが、もとより誇張が含まれた用語であることに加え、仮に何も考えられなくなったとすれば茫然として事故現場にとどまるのが自然であるのに、あえてその場を離れていること自体、慌てていたとはいえ意図して事故現場から逃走したことを窺わせるともいえる。そして、アルコール、薬物を摂取した上で人身事故を起こした者が慌てて事故現場から逃走する場合には、（中略）さまざまな不利益を想起しているのが通常と考えられるのであって、結局、アルコール又は薬物の影響の有無又は程度が発覚することを免れる目的があったことを否認するという点からいうと『頭が真っ白になって』現場から立ち去ったという弁解自体にはさしたる意味はないと考えられる。」（東京地検交通部副部長岸毅「過失運転致傷アルコール等影響発覚免脱罪（自動車運転死傷処罰法４条）の実務的運用について」（警察学論集69巻１号135頁））との意見も参考になろう。

結局のところ、この「免れる目的」は、上記の例で挙げたような全く別の目的で「その場を離れ」たような当罰性の認められない場合を、本罪の対象から除外することに意味があるのであって、積極的な原因・動機を要求するものではないと考えられている（前出髙井15頁）。

(2) 免脱行為の客観的態様

次に、その免脱行為の客観的態様として、「(a)更にアルコール又は薬物を摂取すること、(b)その場を離れて身体に保有するアルコール又は薬物の濃度を減少させること、(c)その他その影響の有無又は程度が発覚することを免れるべき行為」が必要とされる。

まず、そのうちの「(a)更にアルコール等を摂取すること」については、これまでも飲酒運転による事故後、飲酒検知を困難にするため、追加の飲酒行為に及んでいた者らがいたことから、それらの者の行為を犯罪としたものである。追加して飲酒等をされれば、その行為は、運転時におけるアルコールの「影響の有無又は程度が発覚することを免れるべき行為」に該当することは当然であろう。

問題は、大量の水を飲んだという場合、これに該当するかどうかである。これはかなり微妙なところである。大量の水を体内に入れたとしても、体内に入っていたアルコールの量自体は変化するものではない。この原理から考えれば、免脱行為には当たらないという考え方も成り立ち得るものと思われる。もっとも、胃の中に大量の水を入れることでアルコールの体内組織への吸収速度が遅れることになり、その結果、呼気等から検出されるアルコールの量を下げる結果となるという考え方に従えば、免脱行為といえるのではないかとの見解もあり得よう。

また、水ではなく、コーラを大量に飲んだという事案もあったが、これも本質は、水と同様に考えることとなろう。

次に、「(b)その場を離れて身体に保有するアルコール又は薬物の濃度を減少させること」であるが、この行為については、その場から離れた後に一定程度の時間が経過するなどしたことで、運転時のアルコール等の影響の有無又は程度の発覚に影響を与える程度に、アルコール等の濃度が低下した場合に初めて免脱したものと考えられている（前出髙井16頁）。

それゆえ、「その場を離れ」たものの、それが短時間であった場合には、運転時のアルコール等の影響の有無又は程度の発覚に影響を与えない程度の濃度しか低下していないとして、免脱行為には当たらないと考えられており、具体的には、およそ40分程度の時間以内の場合には、これに該当しないと解される（前出高井）。その理由としては、呼気１リットル当たりのアルコール濃度を測定する方法として通常用いられている「北川式飲酒検知器」の一目盛りが0.05ミリグラムとなっていることに鑑み、0.05ミリグラム分のアルコール濃度を減少させる程度の時間について、日本人の平均的な低減率を前提とすると、それが約40分であるからと説明されている。

そして、「(c)その他その影響の有無又は程度が発覚することを免れるべき行為」には、身代わりの運転者を立てて、その者が実際に警察官に自らが運転者であるなどとして申告し、その際の時の経過により、本来の犯人の体内のアルコール濃度が減少したような場合がこれに該当するものと考えられている。

しかしながら、飲酒検知の拒否については、その場にいる限りは、令状によって、身体に保有するアルコールを検知することが可能なはずであり、運転時のアルコールの影響の発覚に影響を与える危険は生じていないというべきであるから、それだけでは「免れるべき行為」には当たらないと考えられている。

3　近時の裁判例

この過失運転致死アルコール等影響発覚免脱罪の成立が認められた裁判例として、次の５件が挙げられる。

(1)　平成30年７月20日札幌地裁判決（裁判所ウェブサイト）

ア　この事案では、被告人は、飲酒の上、普通乗用自動車を運転し、午前１時前頃、横断歩道を横断中の歩行者を跳ね飛ばして死亡させたものの、そのまま逃走して帰宅し、その後、知人宅に身を寄せて就寝し、再び、自宅に戻ってから、午前８時前頃までの間に、500ミリリットルのチューハイ１缶と350ミリリットルのチューハイ１缶を飲んだが、事故後、最大限７時間を経過していた。その後、被告人は、駆け付けた警察官に犯行を認めたことにより逮捕された。

イ　この事案で、弁護人は、事故日前日に飲酒していた被告人のアルコール

量を前提とする限り、「ウィドマーク計算法によると、翌5日午前5時10分頃の時点で被告人の血中アルコール濃度が0になっていた可能性があるから、その後の時間帯となる帰宅後の被告人の飲酒行為は、本罪の実行行為には当たらない。」と主張した。

ウ　これに対し、本件判決は、「弁護人指摘のような計算法による推定の結果、特定の時点でアルコールが体内に残存しなくなっていた可能性があるといった事情だけで、その後の行為が本罪の発覚免脱行為に当たる余地がなくなると解するのは、本罪が、アルコール等の影響の有無等が発覚することを現実に免れたことではなく、あくまで、その発覚を困難にするような行為をしたことを成立要件としていて、いわゆる結果犯ではなく抽象的危険犯であると解されることと整合しない。このような本罪の性質からすると、例えば、特定の時点で体内にアルコールが残存しており、その証拠を収集・保全して事故当時のアルコールの有無又は程度を明らかにしようとする捜査が可能である相応の蓋然性があるような状況下で行われた行為については、なお本罪の発覚免脱行為に当たり得ると解すべきである。」と判示した。

　つまり、本件判決は、体内にアルコールが残存している可能性があり、その有無又は程度を明らかにする捜査が可能である「相応の蓋然性があるような状況下で行われた行為」であれば、「免れるべき行為」に該当するとしたものである。

　また、そのように解することが、「本罪が、アルコール等の影響の有無等が発覚することを現実に免れたことではなく、あくまで、その発覚を困難にするような行為をしたことを成立要件」としており、本罪が抽象的危険犯であることとも整合するとしたのである。

　したがって、本件では、事故後約7時間を経過していたが、実際のところ、前日に飲んだアルコールが翌朝まで残っているというのはよく見られる現象であることに照らしても、本件では、そのような状態であることの「発覚を免れる行為」に該当するという判断は妥当なものと思われる。

エ　しかしながら、これが2、3日経過後であっては、およそ事故時のアルコールが体内に保有されている「相応の蓋然性」は存しないから、「免脱行為」とは認められないことになる。

⑥　過失運転致死傷アルコール等影響発覚免脱罪　**103**

　そうなると、次に、何時間後まで「免脱行為」として認められるのかという問題が生じるが、これは個人の体内にいつまでアルコールが残存するかという問題になることから、飲酒量、飲酒後の行動内容、体格等種々の要素が複雑に影響するため、一概にいうことはできない。個別の事例を積み上げて判断するしかないものと思われる。

　もっとも、本件では、たとえ追加の飲酒などしていなかったとしても、自宅に逃げ帰ったり、知人宅で就寝したりする行為が「その場を離れて身体に保有するアルコール又は薬物の濃度を減少させる」行為に該当することは明らかであるから、この点から、客観的要件は満たされている事案であった。

オ　では、次に、本件のような状況で、主観的要件である「発覚することを免れるべき目的」は認められるのであろうか。本件において、被告人は、「現実を受け入れられず、あるいは、自首しようとする気持ちを強くするために飲酒に及んだ」と供述し、「発覚することを免れるべき目的」はなかったと主張した。

　これに対し、本件判決は、「本罪が、アルコール等の影響の有無又は程度が発覚することを免れる目的という行為者の主観的事情を犯罪成立要件として定めているのは、本罪の成立を、そのような意図や動機を特に確定的又は積極的に有しているような場合に限定する趣旨ではないと解することができる。この点、被告人は、相当酒に酔い、アルコールの影響により正常な運転に支障が生じるおそれのある状態で自動車を運転して本件事故を引き起こした後、遅くとも約7時間のうちに500ミリリットルのチューハイ1缶と350ミリリットルのチューハイ1缶を飲んだという以上、その行為のもつ性質・意味にも照らせば、特段の事情のない限り、被告人には、本罪がいうアルコールの影響の有無等が発覚することを免れる目的があったものと十分推認されるというべきである。」、「被告人がしたように相当量のアルコールを摂取すれば、事故当時のアルコールの保有量等の特定に困難を来すおそれがあることは常識に照らして容易に想定可能である以上、そういった意図等がなかったとは考え難い。また、被告人が述べる自宅で飲酒に及んだ際の心境は、本罪がいう発覚免脱目的と特に矛盾するわけではなく、両立するような関係にあると考えられるから、その供述

104 〔1〕第1章　アルコールの影響

は先の推認を妨げるわけではないということができる。」として、被告人
には、アルコールの影響の有無等が発覚することを免れる目的があったも
のと認められると判示した。

カ　この目的については、わざわざ追加して飲酒するという行為自体が、
元々の飲酒状況を不明にするものであることは明らかである以上、被疑者
がどう思って飲酒しようとしていたとしても、それが元々の飲酒量に関す
る飲酒検知を妨害する結果になることは認識できるのであるから、そうで
ありながらあえて飲酒したという心理状態に関して、そこに「免れるべき
目的」があったと推認することは合理的だろうと思われる。主観的な状況
を推認するに当たっては、本件のような被疑者の置かれた状況等による間
接事実から被疑者の「免れるべき目的」を推認することは十分に妥当なも
のと考えられる。

キ　なお、ここで紹介した札幌地裁判決の事案は、被告人が、飲酒運転を
し、前方不注視により横断歩道を横断中の被害者を跳ね飛ばして死亡させ
たにもかかわらず、現場から逃走し、更に、飲酒して犯行の隠滅を図った
もので、悪質極まりないものである。しかも、この被告人には交通関係の
服役前科が4犯もあったのであり、このような被告人に命を奪われた被害
者やその遺族の無念さは計り知れないものがあると思われるところであ
る。

(2)　平成29年2月9日広島地裁判決（裁判所ウェブサイト）

　　この事案は、検察官が自動車運転死傷処罰法2条1号の危険運転致死罪で
起訴していたものの、本件判決ではアルコール等影響発覚免脱罪の予備的訴
因が認定されたものである。

ア　この事案は、被告人が、平成28年4月15日午後10時46分頃、広島県安芸
郡内の道路において、運転開始前に飲んだ酒の影響により、前方注視及び
運転操作が困難な状態で普通乗用自動車を走行させ、もってアルコールの
影響により正常な運転が困難な状態で自動車を走行させたことにより、そ
の頃、同所付近において、仮睡状態に陥るなどし、自車を被害者に衝突さ
せるなどして、同人を死亡させたというものであった。

　　検察官は、これは危険運転致死の事案であり、被告人が「アルコールの

影響により正常な運転が困難な状態」で自車を走行させた根拠として、被告人が、運転開始前に飲んだ酒の影響により居眠りをして意識がない状態又は眠気で意識がもうろうとした状態で自車を運転したことにより、対向車に気付くのが遅れて急ハンドルを切る事態に至ったという正常な運転に必要な認知の遅れ、更には道路幅及び白線の位置や歩行中の被害者を把握できないという認知のミスに陥った結果、正常な運転に必要な判断及び操作が困難になった旨主張していた。

イ　この事案における被告人の酩酊の程度などを示す事実としては、次のような事実関係が認定されている。

(ア)　被告人は、平成28年4月15日午後6時頃から同日午後10時30分頃までの間、従前より頻繁に通っていた広島県安芸郡内の居酒屋（以下「本件居酒屋」という。）において、焼酎の水割りを少なくとも5杯飲んだ。

(イ)　ところが、被告人は本件事故後に逃走していることから、本件事故直後の飲酒検知が実施されていないので、ウィドマーク式により、被告人の事故当時のアルコール体内保有量を計算する必要がある。

　まず、被告人の飲酒量と、本件居酒屋経営者が供述する焼酎の量及びアルコール度数から、被告人が摂取したアルコール量が100グラムであったと推計できる。そこで、いわゆるウィドマーク式計算法に、この推計結果と飲酒後の経過時間及び体重を当てはめて計算すると、本件事故当時、被告人は、個体差を踏まえて被告人に有利に数値を見積もっても、血液1ミリリットル当たり1.10ミリグラム、呼気1リットル当たり0.55ミリグラム程度のアルコールを体内に保有する状態であったと認められる。

(ウ)　被告人は、同日午後10時30分頃、本件居酒屋を出て、付近の路上に駐車していた普通乗用自動車（車幅約1.67メートル。以下「被告人車両」という。）に乗り込み、運転を開始した。

　被告人は、その運転開始地点から本件事故現場まで約2キロメートルの道程を走行したが、この道程には、街灯が少なくセンターラインのない一本道である区間が多く、途中に右左折する地点やカーブがあり、道路の左右に用水路や塀があって道幅が狭い箇所もあるが、この間、被告人車両が脱輪や接触等の事故を起こしたことはなかった。

(エ) 被告人は、本件道路を南西から北東に向けて進行し、本件事故現場において、進路左側の路側帯を横に並んで歩いていた歩行者２名のうち、同路側帯を示す白線上を歩いていた被害者に被告人車両の左前部を衝突させ、ブレーキをかけることなくそのまま逃走し、約1.8キロメートルの区間を運転した後、被告人車両を駐車して、自宅まで徒歩で帰った。

(オ) なお、事故当時の被告人車両の速度は、時速約66〜74キロメートルと認定されている。

ウ　このような事実関係を前提として、被告人が「正常な運転が困難な状態」にあったかどうか検討しなければならない。

(ア) まず、飲酒量に関しては、前記のウィドマーク式で計算された呼気１リットル当たり0.55ミリグラムという値について、本件判決は、「その程度のアルコールを体内に保有していた事実から直ちに、検察官が主張するような意識がない又はもうろうとした状態に被告人が陥っていたと認定できるわけではない。」としている。たしかに、上記値は、決して低いものではなく、かなり酩酊していると窺わせるものではあるが、それでもアルコール体内保有量だけで「正常な運転が困難な状態」であったかどうかの判断は困難であり、併せて、「事故前の運転状況、事故の態様及び事故後の言動において、正常な運転が困難な状態であったことを根拠付ける異常性がどの程度認められるかを踏まえて判断すべきである。」としているのは相当であろう。

(イ) そこで、本件判決は、被告人の本件事故前の運転状況を検討しているが、前記のとおり、被告人の事故前の走行経路は、「暗く、センターラインのない一本道である区間が多く、途中に右左折する地点やカーブがあり、所々道幅が狭くなっている道路を、約２キロメートルにわたり運転できており、脱輪や接触等の事故を起こした証拠はないから、事故前の運転状況に正常な運転の困難性を根拠付ける異常性は見られない。」としている。

もっとも検察官は、事故現場付近で対向車両の発見が遅れたことをもってして、「正常な運転が困難な状態」にあったことを主張しているが、本件判決は、当該対向車両の速度や位置などが必ずしも立証しきれていないことなどの理由により、その主張を排斥している。

（ウ）　次に、事故の態様については、前記のとおり、被告人は、前方左右を注視せず、進路の安全を確認しないまま、進路左側の路側帯を示す白線上に被告人車両を進出させて被害者に同車を衝突させたのであるが、本件判決は、「過失があることは明らかである。しかし、証拠上認められる本件事故現場の明るさ、道路の幅員及び人通りの少なさ等の本件道路の具体的な状況を考えると、そのような不注意な運転に至ることに、正常な運転の困難性を根拠付けるほどの異常性があるとまでは認められない。」として、事故態様から「正常な運転が困難な状態」であったことを基礎づけることはできないとした。

　　　また、事故時において、被告人が居眠りをしていたとの検察官の主張に対しても、本件判決は、これを疑わせる状況はあるにしても、認めるに足りる十分な証拠はないとして排斥している。

（エ）　さらに、事故後の行動は前述のとおりであり、本件判決は、「自動車運転者にあるまじき行為ではあるものの、責任回避の手段としてあり得るものであり、正常な運転の困難性を根拠付けるような異常性は認められない。」として、この観点からも「正常な運転が困難な状態」であったとは認められないとした。

（オ）　その上で、本件判決は、「以上に検討したとおり、被告人は、少なくない量のアルコールを体内に保有した状態で自動車を運転し、運転中眠気を感じていたことは認められるものの、事故前の運転状況、事故の態様及び事故後の言動を見ても、正常な運転の困難性を根拠付けるほどの異常性を認めるに足りる証拠はなく、居眠りをして意識がない状態又は眠気で意識がもうろうとした状態であったことも立証されていない。したがって、被告人が本件運転時にアルコールの影響により正常な運転が困難な状態であったと証拠上認められない」とし、アルコール等影響発覚免脱罪の限度において事実を認定した。

（カ）　本件判決で認定された罪となるべき事実は、次のとおりである。

　　　被告人は、平成28年4月15日午後10時46分頃、普通乗用自動車を運転し、広島県安芸郡内の道路を時速約66ないし74キロメートルで進行するに当たり、運転開始前に飲んだ酒の影響により、前方注視及び運転操作に支障が生じるおそれがある状態で自動車を運転し、もってアルコール

の影響により正常な運転に支障が生じるおそれがある状態で自動車を運
転し、その際、前方左右を注視し、進路の安全を確認しつつ進路を適正
に保持しながら進行すべき自動車運転上の注意義務があるのにこれを怠
り、前方左右を注視せず、進路の安全を確認しないまま進路左側にある
路側帯を示す白線上を漫然前記速度で進行した過失により、折から同白
線上を被告人の進行方向と同一方向に歩行中のＡ（当時70歳）を直前に
認めたが、そのまま同人に自車左前部を衝突させて同人を路外に跳ね飛
ばして転倒させ、よって、同人に外傷性クモ膜下出血、脳挫傷、肺挫
傷、心挫傷等の傷害を負わせ、同月16日午前２時39分、同人を前記傷害
による外傷性ショックにより死亡させ、さらに、その運転の時のアル
コールの影響の有無又は程度が発覚することを免れる目的で、同月15日
午後10時46分頃から同月19日午後６時頃までの間、広島県安芸郡内の被
告人方で過ごすなどし、もってアルコールの影響の有無又は程度が発覚
することを免れるべき行為をした。

エ　本件では、本来、自動車運転死傷処罰法２条１号の危険運転致死罪が認
められてもよかった事案であるとは思われるが、たとえその立証が成功し
なかった場合であっても、アルコール等影響発覚免脱罪の成立が認められ
るということは理解しておく必要があろう。

(3)　平成29年１月26日札幌高裁判決（公刊物未登載）・平成28年９月28日札幌
地裁小樽支部判決（裁判所ウェブサイト）

ア　この判決の事案は、被告人が普通乗用自動車を飲酒運転中、過失により
被害者に同車を衝突させた後、そのままその場を離れて警察に出頭するま
で別の場所で過ごした行為につき、自動車運転死傷処罰法４条の「アル
コールの影響の有無又は程度が発覚することを免れる目的」があったとさ
れ、過失運転致死アルコール等影響発覚免脱罪に当たるとされたものであ
る。

イ　この判決で認定された罪となるべき事実は、おおむね次のとおりである。
被告人は、平成28年３月16日午前０時４分頃、普通乗用自動車を運転
し、北海道小樽市内の信号機により交通整理の行われている交差点を時速
約50キロメートルないし60キロメートルで直進するに当たり、運転開始前

に飲んだ酒の影響により、前方注視及び運転操作に支障がある状態で同車を運転し、もってアルコールの影響により正常な運転に支障が生じるおそれがある状態で自動車を運転し、その際、同交差点の対面信号機の信号表示に留意し、その信号表示に従って進行すべき自動車運転上の注意義務があるのにこれを怠り、携帯電話機の操作に気を取られ、同信号表示に留意せず、同信号機の信号表示が赤色信号を表示しているのを看過して漫然前記速度で進行した過失により、折から同交差点入口に設けられた横断歩道を青色信号に従って左方から右方に向かい横断歩行中のAを前方約5メートルの地点に迫って認めたが、急制動の措置を講じる間もなく、同人に自車右前部を衝突させ、同人を自車ボンネットに跳ね上げた上、自車フロントガラスに衝突させて路上に落下させ、よって、同人に右側頭部打撲等の傷害を負わせ、同日午前5時11分頃、同人を前記傷害に基づく頭蓋内損傷により死亡させ、さらに、同日午前0時4分頃から同日午前6時30分頃までの間、その運転の時のアルコールの影響の有無又は程度が発覚することを免れる目的で、事故現場から逃走して北海道小樽市内のB方で過ごし、もってアルコールの影響の有無又は程度が発覚することを免れるべき行為をしたものである。

ウ　本件では、本件事故現場を離れた被告人の行為等について、「アルコールの影響の有無又は程度が発覚することを免れる目的」があったか否かが争点となった。

(ア)　この点につき、本件判決は、まず、本罪の趣旨などから、この目的について、次のとおり判示した。

　　すなわち、「アルコール等影響発覚免脱罪は、自動車運転死傷法2条1号及び3条1項の危険運転致死傷罪が客観的にアルコール等の影響により正常な運転が困難な状態にあったことを構成要件としており、犯人が逃走するなどしてアルコール等による影響の程度が立証できないときには自動車運転過失致死傷罪と道路交通法の救護義務違反の罪との併合罪で処罰せざるを得ない状況であったことから、そのようないわゆる逃げ得と言われる状況を是正し、アルコール等の影響によりその走行中に正常な運転に支障が生じる恐れがある状態で自動車を運転し、過失により人を死傷させた上、更に、重い処罰を免れるためアルコール等の影響

についての証拠収集を妨げるという悪質性の高い行為が行われた場合に
適正な処罰を可能とするために設けられたものである。そうすると、ア
ルコール等影響発覚免脱罪の『アルコールの影響の有無又は程度が発覚
することを免れる目的』については、全く別の目的でその場を離れたよ
うな当罰性の認められない場合を同罪の対象から除外することにその趣
旨があり、積極的な原因・動機を要求するものではないものと解するの
が相当である。」として、積極的な動機等に基づくものでなくても、こ
の目的を充足するとした。

(イ) その上で、本件事故前後の被告人の行動等について、おおむね次のと
おり認定した。

すなわち、「被告人は、15日、自動車を運転してＤの飲食店に行き、
午後８時頃から、ビールをコップで２杯、ジョッキで１杯、チューハイ
をジョッキで３杯飲んだ。そして、その後、知人方で少量のワインなど
を飲んだ。被告人は、16日午前０時頃、自動車を運転してＢを迎えに行
く途中、同日午前０時４分頃、上記罪となるべき事実で認定されたとお
りの交通事故を惹起した。その時、被告人は、人に衝突したことがわか
り、フロントガラスが割れたこと、衝突後被害者が遠く右方に行ったこ
とに気づき、被害者がけがをしたということもわかっていた。なお、上
記の被告人の飲酒時間、飲んだ酒の種類、そのアルコール度数、飲んだ
量、被告人の体重及び性別をもとにウィドマーク計算法を用いて計算す
ると、本件事故当時、被告人は呼気１リットルにつき0.214ないし0.855
ミリグラムのアルコールを保有する状態であったと推計される。

しかし、被告人は、停止せず、そのままＢの勤務先に向かったが、道
を間違えて一方通行の道を逆走し、タクシーに衝突したものの逃走し、
コンビニエンスストアの駐車場に停車して、車から降りてフロントガラ
スの状態等を確認した。被告人は、そこでＢと落ち合い、Ｂを乗せて自
動車を運転してＢ方に向かい、Ｂ方のあるアパートの駐車場に同車を駐
車した。Ｂ方に到着後の同日午前０時26分頃、被告人は、消防に電話を
掛け（通話内容は不明である。）、また、同日午前０時34分及び37分頃、
事故前に飲食店で共に飲酒していたＥに電話を掛け、Ｅに対し、近くに
警察が来ているかなどと尋ね、Ｅが（警察は）いない旨答えると、電話

を切った。被告人は、その後、同所で眠っていたが、遅くとも同日午前
6時30分頃には目覚め、インターネットでひき逃げについての記事やそ
の際の処罰等に関する記事を検索するなどした後、同日午後0時1分
頃、Dに電話して、飲酒していなかったことにするための口裏合わせを
依頼するなどした。そして、同日午後1時22分頃、警察がフロントガラ
スが破損した被告人車両を発見して、Bの住むアパートの住民から事情
聴取していたことから、被告人は警察に出頭することとなった。

　被告人は、本件当時、飲酒運転をして事故を起こし人を死傷させ、危
険運転致死傷などの罪名で起訴された事件があること、自動車運転過失
致死傷罪よりも危険運転致死傷罪の方が罪が重く、飲酒運転で事故を起
こすと飲酒していない場合より罪が重くなることなどは知っていた。」
などの事実認定をした。

(ｳ)　その上で、被告人に、「アルコールの影響の有無又は程度が発覚する
ことを免れる目的」があったかどうかについて、「上記認定事実によれ
ば、被告人が本件交差点から離れた際、例えば病人やけが人を救助した
り病院へ連れて行ったりするためにやむを得ず一時的に本件交差点を離
れたというような事情は何ら認められないのであって、当罰性の認めら
れない全く別の目的で本件交差点から離れたと認めることはできない。

　そして、被告人は、上記認定のとおり本件事故の約4時間前から続け
て多量に飲酒していたのであるから、酒気帯び運転に該当する程度のア
ルコールを身体に保有しているという認識はあったものと認められ、そ
うすると、アルコールの影響によりその走行中に正常な運転に支障が生
じるおそれがある状態であったことについても認識していたものと認め
ることができる。加えて、被告人は、被害者に衝突した時に人に衝突し
たことやその人が遠くへ飛んでいき怪我をしたであろうことを認識して
いながら、その場を離れ、B方に到着して就寝するまで少なくとも30分
間はあったにもかかわらず、警察に出頭したり連絡したりしようとせ
ず、消防に電話を掛けながら本件事故について告げた形跡は何ら認めら
れない上、Eに電話を掛けて警察はいないかなどと尋ねるなど本件の発
覚を恐れ発覚したかどうか探るような言動をしていること、本件事故後
被告人の車の状態を確認し、B方到着後はBの車を移動させてその駐車

スペースに被告人の車を停めるなど被告人の車の発見を遅らせるような行動をしていること（中略）、被告人は飲酒運転をして事故を起こすと重く処罰されることは認識していたことなどを併せ考えると、被告人は、アルコールの影響の有無又は程度が発覚することを免れる目的で、本件交差点を離れて移動し、Ｂ方に留まったものと認めることができる。」旨判示したものである。

㈢　事故後逃走して長時間別の場所で隠れていたのであって、その目的が飲酒運転の検挙などを避けようとする意図であったことは明白な事案であり、本罪が成立することは当然である。

⑷　平成26年12月10日横浜地裁判決（公刊物未登載）

この判決の事案は、被告人が、アルコールの影響により正常な運転に支障が生じる恐れがある状態で自動車の運転を継続し、仮睡状態に陥り、進路前方に停車中のＡ運転の車両に衝突させ、Ａを受傷させたのに、救護措置や警察への報告をせず、逃走したというもので、過失致死傷アルコール等影響発覚免脱罪等が認められたものである。

この判決で認定された罪となるべき事実は、おおむね次のとおりである。

被告人は、平成26年９月16日午前９時６分頃、横浜市中区内の駐車場から普通乗用自動車を運転して出発し、同日午前10時７分頃、同市西区内の道路に至ったが、運転開始前に飲んだ酒の影響により、同所に至る時点又はそれまでの間に、前方注視及び運転操作に支障がある状態に陥ったのに、そのまま同車を運転し、もってアルコールの影響により正常な運転に支障が生じるおそれがある状態で自動車を運転し、その際、眠気を覚え、前方注視が困難な状態になったのであるから、直ちに車両の運転を中止すべき自動車運転上の注意義務があるのにこれを怠り、直ちに車両の運転を中止せず、同状態のまま、同所先道路を漫然時速約46キロメートルで運転を継続した過失により、その頃、同所において、仮睡状態に陥り、折から進路前方左端に停車していたＡ運転の普通貨物自動車後部に自車前部を衝突させた上、その衝撃により、前記Ａ運転車両を左前方に押し出して、同車前部を道路脇の街路灯に衝突させ、よって、同人に加療約２か月間を要する左肋骨骨折、右下腿打撲、顔面打撲の傷害を負わせ、さらに、同日午前10時20分頃から同日午後１

時22分頃までの約3時間にわたり、その運転の時のアルコールの影響の有無又は程度が発覚することを免れる目的で、事故現場から逃走して同市中区内の飲食店「△△」で過ごすなどし、もってアルコールの影響の有無又は程度が発覚することを免れるべき行為をしたものである。

本件も上記(3)の事案と同様に、犯行後、別の場所に逃走して長時間を経過させたものであり、本罪が成立することは当然であろう。

(5) 平成26年8月12日福岡地裁飯塚支部判決（公刊物未登載）

この判決の事案は、被告人が、無免許で、かつ、アルコールの影響により正常な運転に支障が生じる状態で普通乗用車を運転し、信号機のある交差点を右折進行した際、対向車線に進入して逆走し、対向進行してきたA運転車両に衝突させ、Aに傷害を負わせ、救護措置や警察への報告をせず、事故現場から逃走したという無免許過失運転致傷アルコール等影響発覚免脱罪に係るものである。

この判決で認定された罪となるべき事実は、おおむね次のとおりである。

被告人は、平成26年5月20日午前零時38分頃、普通乗用自動車を運転し、福岡県飯塚市内の信号機により交通整理が行われている交差点を右折進行するに当たり、運転開始前に飲んだ酒の影響により、前方注視及び運転操作に支障がある状態で同車を運転し、もってアルコールの影響により正常な運転に支障が生じるおそれがある状態で同車を運転し、その際、前方左右を注視し、自車の進路を適正に保持しながら右折進行すべき自動車運転上の注意義務があるのにこれを怠り、前方左右を注視せず、自車の進路を適正に保持することなく漫然右折進行し、自車を片側2車線道路である対向車線の第2車両通行帯に進入させて時速約40ないし50キロメートルで逆走させた過失により、同日午前零時40分頃、折から同通行帯を対向進行してきたA運転の普通乗用自動車を前方約27メートルの地点に認め、急制動の措置を講じたものの間に合わず、同車前部に自車前部を衝突させ、よって、同人に加療約7日間を要する頸椎捻挫等の傷害を負わせ、さらに、同日時から同月27日午前9時5分頃までの約7日間にわたり、その運転の時のアルコールの影響の有無又は程度が発覚することを免れる目的で、事故現場から逃走して自宅で過ごすなどし、もってアルコールの影響の有無又は程度が発覚することを免れるべ

き行為をするとともに、その際、公安委員会の運転免許を受けないで同車を運転した。

本件においては、7日間もの期間を経過させており、本罪が成立することは当然である。

4 本設例の解答

本設例では、事故後逃走してから約20分しか経過していない。そうであるなら、上述したとおり、本設例では、過失運転致傷アルコール等影響発覚免脱罪は成立しない。

ただ、道路交通法の救護義務違反・報告義務違反は、その構成要件を満たしているので成立し、酒気帯び（又は酒酔い）運転による道路交通法違反、自動車運転死傷処罰法5条の過失運転致傷罪がいずれも成立し、それらは、全て併合罪となる。

なお、この件では、危険運転致傷罪は成立しないであろう。

付言するに、この過失運転致傷アルコール等影響発覚免脱罪は、危険運転致傷罪を補充するものであるから、危険運転致傷罪が成立する場合には、この免脱罪は成立しない。

Case 12

　A車の運転者甲は、運転開始前に飲酒したものの、比較的意識はしっかりしていた。しかし、気が大きくなっており、どんどん加速して走行していたところ、右に大きく湾曲しているカーブに差し掛かった。どのくらいの速度で曲がりきれるか挑戦するため、更に加速して時速100キロメートル以上の高速度で同カーブに入ったところ、ハンドルの自由が利かなくなり、曲がりきることなく路外に逸走し、同所の路側帯を歩行中の被害者に自車を衝突させて負傷させた。

　甲は、自己の飲酒の事実の発覚を防ぐため、直ちに逃走することとし、A車を運転して自宅まで帰り、追加して飲酒した。

　その後、甲方自宅に駆けつけた警察官により甲は逮捕された。

　甲の刑責は？

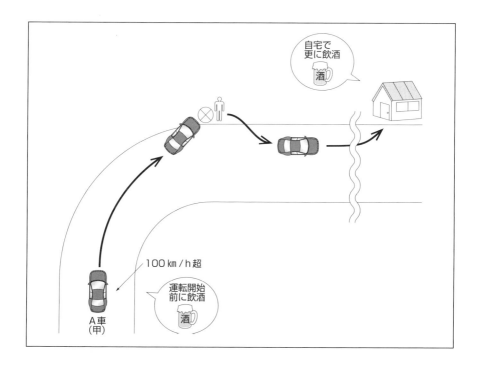

本設例の解答

　前問で説明したように、発覚免脱の前提となる犯罪は、自動車運転死傷処罰法2条1号又は3条1項によるものでなければならず、それが立証できずに過失運転致死傷罪等によらなければならない場合に限られることになる。規定の文言も、「運転上必要な注意を怠り、よって人を死傷させた場合」としていることから明らかである。

　したがって、高速度による制御不能な走行をしたことによる危険運転致死傷罪（これについては後述する。）に及んだ際、たまたま飲酒の事実が存したとしても、その飲酒の事実の発覚を免れる目的では、前提となる犯罪が異なることから、本条の罪は適用されない。

　それゆえ、本設例では、同法2条2号の高速度による危険運転致傷罪と救護義務違反等の道路交通法違反が成立するのは当然であるが、そのほかには、ウィドマーク式の適用などにより、酒気帯び運転罪や酒酔い運転罪の立件が可能であるということにとどまることになる。

⑥ 過失運転致死傷アルコール等影響発覚免脱罪　*117*

Case 13

　甲は、前方不注視により進路前方で停止していた車両に追突したことで同車運転者乙を負傷させた。その直後、甲は車両内にあった缶ビール350ミリリットルを開けてこれを全部飲み、その後間もなくのうちに臨場した警察官による飲酒検知の際、甲は「事故後にビールを飲んだのだから、その検知結果は、事故時のものとしては正確ではない。」と主張した。この場合の甲の刑責は？

1　この場合、過失運転致死傷アルコール等発覚免脱罪の成否が問題となるが、この罪が成立するためには、被疑者において、自動車運転死傷処罰法4条の要件である①アルコール又は薬物の影響によりその走行中に正常な運転に支障が生じるおそれがある状態で自動車を運転した者が、②運転上必要な注意を怠り、よって人を死傷させた場合において、③その運転時のアルコール又は薬物の影響の有無又は程度が発覚することを免れる目的で、更にアルコール又は薬物を摂取すること、その場を離れて身体に保有するアルコール又は薬物の濃度を減少させることその他その影響の有無又は程度が発覚することを免れるべき行為をしなければならない。

　本件では、まず、前方不注視により人身事故を起こしているのであるから、

②の要件を満たすことは当然である。また、その際に、アルコールを摂取することで運転時のアルコールの影響の有無や程度が発覚するのを免れる行為として、缶ビールを飲んでいるので、③の要件も満たすと考えてよいであろう。

　そこで問題となるのは、①の要件である「アルコールの影響によりその走行中に正常な運転に支障が生じるおそれがある状態で自動車を運転した」と立証できるかどうかである。

2　この場合、飲酒検知をしても、その結果には、運転後の飲酒も含まれていることから、その数値を純粋に事故時の体内アルコール保有量ということはできない。しかしながら、本罪での立証上、必要な事実関係は、事故時の正確な体内アルコール保有量ではなく、その際に、アルコールの影響によりその走行中に正常な運転に支障が生じるおそれがある状態であること、つまり、酒気帯び運転程度のアルコールを体内に保有していたという事実の立証ができればよい。

　そうであるなら、この被疑者の飲酒検知を実施し、その数値から、甲が事故後に飲んだという缶ビールに含まれるアルコールの量を、ウィドマーク式の計算によって差し引いてやればよい。そして、その差引後の数値が呼気1リットル中0.15ミリグラムを超えていれば、事故時に酒気帯び運転程度のアルコールを体内に保有していたと立証できるのであるから、上記①の要件を満たすことになる。

3　具体例を挙げて計算してみることとする。

　この計算式については、

$$血中アルコール濃度 = \frac{アルコール摂取量}{体重 \times 体内分布係数（0.60〜0.96）}$$

で表されるところ、ここで必要な数値としては、缶ビールのアルコール濃度5パーセント、アルコールの比重0.8のほかに、被疑者の体重は70キログラムであるとしておく。

　この場合、被疑者が350ミリリットルの缶ビールを飲んだのであるから、そこに含まれるアルコール量は、

　　350（ミリリットル）×0.05（パーセント）×0.8（比重）＝14グラム

となる。これを分子とし、体重に体内分布係数を掛けたものを分母とするので、次に、分母を計算する。

70（キログラム）×0.60〜0.96＝42〜67.2

が分母となる。そこで、先に分子として計算された14を42〜67.2で割ると、

　　　0.33〜0.21

となる。これが血中アルコール濃度であるので、呼気１リットルの濃度に換算すれば、

　　　0.17〜0.11ミリグラム

となる。これが350ミリリットルの缶ビール１本を全部飲んだ時の直後に増えた体内アルコール保有量である。

　したがって、仮に、被疑者の飲酒検知の結果が、呼気１リットル中0.35ミリグラムのアルコールが検出されていたとすれば、そこから、被疑者に有利になる0.17を差し引くと、呼気１リットル中に0.18ミリグラムのアルコールが認められることになり、酒気帯び運転程度のアルコールは保有していたと認定でき、上記①の要件を満たすことが立証できることになる。

　もっとも、アルコールは飲んだ直後に全身に広がって呼気中に出現するものではなく、それには10分以上の何分もの時間がかかるものである。したがって、飲酒した直後に飲酒検知をしても、その飲酒量は検知結果に反映されていないのが通常である。ここでの計算は、被疑者に最大限に有利に取り扱った場合のものであるから、そのことは十分に念頭においておく必要がある。

4　なお、この計算の仕方は、過失運転致死傷アルコール等覚発覚免脱罪の場合だけしか使えないものではない。酒気帯び運転をした者を検挙した際、警察官の目の前で飲酒する者もいるが、その場合においても、同様の計算をすることで、酒気帯び運転の立証ができることも併せて理解されたい。

公判につながる捜査上の重要ポイント

　この罪は事故後の逃走を伴うのが通常であるため、時間の経過により飲酒検知が不可能になることがある。

　そのような場合には、ウィドマーク式の積極的な適用により、事故時の被疑者のアルコール体内保有量が呼気１リットルにつき0.15ミリグラム以上であったことを立証すべきである。

120 〔1〕第1章 アルコールの影響

　例えば、**平成27年３月２日千葉地裁八日市場支部判決**（公刊物未登載）で
は、被告人が逃走したことで飲酒検知までに事故発生から約11時間以上経過
しており、アルコールが検出されなかった。しかしながら、捜査の結果、事
故前の飲酒先、飲酒量、店員、飲酒仲間が特定できた上、飲酒先の店の伝票
や、店員や仲間の供述から、事故時の被告人の体内アルコール濃度が0.15ミ
リグラム以上であったことの立証が可能となったものであり、これに基づい
て有罪判決が言い渡されている（**平成26年12月19日名古屋地裁豊橋支部判決**
（公刊物未登載）もほぼ同様の事案である。）。

　このように、飲酒検知結果によることができなくても、飲酒状況等の立証
のための証拠収集を諦めないことが肝心である。

　なお、ウィドマーク式の詳しい説明や、その根拠となる論文については、
拙著『Q&A実例交通事件捜査における現場の疑問［第２版］』35頁以下及び
602頁以下を参照されたい。

第　2　章
薬物の影響（危険ドラッグ等）

はじめに

　危険ドラッグは、もともとは脱法ハーブと呼ばれており、脱法ハーブと呼ばれていた時代から既にその濫用は社会問題となっていた（以下「危険ドラッグ」と総称する。）。

　この危険ドラッグは、覚醒剤等の規制薬物に類似した化学物質が添加された植物片、液体、粉末等で、幻覚、中枢神経系の興奮・抑制などの精神毒性を有する物質の一般的な総称である。

　そして、その濫用による交通事故等が深刻な問題となってきたため、危険ドラッグを使用しての運転行為に対しては、厳正な対処が求められてきた。

　そもそも、自動車運転死傷処罰法2条1号では、

　　　次に掲げる行為を行い、よって、人を負傷させた者は15年以下の懲役に処し、人を死亡させた者は1年以上の有期懲役に処する。

　⑴　（中略）薬物の影響により正常な運転が困難な状態で自動車を走行させる行為

としており、同法3条1項では、上記行為と類似した行為について、

　　　（中略）薬物の影響により、その走行中に正常な運転に支障が生じるおそれがある状態で、自動車を運転し、よって、その（中略）薬物の影響により正常な運転が困難な状態に陥り、人を負傷させた者は12年以下の懲役に処し、人を死亡させた者は15年以下の懲役に処する。

と規定していることから、「薬物の影響により正常な運転が困難な状態」とはどのような状態であるのか、また、「薬物の影響により、その走行中に正常な運転に支障が生じるおそれがある状態」とはどのような状態であるのか

など、アルコールの影響による場合と同じく、危険ドラッグの影響による場合についても、この同法3条1項と同法2条1号との関係を明らかにしておく必要がある。

また、道路交通法66条は、

　何人も、（中略）薬物の影響（中略）により、正常な運転ができないおそれがある状態で車両等を運転してはならない。

と規定しており、その違反行為に対しては、当該薬物が麻薬や覚醒剤などであった場合には、同法117条の2第1項3号に該当し、5年以下の懲役又は100万円以下の罰金という刑罰をもって臨むこととなり、それら以外の薬物であった場合には、同法117条の2の2第1項7号により、3年以下の懲役又は50万円以下の罰金という刑罰をもって臨むことになる。危険ドラッグの場合は、そのうちの後者に該当することとなろう。

そこで、ここでいう「薬物の影響により正常な運転ができないおそれがある状態」とはどのような状態をいうのか、また、その状態は、先に示した危険運転致死傷罪における「薬物の影響により正常な運転が困難な状態」や、「薬物の影響により、その走行中に正常な運転に支障が生じるおそれがある状態」とはどのように異なるのかも、併せて明らかにしておく必要がある。

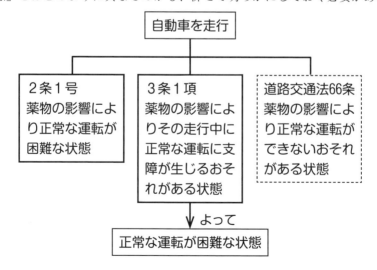

1 総論

1 「薬物の影響」とは
(1) 「薬物」とは

「薬物の影響」にいう「薬物」とは、覚醒剤や麻薬等の「規制薬物」や、「医薬品、医療機器等の品質、有効性及び安全性の確保に関する法律」（以下「医薬品医療機器等法」という。）という名称に改められた旧薬事法で指定された「指定薬物」に限らず、中枢神経系の興奮若しくは抑制又は幻覚の作用などを有する物質であって、自動車を運転する際の判断能力や運転操作能力に影響を及ぼす性質を持つ物質であればよい。そして、そのような薬物の影響により、後述するような運転操作に障害が生ずる運転行為を禁止しているのである。

それら薬物に対する法規制の状況は、下記の表のとおりである。

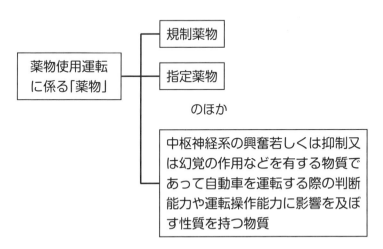

⇒運転者の身体的・精神的能力を低下させる薬理作用のあるものは全て含まれる

124　〔1〕第2章　薬物の影響（危険ドラッグ等）

		覚醒剤などの規制薬物(注1)	指定薬物(注2)	指定薬物ではない危険ドラッグ(注3)	毒物又は劇物(注4)
製造	罰条	覚醒剤取締法41条1項	医薬品医療機器等法(注5)83条の9、84条29号、76条の4	医薬品医療機器等法(注5)84条2号、12条1項（無許可）、84条20号、56条(品質に問題)	毒劇法(注5)24条1号、3条1項
製造	法定刑	1年以上の有期懲役	5年以下の懲役等	3年以下の懲役等	3年以下の懲役等
輸入	罰条	同上	同上	医薬品医療機器等法84条20号、56条	毒劇法24条1号、3条2項
輸入	法定刑	同上	同上	3年以下の懲役等	3年以下の懲役等
販売（営利目的譲渡）	罰条	覚醒剤取締法41条の2第2項	同上	製造と同じ	毒劇法24条1号、3条3項、24条の2第1号、3条の3
販売（営利目的譲渡）	法定刑	1年以上の有期懲役等	同上	製造と同じ	毒劇法24条1号の場合は3年以下の懲役等 24条の2の場合は2年以下の懲役等
授受又は譲渡	罰条	覚醒剤取締法41条の2第1項	同上	輸入と同じ	同上
授受又は譲渡	法定刑	10年以下の懲役	同上	輸入と同じ	同上
販売又は授受の目的での貯蔵又は陳列（営利目的所持）	罰条	販売（営利目的譲渡）と同じ	同上	輸入と同じ	毒劇法24条1号、3条3項
販売又は授受の目的での貯蔵又は陳列（営利目的所持）	法定刑	販売（営利目的譲渡）と同じ	同上	輸入と同じ	3年以下の懲役等

購入又は譲受	罰　条	授受又は譲渡と同じ	医薬品医療機器等法84条28号、76条の4	不可罰	所持によって処罰のため特に規定なし
	法定刑		3年以下の懲役等		
所　持	罰　条	同上	同上	同上	毒劇法24条の3、3条の3（シンナー等）
	法定刑				1年以下の懲役等
使　用	罰　条	覚醒剤取締法41条の3第1項1号、19条	同上	同上	同上
	法定刑	10年以下の懲役			

(注1)　【定義】麻薬及び向精神薬取締法に規定する麻薬及び向精神薬、大麻取締法に規定する大麻、あへん法に規定するあへん及びけしがら並びに覚醒剤取締法に規定する覚醒剤をいう（麻薬特例法（注5）2条1項）。なお、ここでは覚醒剤取締法を例として挙げて罪条を示すこととする。

(注2)　【定義】中枢神経系の興奮若しくは抑制又は幻覚の作用（当該作用の維持又は強化の作用を含む。）を有する蓋然性が高く、かつ、人の身体に使用された場合に保健衛生上の危害が発生するおそれがある物として、厚生労働大臣が薬事・食品衛生審議会の意見を聴いて指定するものをいう（医薬品医療機器等法2条15項）。

(注3)　【定義】覚醒剤等の規制薬物に類似した化学物質が添加された植物片、液体、粉末等で、幻覚、中枢神経系の興奮・抑制などの精神毒性を有するなど、人の身体の構造又は機能に影響を及ぼすことが目的とされている物質の一般的な総称である（医薬品医療機器等法2条1項3号参照）。

(注4)　【定義】毒劇法に規定された物であって、医薬品及び医薬部外品以外のものをいう（毒劇法2条1、2項）。

(注5)　法令の略称表記については以下のとおり。
　　　　○医薬品医療機器等法＝医薬品、医療機器等の品質、有効性及び安全性の確保等に関する法律
　　　　○毒劇法＝毒物及び劇物取締法
　　　　○麻薬特例法＝国際的な協力の下に規制薬物に係る不正行為を助長する行為等の防止を図るための麻薬及び向精神薬取締法等の特例等に関する法律

　そして、危険ドラッグの関係でいえば、この場合、当該危険ドラッグである「薬物の影響」があればよく、医薬品医療機器等法でいう指定薬物である必要はないので、当該運転の際に使われた危険ドラッグが未だ指定薬物としては指定されていないものであった場合でも全く問題はない。

　もっとも指定薬物であれば、それが、中枢神経系の興奮若しくは抑制又は幻覚の作用を有することは明らかであることから、そのようなものを使用しての運転行為であれば、「薬物の影響」があったことの立証は

容易であろう。

しかしながら、たとえ指定薬物でなくとも、当該使用に係る薬物において、「正常な運転が困難な状態」や「正常な運転ができないおそれがある状態」などに陥らせる効果、効用が認められるのであれば、本件危険運転致死傷罪や道路交通法違反の構成要件を充足する。つまり、ここでいう「薬物」には、覚醒剤等の規制薬物や、指定薬物に限らず、シンナーや医薬品医療機器等法に定める医薬品を始め、運転者の身体的・精神的能力を低下させる薬理作用のあるものは全て含まれることになる。

(2) 「影響」とは

そして、この場合、運転操作に対する障害は、薬物の「影響により」もたらされなければならない。したがって、いくら薬物を摂取したとしても、その影響ではなく、睡眠不足や過労の影響で注意力が散漫になり、その結果、事故を起こしたのであれば、それは「薬物の影響により」惹起されたものではないことから、本罪は成立しない。しかしながら、薬物の影響がありさえすればよいのであるから、他の精神弛緩作用を有する物質、例えば、アルコール等の影響が併存的に存したとしても、薬物の影響が残っている限り、本罪は成立する。さらに、他の薬物の影響が併存した場合、例えば、危険ドラッグと睡眠薬を併用したような場合であっても当然に「薬物の影響により」に該当するのであって、薬物の作用がその一因となり「正常な運転が困難な状態」になったり、「正常な運転ができないおそれがある状態」になっていればよいと解されていることも忘れてはならない。

2 客観的な運転状況に関する「正常な運転が困難な状態」、「正常な運転に支障が生じるおそれがある状態」及び「正常な運転ができないおそれがある状態」の相違点

(1) 「正常な運転が困難な状態」について

「正常な運転が困難な状態」とは、薬物の影響により道路交通の状況等に応じた運転操作を行うことが困難な心身の状態をいうと考えればよ

いであろう（**平成23年10月31日最高裁決定**（刑集65巻7号1138頁）参照）。
より具体的にいえば、精神的、身体的能力が薬物によって影響を受け、
道路の状況、交通の状況に応じ、障害を発見する注意能力、これを危険
と認識し、回避方法を判断する能力、その判断に従って回避操作をする
運転操作能力等が低下し、危険に的確に対処できない状態にあることを
いうと解される。

　そして、このような状態にあったかどうかを判断するに当たっては、
上記最高裁決定の趣旨を踏まえれば、事故の態様のほか、吸引等した危
険ドラッグ等の薬物の量や、その薬理作用による神経、精神等への影響
の状況、事故前の運転状況、事故後の言動、血中等からの薬物の検知結
果等を総合的に考慮すべきであろう。具体的には、事故の態様、危険ド
ラッグ等の薬物の摂取状況、事故前の運転状況や事故後の言動等を総合
評価して決することとなる。

　ただ、このようにいっても抽象的であり、実際のところ、捜査上の判
断としては、「正常な運転が困難な状態」であると認定された事例を積
み重ねて、それら事例との類似性からこの認定を導き出すこととなろ
う。

⑵　「正常な運転に支障が生じるおそれがある状態」とは

　この「正常な運転に支障が生じるおそれがある状態」とは、「正常な
運転が困難な状態」であるとまではいえないものの、自動車を運転する
のに必要な注意力、判断能力又は操作能力が、そうではないときの状態
と比べて相当程度減退して危険性のある状態のほか、そのような危険性
のある状態になり得る具体的なおそれがある状態の両者を含むものと考
えられている。

　薬物の影響の場合と比較されるアルコールの影響による場合であれ
ば、それが酒気帯び運転罪に該当する程度のアルコールを身体に保有す
る状態でこれに該当すると解されていることから、そうであるなら比較
的少ないアルコール量でもその要件を満たすと考えられるので、薬物の
場合であっても、手足の動作がやや緩慢になるとか、意識が少々ぼんや

りするとか、眠気を感じ始めたとか、そのような状態に至るおそれがある場合などは、いずれも「正常な運転に支障が生じるおそれがある状態」といってよいものと思われる。

ただ、実際のところ、薬物を摂取して運転行為に及べば、いつどの段階で、どのような薬理効果が発生するかは不明であり、常に、「正常な運転が困難な状態」に陥る危険がある状態と評価できるのではないかと思われる。したがって、薬物摂取の上での運転行為は、特段の例外的事情などがない限り、原則的に「正常な運転が困難な状態」であると評価して差し支えないものと考えるべきである。

⑶ 「正常な運転ができないおそれがある状態」とは

「正常な運転ができないおそれがある状態」とは、道路における危険を防止し、交通の安全と円滑を図るため運転者に課せられている注意義務を十分に果たすことができない心身の状態をいうといわれている。

要は、「正常な運転が困難な状態」とまではいえなくても、車両の運転者として、安全な運行をするための十分な注意を払うことができないおそれがある状態と考えればよいであろう。例えば、前方がよく見えなくなるとか、幻聴によりハンドル操作に集中できなくなるとか、身体が動きにくくなるといった薬物の効果が出ているとみられるような状態であれば、この要件は充足するものと考えられる。

ただ、これも抽象的であり、実際のところ、捜査上の判断としては、この種事犯として処理された事例を参考にして、その類似性を検討して「正常な運転ができないおそれがある状態」であるかどうかを判断することとなろう。

⑷ 運転中の被疑者の状態と事故時における被疑者の状態における上記3つの状態の組合せ

これについては、以下の表1のようにまとめることができよう。

① 総論 **129**

表1　危険ドラッグ等の薬物の使用による影響

運転中の被疑者の状態	事故時の被疑者の状態	対人結果	適用法条
正常な運転が困難な状態	正常な運転が困難な状態	人の死傷あり	自動車運転死傷処罰法2条1号
		人の死傷なし	道路交通法66条
正常な運転ができないおそれがある状態	正常な運転が困難な状態	人の死傷あり	自動車運転死傷処罰法3条1項
		人の死傷なし	道路交通法66条
	正常な運転ができないおそれがある状態	人の死傷あり	・自動車運転死傷処罰法5条（過失運転致死傷） ・道路交通法66条
		人の死傷なし	道路交通法66条
	正常な運転に支障が生じるおそれのある状態	人の死傷あり	・自動車運転死傷処罰法5条（過失運転致死傷） ・道路交通法66条
		人の死傷なし	道路交通法66条
正常な運転に支障が生じるおそれがある状態	正常な運転が困難な状態	人の死傷あり	自動車運転死傷処罰法3条1項
		人の死傷なし	道路交通法66条
	正常な運転ができないおそれがある状態	人の死傷あり	・自動車運転死傷処罰法5条（過失運転致死傷） ・道路交通法66条
		人の死傷なし	道路交通法66条
	正常な運転に支障が生じるおそれのある状態	人の死傷あり	自動車運転死傷処罰法5条（過失運転致死傷）
		人の死傷なし	適用法条なし（道路交通法で処罰できない）

※　正常な運転が困難な状態＞正常な運転ができないおそれがある状態＞正常な運転に支障が生じるおそれがある状態

　なお、人の死傷がなかった場合には、以下の表2のようにまとめられる。

〔1〕第2章　薬物の影響（危険ドラッグ等）

表2

	正常な運転ができないおそれがある状態で運転	正常な運転に支障が生じるおそれのある状態で運転
アルコール	酒酔い運転 道路交通法65条1項、117条の2第1項1号 （5年以下の懲役又は100万円以下の罰金）	酒気帯び運転 道路交通法65条1項、117条の2の2第1項3号 （3年以下の懲役又は50万円以下の罰金）
危険ドラッグ（麻薬等の規制薬物でないもの）	道路交通法66条、117条の2の2第1項7号 （3年以下の懲役又は50万円以下の罰金）	規定なし
覚醒剤や麻薬等	道路交通法66条、117条の2第1項3号 （5年以下の懲役又は100万円以下の罰金）	規定なし

3　主観的側面における運転状況についての「正常な運転が困難な状態」、「正常な運転に支障が生じるおそれがある状態」及び「正常な運転ができないおそれがある状態」の認識に関する相違点

　　これは、運転者による自己の身体に対する薬物の影響についての認識の問題である。危険運転致死傷罪において争われる場合、そのほとんどがこの認識について争点になるといっても過言ではないであろう。それほどこの問題は捜査、公判において重要なポイントとなる。

(1)　「正常な運転が困難な状態」についての認識

　　危険運転致死傷罪は故意犯であることから、被疑者が当該車両を運転している際に、自己が「薬物の影響により正常な運転が困難な状態」にあることを認識している必要がある。

　　ただ、この場合、被疑者に求められる認識は、法的評価を伴う「薬物の影響により正常な運転が困難な状態」というものではなく、それを基礎付ける事実についての認識である。つまり、危険ドラッグ等を吸引して頭がふらふらするとか、幻覚がちらついているとか、他人との距離感

が分からなくなっているとかなどの正常な運転が困難な状態に陥るための事実関係を認識していればよい。その上で、被疑者が、それでも自分としては正常に運転できると思っていたと供述しても、「正常な運転が困難な状態」であることを認識していたと認定して差し支えない。そのような状態であるかどうかは、法的な評価であることから、被疑者自身が判断する筋合いのものではないからである。

　例えば、平成24年12月6日京都地裁判決（公刊物未登載）では、この点について、被告人が過去に、当時、脱法ハーブと呼ばれていた危険ドラッグを吸引して運転した際、何度も意識障害を起こしていること、その際に身体が硬直して「固まる」ようになった体験を何度もしていることなどから、「被告人は、脱法ハーブを使用し、その影響下で自動車を運転した場合、運転操作等が困難となって自動車事故を引き起こす危険性を一層強く認識したものと推認することができる。」と判示している。つまり、薬物の使用により意識障害や身体硬直といった、およそ正常な運転をなし得ない状態になることを経験しているという事実は、当

該薬物を用いた場合、正常な運転が困難な状態に陥ることを認識していると評価できるということである。

　また、平成24年12月14日大阪地裁判決（公刊物未登載）では、「被告人は、これまでに20回以上、脱法ハーブを吸ったことがあるとしており、脱法ハーブに大麻と同様の効能があることを知人等から聞いていた。さらに、被告人の知人の供述によれば、被告人が脱法ハーブを吸引すると、テンションが低くなり、ぽーっとしたうつろな状態、意識が飛んだような状態になるとしており、被告人は、脱法ハーブの作用を十分に過去に経験していたと言える。」、「被告人は、脱法ハーブによる効能、つまりは精神に対する作用を、いわば味わいながら運転をしていたものである。これらの事実を踏まえれば、被告人は、実質的に、危険運転致傷罪の違法性を意識できるだけの事実を認識しながら自動車を運転していたと言える。」としている。つまり、この判決においても、当該脱法ハーブを用いる際に、うつろな状態や意識が飛んだような状態というおよそ正常な運転がなし得るはずのない状態になった経験をしているのであるから、そのことが分かりながら、脱法ハーブを使用しながら運転をしていた行為は、「正常な運転が困難な状態」にあったことを認識していたといえると評価しているのである。

　さらに、平成25年6月10日名古屋地裁判決（判時2198号142頁）では、「被告人自身、本件事故の前から、脱法ハーブの危険性を認識していた旨供述している上、被告人は、脱法ハーブの後遺症について検索し、医師によるウェブサイトを閲覧するなど脱法ハーブの後遺症を気に掛けていたことがうかがわれる。また、脱法ハーブの危険性については、以前から新聞等で広く報道もされているし、被告人は、脱法ハーブの危険性を報ずるニュースに接した妻から、脱法ハーブをやめるように言われたり、脱法ハーブを使用している友人が『脳みそがクラクラする』『こんなものが合法で大丈夫かね』と発言した場面に居合わせたりもしている。」という各間接事実を認定した上で、「これらを総合すれば、被告人が、本件当時、使用した本件脱法ハーブの影響により、自己が道路交通の状況等に応じた運転操作を行うことが困難な心身の状態であること、

すなわち、薬物の影響により正常な運転が困難な状態であることを認識していたものと認められる。」と判示している。

　たしかに、それらの間接事実は、被告人が運転する際に、運転操作に多大の支障をもたらすおそれがあるといえることから、それらの間接事実を認識しているということは、すなわち、「正常な運転が困難な状態」に陥ることを認識していたと評価できよう。

　このように上記各裁判例から判明することとして、当該薬物を使用した際の経験や他人から聞いた知識等において、その薬理作用が意識喪失や行動能力喪失などをもたらすことが分かっていた場合には、そのような薬理作用があることを知りながら当該薬物を摂取した上で運転した行為は、それは意識喪失や行動能力喪失に至ることが分かりながら運転をしていることにほかならない。したがって、そのような運転行為は、運転中、いつ何時、意識喪失等に陥るか分からない状態での運転ということであって、それが極めて危険な状態である以上、その危険性を分かって運転する際には「正常な運転が困難な状態」であると認識していたものと評価してよいものと思われる。

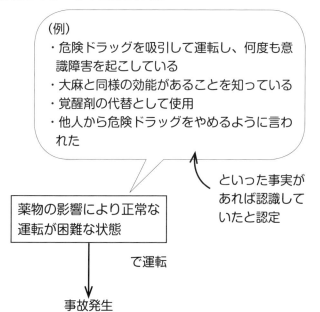

(2) 「正常な運転に支障が生じるおそれがある状態」についての認識

　運転開始前又は運転中に薬物を摂取し、それによって前記2(2)に記載したような「正常な運転に支障が生じるおそれがある状態」となっていることを認識しながら運転をしたのであれば、この要件を充足する。

　ただ、薬物の場合は、アルコールのように、酩酊の程度によって運転能力の適否に差が出てくるようなものとは異なり、その薬理作用が意識喪失や行動能力喪失に直結するようなものであれば、その薬理作用を知っていながら摂取した場合は、すべからく「正常な運転に支障が生じるおそれがある状態」の認識にとどまらず、「正常な運転が困難な状態」の認識があったことになるものと思われる。

　ただ、初めて用いる危険ドラッグ等であり、その薬理作用について正確な知識がない場合などでも、少なくとも精神・神経に影響を与えることは分かっているのであるから（そうでなければお金を出して買うはずはないであろう。）、その摂取により、どんな危険な作用が精神や神経にもたらされるのかは分からないのであるから、そのような未必的な危険状態についての認識は、「正常な運転に支障が生じるおそれがある状態」についての認識というに十分であろう。したがって、初めて用いる薬物であって、意識喪失や行動能力喪失などが起きることを予期していなかったような場合においては、当初は、薬物の使用により「正常な運転に支障が生じるおそれがある状態」であったところ、薬理作用によって急に意識を喪失し、「正常な運転が困難な状態」に陥った状態を認識することなく事故を惹起して人を死傷させたような例が、自動車運転死傷処罰法3条1項に該当する場合として考えられるであろう。

　これに対し、上述したように、同じ薬物を何度も使って身体の行動能力が喪失する体験を有しており、それを用いればそのような状態に陥ることを認識していたのに、いつものとおり当該薬物を使用して運転し、身体の行動能力を喪失して事故を惹起し、人を死傷させたような場合は、「正常な運転が困難な状態」に陥ることを予期し、認容しているのであるから、既に「正常な運転が困難な状態」を認識して運転しているものと認定して差し支えないと考えられる。

⑴ 総論 **135**

⑶ 「正常な運転ができないおそれがある状態」についての認識

　これも前記2⑶のような状態であることの事実関係を認識していれば足りるのであるが、実際のところ、「正常な運転ができないおそれがある状態」であれば、薬理効果によって、いつ何時、意識喪失や行動能力喪失につながるかもしれないのであるから、もはやそれは「正常な運転が困難な状態」と同視できるものといってよいと思われる。それゆえ、「正常な運転が困難な状態」について述べたことは、そのままこの場合にも当てはまるのであり、ただ、人の死傷という結果が出ていないことに違いが見られるだけであるといってよいと考えられる。

⑷　上記3つの状態の程度の違い

　この点についてはアルコールの場合と同じであり、以下のとおりとなる。

「正常な運転が困難な状態」

∨

「正常な運転ができないおそれがある状態」

∨

「正常な運転に支障が生じるおそれがある状態」

〔1〕第2章 薬物の影響（危険ドラッグ等）

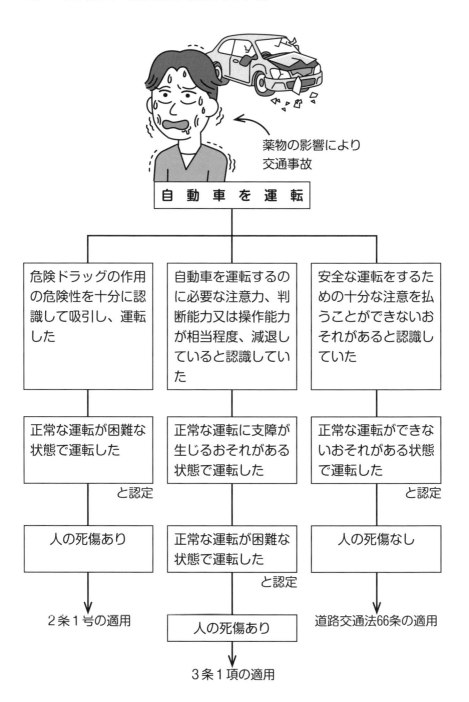

Case 1

　A車の運転者甲は、交差点に向かって進行してきたが、対面信号機の赤色表示に従って停止していたＣ車及びその後方に停止していた一般原動機付自転車Ｂ車に全く気付くことなく、時速約50キロメートルで進行し、ブレーキを掛けることもなくＢ車の後方から追突した。そして、その衝撃でＢ車を前に押し出してＣ車に衝突させ、さらに、路上に転倒したＢ車の運転者乙をひいたため、乙は重傷を負った。

　その後、Ａ車は路肩の電柱まで進行して、同電柱に衝突して停止したが、その後も甲はアクセルを踏み続けていた。事故直後に現場に駆けつけた警察官は、運転席に座ったまま、意識を半ば失って意味不明な言葉を繰り返していた運転者甲を発見した。

　甲は、意識を全く失ってしまっており、事故当時のことは何も覚えていなかった。ただ、Ａ車のダッシュボード内には、植物様のものや、粉末の物質や吸引用のパイプなどが残されていた。甲の刑責は？

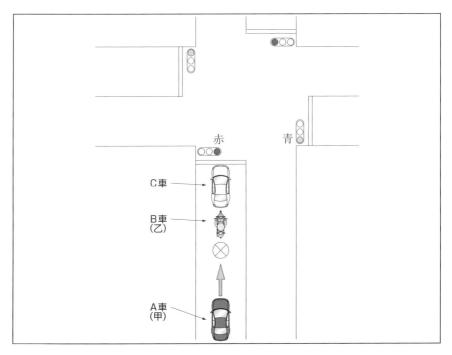

138 〔1〕第2章 薬物の影響（危険ドラッグ等）

本設例では、危険ドラッグと疑われる植物様のものや、粉末状の物質、更には、それらを吸引するための道具と思われるものが発見されていることから、自動車運転死傷処罰法2条1号若しくは同法3条1項の薬物の影響による危険運転致傷罪の成立が考えられる。

このような場合、直ちに、運転者から、任意に尿の提出を受けたり、これに応じない場合には捜索差押許可状（医師をして適正な処分を行うことを条件とするもの）により強制採尿を行ったり、さらに、鑑定処分許可状及び身体検査令状により採血を実施するなどして、本件運転行為に危険ドラッグが影響していたことの立証ができるように必要な捜査を実施する必要がある(注)。

また、吸引具から運転者甲の体液等を採取するなど、DNA型鑑定により、同人が同吸引具を使用したことの立証もできるようにしておかなければならない。

いずれにせよ、事故後もアクセルを踏み続けていたなどということは、事故の状況を認識できていなかった蓋然性を示すものであり、薬物の影響により、「正常な運転が困難な状態」であったことを表しているといえよう。また、現場に駆けつけた警察官が目撃した運転者甲の状態も、薬理作用下にある者の状況として認定できるものであろう。

したがって、本設例では、危険ドラッグの影響による危険運転致傷罪が成立するものと考えられるが、ただ、事故に至るまでの運転者甲の状況が明らかでないので、自動車運転死傷処罰法2条1号に該当するのか、同法3条1項に該当するのかは定かではない。

(注) もっとも、危険ドラッグに関しては、その成分である合成カンナビノイドの体内分解後の代謝物に関する研究が十分でない面もあり、尿鑑定の結果検出された物質が合成カンナビノイドの代謝物であるかが分からないこともある。そのため、尿等の鑑定結果によっても必ずしも使用事実を立証できるとは限らない。
　ちなみに、後述するCase 3の事案では尿中から合成カンナビノイドの代謝物を検出することはできなかった。
　しかしながら、後述するCase 4では、尿中から危険ドラッグの成分が検出され、被告人がこれを使用したことが薬学的に証明されている。

公判につながる捜査上の重要ポイント

1　アルコール事案との相違

　危険ドラッグ等の薬物の使用に係る危険運転致死傷罪の捜査をするに当たっては、被疑者における危険ドラッグ等の薬物の使用歴、使用状況、使用頻度、入手先、その使用をめぐる周囲の関係者とのやりとり、使用した際の被疑者の言動、被疑者における危険ドラッグ等の薬物に関する情報の取得状況などを調べておくのはもちろんのこと、運転前、運転時の被疑者の言動、さらには、事故後の言動等を詳細に証拠化しておくことなどは、これまでアルコール等の影響による危険運転致死傷罪の捜査において実施していたことと同様である。

　ただ、危険ドラッグ等の薬物の場合は、アルコールの場合と異なり、どのような薬物を摂取したか不明であるため、摂取された薬物を特定する必要があることに大きな問題がある。そのため、被疑者の言動、事故状況等から危険ドラッグ等の薬物の影響が疑われる場合には、早期に採尿及び採血を実施し、鑑定嘱託を行わなければならない。

2　薬物鑑定の困難さ

　しかしながら、現在、薬物を鑑定で特定するのは必ずしも容易なことではない。というのは、薬物鑑定で用いられている鑑定機器の基本的な原理は、鑑定資料となる薬物を、既に情報として登録されている標準品のデータと比較することで、その同一性等を鑑定するものであることから、新規の薬物を特定することは基本的には難しいからである。

　例えば、MAM2201と称される危険ドラッグなどのように、これまでに多数流通し、指定薬物とされた後、現在では麻薬と法定されたもののように、既に、鑑定機関が標準品のデータを持っており、それと比較するという場合の鑑定は容易にできることではある。

　しかしながら、既に2300を超える物質が「指定薬物」に指定されていることから、その鑑定をなし得るようにその標準品を揃えることも大変な作業である上、新しい危険ドラッグ等の薬物が作られてきていた状況下では、新たに作り

出された危険ドラッグ等の薬物がいくら従前の薬物の構造を一部変更しただけ
で、極めて似ている物質であっても、化学上は全く別の物質となるため、当該
鑑定資料となる薬物の標準品を入手し、その比較をしないことには、当該鑑定
資料を特定するだけの鑑定ができないこととなっているのが実態である。

　また、大麻と成分が類似している合成カンナビノイド系の薬物には、強力な
陶酔作用等を有するものもあり(注)、交通事犯においては、この種の薬物は、極
めて危険であるという特色を有する。ただ、その鑑定作業では、主に、血中な
どに残された未変化体、若しくは特定が比較的容易な代謝物を発見し鑑定する
が、摂取量が少ない場合など検出が容易でない場合も少なくない。

　その上で、どの薬物を鑑定のターゲットとすべきなのかについても、事故現
場に使用された危険ドラッグ等の薬物の残渣等があれば、使用が疑われる薬物
が特定できるため、その標準品に関するデータが当該鑑定機関にあれば比較的
鑑定はスムーズにできるが、そのような特定がなされない場合には、手間のか
かる鑑定作業となることもまれではない。

　そのような問題があるため、勾留期間内に鑑定が終了し得ないこともしばし
ば見られることとなる。

3　現場検証の重要性

　したがって、事故現場、事故車両内から危険ドラッグ等の薬物の残渣がない
かどうか、被疑者方自宅に同様のものがないかどうか、被疑者の関係者で一緒
に使用した者がいないかどうか、その入手先に被疑者が使用した物と同様の物

(注)　合成カンナビノイドは、人体内の中枢神経に存在し、運動や記憶、認知機能の調整に関わ
るとされるＣＢ１というタンパク質に結合して中枢神経を抑制する作用を有する。合成カン
ナビノイドを摂取した場合、初期段階では、多幸感や高揚感、幻覚、幻聴等の効果が得られ
るが、時間が経過し血中濃度が上がると、第２段階として、脳の神経活動が衰え、反応が遅
れたり、認識を誤ったり、距離感や時間感覚が狂ったりし、さらに、おう吐、けいれん、カ
タレプシー等の運動失調、意識障害等の重い身体症状が出ることもある。合成カンナビノイ
ドは大麻に似た薬理効果を持つが、大麻よりＣＢ１への親和性が高いためより効果は強く、
特に危険ドラッグの中には、大麻の10倍以上の薬理効果を有し、早ければ１、２分程度のご
く短時間で第２段階に達する薬効を持つものもある。しかし、身体を硬直させるカタレプ
シー状態や意識障害に至るまでには、目が回ったり、頭がガーンとしたりするなどの症状が
現れ、それを自覚する時間が必ずあり、何の前触れもなく意識障害等が起きることはないと
いわれている。

が残されていないかどうかなど、危険ドラッグ等の薬物の特定につなげる捜査が不可欠となるのである。特に、本設例にあるような、車内に残された危険ドラッグ等の薬物は、それを吸引しながら運転した被疑者の犯行状況などを認定できるものとして極めて有用な証拠となるものであるから、目に付かない座席の下なども丹念に捜索することを忘れてはならない。

　また、今後、危険ドラッグ等の薬物を用いたことは認めるものの、「薬物の影響」があったかどうかについて争いになることも予想されるので、どの程度の薬効があったのかをも明らかにできるようにするため、薬物の血中濃度などがどの程度であり、その効果がどの程度のものになるのかなどについても関心を払っておく必要もあろう。

薬物の影響による危険運転致死傷罪立証のための間接事実の収集

　これから紹介するCase 2は、①平成24年6月9日に発生した事故に対する**平成24年12月6日京都地裁判決**(公刊物未登載)の事案と、Case 3は、②平成24年10月10日に発生した事故に対する**平成25年6月10日名古屋地裁判決**(判時2198号142頁)の事案を基にして作成した設例であるが、危険ドラッグを用いての運転行為には、どのような特徴があるのか、また、捜査をする上では、どのような間接事実を収集しておく必要があるのかなどについて検討していく。

　①においても、②においても、用いられた危険ドラッグは、［1―（5―フルオロペンチル）―1H―インドール―3―イル］（4―メチルナフタレン―1―イル）メタノンというもので、当時、通称「MAM2201」と呼ばれる脱法ハーブであった。

　この「MAM2201」という危険ドラッグは、合成カンナビノイド系と呼ばれる物質で、そもそもは旧薬事法(現在の医薬品医療機器等法)の指定薬物でもなかったのであるが、上記各判決の事案の発生後、平成24年10月17日、旧薬事法の指定薬物に指定され、同25年2月20日には、薬物指定省令の改正により、包括指定薬物(化学構造の一部が共通している特定の物質群を指定薬物として包括的に指定するもの。)に包含された(この指定を受けると、その指定された物質とその物質を含む製品の製造、輸入、販売等が原則禁止される。)。

　その後、この「MAM2201」については、麻薬と同種の有害作用及び濫用のおそれが確認されたことから、平成25年4月26日、厚生労働省の指定政令の改正により、麻薬に指定され、同政令は、同年5月26日から施行されている。

　したがって、上記各事案の実行行為当時は、この「MAM2201」は、旧薬事法の対象外である危険ドラッグであったものの、現在では、麻薬という取扱いになっている。

　この「MAM2201」の薬理作用については、現在では麻薬という取扱いになっていることからも明らかなように、中枢神経系の興奮若しくは抑制又は幻覚の作用があり、大麻の約400倍もの薬理効果を持つといわれている。また、その副作用として、硬直状態に陥ったり、意識喪失を起こすこともあり、体内摂取後、短時間のうちにそれらの効果が現れることもあるとのことである。

このような薬理作用を有する危険ドラッグを用いて自動車の運転をした場合、中枢神経の作用に著しい影響が与えられ、およそ適切な状況認識及び運転操作ができなくなることが明らかになっている。

Case 2

　Ａ車の運転者甲は、Ｂ車に追従して時速約60キロメートルで走行中、突如アクセルを踏み込んで自車を急加速させ、Ａ車前部をＢ車後部に追突させた上、その衝撃で前方に押し出されたＢ車前部を、その前方を走行中のＣ車後部に衝突させた上、再度Ｂ車後部にＡ車前部を追突させた。

　そこで、Ｂ車の運転者乙は、更なる衝突の危険を回避しようとして、対向車線上に逃げたが、Ａ車はＢ車に追従して、Ａ車を対向車線上に進出させ、更に、Ｂ車後部にＡ車前部を追突させ、その衝撃でＢ車を右前方に逸走させて、同車前部を道路右側歩道上に設置された電柱に衝突させ、よって、乙に重傷を負わせた。

　Ａ車の運転者甲は、電柱にＡ車前部が衝突した状態のままアクセルを踏み続けるなどした上、突然Ａ車を後退させて、同所を走行中の車両にＡ車を衝突させて停止した。甲の刑責は？

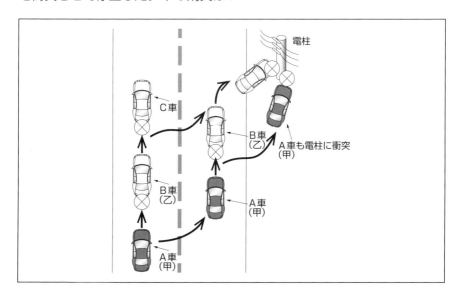

144 〔1〕第2章　薬物の影響（危険ドラッグ等）

1　認定されている事実（平成24年12月6日京都地裁判決（公刊物未登載））

　この京都地裁判決の事案では、運転開始前に吸引使用したMAM2201を含有する植物片様の薬物の影響により、幻聴、幻覚又は意識消失等意識の変調を来し、前方注視及びハンドル、ブレーキ等の適切な運転操作が困難な状態で自車を走行させた結果、本設例のような追突行為を繰り返して、被害者に傷害を負わせたという事実関係が認められている。

2　争点

　この事案において争われたのは、被告人が前記運転開始の時点において、自動車の正常な運転が困難な状態となり得る蓋然性を認識していたかどうかという危険運転致傷罪の故意の有無であった。

　本件事故態様は、あまりに異常であるため、事故時において、「正常な運転が困難な状態」であったという客観的事実関係上の法的評価については争われることはなかった。

　しかしながら、アルコールの影響による場合と異なり、危険ドラッグを吸引して使用した際、その薬理作用がいつ発現するかは、必ずしも普遍的に知られているとはいえないことから、「正常な運転が困難な状態」に陥るとは思っていなかったなどと主張されることはしばしばである。

　本件の事案では、被告人がそのような認識を有していたということを推認させる多数の間接事実が存在したことから、上記判決は、それら間接事実から被告人の「薬物の影響により正常な運転が困難な状態」で自車を走行させることの認識を推認した。

3　収集した間接証拠

　そこで、どのような間接事実を収集すれば、今後、類似の事案が発生したときに対処できるのか明らかにするため、この判決で認定された間接事実を紹介する。それは、次のとおりである。

⑴　被告人は、平成20年冬頃から、いわゆる脱法ハーブ〔当時の呼称。以下、本設例において同じ。〕の吸引使用を開始し、平成21年頃からは、脱法ハーブを常用するようになった。そして、被告人は、次第に効果の強いものを入手して使用するようになって、使用量も増加し、その使用後に自動車を運転

していたのみならず、次第に運転中にも脱法ハーブを使用するようになった。

(2) 被告人は、脱法ハーブを使用した後、瞬きもせず一点を見つめて、時には5分間位動かなくなり、交際相手のSが被告人に声を掛けると「あっ、固まってたわ。」等と発言することがあり、平成23年冬頃からはそのような状態に陥る回数が増えた。

(3) 被告人は、平成21年または平成22年頃、脱法ハーブを使用した後に自動車を運転していたところ、対向車線に大きくはみ出して走行したため、同乗中のSが助手席からハンドルを左方向に操作した上で「危ないやん。」と怒って注意したところ、ぼうっとした様子の被告人が「ごめん、ごめん。」、「固まってて、記憶ない、飛んでたわ。」と発言した。

(4) 被告人は、同じ頃、複数回にわたり、脱法ハーブを使用した後にSを同乗させて、自動車を運転していた際、信号もなく止まる必要のない場所で突如ブレーキを掛けて停止し、Sが停止した理由を聞いた際にも「固まってた。」と発言した。

(5) 被告人は、平成22年頃を含む複数回、セルフ式のガソリンスタンドで給油中に動かなくなり、これに気付いたSがその後車内に戻ってきた被告人に対し、「めっちゃ固まってたやろ。」と言うと、被告人は「うん、固まってた。全然記憶ないわ。」と発言した。

(6) 被告人は、複数回にわたり、脱法ハーブを使用した後にSを同乗させて自動車を運転していた際、「めっちゃきまってきたわ。」、「いつ事故ってもおかしないわ。」等と度々発言したり、「運転がゲームみたいな感じや。」等と発言したことがあった。被告人は、平成21年頃までは、そのような発言をした後、一旦運転を中止し休憩してから運転を再開していたが、それ以後はそのような発言をしつつそのまま運転を継続するようになった。

(7) Sは、以上のような体験を踏まえ、複数回にわたり、被告人に対し、運転前や運転中に脱法ハーブを使用することに関し、「危ないから、あんま吸わんときや。」と言ったところ、被告人は「わかってるわ。」等と応答したが、なおも使用後の運転を止めなかったことから、両名の交際が終了した平成24年5月の少し前には、危険を感じたSが被告人を同乗させて自動車の運転をするようになっていた。

(8) 被告人は、本件事故に近接した頃に、脱法ハーブを吸引した者が車を運転して暴走し、交通事故を起こしたニュースについて妻から聞かされるとともに、その類のものの使用につき問い質された際、「あほやな、そいつ。」と発言し、脱法ハーブ等の使用については否定した。

(9) 被告人は、本件当日、脱法ハーブを頻繁に購入していた京都府○○市内のアダルトグッズ店で脱法ハーブ2点を購入し、そのうち「SID」とラベルが貼られたものをその駐車場に駐車中の自動車内で、従前と同様の方法でほぼ同量使用し、間もなく同車の運転を開始した。

このような間接事実が収集できたのも、上記の交際相手であるSから、事故以前の被告人の危険ドラッグの使用状況やそれを使いながらの運転状況等を詳細に聞き出すことができたからである。

このように被疑者の危険ドラッグの使用歴、使用状況、使用時の身体及び精神状況の変化、危険ドラッグについての日常的な言動等に関する証拠収集の重要性が明らかに分かるところである。

4 まとめ

以上のような間接事実が認められれば、被告人が、本件脱法ハーブにより意識障害等を起こす危険性を認識していたことは十分に推認できるところであろうし、そのような状態下で自動車を運転すれば、その影響により正常な運転が困難な状態に陥ることも、同様に十分に認識していたものと認められるところである。

5 本設例の解答

したがって、本設例についても、運転者甲に上記京都地裁の事案で認定されたような間接事実などが認められれば、「薬物の影響により正常な運転が困難な状態」についての認識が認められ、危険運転致傷罪2条1号の成立が認められることとなろう。

Case 3

　Ａ車の運転者甲は、片側１車線の見通しのよい直線道路を、時速約70キロメートルで走行していたところ、進路前方の信号機のない本件横断歩道を通過しようとしたが、そのＡ車の通過しようとする前に、対向車線上では、約６台の自動車が走行しており、対向車線側の歩道上にいた被害者は、これらの自動車が本件横断歩道を全て通過した後、本件横断歩道を渡り始めた。

　ところが、Ａ車の運転者甲は、被害者が間近に迫ってから初めて発見し、急制動等の措置を講じたが間に合わず、Ａ車を同人に衝突させ、同人を路上に転倒させるなどして重傷を負わせた。

　本件事故により、Ａ車は、横転したところ、運転者甲は、同車から脱出した後、しばらく歩道上にいて、一時的に同車内に戻ったりもした。しかし、本件事故現場に救急車が来て、救急隊員が大声で「被害者は心肺停止状態にある」旨の発言をしたのと同じタイミングで、突然、同所から全速力で逃走を開始した。

　運転者甲は、本件事故の目撃者らに追跡され、本件事故現場付近まで連れ戻された上、警察官に現行犯人逮捕されて、警察署へ連行されたが、その間、甲は、過呼吸のように呼吸が荒く、視線の焦点が全く定まらず、言葉を発しても呂律が回らず、目は血走り、顔色は耳まで赤く、一人では動けないような状態であった。なお、横転したＡ車の近くには、危険ドラッグの入ったビニール袋が落ちていた。甲の刑責は？

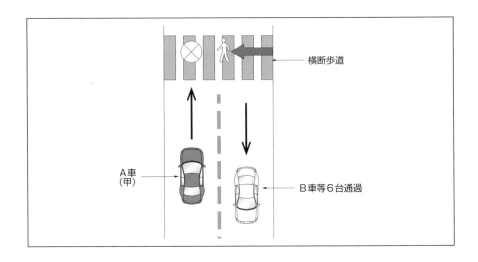

1 平成25年6月10日名古屋地裁判決（判時2198号142頁）

　この名古屋地裁判決の事案では、被告人は、運転開始前又は運転中に使用したMAM2201を含有する植物片である薬物の影響により、時間的、空間的な感覚に変調を来し、前方を注視してそこにある危険を的確に把握して対処することができない状態で自車を走行させたことにより、自転車に乗って横断してきた被害者を間近に迫って初めて発見したが、間に合わず、同人運転の自転車に自車前部を衝突させ、同人を路上に転倒させるなどして死亡させたというものであった。

2 上記判決の争点及び認定された間接事実

　上記判決で争点となったのも、Case 2 で述べた京都地裁判決の事案とほぼ同様に、被告人は、薬物の影響により正常な運転が困難な状態で自動車を走行させたと認識していたかどうかであった。

　そこで、この認識を認めるに足りる間接事実として、次の各間接事実が認められた。まず、危険ドラッグの使用歴や使用状況等については、

(1) 被告人は、平成22年11月に妻と結婚する前から、継続的に危険ドラッグを使用しており、平成24年9月29日頃からは、誰かに自宅をのぞかれている、組織に自分が監視されている、レーザーポインターで自宅が嫌がらせを受けているなどの妄想を抱くようになっていた。

(2) 被告人自身、本件事故の前から、危険ドラッグの危険性を認識していた旨

供述している上、被告人は、危険ドラッグの後遺症についてインターネットで検索し、医師などが作成しているウェブサイトを閲覧するなど、危険ドラッグの後遺症を気に掛けていた。また、危険ドラッグの危険性については、以前から新聞等で広く報道もされており、被告人は、危険ドラッグの危険性を報ずるニュースに接した妻から、危険ドラッグをやめるように言われたり、危険ドラッグを使用している友人が「脳みそがクラクラする」、「こんなものが合法で大丈夫かね」と発言した場面に居合わせたりもしていた。

という間接事実が存したほか、

(3)　本件危険ドラッグを使用すると、飲酒の場合と似たような感覚になり、飲酒した者が自身の判断能力等の低下を認識できるのと同様、本件危険ドラッグの使用者も自身の判断能力等の低下や、時間的・空間的な感覚の変調を容易に認識できるはずであると鑑定されていた(注)。

ことに加えて、本件事故態様を見ても、

(4)　被告人は、本件事故発生の約4、5秒前には、被害者を発見することが可能であり、その時点で急ブレーキを掛ければ、本件事故を回避できたが、実際には、本件事故発生の約1.056〜1.488秒前に、ようやく被害者を発見し、クラクションを2度鳴らし、急ブレーキを掛け、緩やかにハンドルを左に切ったものの、避けきれず本件事故を起こした。

というものであったところ、このような事故を惹起しながら、被告人は、事故直前の状況認識として、被害者に衝突した地点の約155.2メートル手前（被告人車両が時速約70キロメートルで走行していた場合、衝突の約8秒前）で被害者を発見したと認識している旨、また、本件当時、対向車線上には、約6台の自動車が渋滞で停止しており、自転車に乗った被害者が、自動車と自動車の間から被告人車

(注)　なお、MAM2201による妄想・幻覚は、常用者の場合、退薬効果といって薬物の効果が消失する頃にも生じることがあるが、反面、薬物の効果としては飲酒による酩酊状態と非常に似通っていて、最初はほろ酔い状態、その後、酩酊状態となり、さらには泥酔状態となり、過呼吸、目の充血、呂律が回らない、顔が耳まで赤い、足がふらつくなどの身体的症状が生じること、このような身体的症状が生じていれば、そのときの妄想・幻覚は退薬効果によるものでなく、薬理効果に基づくものであると考えられている。そして、MAM2201の薬理効果は、吸引後、5分ないし10分で発現し、1時間くらいでピークに達し、2、3時間持続するのが一般であり、6時間経過してなお薬理効果が生じていることもあり得ないことではないといわれている。ちなみに、本件では、被告人は、6時間ほど前に危険ドラッグを使用していたのであり、本件事故時にはその薬効は消失していた旨弁解していた。

両の前方に進出してきて本件事故に至ったと認識している旨供述していた。

　ところが、これが、実際の状況と大きく異なっており、被告人の認識が明らかに誤っていると認められることから、このような被害者発見地点及び対向車線上車両の状況等についての誤認は、通常では考えられないほど著しいものであり、本件事故当時、被告人の時間的・空間的な感覚が著しい変調を来していたものと考えられた。

　そして、このような変調は、本件危険ドラッグによってもたらされたものに他ならないこと、また、事故後の被告人の身体の異常な状況などに照らしても、このような状況下の被告人が「薬物の影響により正常な運転が困難な状態」にあったことは明白であると認められたものである。

　さらに、実際にも、本設例で記載したように、事故後の状況として、

(5)　被告人は、本件事故により横転した車両から脱出した後、しばらく歩道上にいて、一時的に同車内に戻ったりしたものの、本件事故現場に救急車が来て、救急隊員が大声で「被害者は心肺停止状態にある」旨の発言をしたのと同じタイミングで、突然、同所から全速力で逃走を開始した。

(6)　被告人は、警察官に現行犯逮捕されて、警察署へ連行された際、過呼吸のように呼吸が荒く、視線の焦点が全く定まらず、言葉を発しても呂律が回らず、目は血走り、顔色は耳まで赤く、一人では動けないような状態であった。

ことなどからしても、被告人が、およそ通常人であれば事故を起こすはずのない道路状況下において、上記被害者をはね飛ばしていること、事故直後の被告人の状態は、明らかに薬物の影響下にあるものと認められること、被告人は常習的に本件危険ドラッグを使用しており、その薬理作用や、その効果が生じている身体の状況を把握していたものと認められることなどから、本件危険ドラッグの影響により正常な運転が困難な状態にあったことを十分に認識していたものと認定されたものである。

3　本設例の解答

　本設例においても、運転者甲のこれまでの危険ドラッグの使用歴等を明らかにすることにより、「薬物の影響により正常な運転が困難な状態」であることの立証が可能となるので、危険運転致傷罪2条1号の成立が認められると考えられる。

Case 4

　Ａ車の運転者甲は、危険ドラッグを吸引しながら運転をしていたところ、本件交差点を右折し、同交差点出口に設置された横断歩道手前で一旦停止した。そして、発進進行するに当たり、同道路左側歩道に設置されたガードパイプに座っていたＶ1及びＶ2に自車左側部を衝突させて同人らを路上に転倒させるとともに、横断歩道上を信号に従い横断していたＶ3及びＶ4に自車前部を衝突させて同人らを路上に転倒させ、さらに、自車を同道路右側歩道上に乗り上げて暴走させ、同歩道上にいたＶ5、Ｖ6及びＶ7に自車前部を順次衝突させて同人らを路上に転倒させるなどした。その結果、１名を死亡させ、ほか６名にそれぞれ傷害を負わせた。甲の刑責は？

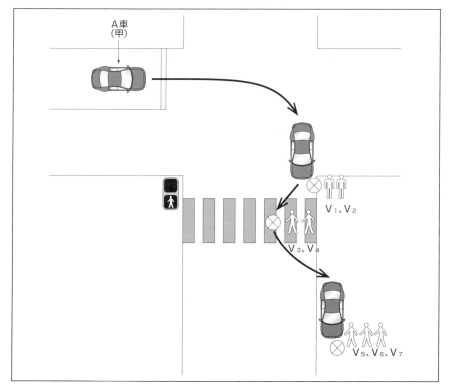

1 事案の概要

　この事案は、平成28年1月15日東京地裁判決（判例タイムズ1443号248頁）・同年6月8日東京高裁判決（公刊物未登載）を参考にしたもので、平成26年6月24日に発生した、いわゆる池袋暴走事件といわれるものである。

　被告人は、合成カンナビノイドである（S）―メチル＝2―［1―（5―フルオロペンチル）―1H―インダゾール―3―カルボキサミド］―3―メチルブタノエート（通称5F―AMB）及びN―（1―アミノ―3―メチル―1―オキソブタン―2―イル）―1―（シクロヘキシルメチル）―1H＝インダゾール―3―カルボキサミド（通称AB―CHMINACA）を含有する危険ドラッグ（商品名「総統」なるもの）を煙草の先に詰めて火をつけて吸引することで使用した。

　そして、交差点出口の横断歩道の手前で一旦停止したものの、その頃、本件危険ドラッグの影響により、カタレプシーと呼ばれる身体硬直症状が生じ、正常な運転が困難な状態に陥って、本件事故を惹起した。その後、被告人運転車両は、歩道上の公衆電話ボックスに衝突してようやく停止したが、停止直後の被告人は、警察官の呼びかけにも反応できず、意識は朦朧とし、よだれを垂らして、手足をばたばたさせている状況であった。

　そして、公判廷において、被告人は、危険ドラッグの影響により正常な運転が困難な状態に陥って本件事故を惹起させたことは争わなかったものの、正常な運転に支障が生じるおそれがある状態にあると認識していなかったので、危険運転致死の故意がないとして争った。

　しかしながら、平成28年1月15日、東京地裁は、被告人の上記故意の存在を認め、被告人に対して、懲役8年の判決を言い渡した。

2 本件判決で認定された罪となるべき事実

　被告人は、平成26年6月24日午後7時53分頃から同日午後7時54分頃までの間、普通乗用自動車を運転し、東京都豊島区西池袋内の道路を池袋大橋方面から池袋駅西口方面に向かい進行し、引き続き、同所付近の交差点を右折し、同区西池袋内の劇場通り方面に向かう同交差点出口に設置された横断歩道手前で一旦停止し、更に発進進行するに当たり、運転中に使用した（S）―メチル＝2―［1―（5―フルオロペンチル）―1H―インダゾール―3―カルボキサ

ミド］―３―メチルブタノエート（通称５Ｆ―AMB）及びＮ―（１―アミノ
―３―メチル―１―オキソブタン―２―イル）―１―（シクロヘキシルメチ
ル）―１Ｈ―インダゾール―３―カルボキサミド（通称AB―CHMINACA）
を含有する薬物（商品名が「総統」のいわゆる危険ドラッグ）の影響により、
前方注視及び運転操作に支障が生じるおそれがある状態で同車を運転し、もっ
て薬物の影響によりその走行中に正常な運転に支障が生じるおそれがある状態
で自動車を運転し、よって、同日午後７時54分頃、同区西池袋内の道路におい
て、その影響により前方注視及び運転操作が困難な状態に陥り、その頃、同所
において、同道路左側歩道に設置されたガードパイプに座っていたＡ（当時33
歳）及びＢ（当時28歳）に自車左側部を衝突させて同人らを路上に転倒させる
とともに、同区西池袋内の道路において、同所に設置された横断歩道上を信号
に従い横断していたＣ（当時22歳）及びＤ（当時20歳）に自車前部を衝突させ
て同人らを路上に転倒させ、さらに、自車を同道路右側歩道上に乗り上げて暴
走させ、同歩道上にいたＥ（当時30歳）、Ｆ（当時24歳）及びＧ（当時24歳）
に自車前部を順次衝突させて同人らを路上に転倒させるなどした上、前記Ｅを
自車右後輪でれき過し、よって、前記Ｅに頭蓋底骨折及び肋骨多発骨折等の傷
害を負わせ、同日午後９時20分頃、同都板橋区内のＨ病院において、同人を前
記傷害に基づく出血性ショックにより死亡させるとともに、Ａら６名にそれぞ
れ傷害を負わせたものである。

3 争点

　本件での争点は、正常な運転に支障が生じるおそれがある状態についての故
意の有無であったことから、これを認めるに足る間接事実としては、どのよう
なものがあるか、その使用経歴、その際の身体の被告人の体内からの薬物検出
状況、被告人の故意の存在をうかがわせる犯行前の言動等に分けて検討するこ
ととする。

⑴　被告人の本件危険ドラッグ等の使用経歴及びその際の身体の状況等

　　被告人は、平成25年頃から、東京都豊島区西池袋所在の雑貨店やインター
ネットのハーブ通販サイトから、通称５Ｆ＝AB―PINACA及び通称FUB―
PB―22を含有する「総帥」（商品名）などの危険ドラッグを購入して繰り返

し使用しており、本件前1週間ほどの間にも「総帥」を使用していた（なお、上記各物質はいずれも本件に先立つ平成26年6月11日に旧薬事法の指定薬物に指定され、また、「総統」に含有される通称5F—AMB及び通称AB—CHMINACAも、本件後の同年7月15日に同様の指定を受けた。）。

そして、被告人は、平成26年3月以降、前記のハーブ通販サイトから少なくとも4回「総帥」を購入し、同年6月8日及び21日にも、危険ドラッグを購入する目的で同サイトに掲載された電話番号に電話をかけており、それ以外にも、平成25年頃から、前記雑貨店で「総帥」を含む危険ドラッグを数回購入していたこと、被告人は1袋の危険ドラッグを10回ないし20回に分けて使用していた。

それゆえ、被告人には、本件事故以前に、少なくとも数十回にわたって「総帥」等の危険ドラッグを使用した経験があった（なお、本件事故の際に使用された「総統」と「総帥」はほぼ同じものである。）。

このような使用歴に照らして、指定薬物に指定されるような本件危険ドラッグの強力な薬理作用が分からないはずはなく、また、その結果、自己が陥るであろう精神的、肉体的状況も分かるはずであるといえるので、この使用経歴に照らしても、被告人に「正常な運転に支障が生じるおそれがある状態」についての故意は優に認められると思われる。

ちなみに、本件判決では、「危険ドラッグは、粗製濫造されているため薬物の濃度にムラがあり、使用に当たって多幸感を感じる程度に薬効をとどめることは困難であって、これを多数回使用している者は、薬物の多量摂取によっておう吐や意識障害等の重い身体症状をも経験しているものと合理的に推認されること、被告人自身、捜査段階初期において、『総帥』を吸って気分が悪くなりおう吐した経験がある旨上記推認に沿う供述をしていたことを考え併せると、被告人は、本件以前に『総帥』等の危険ドラッグを多数回使用する中で、上記のような重い身体症状を経験していたものと推認することができる。」と判示し、それらの推認される経験を基にして「正常な運転に支障が生じるおそれがある状態」についての認識を根拠づけるものとしている。

もっとも、ここまで本件危険ドラッグの薬理作用を経験し、その危険性を認識していたのであれば、そのような認識の上で、あえて本件危険ドラッグ

を運転中に使用したことの意味するところは、単に、「正常な運転に支障が生じるおそれがある状態」を認識していたにとどまらないというべきであろう。被告人について、本件判決で指摘されているような意識障害等の重い身体症状を経験していたと合理的に推認されることに照らせば、「正常な運転が困難な状態」に陥ることを認識していたというべきであって、本法3条1項の故意だけでなく、本条2項1号の故意も十分に認められるものと考えるべきである。

(2) 被告人の尿中からの危険ドラッグの成分の検出

本件後に採取された被告人の尿からは、水に非常に溶けにくい「総帥」の成分が検出されており、この事実は、被告人が本件前1週間ほどの間に「総帥」を多量に摂取していたことを推認させるものと評されている[注]。

このような客観的証拠において多量の危険ドラッグの摂取が認定されながら、その薬理作用について認識がないということは通常は考えられないであろう。そうであれば、このような多量の摂取からも意識障害等の重い身体症状等を経験したことが合理的に推認できるであろうから、「正常な運転に支障が生じるおそれがある状態」についての故意は当然に推認されるし、それだけにとどまらず、前述したように、「正常な運転が困難な状態」に陥ることを認識しているものとして、「正常な運転が困難な状態」についての故意も認められることとなろう。

(3) 被告人の犯行前の言動等

まず、①被告人は、本件以前に、知人から聞くなどして、危険ドラッグの使用が原因で起きた交通事故がニュースとなっていることを知っていたこと、②本件以前に友人から、危険ドラッグについて「脱法ハーブなんか吸ってたら馬鹿になる。」、「洗剤をかけてる。中国で作ってるものだから何が入っているか分からない。」などと言われていたこと、③被告人自身、本件直前に頭がぼうっとする等の体調の異変を感じた際、運転中に吸引した「総

[注] 合成カンナビノイドが尿に出てくるには時間がかかることから、ここで検出されたものは、本件事故直前に摂取したものではない。なお、合成カンナビノイドは、使用後1週間くらいは尿から検出される。

統」の影響によるものと考えられると供述していたことなどの事実関係が認められ、これらによっても、被告人の「正常な運転に支障が生じるおそれがある状態」についての故意が認められるのは当然であろう。

(4)　本件判決での被告人の故意に関する事実認定

そして、本件判決では、以上の間接事実を総合して、「被告人は、本件以前から、『総帥』等の危険ドラッグが人の脳や身体作用に異常をもたらすことがあり、これを使用して自動車を運転した場合には正常な運転に支障を生じさせるおそれがあることを認識していたものと認められ、本件当時においても、運転中に吸引した危険ドラッグ『総統』の影響により自動車の正常な運転に支障が生じるおそれを認識していたものと優に認められる。」と判断したものである。少なくとも「正常な運転ができないおそれがある状態」についての故意は優に認められるものとした点で極めて妥当な判断であると考えられる。

もっとも、前述したように、本件では、ここで述べた証拠関係だけで十分に「正常な運転が困難な状態」に陥ることを認識していたものとして認定できたと考えられる。

4　本設例の解答

本設例でも危険運転致死傷罪が認められる。

Case 5

　A車の運転者甲は、交差点手前で同車を停止させ、信号に従い発進させるに当たり、N—（1—アミノ—3—メチル—1—オキソブタン—2—イル）—1—（シクロヘキシルメチル）—1H—インダゾール—3—カルボキサミド（通称AB—CHMINACA）を含有する薬物を同所までの運転中に使用していたことから、A車を急発進させ、進路前方で信号に従い停止していた乙運転の原動機付自転車（B車）後部に自車前部を衝突させ、B車もろとも同人を路上に転倒させた。さらに、同所先交差点内において、左方道路から信号に従って進行してきて右折のため一時停止していた丙運転のC車右前側部に自車前部を衝突させ、乙及び丙に傷害を負わせた。甲の刑責は？

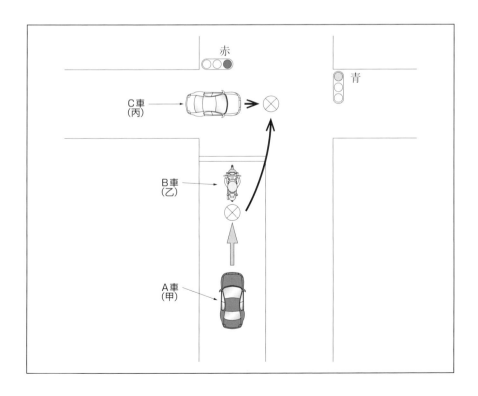

1 事案の概要

この事案は、平成27年3月23日東京地裁判決（研修806号15頁）を参考にしたもので、平成26年7月5日に発生した、いわゆる赤羽暴走事件といわれるものである。

被告人は、本件事故現場の一つ手前の交差点で停止した際、本件薬物をパイプに詰め、午後11時43分頃、同交差点を左折した直後に、本件薬物に点火し吸引して使用した。その後、被告人は、約86メートル直進して、午後11時45分頃、事故現場の交差点手前の右折車線で赤色信号に従って停止し、午後11時47分頃、信号が青色右折矢印になって先行車両が発進しても車を発進させないで停止していたが、信号が赤色に変わった後、突然車を急発進させ、被害者らの車両に衝突した。被告人は、衝突後も交差点先の対向車線を約200メートル逆走し、中央分離帯や歩道沿いのガードパイプに衝突してようやく停止した。

2 本件判決において認定された罪となるべき事実

被告人は、平成26年7月5日午後11時47分頃、普通乗用自動車を運転し、東京都北区岩淵町内の道路を環七通り方面から中山道方面に向かい進行し、同所先交差点手前で同車を停止させ、信号に従い発進させるに当たり、同所までの運転中に使用したN―（1―アミノ―3―メチル―1―オキソブタン―2―イル）―1―（シクロヘキシルメチル）―1H―インダゾール―3―カルボキサミド（通称AB―CHMINACA）を含有する薬物（以下「本件薬物」という。）の影響により、前方注視及び運転操作に支障が生じるおそれがある状態で同車を運転し、よって、その頃、同所において、その影響により前方注視及び運転操作が困難な状態に陥り、自車を急発進させ、進路前方で信号に従い停止していたA（当時22歳）運転の原動機付自転車後部に自車前部を衝突させて同原動機付自転車もろとも同人を路上に転倒させ、さらに、同所先交差点内において、左方道路から信号に従って進行してきて右折のため一時停止していたB（当時67歳）運転の普通乗用自動車右前側部に自車前部を衝突させ、前記Aに加療約122日間を要する右鎖骨遠位端骨折等の傷害を、前記Bに加療約8日間を要する頸髄振盪の傷害をそれぞれ負わせた。

3 争点

　被告人が本件薬物を使用して自動車を運転し、正常な運転が困難な状態に陥って前記事故を起こしたことは争いがなかったものの、弁護人は、被告人には、正常な運転に支障が生じるおそれがある状態で運転したことの認識がなかったと主張して、故意が争われた。

　しかしながら、本件判決では、被告人の故意を認め、被告人に有罪判決を言い渡した。

(1)　本件判決は、被告人の危険ドラッグの使用歴及び本件薬物を入手した経緯等に照らして、「正常な運転に支障が生じるおそれがある状態」についての認識を認定したが、その事実関係については、次のとおりである。

　被告人は、平成25年4月頃から、危険ドラッグを購入して使用するようになり、危険ドラッグの販売店に電話で注文して週に1、2回購入し、多いときは1日に20〜30回使用していた。そして、被告人は、平成26年7月5日夜、自家用車を運転して赤羽駅前に行き、販売店に注文した危険ドラッグとおまけのサービスで本件薬物を受け取った。本件薬物は、被告人が今まで見たことがない危険ドラッグの商品であった。

　このような状況に照らして、本件判決では、「被告人は、本件以前から、危険ドラッグを使用して運転すれば、正常な運転が困難な状態に至るかもしれないと認識していたというべきである。」と判示されている。

　また、本件判決は、「被告人は、前記のとおり、約2年前から、自分で注文した多種類の危険ドラッグを多数回購入して日常的に使用し、危険ドラッグへの依存が相当深刻だったもので、被告人自身がその薬理効果を十分心得ていたと認められる。」とした上、「被告人は、平成26年5月に、被告人の薬物使用を心配した妻や母親から薬物を止めるように厳しく注意されたほか、インターネット等を通じて、危険ドラッグの使用が社会問題となり、同年6月には、危険ドラッグの使用により自動車を暴走させ通行人を死亡させた池袋の事故の報道も知っていたことが認められ、危険ドラッグが自己の身体や運転に与える悪影響を理解していたはず」と認定した。

　このような強度の常習性が認定できる以上、「正常な運転に支障が生じるおそれがある状態」であることの認識が認められて当然である上、本件判決が指摘するように、「本件以前から、危険ドラッグを使用して運転すれば、

正常な運転が困難な状態に至るかもしれないと認識していたというべき」で
あるなら、それはまさに「正常な運転が困難な状態」に陥ることを認識して
いるのであるから、そのような状況下での運転行為は、まさに「正常な運転
が困難な状態」であることを認識した上での運転行為と評価できることにな
ろう。

(2)　本件判決は、被告人が、本件薬物の使用後直ちに意識を失ったのではな
く、薬理効果を自覚した上で運転したことに照らして、「正常な運転ができ
ないおそれがある状態」についての故意を認定したが、その事実関係は次の
とおりである。

　　まず、本件危険ドラッグの性質について，次のとおり認定した。すなわ
ち、本件薬物の成分である通称AB—CHMINACAは、合成カンナビノイド
の一種であり、喫煙使用した場合、1分以内に、多幸感等の初期症状（ほろ
酔いの状態）、さらに心臓がどきどきする、頭がくらくらする、目が眩しく
感じる、物の大きさ、時間感覚がゆがむ、感覚が鋭敏になって気持ちよく感
じるといった自覚症状（酩酊の状態）が出て、5分以内に血中濃度がピーク
に達し、運動失調（運転操作の遅れやエラー、自分の意思で筋肉を動かすこ
とができないカタレプシー）や記銘障害（意識して行動しているが記憶がで
きない状態）等の急性中毒症状が現れると考えられている。

　　そのため、いきなり意識がなくなったり筋肉が硬直したりすることはな
く、必ず段階を踏んで症状が出てくるのであり、多幸感等の初期症状の段階
でも運転操作にエラーが生じると理解されている。

　　また、鑑定人の証言として、「本件薬物を喫煙使用した後の被告人の運転
状況について、使用して1、2分後に、赤色信号で前の車に続いて停止した
頃までは、信号の認識や的確なブレーキ操作ができていたが、このときまで
に前記の初期症状や自覚症状が出ていた、使用して3、4分後に、青色矢印
信号に変わってすぐに発進できなかった頃には、カタレプシー又は認識判断
の遅れのいずれかが生じていた、その後、アクセルを踏み込んで急発進して
からは、カタレプシーが生じていた可能性が高い、これに加えて、アクセル
を踏み替えて急発進したこと、衝突後にブレーキを一度踏んだことなどから
すると、意識障害はなかったと供述している。」ことに照らして、「本件薬物
を使用後1分以内に、前記の初期症状や自覚症状が出て薬理効果は自覚でき

たこと、また、被告人の運転に異常がなかったことと初期症状や自覚症状が出たことは矛盾しないことが認められる。」とし、「被告人は、危険ドラッグを使用して運転すれば、その薬理効果により正常な運転が困難な状態に陥るかもしれないと認識した上で、本件薬物を吸引使用して運転した。そして、被告人は、遅くとも赤色信号で停止してから急発進をするまでの間に、本件薬物の薬理効果を自覚し、その後も運転を継続して本件事故に至ったのであるから、本件薬物の影響により正常な運転に支障が生じるおそれがあることを認識していたと認められる。」と認定したものである[注]。

　ここでも、「危険ドラッグを使用して運転すれば、その薬理効果により正常な運転が困難な状態」に陥るかもしれないと認識」していることを認定しているのであるが、これはまさに薬理作用により必然的に意識障害やカタレプシーなどの行動不能状態になることが分かって摂取し運転したことにほかならず、そのような運転状況は「正常な運転が困難な状態」であり、また、それを認識していると認定するに十分であると思われる。

4　本件事案に即した参考事項

(1)　危険ドラッグの使用事案では、しばしば何の前兆もなく気絶したという弁解がなされることが多い。確かに、合成カンナビノイドには即効性があるのは事実であるが、いくら即効性があるといっても、吸引された合成カンナビノイドが血液に溶け込み、血液の流れによって脳まで運ばれ、そこで初めて脳内に影響を与えるため、効き目が現れるまでには少なくとも１分前後はかかるのである。

　また、血中の合成カンナビノイドの濃度は徐々に上昇していくので、その効き目がピークに達するためには５分程度は必要である。したがって、いくら合成カンナビノイドに即効性があるといっても、まず、血中の濃度が低い初期の段階があり、この段階では、ぐらぐらしたり、頭がガーンとなったりするなどの自覚症状が必ずあるはずである。

[注]　この判決については、森本宏「いわゆる危険ドラッグの影響により、正常な運転に支障が生じるおそれがある状態で自動車を運転し、よって、正常な運転が困難な状態に陥って被害者を負傷させたとして、自動車運転死傷処罰法３条１項の危険運転致傷罪の成立が認められた事例」（研修806号15頁）の解説が非常に参考になる。

162　〔1〕第2章　薬物の影響（危険ドラッグ等）

　　そして、血中濃度が次第に高くなってきて、初めて、意識障害やカタレプシーが起きることから、被疑者が弁解するように、吸引し始めて何秒もたたないうちに何の前兆もなく意識を失うことは医学的にあり得ないこととなる。

(2)　また、別の弁解として、これまで危険ドラッグを使用したことはあるが、意識障害を起こすようなことは一度もなかったから、運転に危険があるとは全く予想していなかったと主張されることもしばしばである。

　　しかしながら、危険ドラッグの常習者が、意識障害を経験したことが一度もないという供述についてはあり得ないのである。というのは、危険ドラッグは、無害な植物片に合成カンナビノイドを含む液体を付着させて製造されるが、ムラなく、まんべんなく均一に付着させるためには高度な製造技術や設備を必要とする。

　　ところが、危険ドラッグはそのような高度な製造技術も設備も用いられずに粗製濫造され、付着の際ムラができるため、常習的に使用していれば、必ず濃度の濃い部分を吸引して意識障害を引き起こした経験があるはずであり、常習者が、濃度の濃い部分を吸引して意識障害を起こした経験がないとは考えられないといわれている。

5　本設例の解答

本設例についても、危険運転致傷罪が成立する。

③ 2条1号と3条1項の擬律判断

アルコールの影響による危険運転致死傷罪の成否に関して、自動車運転死傷処罰法2条1号が成立する場合と、同法3条1項が成立する場合の違いについて検討したが、危険ドラッグの使用に係る危険運転致死傷罪についても全く同様の問題が存在する。そのため、薬物の影響による危険運転致死傷罪の成否についても、どの類型の罪が成立するのか正確に理解しておく必要がある。

そこで、薬物の影響による危険運転致死傷罪の成否に関して、自動車運転死傷処罰法2条1号の罪が成立するのか、同法3条1項の罪が成立するのかという問題について、実際の事例への当てはめとして、どのような要素をどの程度斟酌するのか、どのような行為や状況をどの程度重視するのかなどを検討していく。

Case 6

A車の運転者甲は、深夜午前2時頃、道路上で、運転開始前又は運転中に使用した、当時脱法ハーブと呼ばれていた危険ドラッグである［キノリン―8―イル＝1―（5―フルオロペンチル）―1H―インドール―3―カルボキシラート］（別名5F―QUPIC）を含有する植物片をパイプに詰めて吸引しながら、A車を時速約20キロメートルで走行させた。

その際、上記危険ドラッグの影響により、自車を右斜め前方の歩道に逸走させ、同歩道上に佇立していた被害者V₁、V₂、V₃合計3名に自車前部を次々に衝突させて路上に転倒させた上、同歩道上に横臥していた被害者V₄を自車底部で轢圧し、よって、上記各被害者に重大な傷害を負わせた。

どのような条件があれば、甲に自動車運転死傷処罰法2条1号の危険運

転致傷罪の成立が認められるのか。それとも同法3条1項の危険運転致傷罪の成立が認められるにとどまるのか。

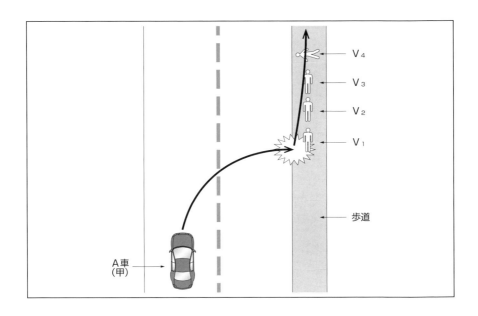

1　平成26年7月14日福岡地裁判決（公刊物未登載）

　本件判決の被告人は、本件事故の約2年前から日常的に危険ドラッグを使用しており、そのためその影響を熟知しており、これを用いての車両の運転の危険性も十分に認識していながら、本件犯行に及んだものである。

　被告人は、事故直前には意識を喪失しており、自車が歩道上に乗り上げたまま逸走していることにも気付かず、上記の各被害者らに衝突したことなども意識しないまま、上記被害者4名のうちの1名を轢圧した状態で自車をブロック塀に激突させた後もアクセルを踏み続けるなどしていた。

　被告人は、当初は、危険ドラッグの吸い殻に火をつけ、一口吸ったに過ぎず、身体の中まで吸引していない旨弁解していたが、最終的には、公判廷で、事実関係は争わなかった。実際のところ、被告人の上記弁解が真実であるかどうかは疑問もあるものの、仮に肺に入れることなく、口腔内でふかしただけであっても、口腔内粘膜から危険ドラッグの成分が吸収される可能性がないとは

いえず、その点について捜査を尽くす必要があるであろう。

上記のような間接事実が認められるなら、自動車運転死傷処罰法2条1号の危険運転致死傷罪の成立が認められると思われる。

なお、本設例の参考とした上記判決の事案は、平成25年9月の事故であり、自動車運転死傷処罰法が制定される以前のものであって、刑法の危険運転致死傷罪の規定が適用されたものであった。上記のような事故態様に照らしても、そのような状態が、「薬物の影響により正常な運転が困難な状態」であることは明らかであるほか、それだけの薬効が発現するような状況下にあるのであれば、被告人自身、その使用感も十分に認識していたはずであると推認できる事案であったといえよう。

2 同様の判断が示された事案

次に、同様の判断が示された事案をいくつか紹介しておくこととする。

(1) まず、平成26年9月30日名古屋地裁判決（公刊物未登載）の事案では、おおむね次のような事実関係が認められた。

被告人は、事件当日の午後5時頃、名古屋市内の道路において、運転開始前に使用したいわゆる危険ドラッグである合成カンナビノイドを含有する植物片である薬物の影響により、前方注視及び運転操作が困難な状態で、普通乗用自動車（軽四）を走行させ、もって薬物の影響により正常な運転が困難な状態で自車を走行させたことにより、その頃、同所先道路において、信号待ちのため進路前方で停止していた被害者運転の普通乗用自動車右後部に自車左前部を衝突させ、よって、同人に全治まで約8日間を要する頸部挫傷等の傷害を負わせた。

この事案においても、被告人は、常習的に危険ドラッグを吸引していたものであり、本件事故直前もふらふらした走行をしていたことにより、後続車からクラクションを鳴らされて意識が戻ったりするような運転をしていたところ、意識障害を起こして本件事故を惹起したものである。

このような状態が、「薬物の影響により正常な運転が困難な状態」であることは明らかであって、その認識においても問題のない事案であり、自動車運転死傷処罰法2条1号が適用されたものであった。

(2) 次に、平成26年12月2日前橋地裁判決（公刊物未登載）の事案では、おお

むね次のような事実関係が認められた。

　被告人は、事故当日の午後11時頃、群馬県内の道路において、運転開始前に使用したキノリン—8—イル＝1—（4—フルオロベンジル）—1H—インドール—3—カルボキシラート（通称FUB—PB—22）等を含有する薬物の影響により前方注視及び運転操作が困難な状態で普通乗用自動車（軽四）を発進させて同市の信号機により交通整理の行われている交差点を右折進行させ、もって薬物の影響により正常な運転が困難な状態で自車を走行させたことにより、その頃、交差道路右方の同交差点手前で信号待ちのため停止していた被害者運転の普通乗用自動車（軽四）左側部に自車左前部を衝突させ、よって、同人に全治約10日間を要する頚椎捻挫の傷害を負わせた。

　この事案においても、被告人は、以前に使用した際に平衡感覚がなくなるという使用感を体感しており、当該危険ドラッグの薬理作用等を十分に認識した上で、本件自動車を運転しながら使用したというものであって、その危険性は極めて高いものであった。また、その際の「正常な運転が困難な状態」についての認識も有していたことから、自動車運転死傷処罰法2条1号の適用が認められたものである。

Case 7

　A車の運転者甲は、早朝午前5時頃、普通乗用自動車（A車）を運転し、道路を走行するに当たり、使用したメチル＝2―［1―（5―フルオロペンチル）―1H―インダゾール―3―カルボキサミド］―3―メチルプタノアート（通称5F―AMB）及びN―（1―アミノ―3―メチル―1―オキソブタン―2―イル）―1―（シクロヘキシルメチル）―1H―インダゾール―3―カルボキサミド（通称AB―CHMINACA）を含有する薬物（いわゆる危険ドラッグ）をパイプに詰めて吸引しながら、A車を時速約40キロメートルで走行させた。

　その際、上記危険ドラッグの影響により、進路前方で信号待ちのため停止した被害者乙運転の普通乗用自動車（B車）後部に自車前部を衝突させ、その衝撃により同人運転車両を前方に押し出し、同車前部をその前方で停止していた被害者丙運転の普通乗用自動車（C車）後部に衝突させ、同被害者らに頸椎捻挫等の傷害を負わせた。

　どのような条件があれば、甲に自動車運転死傷処罰法2条1号の危険運転致傷罪の成立が認められるのか。それとも同法3条1項の危険運転致傷罪の成立が認められるにとどまるのか。

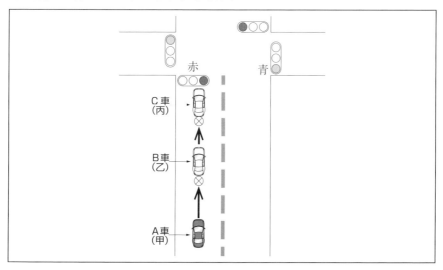

168 〔1〕第2章 薬物の影響（危険ドラッグ等）

Case 7-1

本設例において成立するのは、自動車運転死傷処罰法2条1号の危険運転致傷罪か、同法3条1項の危険運転致傷罪か。

1 平成26年10月7日東京地裁判決（公刊物未登載）

本設例の事案は、上記判決の事案を参考にしたものであるが、同判決の被告人は、本件犯行以前から何度か危険ドラッグを使用しており、その際に意識がなくなったことなどもあって、その危険性は十分に認識していたところ、運転中の車内で危険ドラッグを吸引し、その後、意識障害を起こし、ブレーキを掛けることなく追突して、本件事故を惹起したものである。

そして、その事故直後、被告人は、意識が朦朧として降車することもなく、灰皿等をつかんで意味不明の行動をとっていたほか、救急隊員が到着後も放心状態で意識障害が窺われたものであった。そのような事故態様や事故後の状況は、合成カンナビノイドの影響であることが明らかであった。

この事案においても、本件事故時において、被告人の状態が、「薬物の影響により正常な運転が困難な状態」であることは認められ、それ以前の走行中の「正常な運転に支障が生じるおそれがある状態の認識」においても問題のない事案であったものの、本件事故直前の交差点で赤色信号に従って停止するまでは通常の走行状況であったことなどに照らして、自動車運転死傷処罰法3条1項が適用されたものである。

2 同様の判断が示された事案

次に、同様の判断が示された事案を紹介しておく。

平成26年10月29日佐賀地裁判決（公刊物未登載）の事案では、おおむね次のような事実関係が認められる。

被告人は、事件当日の午後3時頃、中型貨物自動車を運転し、佐賀市内の道路を時速約33キロメートルで進行するに当たり、運転中に使用したメチル＝2―［1―（5―フルオロペンチル）―1H―インダゾール―3―カルボキサミド］―3―メチルブタノアート（通称5F―AMB）、1―（4―メトキシフェニル）―2―（ピロリジン―1―イル）オクタン―1―オン（通称4―

methoxy—PV9）、1—フェニル—2—（ピロリジン—1—イル）ヘキサン—1—オン（通称α—PHP）、1—（1、2—ジフェニルエチル）ピペリジン（通称Diphenidine）及びナフタレン—1—イル＝1—（4—フルオロベンジル）—1H—インドール—3—カルボキシラート（通称FDU—PB—22）を含有する薬物（いわゆる危険ドラッグ）の影響により、前方注視及び運転操作に支障が生じるおそれがある状態で同車を運転し、もって正常な運転に支障が生じるおそれがある状態で、自動車を運転し、よって、その頃、その影響により前方注視及び運転操作が困難な状態に陥り、自車を対向車線上に進出させ、折から対向進行してきたV₁運転の普通乗用自動車前部に自車前部を衝突させた上、そのまま対向車線上で自車を前方に走行させ、さらに、前記V₁運転車両の後方に追従して対向進行してきたV₂運転の普通乗用自動車前部に自車前部を衝突させ、よって、同被害者らに頭部打撲傷等の傷害を負わせた。

　この事案では、被告人は、吸引使用した危険ドラッグの影響により、意識障害を起こし、対向車線に逸走して本件事故を惹起したものであるが、事故後、検挙した警察官が被告人の飲酒運転を疑うようなふらふらした身体の状況にあり、被害者らも被告人の意識が明瞭でなく、心ここにあらずといった状況にあったことを目撃している。

　この事案においても、被告人は、以前に危険ドラッグを吸引した時、頭がぽーっとなる状態に至ったことを認識しており、その薬効を認識していた上、これまでにも危険ドラッグを吸引して軽微な交通事故を何度も起こしていたことなどから、「正常な運転に支障が生じるおそれがある状態」の認識においては全く問題のない事案であったところ、本件事故時においては、被告人の状態が、上記のとおりのものであって、「薬物の影響により正常な運転が困難な状態」であることも明らかであった。ただ、事故以前の走行中における被告人の運転危険性に対する認識の程度に関する証拠上の評価として、「正常な運転が困難な状態」であることの認識までは不十分であるとして自動車運転死傷処罰法3条1項が適用されたものであったと推察されるところである。

170 〔1〕第2章　薬物の影響（危険ドラッグ等）

> ## Case 7-2
>
> 　この場合、たまたま上記被害者らに怪我がなかった場合、甲の刑責はどうなるのか。

1　道路交通法66条

　被害者に傷害がないのであるから、危険運転致傷罪が成立しないのは当然であるが、その他に成立する犯罪としては、道路交通法66条の薬物影響下の運転行為に対する処罰が挙げられる。

　このような事案において、少なくとも事故時において、「正常な運転が困難な状態」に陥っていると認定できるのであるから、その時点を捉えれば、「正常な運転ができないおそれがある状態」以上に運転行為に障害がある状態であることから、道路交通法66条の要件を満たすことは当然である。

2　実際の適用状況

　そこで、危険ドラッグ使用運転事犯に対する道路交通法66条違反の実際の適用状況について紹介する。

(1)　まず、**平成26年９月18日神戸地裁姫路支部判決（公刊物未登載）**の事案では、おおむね次のような事実関係などが認められる。

　　被告人は、事件当日の午後３時頃、兵庫県内の道路において、運転前に吸引した脱法ハーブと呼ばれていた危険ドラッグであるメチル＝２─［１─（５─フルオロペンチル）─１Ｈ─インダゾール─３─カルボキサミド］─３─メチルブタノアート（通称５Ｆ─AMB）を含有する植物片である薬物の影響により正常な運転ができないおそれがある状態で、普通乗用自動車を運転した。

　　この事案では被告人は、合成カンナビノイドである通称５Ｆ─AMBという危険ドラッグを吸引した状態で運転していたものであるところ、この危険ドラッグは大麻の約50倍もの強い薬理作用があるもので、被告人は、これを吸引した直後に上記普通乗用自動車の運転を開始し、その後走り出して間もなくのうちに薬理効果が現れて意識が朦朧となるに至っている。そして、当該自動車は、適切な運転操作をする者を失ったまま停止することなく、片側３車

線の幹線道路上を2、300メートルほど低速度で走り続ける結果となった。

たまたま同所付近を通りがかったパトカー乗務員が異変に気付いて被告人の検挙に至ったことから大事には至らなかったものの、危険極まりない状況にあったものである。

(2) また、同様に、**平成26年9月29日名古屋地裁判決（公刊物未登載）**の事案では、おおむね次のような事実関係が認められる。

被告人は、事件当日の午後9時頃、愛知県内の道路において、運転開始前に吸引したいわゆる危険ドラッグである合成カンナビノイド（通称AB—CHMINACA）を含有する植物片の薬物の影響により、正常な運転ができないおそれがある状態で、普通乗用自動車を運転した。

この事案では、被告人は、運転開始前に、通称AB—CHMINACAという危険ドラッグを吸引したところ、高速道路走行中に意識を失い、15キロメートル程の速度でふらふらと走行を続けて、中央分離帯に衝突して停止したというものである。この事案においても、被告人は完全に意識を喪失しており、高速走行中の他車に自車を衝突させる危険も存したのであって、一歩間違えば重大な事故につながった事案であった。

(3) 次に、**平成26年10月16日東京地裁立川支部判決（公刊物未登載）**の事案では、おおむね次のような事実関係が認められる。

被告人は、事件当日の午後9時頃、東京都内の道路において、それまでに吸引したいわゆる危険ドラッグであるメチル＝2—［1—（5—フルオロペンチル）—1H—インダゾール—3—カルボキサミド］—3・3—ジメチルブタノアート（通称MDMB2201）を含有する植物細片の薬物の影響により、正常な運転ができないおそれがある状態で、普通乗用自動車を運転した。

この事案において、被告人は、上記自動車を運転中に、助手席に同乗していた友人が吸った危険ドラッグをもらい吸引したところ、その後、意識障害を起こし、電柱に衝突するという事故を起こしたものであるが、その事故自体の認識すらない状態であった。同乗していた友人が負傷したことから、当初は危険運転致傷で立件されたものの、被害者となる友人の負傷が本件事故に起因するものか否かなど証拠上の問題などもあり、道路交通法違反での公判請求となったものであった。

(4) 次に、**平成26年12月17日東京地裁判決（公刊物未登載）**の事案では、おお

むね次のような事実関係が認められる。

　被告人は、事件当日の午後1時29分頃、タクシー運転業務を開始し、業務の合間に車内で危険ドラッグを少し吸引しては止めるということを繰り返していたものであるが、翌日午前4時11分頃、東京都内の道路において、危険ドラッグの影響により正常な運転ができないおそれのある状態でタクシーを運転した。

　被告人は、合成カンナビノイドを含む危険ドラッグ（通称NM2201）をタクシー内でアルミ製パイプにより吸引した。そして、パトカーで警ら中の警察官が、被告人運転のタクシーがハザードを点灯したまま急発進し、時速約20キロメートルで左右にふらつきながら運転しているのを認めて不審に思い、同タクシーが停車した際に職務質問を行い、その結果、被告人が危険ドラッグを所持していたことが明らかとなって本件犯行が発覚したものであった。

　これは、タクシー運転手による運転業務中の犯行であり、薬物使用常習者によるもので、重大な事故につながる非常に危険なものであった。

3　道路交通法66条の積極的活用

　この道路交通法66条の規定を用いての検挙は、危険ドラッグ吸引による危険運転致死傷事犯を未然に防止する上でも重要であり、また、前記(2)の事案のように、たまたま物損事故にとどまったため危険運転致死傷罪が成立しない場合などにも適用できることから、今後も積極的にこの条文を用いた検挙が必要であろう。

4 危険ドラッグ以外の薬物（睡眠導入剤等）の影響による危険運転致死傷罪

　これまで危険ドラッグの影響による危険運転致死傷罪について説明してきたが、当然のことではあるものの、それ以外の薬物であっても、その影響により「正常な運転が困難な状態」で自動車を走行させて人身事故を惹起すれば、危険運転致死傷罪は成立する。
　ここでは、睡眠導入剤の影響による危険運転致死傷罪について述べる(注)。

Case 8

　A車の運転者甲は、東行き一方通行道路において、運転開始前に服用した精神安定剤（デパス）の影響により、同所が一方通行道路であることを看過して東方から西方に向かい原動機付自転車を運転して逆走させ、その頃、同所先道路において、自車左前方を対向歩行していた乙に自車前部を衝突させ、よって、同人に傷害を負わせた。
　事故後、甲の尿からは、微量の精神安定剤（デパス）の代謝物と覚醒剤の2種類の薬物が検出された。

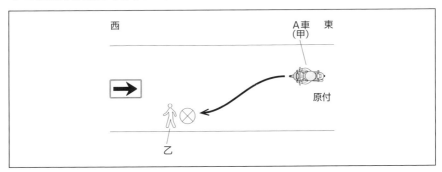

　本設例は、平成26年10月24日神戸地裁判決（公刊物未登載）の事案を参考にしたものである。

174　〔1〕第2章　薬物の影響（危険ドラッグ等）

1　薬物の影響による危険運転致死傷罪に関する近時の傾向

　厚生労働省麻薬取締部や全国都道府県警察等の努力により危険ドラッグ等の薬物を摂取しての危険運転致死傷事犯は激減したといってよい状況にある。そして、現在、それに代わって問題となっているのが睡眠導入剤の摂取による危険運転致死傷事犯である。

　睡眠導入剤には、フルニトラゼパム（商品名サイレース・ロヒプノール）、ゾルピデム（商品名マイスリー）、エチゾラム（商品名デパス）、商品名ベゲタミンなどがある。

　それらの薬理作用は、いずれも脳の機能を低下させ、大脳辺縁系や脳幹網様体と呼ばれる部分の神経作用を抑えることで催眠作用をもたらすものである。具体的には、GABA（ギャバ）という神経間の情報を伝達している物質（γアミノ酪酸）が作用することで神経細胞の興奮が抑制され、睡眠をもたらすことになるところ、このGABA―A受容体のベンゾジアゼピン結合部位に作用させることで睡眠をもたらすのが睡眠導入剤である。

　そして、この結合部位はω1とω2というサブタイプに分けられ、ω1は催眠作用を、ω2は筋弛緩作用・抗不安作用などをもたらすものであるところ、そのうち、ω1だけに作用するのが非ベンゾジアゼピン系であり、それに属するゾルピデムなどであり、また、ω1とω2の両方に作用するのがベンゾジアゼピン系であり、それに属するフルニトラゼパムやエチゾラムなどである。このため、非ベンゾジアゼピン系は、ふらついたりするなどの筋弛緩作用が少ない薬物であるといわれている。

　また、他にバルビツール酸系のものもあるがペントバルビタールカルシウム（商品名ラボナ）、アモバルビタール（商品名イソミタール）、中枢神経を抑制しすぎるリスクが高く、安全性が低いため使われなくなっている。

　したがって、現在のところ、睡眠導入剤として主に使われているのは、この非ベンゾジアゼピン系とベンゾジアゼピン系の2種類に属する薬物であるが、その他にも、メラトニン受容体作動薬（ラメルテオン）、オレキシン受容体拮抗

㊟　催眠効果をもたらすものとして、睡眠薬とか睡眠剤といわれるもの、抗不安薬、精神安定剤等があるが、ここでは催眠効果をもたらす薬物全体を総称して「睡眠導入剤」として表すこととする。なお、以下の判決で用いられた薬物に関する記載は、判決文で記載されたとおりに表記している。

薬（スボレキサント）、さらに睡眠改善薬として一般用医薬品の抗ヒスタミン薬なども使われている。

　一方、ベゲタミンは、クロルプルマジン塩酸塩のほかバルビタール酸も含まれた合剤であるが、その薬理作用が強力すぎるなどの問題があったため、現在では販売中止となっている。

2　睡眠導入剤の影響による危険運転致死傷罪の参考事例

⑴　平成29年２月27日大阪地裁岸和田支部判決（公刊物未登載）

　　本件は、本法２条１号による危険運転致傷罪の事案であり、この判決で認定された罪となるべき事実は、おおむね次のとおりである。

　　被告人は、平成28年４月２日午後７時50分頃、大阪府阪南市内の路上において、運転開始前に服用した睡眠薬等（筆者注（以下同様）：正確な物質名は不明）の影響により、的確な運転操作が困難な状態で普通乗用自動車を走行させ、もって薬物の影響により正常な運転が困難な状態で自車を走行させたことにより、その頃、同所先の交通整理の行われていない交差点を北東から南に向かい相当速度で左折進行した際、自車右前部を左折先進路右側に設置していたフェンスに衝突させ、更に同所から自車を後退発進させるに当たり、急発進させて自車後方で停止していたＶ（当時40歳）運転の普通乗用自動車左前部に自車後部を衝突させ、よって、同人に加療約８日間を要する頸椎捻挫の傷害を負わせた。

⑵　平成28年11月22日広島地裁呉支部判決（公刊物未登載）

　　本件は、本法２条１号による危険運転致傷罪の事案であり、この判決で認定された罪となるべき事実は、おおむね次のとおりである。

　　被告人は、平成27年11月26日午前６時55分頃、広島県呉市内の路上において、運転開始前に服用した睡眠薬（フルニトラゼパム）の影響により、前方注視及び運転操作が困難な状態で、普通乗用自動車を走行させ、もって薬物の影響により正常な運転が困難な状態で自動車を走行させたことにより、同日午前７時頃、同市内の道路を時速約30ないし40キロメートルで進行中、仮睡状態に陥り、間もなく覚醒し、折から進路前方で信号待ちのため停止していたＶ（当時31歳）運転の普通乗用自動車を前方約11.1メートルに認め、急

制動の措置を講じたが間に合わず、同車後部に自車前部を衝突させ、よって、同人に加療約5日間を要する頸椎捻挫及び腰椎捻挫の傷害を負わせた。

(3) 平成28年6月30日福岡地裁久留米支部判決（公刊物未登載）
　本件は、本法2条1号による危険運転致傷罪の事案であり、この判決で認定された罪となるべき事実は、おおむね次のとおりである。
　被告人は、平成28年2月22日午後3時3分頃、福岡県久留米市内所在のレンタカー店駐車場において、運転開始前に服用した睡眠導入剤（ベゲタミンA配合錠）等の影響により、前方注視及び運転操作が困難な状態で普通乗用自動車を発進させて運転を開始し、もって薬物の影響により正常な運転が困難な状態で自車を走行させたことにより、その頃、同市内道路を時速約29キロメートルで進行中、折から進路前方の左側端で停止中のV（当時68歳）運転の普通乗用自動車（タクシー）後部に自車前部を衝突させ、よって、同人に加療約7日間を要する頸椎捻挫等の傷害を負わせた。

(4) 平成28年11月21日佐賀地裁判決（公刊物未登載）
　本件は、本法2条1号による危険運転致傷罪の事案であり、この判決で認定された罪となるべき事実は、おおむね次のとおりである。
　被告人は、平成28年7月4日午後6時41分頃、佐賀市内の路上において、運転開始前に服用した睡眠薬（マイスリー）等の影響により、前方注視及び運転操作が困難な状態で普通乗用自動車（軽四）を走行させ、もって薬物の影響により正常な運転が困難な状態で自車を走行させたことにより、同日午後6時52分頃、同市内の交通整理の行われている交差点の北西側歩道上に一時停止後、後退して同交差点内に再度一時停止し、更に自車を発進させて時速約30キロメートルで同交差点南西側の駐車場に向かい進行させ、折から同駐車場に停止中のV（当時27歳）運転の普通乗用自動車右側前部に自車前部を衝突させ、よって、同人に全治約1週間を要する右膝打撲の傷害を負わせた。

(5) 平成29年2月28日仙台地裁古川支部判決（公刊物未登載）
　本件は、本法2条1号による危険運転致傷罪の事案であり、この判決で認

定された罪となるべき事実は、おおむね次のとおりである。

被告人は、平成27年6月11日午後3時23分頃、宮城県大崎市内の駐車場から普通貨物自動車の運転を開始するに当たり、運転開始前に飲んだ睡眠導入剤等（正確な物質名は不明）の影響により、前方注視及び運転操作が困難な状態で同車を運転し、その頃、同市内道路を時速約20キロメートルで走行中、進路前方で信号待ちのため停止していたV（当時53歳）運転の普通乗用自動車左後部に自車右前部を衝突させ、Vに加療約2週間を要する頸椎捻挫等の傷害を負わせた。

(6) 平成28年12月9日福岡地裁判決（公刊物未登載）

本件は、本法2条1号による危険運転致傷罪の事案であり、この判決で認定された罪となるべき事実は、おおむね次のとおりである。

被告人は、平成27年6月17日午前11時27分頃、福岡市南区内の勤務先飲食店駐車場において、運転開始前に服用した抗不安薬（エチゾラム）の影響により、前方注視及び運転操作が困難な状態で、普通乗用自動車を発進させて運転を開始し、もって薬物の影響により正常な運転が困難な状態で自車を走行させたことにより、同日午前11時29分頃、同区内の道路を進行中、自車を対向車線に進出させ、折から対向車線を対向進行してきて被告人運転車両との衝突の危険を感じて停止していたV（当時28歳）運転の普通乗用自動車前部に自車前部を衝突させ、よって、同人に加療約1週間を要する左下腿打撲傷等の傷害を負わせた。

なお、参考事項として、被告人は、事故の約2時間半前である平成27年6月17日午前9時過ぎ頃、エチゾラム錠0.5mg1錠を服用した旨供述しており、事故の約5時間後である同日午後4時30分頃に任意提出された被告人の尿からエチゾラムの代謝物が検出されたことが挙げられる。

(7) 平成28年11月24日大阪地裁判決（公刊物未登載）

本件は、本法3条1項による危険運転致死罪の事案であり、この判決で認定された罪となるべき事実は、おおむね次のとおりである。

被告人は、平成28年1月9日、運転開始前に飲んだ睡眠導入剤（正確な物質名は不明）の影響によりその走行中に正常な運転に支障が生じるおそれが

ある状態で自動車を運転し、大阪府吹田市内の道路を時速約48キロメートル
で進行中、その影響により前方注視及び運転操作が困難な状態に陥り、折か
ら、進路前方の道路左側に駐車していた車両後方で搬入作業中のV（当時61
歳）に自車前部を衝突させ、同人を脳挫傷により死亡させた。

(8) 平成28年10月14日大阪地裁堺支部判決（公刊物未登載）

　本件は、本法３条１項による危険運転致傷罪の事案であり、この判決で認
定された罪となるべき事実は、おおむね次のとおりである。

　被告人は、平成26年８月10日、普通乗用自動車を運転し、堺市南区内のコ
ンビニエンスストア駐車場から道路に進行するに際し、運転開始前に飲んだ
不眠症治療剤等（正確な物質名は不明）の影響により、前方注視及び運転操
作に支障が生じるおそれがある状態で同車を運転し、もって薬物の影響によ
り正常な運転に支障が生じるおそれがある状態で自動車を運転し、その薬物
の影響により前方注視及び運転操作が困難な状態に陥り、自車を対向車線上
に進出させ、折から対向進行してきたV₁運転の普通自動二輪車に自車前部
を衝突させてV₁及び同乗者であるV₂もろとも路上に転倒させ、よって、
V₁に加療約228日間を要する傷害を、V₂に加療約252日間を要する傷害を
それぞれ負わせた。

3　本設例の解答

　この事案では、被告人は覚醒剤と精神安定剤（デパス）の両方を使用していた
が、両者の薬理効果は相反するものであるため、「正常な運転が困難な状態」に
陥った原因となる薬物の特定に当たってどのように考えるべきかが問題となった。

　ただ、同事案では、事故前後の被告人の行動に覚醒剤の薬理効果が客観的に
認められなかったのに対し、デパスの薬理効果の症状が明らかに認められた
上、覚醒剤の使用日時から１日以上経過していたことに鑑みて、両薬物の相互
影響はなかったと認められた。

　したがって、同事案においては、精神安定剤（デパス）の影響によるものと
認定された。

　そして、一方通行道路であることを認識し得ないような状態であれば、それ
は運転前に飲んだ精神安定剤（デパス）の影響と考えられ、「正常な運転が困

難な状態」であることを認定できる重要な間接事実となろう。この点からも本設例でも危険運転致傷罪は認められる。

　なお、一方通行道路を逆走したことにつき、自動車運転死傷処罰法2条8号の通行禁止道路通行による危険運転致傷罪の成否を検討しなければならないが（同罪の成立要件等詳細は後述する。）、本設例では一方通行道路を逆走するという認識がないため、同法2条8号の危険運転致傷罪は成立しない。

　また、危険運転致傷罪の「自動車」に原動機付自転車が含まれることについては、自動車運転死傷処罰法1条1項に、

> この法律において「自動車」とは、道路交通法（昭和35年法律第105号）第2条第1項第9号に規定する自動車及び同項第10号に規定する原動機付自転車をいう。

と規定されていることから当然である。

4　睡眠導入剤ゾルピデムの影響の有無が問題となり、無罪判決が言い渡された危険運転致傷事件（平成29年3月13日大阪地裁判決（公刊物未登載））の検討

(1)　事案の概要（主位的訴因である危険運転致傷罪の公訴事実の概要）

　被告人は、平成27年5月20日午前7時10分頃から同日午前7時20分頃までの間に、大阪府豊中市内の路上において、普通乗用自動車を運転して進行するに当たり、運転開始前に飲んだ睡眠導入剤の影響により、前方注視及び運転操作に支障が生じるおそれがある状態で自車を運転し、もって薬物の影響により、その走行中に正常な運転に支障が生じるおそれがある状態で自動車を運転し、よって、同日午前7時48分頃、同市柴原町内の道路において、その影響により前方注視及び運転操作が困難な状態に陥り、その頃、同所先道路において、西方面から東方面に向かい時速約40ないし50キロメートルで自車を走行させ、自車を右斜め前方に暴走させて対向車線に進行させ、折から、同所先道路南端を西方面から東方面に向かって歩行していたC（当時7歳）、D（当時11歳）、E（当時7歳）、F（当時11歳）及びG（当時7歳）に自車を衝突させて路上に転倒させるなどした上、前記C、前記D及び前記Fの各身体を自車車底部等で轢過するとともに、同所先交差点内を自転車で走行していたH（当時40歳）をして、衝突を避けるために急制動及び右急転

180 〔1〕第2章　薬物の影響（危険ドラッグ等）

把の措置をとらせて運転車両もろとも同人を路上に転倒させ、よって、前記Cに加療約3か月間を要する開放性頭蓋骨陥没骨折等の傷害を、前記Dに加療約1か月間を要する顔面挫創等の傷害を、前記Eに全治約3週間を要する左頬部擦過傷等の傷害を、前記Fに全治約4か月間を要する骨盤骨折等の傷害を、前記Gに加療約2週間を要する外傷性頸部症候群等の傷害を、前記Hに加療約1週間を要する左足関節挫傷等の傷害をそれぞれ負わせた。

(2)　争点

　　弁護人は、①被告人の運転操作に睡眠導入剤が影響を与えたか否かが不明であるから、薬物の影響によりその走行中に正常な運転に支障が生じるおそれがある状態で自動車を運転してはいないし、薬物の影響により正常な運転が困難な状態に陥ってもいない、②被告人には薬物の影響によりその走行中に正常な運転に支障が生じるおそれがある状態で自動車を運転することについての故意がないとして無罪である旨主張した。

(3)　被告人によるゾルピデムの摂取に関する証拠関係

　ア　被告人は、平成19年頃から継続的に睡眠導入剤であるゾルピデム（毎日10mg）の処方を受けていた。

　イ　本件事故の発生（平成27年5月20日午前7時48分頃）から約15時間22分後の同日午後11時10分頃に被告人から採取された血液中から、睡眠導入剤ゾルピデム及びその代謝物であるゾルピデム代謝物M―Ⅰ、M―Ⅱが検出され、ゾルピデムの濃度は5.8ng/mLであった。

　ウ　被告人が処方を受けていたゾルピデムの製薬メーカーA社のインタビューフォームによれば、「健康成人6例にゾルピデム酒石酸塩錠2.5～10mgを空腹時に単回経口投与したところ、ゾルピデムは速やかに吸収され、投与後0.7～0.9時間に最高血漿中濃度（Cmax）に達した後、消失半減期（t1/2）1.78～2.30時間で速やかに減少した。Cmax及び血漿中濃度―時間曲線下面積（AUC）は投与量に比例して増加した。」との実験結果が示されており、以下の表において、その投与量に応じた最高血漿中濃度に達するまでの時間をTmaxで示し、その際の濃度をCmaxで示し、半減期の時間をt1/2で示し、当該薬物の効力を示すものとして、AUC　0―∞で表し

④ 危険ドラッグ以外の薬物（睡眠導入剤等）の影響による危険運転致死傷罪　　**181**

ている。

　なお、AUCは、Area Under the Curveの略であり、薬物濃度時間曲線下面積といわれるもので、薬が使用された後の血中薬物濃度をY軸に、時間をX軸にとったときに描く山なりのカーブの側の面積部分であって、体内の薬物総吸収量の指標になるものである。また、0—∞は、その対象とする時間が0から無限大の間ということを示すものである。具体的には、この数値は、肝臓などでこの薬物を分解するための負担量を示すことになるものである。

投与量（mg）	Tmax（h）	Cmax（ng/mL）	$t_{1/2}$（h）	AUC0-∞（ng・h/mL）
2.5	0.7±0.3	32.6± 9.6	1.78±0.48	96±58
5.0	0.8±0.3	76.2±29.7	2.06±1.18	259±218
7.5	0.9±0.6	102±42	1.86±0.47	330±163
10.0	0.8±0.3	120±73	2.30±1.48	491±474

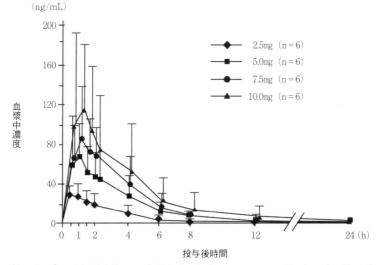

A社　ゾルピデム酒石酸塩錠10mg　医薬品インタビューフォーム　29版　（2018年7月12日）

〔1〕第2章　薬物の影響（危険ドラッグ等）

　これらによると、例えば、10mgのゾルピデムを摂取した場合、投与後、30分から1時間6分の間で最高血漿中濃度に達し、その際の濃度は、120ng/mLを中心にして、47ng/mLから193ng/mLの範囲にあり、その半減期は、2.3時間を中心に、0.82時間から3.78時間の間にあるものといえることになる。

(4)　事故時における被告人の体内ゾルピデム濃度の算定

　被告人は、事故後15時間22分経過後に、5.2ng/mLのゾルピデムを体内に保有していたのであるから、上記の半減期を基にして、事故時のゾルピデムの体内保有量を推定することとする。半減期の時間をできるだけ長くとる方が事故時のゾルピデム濃度が低くなり被告人に有利となるため、ゾルピデム10mg錠を摂取した場合の最長となる半減期の3.78時間という数値を使用する。

　そこで、事故後15.37時間経過していることから、これを3.78で割ると4.07回の半減を繰り返していたことになる。したがって、四捨五入して4回の半減をしたものとし、それは2の4乗であるから、16倍すれば元の量を算出できることとなる。そこで、少なくとも5.2×16＝83.2ng/mLという濃度が事故時における被告人の体内ゾルピデム濃度になる。

　この量であれば、ゾルピデム10mg錠を摂取した場合の上記の最高血漿中濃度の範囲内にある濃度であり、その影響により「正常な運転が困難な状態」になっていたことは十分に推認可能である。そして、ゾルピデム10mg錠を摂取後30分から1時間後に事故を起こしたのであれば、当初は、ゾルピデムの作用があまり出ておらず、そのため通常の運転行為をなし得たものの、その後、最高血漿中濃度に近づいたことから、その強い影響により「正常な運転が困難な状態」に陥り事故が惹起されたものとして十分に了解可能である。なお、ゾルピデムを摂取した上での運転行為は、「正常な運転に支障が生じるおそれがある状態」での運転であることは当然であり、ただ、被告人が、いつどこでどのような理由からゾルピデムを摂取したのかは不明であるが、被告人の体内に残留していたゾルピデムから上記のような事実関係を推認することは全く合理的であると考えられよう。

　そして、本件事故の発生時間が午前7時48分頃であって、居眠り等が起きるような仕事帰りとか、深夜等の時間帯でもないことからすれば、被告人が仮睡状態に陥ったのは、ゾルピデムの影響によるものとしか考えられないこ

4 危険ドラッグ以外の薬物（睡眠導入剤等）の影響による危険運転致死傷罪　**183**

とから、本件事故は「薬物の影響により」惹起されたものであり、仮睡状態が「正常な運転が困難な状態」であることは当然であるから、本件においては、本罪が成立することに間違いはないと考えられる。

⑸　**事故時における被告人の身体内ゾルピデム濃度についての本件判決の内容**

ア　本件において、検察官は、インタビューフォーム中、健康成人に対してゾルピデム10mg錠１錠を反復投与した場合における血漿中濃度推移についてのグラフ及び同グラフを用いた薬理学のK教授の公判供述を根拠に、本件事故時における被告人のゾルピデムの血中濃度の数値が約60ng/mLであったと考えられる旨主張していた。

そして、本件判決は、これに対し、「当該資料のグラフは健康成人６例における実験結果をもとに、実験結果における半減期等の平均値に沿って作成されたものであって、このグラフ上の数値に基づいて本件事故時のゾルピデムの濃度を算出しようとすること自体が、被告人の半減期の長さが同平均値と同じであることを前提としてしまっている。」として、平均値を用いたことを批判している。検察官が主張する約60ng/mLがどのような根拠で算出されたのか正確なことは分からないものの、上述したように平均値を用いず、被告人に最も有利な値をとったのであれば、その批判は当たらないこととなろう。

イ　また、本件判決は、「同インタビューフォームにおいても、最高血中濃度到達時間、最高血中濃度及び半減期は個人差があるものとされ」とか、「ゾルピデムの最高血中濃度や半減期には、２倍、３倍といったかなりの個人差があることが容易に推察されるから、上記のインタビューフォームのグラフに基づいて本件事故当時のゾルピデムの血中濃度を算出することは相当ではない。」として、やたら個人差があるという点を強調していたが、そうであるなら、ゾルピデムの薬理作用を調べた他のデータ等で補強して、個人差の範囲が一定内に収まることを証明すればよいだけであろう。

なお、本件判決は、本件インタビューフォームに掲載された上記グラフについて、「なお、同グラフでは、投与後の経過時間の軸において16時間から20時間までが省略されているが、血漿中濃度の折れ線はその前後で落

差が生じていないのであり、このような表現上の不正確さがある折れ線グラフに基づいて算出を試みることにも問題がある。」などとして本件インタビューフォームの正確性を問題視している。しかしながら、それは単にグラフの表示方法の形式上の些末な問題であって、誰が考えても16時間後と20時間後の数値に違いがあるのは当然であり、それを同じ数値と考えてグラフを作成したものと考えるほうが誤っているといえよう。

⑹　**他のジェネリック製品に関するインタビューフォームによるデータとの比較**

　近時においては、多くのジェネリック製品が出回っているところ、通常、後発品は薬物動態試験を行わなくても良いのであるが、ゾルピデムについては各社が独自に行っていることから、そこでのデータを参考にして、前記インタビューフォーム（以下「A社のインタビューフォーム」という。）のデータに基づいての算出が適切なものであったことを示すこととする。なお、ここでは、各社の10mg錠剤についての試験のみを対象とする。

　後発品の製造を行っている製薬メーカーはいくつかある。各資料のデータは、いずれも各社が発行しているインタビューフォームに掲載されているものであり、それをみるとB社（資料1）の被験者数（n＝で表されている数字である。）は24人、C社（資料2）も24人、D社（資料3）は16人、E社（資料4）は20人であることが分かり、それらデータの被験者数は、合計で84人となる。これだけの人数からデータをとっているのであるから、その結果は、日本国民の平均的な数値として信頼できるものといってよいであろう。

④ 危険ドラッグ以外の薬物（睡眠導入剤等）の影響による危険運転致死傷罪

資料1

薬物動態パラメータ

	n	AUC0→24 (ng·hr/mL)	Cmax (ng/mL)	tmax (hr)	$t_{1/2}$ (hr)
ゾルピデム酒石酸塩錠10mg「B」	24	731.52 ± 239.76	240.47 ± 130.02	1.7 ± 1.3	3.2 ± 0.7
標準製剤（錠剤、10mg）	24	772.72 ± 291.24	213.92 ± 89.39	1.5 ± 1.1	3.3 ± 0.7

（Mean ± S.D.）

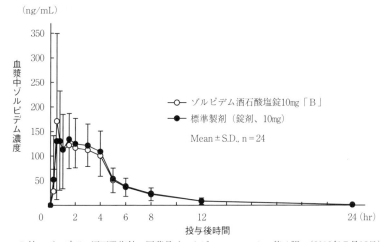

B社　ゾルピデム酒石酸塩錠　医薬品インタビューフォーム　第4版　（2018年7月12日）

資料2

ゾルピデム酒石酸塩錠10mg「C」と標準製剤の平均血漿中濃度推移

製剤	判定パラメータ		参考パラメータ	
	AUCt (ng·hr/mL)	Cmax (ng/mL)	tmax (hr)	t1/2 (hr)
ゾルピデム酒石酸塩錠10mg「C」	577.33±178.71	189.53±56.54	0.7±0.5	2.5±0.7
標準製剤 (錠剤、10mg)	583.73±217.94	219.15±89.81	0.7±0.5	2.5±0.7

(mean±S.D.)

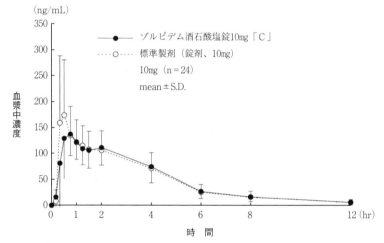

C社 ゾルピデム酒石酸塩錠10mg 医薬品インタビューフォーム 第6版 (2018年7月12日)

4 危険ドラッグ以外の薬物（睡眠導入剤等）の影響による危険運転致死傷罪

資料３

薬物動態パラメータ

	判定パラメータ		参考パラメータ	
	AUC$_{0-24}$ (ng・hr/mL)	Cmax (ng/mL)	Tmax (hr)	T$_{1/2}$ (hr)
ゾルピデム酒石酸塩錠10mg「D」	551.882 ± 301.781	180.05 ± 64.98	0.86 ± 0.52	2.02 ± 0.95
標準製剤（錠剤、10mg）	607.227 ± 328.660	172.03 ± 61.96	0.84 ± 0.30	2.01 ± 1.04

（Mean ± S.D., n = 16）

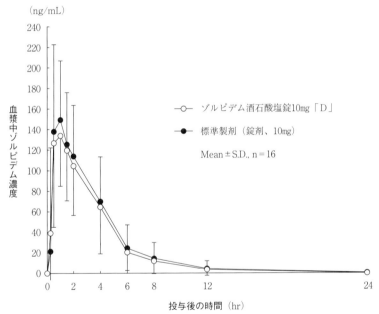

D社　ゾルピデム酒石酸塩錠10mg　医薬品インタビューフォーム　第７版　（2018年７月12日）

資料4

薬物動態パラメータ

	判定パラメータ		参考パラメータ	
	AUC$_{0 \to 10hr}$ (ng・hr/mL)	Cmax (ng/mL)	Tmax (hr)	T$_{1/2}$ (hr)
ゾルピデム酒石酸塩錠10mg「E」	510.23±196.92	165.38±56.11	0.78±0.32	2.23±0.85
標準製剤（錠剤、10mg）	559.33±240.25	160.96±52.56	0.80±0.22	2.43±0.91

(Mean±S.D., n=20)

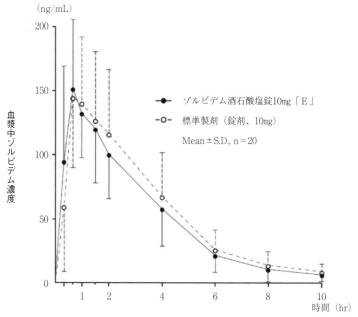

E社　ゾルピデム酒石酸塩錠10mg　医薬品インタビューフォーム　第4版　（2018年7月12日）

④ 危険ドラッグ以外の薬物（睡眠導入剤等）の影響による危険運転致死傷罪　　**189**

　そして、各資料の半減期の最長時間をみるに、いずれも自社製品と先行して発売されているＡ社による標準製剤の両方について試験を実施しているので、そのいずれか大きい数値の方が被告人に有利となるので、両者を比較して大きい数値を採用することとする。

　すると、資料１は、自社製品について、3.2時間に0.7時間を加えたものより、標準製剤について、3.3時間に0.7時間を加えたもののほうが大きいので、後者を採用し、４時間とする。次に、資料２は、自社製品も標準製剤も同じで、2.5時間に0.7時間を加えた3.2時間とし、資料３は、自社製品について、2.02に0.95を加えたものより、標準製剤について、2.01に1.04を加えたもののほうが大きいので、後者を採用し、3.05時間とする。資料４は、自社製品について、2.23に0.85を加えたものより、標準製剤について、2.43に0.91を加えた3.34時間の方が大きいので後者を採用する。

　こうしてみると、半減期について、資料１は４時間、資料２は3.2時間、資料３は3.05時間、資料４は3.34時間となる。この結果に照らせば、資料２から４は、いずれもＡ社のインタビューフォームの最長時間である3.78時間より短いので前述した結果を覆すことにならない。

　そこで、ここでは半減期が3.78時間より長い４時間の場合において、前述した結果を覆すことになるのか同様の計算をして検討する。

　まず、事故後の経過時間である15.37時間を４で割ると、3.84となり、この回数だけ半減していることになる。そこで、元のゾルピデムの濃度を計算するには、２の3.84乗したものに5.8ng/mLを掛けることで計算される。まず、２の3.84乗は、14.32と計算されるので、これに5.8を掛けると、83.056ng/mLが事故当時の被告人の体内ゾルピデム濃度ということになる。この数値は、前述した83.2ng/mLという濃度よりやや少ないという程度であって、これだけの濃度のゾルピデムが体内にあったのであれば、その影響による催眠効果によって仮睡状態に陥ることは前述したとおりといえよう。

(7)　**結論**

　このように、被験者がＡ社のインタビューフォームでは６人、その他の製薬会社のインタビューフォームで合計84人、合わせて90人の被験者について試験をした中で、最も被告人に有利な数値によって計算した結果でも、事故

当時、約83ng/mLのゾルピデムが身体の中に存したことが証明できることに照らせば（たとえ証明に至らなくても、実際上は、これより高濃度であった可能性は高いであろう。）、いつどのようにして被告人がゾルピデムを摂取したかは不明であっても、本件の事故は、このゾルピデムの影響により引き起こされたとの認定は優にできるものと思われる（なお、上記各社のデータの解釈は筆者の責任においてなされたものであって、各社の製品の性質とは無関係である。）。

しかしながら、本件判決は、危険運転致傷罪のみならず、予備的訴因としての居眠りを原因とする過失運転致傷罪をも不成立として全面無罪とした。

なお、この判決に対しては、検察官が控訴したが、平成29年12月14日大阪高裁（裁判所ウェブサイト）はこれを棄却している。

5 薬物の影響による危険運転致死傷罪についての今後の捜査上の留意事項

危険ドラッグについては今後も減少傾向が続くものと予想されるが、睡眠導入剤については、今後も一定程度は発生するものと思われる。さらに、別の薬物が濫用されて事故が引き起こされるおそれもあることから、ここで紹介した捜査手法を用いるのはもちろんのこと、専門家の助言を受けながらも自らの頭で考えて立証に役立つことはないかと検討を重ねることが重要である。専門家はたしかにその分野において十分な知識と経験を有するのが通常であり、非常に頼りになる存在ではあるものの、検察官の立証上で何が役立つのか、何が求められているのかは必ずしも分からないことも多い。こちらから何か言えば、それならこのような方法でできますという返事が返ってくるが、こちらからヒントや提案が出されないと、膨大な知識等を有する頭脳の中から適切なアドバイスを持ってくることが彼らとしても困難なのが実情である。

したがって、専門家に依頼するにしても任せきりにするのではなく、自らも勉強して、その中でこんなこともできるのではないかと考え、それを専門家にぶつけて彼らに工夫してもらうということも必要であることを忘れてはならない。

第 3 章
病気の影響

　　自動車運転死傷処罰法3条2項は、

　　　自動車の運転に支障を及ぼすおそれがある病気として政令で定めるものの
　　影響により、その走行中に正常な運転に支障が生じるおそれがある状態で、
　　自動車を運転し、よって、その病気の影響により正常な運転が困難な状態に
　　陥り、人を死傷させた者も、前項と同様とする。

とし、この違反行為に対しては、人を負傷させた者は12年以下の懲役に処
し、人を死亡させた者は15年以下の懲役に処することとしている。
　　これは、自動車の運転に支障を及ぼすおそれがある病気として政令で定め
るものの影響により、その走行中に正常な運転に支障が生じるおそれがある
状態で自動車を運転し、その結果、正常な運転が困難な状態に陥り、人を死
傷させた場合に適用されるものである。
　　そこで、このような「自動車の運転に支障を及ぼすおそれがある病気」と
はどのようなものか、また、その「影響により」とはどのようなものである
のか、さらに、その病気による「正常な運転に支障が生じるおそれがある状
態」や、「正常な運転が困難な状態」とはどのような状態を指すのかなど、
どのような場合に、この危険運転致死傷罪が適用されるのか正確に理解して
おく必要がある。
　　まず、自動車運転死傷処罰法3条2項にいう「病気として政令で定めるも
の」については、自動車運転死傷処罰法施行令3条に定められており、

　　　法3条第2項の政令で定める病気は、次に掲げるものとする。
　(1)　自動車の安全な運転に必要な認知、予測、判断又は操作のいずれかに係
　　る能力を欠くこととなるおそれがある症状を呈する統合失調症

⑵　意識障害又は運動障害をもたらす発作が再発するおそれがあるてんかん（発作が睡眠中に限り再発するものを除く。）

⑶　再発性の失神（脳全体の虚血により一過性の意識障害をもたらす病気であって、発作が再発するおそれがあるものをいう。）

⑷　自動車の安全な運転に必要な認知、予測、判断又は操作のいずれかに係る能力を欠くこととなるおそれがある症状を呈する低血糖症

⑸　自動車の安全な運転に必要な認知、予測、判断又は操作のいずれかに係る能力を欠くこととなるおそれがある症状を呈するそう鬱病（そう病及び鬱病を含む。）

⑹　重度の眠気の症状を呈する睡眠障害

とされている。

　ここでは、それら各病気の影響による危険運転致死傷罪として、どのようなものがあるのか、どのようなことに留意して捜査する必要があるかなど、個別に検討することとする。

1　てんかん

Case 1

　Ａ車の運転者甲は、以前からてんかんに罹患しており、そのための治療を継続的に受けていた。そのため、抗てんかん薬を医師から処方されていたが、最近は発作が起きていなかったので、大丈夫だろうと考えて飲まないでいた。そして、Ａ車の運転者甲は、北海道内の道路において、自車を走行させていたところ、てんかんの影響により、意識喪失に陥り、自車を対向車線上に進出させ、折から対向進行してきたＢ車にＡ車前部を衝突させ、Ｂ車運転者乙に対して重傷を負わせた。甲の刑責は？

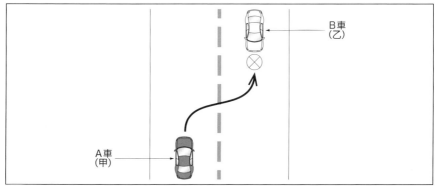

194 〔1〕第3章 病気の影響

1 判断のポイント

　本設例では、自動車運転死傷処罰法施行令3条2号の「意識障害又は運動障害をもたらす発作が再発するおそれがあるてんかん」であるのかどうか、また、その影響により、「正常な運転に支障が生じるおそれがある状態」で運転したのかどうか、さらに、事故時において、てんかんの発作により、「正常な運転が困難な状態」に陥っていたのかどうか検討しなければならない。

　ちなみに、ここでいう「正常な運転に支障が生じるおそれがある状態」とは、てんかんによる発作によって意識喪失に陥る場合であれば、走行中のある時点で発作によって意識喪失に陥るなどして、自動車を運転するのに必要な注意力や判断能力、あるいは操作能力が相当程度減退して危険性のある状態になり得る具体的なおそれがあることをいうと考えられる。

　そして、それらの運転操作に対する障害について、被疑者がこれを認識していたかどうかも同様に問題となる。

　なお、本設例は、**平成26年9月2日札幌地裁判決**（公刊物未登載）の事案を参考にしたものである。

2 てんかんの症状等について

　そもそもてんかんは、脳の異常な興奮により、身体や精神に症状が出ることをいう。すなわち、「てんかん発作は、大きくは、脳の神経全体が一斉に異常な興奮に陥る全般発作と、脳の一部に発作の焦点がある部分発作に分けられる。部分発作から全般発作に移行する場合もあり、その場合には『二次性の全般発作』、『二次性全般化発作』などと呼ばれる。全般発作は、全身が突っ張り、全身を震わせるようなけいれんを起こし、同時に意識を失うもの（強直間代発作）が最も典型的なものである。部分発作は、お腹が痛い、気持ち悪い、口角が動く、腕が勝手に動くなど、人によってその症状は様々であるが、意識のある状況で起こるものを単純部分発作（前兆）と言い、意識の障害を伴うものを複雑部分発作と言う（中略）。複雑部分発作は、意識の障害を伴うため、患者はその間の記憶がないが、その間にも一見意味のあるような動作をする場合があり、患者は、気が付いたら違う場所にいたなどのことから、複雑部分発作があったと認識する場合もある。複雑部分発作は、前兆が起こった後に生じて、その後もうろう状態に移行することが多いが、前兆を余り感じないですぐ

に複雑部分発作に移行する患者もいる。また、発作の流れは基本的には一人の患者の中では同じパターン（前兆だけで発作が治まる、前兆から複雑部分発作に移行するなど。）を取ることが極めて多いが、同じ患者の中でも、前兆から複雑部分発作に移行する場合と、前兆のみで発作が治まる場合がある。

てんかん発作が起こる要因は、一般的には、疲れ、睡眠不足、ストレス、不規則な薬の服用が挙げられる。なお、てんかんの薬は、急速に血中濃度が変化しないものが多いため、不規則な服薬が発作に影響がある場合というのは、薬を何日か飲まなかったなどの場合と考えられている。」などと説明されている（後述する**平成29年6月27日東京地裁判決**（公刊物未登載）による。）。

3　平成26年9月2日札幌地裁判決の事案

(1)　運転者はてんかんに罹患していたか

まず、前提として、運転者甲が、そもそもてんかんに罹患していたのかどうかを確定しておかなくてはならない。

そのためには、甲の病院への通院歴、そのカルテの記載内容、診断結果等病状の確認、処方された薬の種類及び量、その服用の状況など必要な証拠を、甲の通院していた病院や甲の自宅などから押収するなどして明らかにする必要がある。

また、それと併行して、そもそもてんかんに罹患した患者の病状、病識、発作の際の状況、発作を起こすことへの認識の有無、程度なども専門医から聴取するなどして、てんかんの発作の際にはどのような状態に陥るのかなどについても明確にして把握しておく必要がある。

例えば、その通院歴が長年に及ぶなど継続的にてんかんの治療を受けている場合などは、てんかんの持病を有するものと認定できるのであれば、この前提はクリアしているといえるであろう。

ただ、そのてんかんが「意識障害又は運動障害をもたらす発作が再発するおそれがある」ものでなければならないのは自動車運転死傷処罰法施行令3条2号の条文の規定上、当然である。

(2)　事故がてんかんの影響により惹起されたものか

次に、客観的な事故態様として、事故がてんかんの影響により惹起された

ものと認められるかどうか検討しなければならない。

例えば、その事故態様が、

・追越しなどの事情もないのに徐々に対向車線に進出したという事実
・事故の際に全く制動措置を採っていなかったという事実
・事故直後に発見された際、てんかんの特徴である「強直間代発作」（意識障害と四肢をぴんと伸ばしたり突っ張ったりして、けいれんを起こす発作のこと。）と呼ばれる激しいけいれんなどの症状を起こしていたという事実

などが認められれば、当該事故は、てんかんの発作に伴うもので、てんかんの影響により引き起こされたものと推認される方向に働くといえよう。

もちろん、その事故の際に甲も病院に運ばれていたのなら、そこで治療に当たった医師から、甲の病状を詳しく聴取し、甲にてんかんの発作と思われる症状が出ていないか診断内容を確認しておく必要がある。

特に、てんかんの患者は、抗てんかん薬と呼ばれる薬物を使用してその発作を抑えるなどしていることから、事故後に甲から採取した血液中の抗てんかん薬濃度を調べておく必要がある。この抗てんかん薬にはいろいろな種類があるが、例えば、フェニトインという薬剤であれば、成人の強直間代発作に対する有効血中濃度は、$10\sim20\,\mu\mathrm{g/ml}$とされていることから（TDM標準化ガイドライン・日本TDM学会）、甲の血中の同薬剤の濃度がその基準より低ければ、甲は当該薬剤の服用を怠っていたがゆえに、発作を起こしたという可能性が高くなる。

(3)　発作が起きた時点における「正常な運転が困難な状態」が認められるか

上記強直間代発作が起きた場合には、これは運動障害をもたらす発作であることから、もはや適切にハンドル操作等の運転行為を行うことは不可能と考えられ、その時点で、「正常な運転が困難な状態」に陥るものと考えてよいであろう。

これまでにみられたてんかんを原因とする事故は、そのほとんどが意識喪失の状態に陥っていたものであり、そのような客観的状態が「正常な運転が困難な状態」と評価されることは当然である。

⑴ てんかん　　**197**

⑷　「正常な運転が困難な状態」に至るまでの運転行為はどのようなものか

　　むしろ問題となるのは、事故時の状況ではなく、そのような状態に至る前の段階での運転行為について、客観面として「正常な運転に支障が生じるおそれがある状態」であると認定することができるか、また、その運転行為の際に、主観面として、自己がそのような状態にあるとの認識を有していたといえるかという客観面と主観面からの2つの問題である。

ア　まず、前者の客観面の問題であるが、例えば、甲が、医師から処方された抗てんかん薬の服用を怠るなどしており、いつ発作が起きてもおかしくない状態で運転行為に及んでいたのであれば、そのような状態は、アルコールを摂取した場合において「正常な運転が困難な状態」に至る前の段階としての「正常な運転に支障が生じるおそれがある状態」と評価されるのと同様に考えて、「正常な運転に支障が生じるおそれがある状態」であったと認定してよいと思われる。

　　つまり、飲酒したアルコールが回って酩酊の度合いが深まるのと同様に、いつ強直間代発作などのてんかん特有の症状が起きるとも限らない危険と隣合わせの状態での運転行為であって、場合によっては、強直間代発作などの症状の発生に至るものである以上、そのような状況下での運転行為は「正常な運転が困難な状態」に至る前の段階での「正常な運転に支障が生じるおそれがある状態」での運転行為とみて差し支えないと考えられるからである。

イ　次に、当該運転行為時において、甲は、当該運転行為が「正常な運転に支障が生じるおそれがある状態」であったことの認識を有していたといえるかどうかの問題であるが、これについては、「具体的な病名の認識までは不要であり、自動車の運転に支障を及ぼすような何らかの病気のために、正常な運転に支障が生じるおそれがある状態にあることを認識していれば足りる。」（前出高井12頁）。

　　そのため、これまで明確な前兆もないまま、てんかん発作が起きていたことがあるのか、事故前の近時において、てんかん発作を起こしていなかったか、あるとすればその頻度はどの程度であったか、抗てんかん薬の服用の頻度はどのようなものであったか、その服用を懈怠していたようなことはなかったかなどを調べた上、それらの中から判明した間接事実等に

より、甲において、てんかん発作を起こす危険を感じていたという認識を推認できるかどうか検討すべきである。

　具体的には、突然意識を失ったり、眠りに落ちたりしてしまうなどの経験から症状を自覚していたり、家族等から注意されるなどして症状を認識していたり、更には、医師から運転中にそのような状態に陥ることについての危険性について注意を受けていたような場合には、「正常な運転に支障が生じるおそれがある状態」についての認識があるものと認められよう。

　ちなみに、この点について、上記札幌地裁判決では、「被告人は、持病のてんかんについて十分病識があるのに、医師の処方どおりの服薬をすることを怠ることが多い状態にあったものであるが、持病の発作が起きる可能性があるということを十分認識していたのに、かつ、医師から自動車の運転も止められていたのにこれに従わず」本件事故を惹起したと認定しており、発作の起きる可能性があることを十分に認識していたとして、「正常な運転に支障が生じるおそれがある状態」での運転行為についての認識を肯定したものである。

(5)　本件判決において認定された罪となるべき事実

　なお、参考までに、上記札幌地裁判決において認定された罪となるべき事実の概要は次のとおりである。

　被告人は、公安委員会の運転免許を受けないで、平成26年6月7日午前4時頃、札幌市内の道路において、普通乗用自動車を運転し、もって無免許運転をするとともに、その頃、同所において、てんかんの影響により、その走行中に発作の影響によって意識障害に陥るおそれのある状態で、同車を運転し、もって、自動車の運転に支障を及ぼすおそれのある病気の影響により、その走行中に正常な運転に支障が生じるおそれがある状態で、自動車を運転し、よって、同日午前4時7分頃、同市内の道路において、てんかんの発作により意識喪失の状態に陥り、その頃、同所において、自車を対向車線に進出させ、折から対向進行してきた被害者運転の普通乗用自動車右側面部に自車右前部を衝突させて、同人に加療約2か月間の第2、3腰椎圧迫骨折等の傷害を負わせたものである。

Case 2

　てんかんの持病があった甲は、自車を運転中、突然発作が起きて意識を消失し、自車を制御不能のまま、列車の通過待ちの自転車に自車前部を衝突させた。自転車を運転していたＶは踏切内に転倒し、左方から進行してきた列車に衝突して死亡した。甲の刑責は？

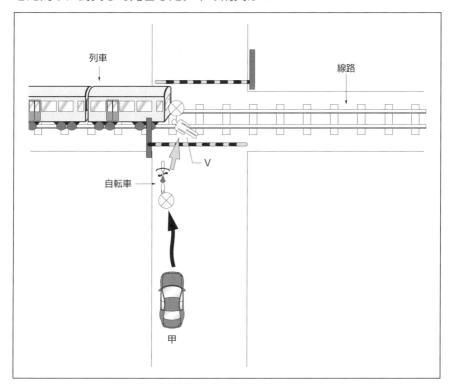

　本設例は、平成24年５月10日名古屋高裁判決（高検速報（平24）号197頁）を参考にしたものである。
　この判決の事案は、てんかんを原因とする人身事故であるが、未だ自動車運転死傷処罰法が成立する以前のものであって、自動車運転過失致死傷事件として審理されたものである。

1 事案の概要

　本件は、被告人が、平成22年12月30日、三重県内の被告人方駐車場から、普通乗用自動車を運転して発進進行するに当たり、突然意識を消失するなどの発作が起きる持病を有していることなどから、自動車の運転を厳に差し控えるべき自動車運転上の注意義務があるのにこれを怠り、発作が起きることなどないものと安易に考え、上記自動車の運転を開始した過失により、同市内の道路を進行中、突然発作が起きて意識を消失し、自車を制御不能のまま進行させたため、進路前方の踏切手前において、いずれも列車の通過待ちのために停止していた3台の自転車に自車前部を衝突させ、自転車を運転していた2名を踏切内に転倒させた上、そのうち1名の被害者を左方から進行してきた旅客列車に衝突させて脳挫傷により死亡させ、また、もう1名の被害者を同列車に轢過させて多発外傷性離断により死亡させたほか、残り1名に傷害を負わせたというものであった。

　この事案から明らかなように、被告人がてんかんの発作により意識喪失を起こしたため、自車の走行を制御することができず、死亡事故を惹起させたものであった。このような事故態様に照らせば、事故の際の被告人の状態が「正常な運転が困難な状態」であることは明らかである。

2　平成24年5月10日名古屋高裁判決

　同判決では、原判決の認定に関し、原判決は、

(1)　被告人には、本件の1か月ほど前に起こした意識消失を含め、本件前の約2年2か月の間に、約20回にわたり、けいれんや意識消失等のてんかんの又はこれに類似する発作が起きていたこと

(2)　被告人は、医師の診察の下でけいれんや意識消失に効果を有するとされる抗てんかん薬の投薬を受けていたが、症状や診療経過に応じて投薬量を増量したり、薬を変更したりするなどの処置を経ても、上記の発作がなくならなかったため、本件の約1か月前に行われた本件前における最後の診察の際には投薬量が増量されていたこと

(3)　被告人のけいれんの発作は、その全てが睡眠中に起きたものではなく、テレビを見ている時や食事をしている時にも起きたことがあり、意識消失の発作は、その性質上、目が覚めている状態の時に起きていたことを認定し、こ

れらの事実によれば、被告人には、本件で自動車の運転を始める際、運転中にけいれんや意識消失等の発作が起きる具体的かつ客観的な危険性があったこと

を認めた上、以上の状況に加え、

(4) 被告人が、医師から運転中に発作が起きると危険であるとして自動車の運転を控えるようにとの指導を繰り返し受けていたことに照らすと、被告人自身も、けいれんや意識消失等の発作が日中の活動である自動車の運転中に起きる危険性があることを容易に認識することができ、本件で自動車の運転を始める際、運転中に発作が起きて自動車が制御不能となる事態を容易に予見することができた

と認定し、結局、被告人がけいれんの発作が起きることを容易に予見できたことから、そこに過失を認めることができるとしたものである。

3　本設例の解答

　以上の証拠関係によれば、被告人は、自動車の運転中にけいれん発作が起きることは十分に予期していたものと認められ、そのような認識を有しながら運転行為に及んだことは、「正常な運転に支障が生じるおそれがある状態」にあることを認識しながら、自車を走行させたことにほかならない。

　このように認められる以上、この名古屋高裁の事案が、自動車運転死傷処罰法施行後に起きたものであったなら、同法3条2項違反となることは明らかであると思われる。よって、本設例の結論も同様である。

Case 3

てんかんの持病があった甲は、抗てんかん薬の服用を怠ったまま自車を運転し、発作を起こした。意識消失に陥り、自車を制御不能のまま、歩道上に進入し、自転車にまたがって停止していたVに自車前部を衝突させ、死亡させた。甲の刑責は？

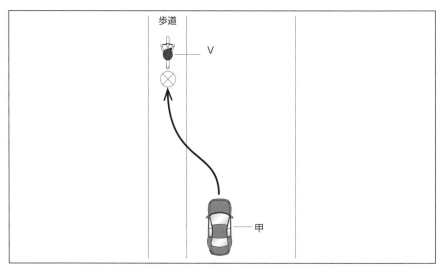

本設例は、平成24年4月27日広島高裁松江支部判決及びその原審である同23年11月10日松江地裁判決（いずれも公刊物未登載）を参考にしたものである。

これら判決の事案もCase 2同様、てんかんを原因とする人身事故であるが、未だ自動車運転死傷処罰法が成立する以前のものであって、自動車運転過失致死傷事件として審理されたものである。

1 事案の概要

上記判決の事案において認められた罪となるべき事実は次のとおりである。

被告人は、てんかんの持病があったところ、平成23年4月21日午後5時頃、普通乗用自動車を運転し、松江市内の駐車場から発進するに当たり、担当医から抗てんかん薬を毎日規則正しく服用するように指示されていたにもかかわら

ず、同月16日頃からその服用を怠っていたため、てんかんの発作を起こして意識を喪失するおそれがあったのであるから、自動車の運転を厳に差し控えるべき自動車運転上の注意義務があるのに、これを怠り、自動車の運転中は発作が起きないものと軽信し、漫然、自動車の運転を開始した過失により、同月21日午後5時35分頃、同市内の道路を走行中、てんかんの発作を起こして意識喪失状態に陥り、自車を制御不能のまま歩道上に進入させて時速約30キロメートルで走行させ、同所で自転車にまたがって停止していた被害者らに自車前部を衝突させて、被害者を死亡させるなどしたというものであった。

この事案でも、Case 2 の事案と同様に、被告人がてんかんの発作により意識喪失を起こしたため、自車の走行を制御することができず、死亡事故を惹起させたものであった。このような事故態様に照らせば、この事案においても、事故の際の被告人の状態が「正常な運転が困難な状態」であることは明らかであった。

また、その他にも**平成26年12月26日新潟地裁長岡支部判決**（公刊物未登載）の事案では、てんかんの発作により意識喪失に陥り、人身事故を起こした行為について病気の影響による危険運転致傷罪として有罪判決が言い渡されている。この判決で認定された罪となるべき事実は次のとおりである。

被告人は、平成26年10月4日、普通乗用自動車を運転し、新潟県○○市内の道路を時速約60キロメートルで進行するに当たり、てんかんの影響により、その走行中に発作の影響によって意識障害に陥るおそれのある状態で、同車を運転し、もって自動車の運転に支障を及ぼすおそれのある病気の影響により、その走行中に正常な運転に支障が生じるおそれがある状態で、自動車を運転し、よって、てんかんの発作により意識喪失の状態に陥り、進路前方を進行中の被害者A運転の普通乗用自動車後部に自車前部を衝突させて同人運転車両を前方に押し出し、その前方で信号待ちのため停止中の被害者B運転の普通乗用自動車に衝突させ、さらに、同車を前方に押し出し、その前方で前同様に停止中のC運転の普通乗用自動車に衝突させ、さらに、同車を前方に押し出し、その前方で前同様に停止中の被害者D運転の普通乗用自動車に衝突させ、よって、前記被害者ら5名に対し、傷害を負わせた。

2 本設例の解答

前記広島高裁松江支部判決の事案においては、被告人がてんかんに罹患して

いたこと、被告人は、医師から抗てんかん薬を処方どおり服用するように指導されていたこと、そのように指導されていたにもかかわらず、その服用を怠ったことから、平成22年1月3日に発作を起こし、意識を喪失したということもあったこと、そのため、その後、改めて医師から、服用を怠ると発作が起きるので、処方どおりの毎日規則正しい服用をしなければならないことを告げられたこと、被告人自身、一たびてんかんの発作を起こせば、四肢のけいれんを伴うなどして意識を喪失し、自動車の運転ができない状態に陥ることを認識していたと認められることなどが認定されていた。

　このような事実関係に照らせば、被告人が自車を運転していた際に、「正常な運転に支障が生じるおそれがある状態」であり、また、被告人がそれを認識していたことも明らかに認められると思われ、この事案が自動車運転死傷処罰法施行後に惹起されたものであったなら、やはり同法3条2項違反が成立する事案であるといえよう。

Case 4

　てんかんの持病のあった医師甲は、地下駐車場から普通乗用自動車を運転して地上に出て来た際、てんかんの発作を起こし、自車を暴走させ、歩道上に佇立していた乙ら5名に自車を衝突させ、Aを死亡させた上、ほか4名に重傷を負わせた。甲の刑責は？

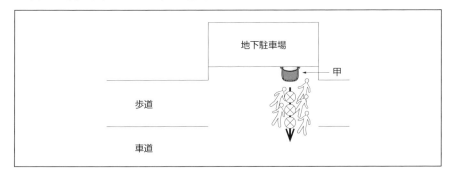

　本件は、平成29年6月27日東京地裁判決「いわゆる医師によるてんかんに係る危険運転致死傷事件」（公刊物未登載）を参考にしたものである。

1　本件東京地裁

　　判決が認定した罪となるべき事実の要旨は、おおむね、次のとおりである。
　　被告人は、平成27年8月16日午後9時30分頃、普通乗用自動車を運転し、東京都豊島区内の公共地下駐車場から発進して東京都北区内の被告人方に向かい進行するに当たり、てんかんの影響により、その走行中に発作の影響によって意識障害に陥るおそれのある状態で同車を運転し、もって自動車の運転に支障を及ぼすおそれのある病気の影響により、その走行中に正常な運転に支障が生じるおそれがある状態で自動車を運転し、よって、その頃、同駐車場料金所付近において、自車を一時停止させた際、てんかんの発作により意識障害の状態に陥り、その状態のまま同駐車場出口に向かい進行し、同日午後9時34分頃、同駐車場出口付近道路において、自車を急発進させて時速約50キロメートルに加速させた上、同所付近歩道上を暴走させ、折から同歩道上に佇立していたA

（当時41歳）ら5名に自車を順次衝突させて同人らを路上に転倒させ、よって、Aに頭蓋底骨折及び骨盤骨折等の傷害を負わせ、同月17日午前1時53分頃、東京都板橋区内病院において、同人を上記傷害による出血性ショックにより死亡させるとともに、B（当時27歳）ら4名にそれぞれ加療約2週間ないし約6か月間を要する傷害を負わせた。

2　捜査上及び法律上の問題点

　この判決の事案では、被告人がてんかんに罹患していたことは明らかであり、また、事故後、現場における被告人がもうろう状態にあったことも明らかであったことから、自動車運転死傷行為処罰法3条2項の「正常な運転が困難な状態」で事故が惹起されたことは認められるものの、問題は、被告人の運転行為中に「正常な運転に支障が生じるおそれがある状態」にあったことを認識していたかどうかという点にあった（本件も含めて後述する事件でも同様であるように、てんかんを原因とする事件ではこの点が争点になることが多い。）。

　ここで問題とされる「正常な運転に支障が生じるおそれがある状態」とは、前述したとおり、自動車を運転するのに必要な注意力、判断能力又は操作能力が、そうではないときの状態と比べて相当程度減退して危険性のある状態であることを指すが、ただ、それだけではなく、そのような危険性のある状態になり得る具体的なおそれがある状態をも含むと考えられている。そして、具体的には、自己の罹患している病気により、突然意識を失ったりすることを経験的に知っていれば、この故意が認められるものと解されている。

3　被告人がてんかんに罹患していた事実及びその治療状況等について

　被告人が若年時にてんかんを発症し、その後、継続的に治療を受けていた事実に争いはなく、事故当時も医師から抗てんかん薬を処方されていた。

　そして、被告人は、実際に何度も複雑部分発作を起こすということを繰り返していた。その事実については、被告人が診察を受けていた医師のカルテ等により明らかになっていた。

4　被告人の危険運転致死傷罪の故意の有無について

⑴　被告人が本件普通乗用自動車を運転中に、「正常な運転に支障が生じるお

それがある状態」にあったことを認識していたかどうかについては、①被告人自身、上記の複雑部分発作を起こしたことを認識していたのであるから、自己の運転行為が「正常な運転に支障が生じるおそれがある状態」でなされたものであることは明らかと考えられること、②被告人は事故当日に約150キロメートルという長距離を走行しており、疲労や眠気を感じていたこと、③事故当日は、夕方に服用しなければならない抗てんかん薬を飲んでいなかったこと、④医師からは自動車の運転を禁じられていたこと及び自動車の運転をしていることを主治医に隠していたことなどの事実関係に照らせば、被告人に「正常な運転に支障が生じるおそれがある状態」の認識があったことは明らかであると思われる。

　これらの点に関して、本件判決は、「意識障害を伴う複雑部分発作というのは、被告人自身の身体への危険を伴うものであるから、自身が複雑部分発作を起こしたか否か、今後複雑部分発作を起こす可能性があるか否かは、被告人にとっても関心が深い事柄のはずであり、被告人は、これを診察時に申告し、医師の診察や指導を受けるなどしていたのであるから、処方が決まってからも複雑部分発作が起こって意識障害が生じていたこと、それゆえ、抗てんかん薬を処方どおりに飲んでいても、疲労等の要因によって複雑部分発作が起きうることを認識していたものと認められる。さらに、被告人は、自身の過去の発作の経験に加え、精神科医として稼働し、過去には自身で抗てんかん薬を処方するなど、てんかんの知職を通常人より有していたことからすれば、てんかん発作が疲労している場合に起こりやすいことは、十分に理解していたと認められる。」などと認定し、しかも、事故当日に長距離運転をしたことで身体的な疲労が蓄積していた事実などからすれば、てんかんの影響により、「正常な運転に支障が生じるおそれがある状態」で運転することを認識していたものと認定した。

(2)　もっとも、本件判決では、抗てんかん薬の服用については、被告人がその服用を怠ったとは認定しなかった。ただ、それでも「そもそも、前記のとおり、本件当時の処方が決定された後も複雑部分発作は抑えられておらず、被告人もそれを認識していたはずであるから（B医師は、被告人から医師に複雑部分発作のエピソードが報告されている時点で、互いに発作の症状が投薬でコントロールされていないという共通理解を持っているように思う旨述べ

ている。）、仮に被告人が怠薬をしていなかったとしても、それをもって被告
人の故意を否定する理由にはならない。」として、抗てんかん薬の服用をし
ていた被告人には、本件危険運転致死傷罪の故意がないとする弁護人の主張
を排斥している。

5　考　察

本件では事故の状況からして、てんかんの発作により、正常な運転が困難な
状態での走行下で惹起された事故であることは明らかであったことから、専ら
その故意となる「正常な運転に支障が生じるおそれがある状態」の認識の有無
が問題とされたものである。そもそも医師である被告人が、自分のてんかんの
症状やその発作の状況などを認識できないはずはないのであって、この点にお
いては、一般人のてんかん患者の場合とは、その病識などに関する知識や理解
に大きな違いがあることからしても、自己の運転の危険性についての認識は十
分に有していたものと推認できる状況が存していたものといえよう。

実際にも、何度も複雑部分発作により意識障害を起こしていたのであるか
ら、本件事故の際の危険運転致死傷罪の故意に欠けるところはないと認められ
たものである。

6　控訴審判決

本件については、平成30年2月22日東京高裁判決（裁判所ウェブサイト）で更
なる判断が示されたが、上記東京地裁の判断が維持されている。

被告人は、控訴審において、主治医から自動車の運転は、当面駄目と指示さ
れていたことについて、「『当面』の意味は、脳波検査の結果を踏まえて主治医
であるA医師から指導があるまでの期間と考えており、その後A医師から運転
を中止するような指導を受けなかったので、運転は許可されたものと認識して
いた」などと主張したが、本件東京高裁判決はこれについて、「被告人の全く
恣意的な解釈というべきであって、原判決が適切に説示するとおり、むしろ被
告人が自らA医師に運転について明示的に相談し、指導を受けるべきであっ
て、それすらしていない被告人は、運転禁止の指導を受けることのないよう
に、運転に関する相談を意識的に避けていたことが強く疑われる（中略）。A
医師から運転について指導を受けなかったことをもって、『当面』の期間が経

過し、運転が許されたものと解して約2か月後には運転を再開したというのは、運転の危険性を軽視し、自己の都合を優先した身勝手な考えに基づいて行動したというほかない。」などとして被告人の故意を認定しているところである。

7 同様の主張がされた他の裁判例

平成29年3月29日神戸地裁判決（公刊物未登載）においても同様に、てんかんの発作が起きるとは思っておらず、「正常な運転に支障が生じるおそれがある状態」の認識がなかったとの主張がなされた。

しかしながら、被告人は、てんかんの疑いで緊急搬送されたり、脳波検査を受けたりした上、抗てんかん薬を投与されていたという事実が存するところ、てんかんの発作を原因とする自損事故や追突事故を何度も起こしていた。さらに、被告人は、家族から意識喪失をするおそれがあるから自動車の運転を止めるように説得されており、それらの事実関係に照らせば、被告人において、「正常な運転に支障が生じるおそれがある状態」で自動車を運転したことは明らかであるとして、自動車運転死傷処罰法3条2項の成立が認められたものである。

8 本設例の解答

本設例についても、危険運転致死傷罪が成立する。

公判につながる捜査上の重要ポイント

てんかんを原因とする事故は、意識喪失や四肢硬直などの症状が起きることから、およそ「正常な運転が困難な状態」に陥っていることになり、極めて危険な状態にあり、そのため、被害も重大なものとなりやすいという傾向がある。

そのため、被疑者がてんかんに罹患していることや発作が生じることについて、どのように認識しており、抗てんかん薬をどのように服用していたか、その服用状況や、医師や家族とのやりとりなどを早期に把握し、被疑者が自車を走行中、「正常な運転に支障が生じるおそれがある状態」にあることを認識していたことなどを確実に立証できるよう捜査しておくことが肝要である。

Case 5

甲は、かねてよりてんかんの診断を受けており、しかも80歳と高齢であったため、家族からは早く運転免許を返納するように強く勧められていた。しかし、甲は自動車を運転できないといろいろと不便であるため、その忠告を無視していたばかりか、運転免許の更新の際には、てんかんの診断を受けていることを隠して、書類にうそを書くなどして更新を受けていた。

そして、ある日、いつものように自動車を運転していたところ、突然意識を失い、自車を歩道上に突っ込ませ、歩行者数名に重傷を負わせる事故を起こした。なお、甲には、認知症の疑いもあった。甲の刑責は？

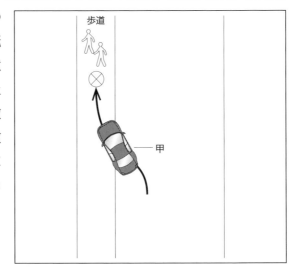

1 危険運転致死傷罪における認知症の位置付け
(1) 自動車運転死傷処罰法3条2項が規定するところの「政令で定めるもの」については、自動車運転死傷処罰法施行令3条が規定しているが、そこには、統合失調症、てんかん、そう鬱病、低血糖症などが挙げられているものの、認知症は含まれていない。したがって、認知症の影響により正常な運転に支障が生じるおそれがある状態で、自動車を運転し、認知症の影響により正常な運転が困難な状態に陥って人を死傷させても、危険運転致死傷罪は成立しない。

それゆえ、認知症の運転者により交通事故が起きた場合には、専らそこに過失が認められるかどうかのみが問題となる。

平成30年２月15日警察庁交通局発表の「平成29年における交通死亡事故の特徴について」（警察庁ホームページ）によれば、平成29年中に死亡事故を起こした75歳以上の高齢運転者のうち、実に約49パーセントが認知症のおそれがある者か、認知機能が低下している者であったという事実は、この病気に対する対策が喫緊の課題であることを示しているものと思われる。

(2)　ただ、認知症の問題は、単に過失犯や交通行政上の問題にとどまらず、危険運転致死傷罪の成否が問題となる場面にも登場するので、その点は注意が必要である。つまり、運転者が認知症以外の病気を患っており、その病気が上記の政令に掲げられている病気であった場合には、その運転者による交通事故が認知症に起因するものか、それ以外の上記の政令で対象としている病気に起因するものであるかの違いによって、危険運転致死傷罪の成否が分かれることになるからである。

2　事故の原因が認知症によるのか、てんかんによるのかの違いが問題となった事例

(1)　この点が具体的に問題となった事案として、**平成30年１月19日宮崎地裁判決（公刊物未登載）**が挙げられる。この事案は、てんかんとの診断を受けて投薬治療を受けていた被告人が、平成27年10月28日午前８時頃、普通乗用自動車（軽四輪）を運転して自宅を出発し、その後、約273キロメートルを走行して、同日午後２時50分頃、宮崎市内の交差点において、自車を道左側の歩道に進入させるなどして、その付近を約670メートルにわたって暴走し、横転停止するまでの間に４件の交通事故を起こし、２名を死亡させ、４名を負傷させたというものである。

　被告人は、この事故以前から自宅でけいれん発作を起こして緊急搬送されたこともあり、主治医からてんかんと診断され、抗てんかん薬を処方され、それを飲んで発作が出るのを抑えるなどしていた。

(2)　しかしながら、それでも被告人は運転をやめようとはせず、まず運転免許の更新に当たって、てんかんであることを隠して更新を行っていた。この点については、道路交通法101条１項において、

　　　免許証の有効期間の更新（中略）を受けようとする者は、（中略）更新

期間（中略）に、（中略）内閣府令で定める様式の更新申請書（（中略）質問票の交付を受けた者にあつては、当該更新申請書及び必要な事項を記載した当該質問票（中略））を提出しなければならない。

とされているところ、これに虚偽の記載をした場合には、同法117条の4第1項3号における

（前略）第101条（免許証の更新及び定期検査）第1項（中略）の質問票に虚偽の記載をして提出（中略）した者

との規定に基づき、1年以下の懲役又は30万円以下の罰金に処せられることになる。この事案では、この罪も起訴されており、本件判決における罪となるべき事実では、

被告人は、鹿児島県公安委員会から中型自動車の運転免許証の交付を受けていたものであるが、平成27年2月23日、鹿児島県日置市所在の公益財団法人鹿児島県交通安全協会日置地区協会において、同免許証の有効期間の更新を受けるに当たり、真実は、平成23年12月16日頃、てんかんを含む何らかの病気（医師による当時の診断名は「てんかん疑い」）による全身けいれんにより身体の全部又は一部が一時的に思い通りに動かせなくなったことがあるにもかかわらず、これを秘し、同公安委員会から交付を受けた質問票の項目2「過去5年以内において、病気を原因として、身体の全部又は一部が、一時的に思い通りに動かせなくなったことがある。」との質問について、「いいえ」の欄に印を付けて、そのような事実がない旨の偽りの事実を記載した上、同質問票を同協会職員に提出し、もって質問票に虚偽の記載をして提出した。

と認定されている。

(3) そして、このような被告人の病歴や事故態様からして、それがてんかん発作に基づく運転不能に起因して惹起された事故であることは明らかなように思われた。実際にも、捜査段階での精神鑑定では、被告人は、てんかんに罹患しており、その影響により意識障害に陥ったものと鑑定されていた。

しかしながら、公判廷においては、弁護側の依頼により、上記の鑑定書を別の医師が検討したところ、今回の事故は、てんかんの影響ではなく、認知

症の影響により惹起された可能性があるとの意見が出された。したがって、弁護人は、捜査段階の精神鑑定は信用できず、被告人がてんかんの影響により今回の事故を惹起したものではないとして、危険運転致死傷罪は成立しないとの主張をしていた。

(4) 本件事故の原因が被告人の意識障害にあることはほぼ疑いのないものであったが、それがてんかんに起因するのか、認知症に起因するのか、そのいずれであるかをはっきりさせないことには、自動車運転死傷処罰法3条2項の病気に該当するのかしないのか判明しないことが問題となる。つまり、その意識障害の原因が不明であった場合には、結局、それが同条項の「病気」によって引き起こされたと認定できず、同条項違反の罪は成立しないことになるからである。

　　もちろん、認知症の影響とてんかんの影響が競合して意識障害等が発症するのであれば、少なくともてんかんの影響が残ることから、本条項の要件は満たしている（もっとも、医学的にそのようなことが起きてもおかしくないかとの検討は必要であるが。）。しかしながら、認知症の影響があることは間違いないが、てんかんが影響しているかどうかは分からないという認定がなされた場合には、本条項の成立は否定される。そのため、てんかんが唯一の原因であるとまではいえないにしても、少なくともてんかんの影響があったがゆえに「正常な運転が困難な状態」に陥ったことが認定できなければならないこととなる。

(5) 本件判決は、結局、捜査段階での鑑定人の意見は、認知症の疑いを十分に検討していないと判断し、本件事故がてんかん以外の疾病の影響で生じた可能性があると認定して、本件での被告人の行為について自動車運転過失致死傷罪が成立するにとどまるとしたものである。

3　本設例の解答

　上記宮崎地裁判決で示されたように、意識喪失を起こした原因がてんかんにあるという証拠を固める必要があり、それゆえ、認知症ではなく、てんかんを原因として本件事故が惹起されたものであり、少なくとも認知症が競合していたとしてもてんかんが意識喪失に寄与しているとの立証がなされないと、危険運転致死傷罪の成立は困難ということになろう。

4 参考となる類似の事例

本件設例と同様に、運転免許証の更新時に、てんかんの治療を受けていることを隠し、書類に虚偽の記載をするなどして更新した上、運転中にてんかん発作を起こして死亡事故を起こした事案において、危険運転致死傷罪の成立を認めた**平成31年３月６日大阪地裁判決**（裁判所ウェブサイト）があるので、ここで紹介する。

⑴　本件判決において認定された罪となるべき事実は、概ね次のとおりである。

被告人は、

第１　大阪府公安委員会から運転免許証の交付を受けていたものであるが、平成27年11月２日、大阪市阿倍野区内の大阪府阿倍野警察署において、同運転免許証の有効期間の更新を受けようとするに当たり、真実は、過去５年以内に持病であるてんかんの発作により意識を失ったことがあるのにこれを秘し、免許の更新申請の際に交付を受けた質問票の項目１「過去５年以内において、病気（病気の治療に伴う症状を含みます。）を原因として、又は原因は明らかでないが、意識を失ったことがある。」の質問について、「いいえ」の欄に該当する旨印をつけて偽りの事実を記載した上、同質問票を同警察署警察官に提出し、もって免許証の更新の質問票に虚偽の記載をして提出した

第２　平成30年２月１日午後３時39分頃、大阪市内の道路上において、小型特殊自動車（ホイールローダー）の運転を開始するに当たり、てんかんの影響により、その走行中に発作で意識障害に陥るおそれのある状態で同車の運転を開始し、もって自動車の運転に支障を及ぼすおそれのある病気として政令で定めるものの影響により、その走行中に正常な運転に支障が生じるおそれがある状態で自動車を運転し、よって、同日午後３時53分頃、同市内の道路上において、てんかんの発作により意識喪失の状態に陥り、その頃、同所先の交差点南西側歩道に向けて自車を暴走させ、同歩道上に立っていたＡ（当時11歳）、Ｂ（当時41歳）、Ｃ（当時45歳）、Ｄ（当時11歳）及びＥ（当時11歳）に自車を衝突させるなどし、よって、Ａに脳挫傷等の傷害を、Ｂに加療約212日間を要する右大腿打撲挫創等の傷害を、Ｃに加療約６か月間を要する骨盤骨折等の傷害を、Ｄ

に加療約261日間を要する骨盤骨折等の傷害を、Eに加療約6か月間を要する骨盤骨折等の傷害をそれぞれ負わせ、即時同所において、Aを前記傷害により死亡させた

ものである。

(2) この事案において、被告人は、本件事故を起こした原因は、てんかんによる発作ではなく、単に、パニックに陥り運転操作を誤ったことが原因であると主張して、危険運転致死傷罪ではなく、単に、過失運転致死傷罪が成立するにとどまるとして争った。

しかしながら、本件判決は、以下のとおり判示して、本件はてんかん発作により引き起こされたものであるとして、被告人に対して、懲役7年の実刑判決を言い渡した。

すなわち、関係証拠によれば、被告人が運転する「本件車両は、対面信号機が赤色を表示しているにもかかわらず、また、被害者らが立っている歩道の方向に進んでいるにもかかわらず、加速しながら同歩道に進入し、被害者らと衝突し、被害者らを踏み越えた後、ようやく制動が開始されたのであり、前進開始から制動開始までの約10秒間にわたって、アクセルペダルが踏まれ続けていたことになる。また、本件車両が明らかに危険な進行をしているにもかかわらず、被告人は、単にアクセルから足を離すとか、ハンドルを反対方向に切るなど、容易に採ることができる回避措置を全く講じることなく、本件事故に至っている。意識がある状態でこれほど長い時間、危険な走行を続けることは、あえて危険を実現しようという故意を有していた場合（なお、被告人にそのような故意はなかったと認められる。）以外には考え難いから、このような本件車両の走行状況は、被告人に意識がなかったことを強く推認させる。

そして、被告人は本件以前からてんかんの発作により度々意識喪失の状態に陥っていたこと、精神神経科医であるG証人によれば、被告人のてんかんは運動に関わる領域をつかさどる前頭葉に焦点があり、そのてんかんの症状の一つとして無意識の行動が挙げられるところ、アクセルペダルを踏む足の力が、発作時に緩むこともあれば、逆に、力が入って踏み込むこともあり得ること、本件当時、被告人には意識喪失の原因となりうる他の疾患はうかがわれないことも考え合わせると、被告人が本件事故時にてんかんの発作に

216 〔1〕第3章 病気の影響

よって意識を喪失した状態であったことが更に強く推認されるといえる。」と判示し、本件事故時には、被告人はてんかん発作によって意識を喪失していたと認定した。

　また、被告人のパニックによる運転操作の誤りという弁解に対しては、「被告人は、アクセルペダルに右足のつま先部分を、ブレーキペダルに右足のかかと部分を乗せて両ペダルを同時に踏んでいたところ、ブレーキペダルを踏んでいた足が滑って外れてしまったことでパニックになり、ブレーキペダルを踏み直すことも、アクセルペダルから足を離すことも、方向を変えることもできなかったと供述する。しかし、本件車両の発進直後の速度及び被害者らとの衝突までにかかった時間からすれば、回避行動を何も採れないほどのパニック状態になっていたとは考えられない。被告人の供述はこの点で不自然、不合理であって到底信用できない。」として被告人の弁解を排斥した。

　さらに、弁護人の主張に対しては、「弁護人は、被告人の普段のてんかん発作の時間を問題とするが、てんかんの発作の持続時間は一定ではなく、被告人のこれまでの発作も10秒前後でおさまることもあったのであるから（診療録）、本件事故時に被告人にてんかんの発作が生じていたとしても、被告人のてんかんの症状として矛盾するとはいえない。」と判示し、弁護人の主張を検討しても、上記の意識喪失の原因がてんかんの発作であることに合理的な疑いは生じないとして排斥した。

(3)　本件は、てんかんであることを秘匿して運転免許証の更新をするなど、てんかんであるにもかかわらず、その発作が起きることをも容認して本件事故を惹起したとも評価できるものであって、危険運転致死傷罪が認定されて当然の事案であるといえよう。

② 低血糖症

1 低血糖症とは

　自動車運転死傷処罰法施行令３条４号は、

　　自動車の安全な運転に必要な認知、予測、判断又は操作のいずれかに係る
　能力を欠くこととなるおそれがある症状を呈する低血糖症

と規定している。

　ここでいう低血糖症とは、「ヒトでは、早朝空腹時の血糖値は60～100mg
/dL、食後でも160mg/dL以下である。かかる血糖の恒常性が失われて血
糖値50mg/dL以下に低下した時に低血糖と称し、低血糖と共に低血糖に由
来する神経症状の出現した時に低血糖症という。」（南山堂医学大事典（19
版）1697頁）と考えられる。

　なお、道路交通法90条１項、道路交通法施行令33条の２の３第２項３号
では、運転免許の欠格事由として、

　　無自覚性の低血糖症（人為的に血糖を調節することができるものを除く。）

としており、自動車運転死傷処罰法施行令３条４号とは規定の仕方が異
なっている。

　これは、運転免許の欠格事由としては、低血糖症を自覚しており、それ
が人為的に血糖を調整できるものであれば、そのような者に対して、運転
免許証を交付することに不都合はないと考えられる。しかしながら、自動
車運転死傷処罰法の趣旨に照らせば、前兆症状を自覚できる低血糖症で
あっても、糖分の摂取等といった適切な措置を採らずに、自動車を運転す
る行為は相当な悪質性・危険性が存する上、人為的に血糖を調整できる低
血糖症であっても、インスリン注射を控えたり、糖分を摂取したりといっ
た適切な措置を採らずに自動車を運転する行為には、無自覚性の低血糖症
と同様な悪質性・危険性が存するからである。

218 〔1〕第3章 病気の影響

Case 6

糖尿病患者である甲は、インスリン注射をした後、自動車の運転を開始し、その後、低血糖による意識低下状態になり、自車（A車）前方で信号待ちのため停止中の被害者乙が運転するB車に追突した上、その後も、赤色信号を無視して左折して蛇行運転を続けたため、対向してきた被害者丙運転のC車にA車前部を衝突させて丙に傷害を負わせた。甲の刑責は？

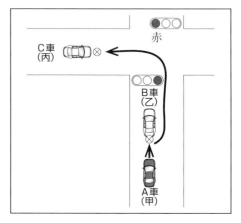

まず、本設例は、平成27年10月13日岡山地裁倉敷支部判決（公刊物未登載）を参考にしたものである。

1 事実の概要

同判決で認定された罪となるべき事実の要旨は、次のとおりである。

被告人は、平成27年2月13日午前11時6分頃、普通乗用自動車を運転し、岡山県〇〇市内を時速約10キロメートルで進行するに当たり、低血糖症の影響により、その走行中に意識低下に陥るおそれのある状態で、同車を運転し、もって、自動車の運転に支障を及ぼすおそれがある病気の影響により、その走行中に正常な運転に支障が生じるおそれがある状態で、自動車を運転し、よって、その頃、同所において、低血糖症の影響により意識低下の状態に陥り、同日午前11時7分頃、同市内の道路を時速約30キロメートルで進行中、自車を道路右側部分に進出させ、折から対向直進してきた被害者V運転の普通乗用自動車右側部に自車右前部を衝突させ、同人に加療約10日間を要する頸椎捻挫等の傷害を負わせたものである。

2 被告人の病状及び事故後の状況

被告人は、以前から糖尿病を患っており、日常的にインスリンを皮下注射して血糖値を下げていた。なお、被告人が使用していたインスリンは、効果のピークが約1〜3時間であり、効果継続時間は3〜5時間というものであった。

そして、事故後、被告人が救急搬送された病院において、血液検査が行われたところ、33mg /dLであったことから、明らかに低血糖の状態にあった（なお、上記南山堂医学大事典では、50mg /dL以下が低血糖であるとしているものの、70mg /dL以下であれば低血糖であるという見解もある。）。また、その症状も大量の汗をかいて意識が朦朧としていたなどの症状もみられた。

なお、被告人がインスリンを注射したのは、事故当日午前8時頃であったため、事故時はその効果継続時間内であり、インスリンによる血糖値低下の効果により低血糖状態に陥ったものと考えられた。

そして、その事故態様から見て、およそ正常な運転状況にはないことが明らかであり、上記のような低血糖症に鑑みれば、被告人が低血糖症による正常な運転が困難な状態に陥って本件事故を惹起したことは明らかであった。

3 被告人の認識

そこで次に、被告人が「正常な運転に支障が生じるおそれがある状態」で運転していたことや、それを認識していたことを立証しなければならない。もっとも、今回の症状は急激に意識低下がもたらされたものではなく、また、これまで被告人は低血糖に陥り意識低下を起こしており、そのことで医師から指導を受けるなどしていたことから、運転中に低血糖に陥って意識が朦朧となるかもしれないことは十分に認識していたものである。したがって、この要件についても問題なく充足しているものと認められる事案であった。

4 その他の裁判例

平成26年12月16日神戸地裁明石支部判決（公刊物未登載）や同27年8月24日東京地裁判決（公刊物未登載）でも、低血糖症の影響による危険運転致死傷罪の成立が認められている。

Case 7

甲は、糖尿病に罹患しており、低血糖症状による意識障害で交通事故を起こした経験があった。しかしながら、甲は運転を敢行し、道路を進行中、進路前方の路上左側で信号待ちをしていた自転車後部に自車前部を衝突させた。自転車に乗っていた乙は転倒し、甲運転車に轢過され、車底部に巻き込まれて重傷を負い、後に死亡した。甲の刑責は？

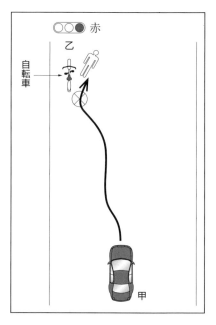

　本設例は、平成26年２月28日札幌地裁判決（公刊物未登載）を参考にしたものである。この事案は、自動車運転死傷処罰法が施行される以前のものであるが、低血糖症が問題となった事案である。したがって、自動車運転過失致死事件として処理されているが、同判決からみる限り、現在であれば、自動車運転死傷処罰法３条２項が適用されてもおかしくない事案であると思われるので、参考までに紹介する。

1　事実の概要

　この判決で認められた罪となるべき事実は、次のとおりである。
　被告人は、平成25年７月19日午前10時20分頃、普通乗用自動車を運転し、札幌市内の駐車場から発進進行しようとした。
　被告人は、かねてから糖尿病に罹患していて、前兆なく低血糖症状により意識障害に陥って、救急搬送されたことや交通事故を発生させたこともあり、前兆なく低血糖症状により意識障害に陥るおそれがあることを認識していた。
　このような場合、自動車の運転者としては、自動車の運転を差し控えるべき自動車運転上の注意義務があるのに、被告人はこれを怠り、意識障害が起こら

ないものと軽信して運転を開始した。

　このような過失ある行為により、被告人は、その頃、同所付近において低血糖症状による意識障害に陥り、低下した意識状態のまま自車を進行させ、同日午前10時58分頃、同市内の道路において時速約10キロメートルで進行中、進路前方の自転車走行指導帯で信号待ちのため停止中の被害者運転の自転車後部に自車前部を衝突させ、同人を同自転車もろとも路上に転倒させた上、自車で轢過して車底部に巻き込み、よって、同人に外傷性ショックの傷害を負わせ、同日午後1時9分頃、同市内の病院において、同人を上記傷害により死亡させた。

2　被告人の認識について

　この罪となるべき事実からも明らかなように、被告人は、前兆なく低血糖症状により意識障害に陥ったことがあること、そのために救急搬送されたばかりか交通事故まで発生させたことがあること、それゆえ前兆なく低血糖症状により意識障害に陥るおそれがあることを認識していたことが認定されるのであって、そのような状態での運転行為は、「正常な運転に支障が生じるおそれがある状態」での運転行為に他ならず、また、その際の被告人自身、自己がそのような状態で運転行為に及んでいることを十分に認識していることになろう。

　この点については、同判決もその量刑理由の中ではあるが、「被告人は、平成24年に4回も低血糖症状による意識障害に陥って病院に救急搬送されたことがあり、前兆なく意識障害に陥ることを認識していた。また、被告人は、本件の約5か月前、自動車を運転中に軽い意識障害を起こし、自車を対向車線に進出させて対向車両と衝突させる事故を起こしており、軽いものであっても意識障害に陥れば自動車を的確に操縦できないことも認識していた。したがって、被告人においては、自身が自動車を運転すれば、意識障害に陥って人身事故を引き起こすおそれがあることは容易に予見できた。にもかかわらず、被告人は、医師や警察官の助言を聞き入れず、便利さを優先させて自動車の利用を続け、今回も意識障害が起こらないと軽信して運転を開始し、本件事故を起こしたのである。」と認定しており、このような認定であれば、「正常な運転に支障が生じるおそれがある状態」についての認識は十分に認められるとされたと評価してよいであろう。

そして、低血糖症状による意識障害に陥り、被害者を轢過した上、車底部に巻き込むなどの運転行為をして、被害者を死亡させたのであるから、このような意識障害により「正常な運転が困難な状態」に陥って惹起させた事故であることは明らかである。

3　本設例の解答

　以上述べたことに照らせば、この事案では、自動車運転死傷処罰法3条2項の要件を満たすこととなり、現在であれば、同条項により処罰されることになるものと思われる。

公判につながる捜査上の重要ポイント

　なお、低血糖症を原因とする人身事故ではあるが、自動車運転過失傷害罪では起訴されておらず、その後の救護義務違反及び報告義務違反のみを起訴された道路交通法違反事件において、**平成24年3月21日横浜地裁判決**（判タ1398号366頁）は、低血糖により「分別もうろう状態」に陥っていたことから、救護義務違反については故意がなく、報告義務違反については故意はあるが責任能力はなかったとして被告人を無罪にした。

　この事案における被告人の低血糖症の状態が「分別もうろう状態」にあったとして、高度な意識障害があったとする鑑定結果が妥当であるとは考え難いが（本件判決でも、「確かに、鑑定人のこの判断は、若干被告人を信頼しすぎている面がないではない」と述べているところである。）、このことに関する捜査上の問題としては、このような鑑定がなされるおそれがあることを考慮して、被告人の低血糖時の精神状態について、その周囲の関係者などから客観性のある供述を早期に広く得ておく必要があるということである。

　被告人の家族はもとより、その勤務先の関係者や友人等、さらには、担当医師などから、被告人の低血糖時の言動や判断の状況等をできるだけ具体的な内容となるように早期に聴取しておくべきであろう。

3 睡眠時無呼吸症候群

Case 8

　被疑者甲は、高速道路を走行してきたところ、その分岐点辺りで強い眠気を感じた。しかし、甲は、まだ運転を続けても大丈夫だろうと思い、走行を続けたところ、仮睡状態に陥り、渋滞のために停止していた被害者運転車両に追突して、負傷させた。ただ、甲は、自己が睡眠時無呼吸症候群に罹患していることを知らなかった。
　甲の刑責は？

1 睡眠時無呼吸症候群とは

　自動車運転死傷処罰法施行令３条６号は、「重度の眠気の症状を呈する睡眠障害」を規定している。この中に、睡眠時無呼吸症候群が含まれるかどうかは必ずしも明確ではない。「睡眠障害」というものの中に、睡眠時無呼吸症候群が含まれるといえるかどうかは医学的な観点から判断が必要であるが、これまでこの点はあまり意識されていなかったと思われる。

　ただ、重度の睡眠時無呼吸症候群であれば、「睡眠障害」に該当しても決しておかしくはないと考えられるので、以下は、睡眠時無呼吸症候群がこの規定に該当するとの前提で論を進めることとする。

　そこで、この睡眠時無呼吸症候群とは、「睡眠時の無呼吸により低酸素血症をきたす病態で、７時間の睡眠中に30回以上の無呼吸（10秒以上の換気の停止）が認められるもの、あるいは、単位時間当たりの無呼吸回数が５回／時以上のもの」をいうとされている（前出南山堂医学大事典（19版）1314頁）。

　これまでこの睡眠時無呼吸症候群の影響による危険運転致死傷罪が起訴されたことはないと思われるが、自動車運転死傷処罰法が施行される以前からも、この睡眠時無呼吸症候群が自動車運転過失致死傷罪の成否に関して問題となったことは多々あることから、それら事案に照らして、危険運転致死傷罪が適用できるものであるかどうかなどを検討することとしたい。

2 睡眠時無呼吸症候群における過失の認定

　睡眠時無呼吸症候群が問題とされるのは、夜間の睡眠の質が悪いことから、日中に眠気が起こることにある。これは、睡眠中に舌が喉の奥に沈下することにより気道（空気の通り道）が塞がれ、そのため、大きないびきをかき、睡眠中に呼吸が止まったり、止まりかけたりする状態が断続的に繰り返され、その無呼吸状態により血中の酸素飽和度が下がり、交感神経が優位になるため、脳が覚醒し、健常者に比べて睡眠が浅くなる。そのため、夜間眠っているにもかかわらず、日中に眠気や疲労が生じることになる。

　もっとも、健常者も疲労、睡眠不足などによって日中に眠気に襲われることはあり、その結果、居眠りに陥るという点では、睡眠時無呼吸症候群の患者と異なるところはない。

そこで問題とされるのは、睡眠時無呼吸症候群の患者は、健常者と異なり、眠気の自覚がないまま予兆なく急激に睡眠状態に陥ってしまうものなのかどうかという点である。

　この点については、睡眠時無呼吸症候群の患者でも居眠りの前には眠気を感じるのが通常であるといってよいものの、しかしながら、裁判においては、眠気を感じずに急激に睡眠に陥る患者が全くないとはいえないとの主張が出されることもしばしばである。

　そのため当該主張の当否の判断をする必要があるが、当該運転者たる被疑者が眠気を真実感じなかったのか、それとも単に罪責を逃れるために真実は眠気を感じていながらもこれを否定しているだけであるのかは、それぞれの事案における証拠関係に依ることになる。

　そこで、これまで睡眠時無呼吸症候群を理由として過失の有無について争われた事案を検討することで、どのような場合には、睡眠時無呼吸症候群であることで過失が否定されたのか、どのような場合には、過失が肯定されたのかを明らかにする。

3　平成19年1月26日大津地裁判決（裁判所ウェブサイト）

　この判決の事案は、名神高速道路上で7名が死亡、3名が負傷する二重事故が発生し、このうち5名の死亡及び3名の負傷につき業務上過失致死傷罪で起訴された第2事故の運転手である被告人に対し、睡眠時無呼吸症候群に罹患しており睡眠状態に陥ることは予見できなかったことから、運転中止義務違反はなく過失はなかったなどと争われたものである。

　この事案において、本件判決は、「たしかに、証拠調べの結果によれば、被告人は、本件事故後の平成18年4月14日、N医師から重度の睡眠時無呼吸症候群と診断されており、その症状の程度や本件事故と診断日との時間的近接性などに照らせば、被告人は少なくとも本件事故当時には睡眠時無呼吸症候群に罹患していたものと推認できる。また、一般に睡眠時無呼吸症候群に罹患していると、睡眠の質が低下して睡眠状態に陥りやすく、場合によっては自覚のないままに眠ってしまうこともあることはN医師の証言からも認められる。したがって、被告人が本件事故時に睡眠状態に陥った点について、睡眠時無呼吸症候群に罹患していたことが一定程度影響した可能性は否定できない。」とし

て、被告人が睡眠時無呼吸症候群に罹患していたことや、これが本件事故に影響を及ぼしている可能性は否定できないとしながらも、「しかしながら、上記のとおり、被告人は、本件事故前に眠気を感じていたのであるから、何らの予兆なく睡眠状態に陥ったという弁護人の主張自体が前提を欠いている上、被告人は、本件事故以前の相当期間運転手として稼働していたが、本件以外に運転中に自覚のないまま居眠りをしたという事情は一切窺われないことからしても、本件事故時に被告人が睡眠状態に陥ったのは、睡眠時無呼吸症候群の影響よりもむしろ極度の過労状態で運転を継続した影響によるところが大きいというべきである。また、睡眠時無呼吸症候群に罹患していることを認識していなかったとしても、極度の過労状態の下で眠気を感じながら運転を継続すれば、不意に睡眠状態に陥る危険があることは十分に予見可能といえる。したがって、本件において被告人が睡眠時無呼吸症候群に罹患していたことは、運転中止義務違反の過失の成立を何ら妨げるものではない。」として、事前の眠気を感じていたことや、睡眠時無呼吸症候群による影響ではなく、通常の過労状態の影響のほうが大きいと認められることなどからして、睡眠時無呼吸症候群を理由とする過失がないとの主張を排斥している。

4　平成24年３月26日札幌地裁判決（公刊物未登載）

　この判決の事案は、被告人が、札幌市内の路上において、中型貨物自動車を運転して走行中、眠気を覚え、前方注視が困難な状態になったにもかかわらず、そのまま進行を続けたため、被害者車両に追突して、同車を路外に転落させ、同所にいた２名の被害者に同車を衝突させて２名とも死亡させたというものである。

　この事案において、被告人は事故発生後１年以上を経過してから、自らは睡眠時無呼吸症候群に罹患していたことから過失はないと主張し始めたことから、事故当時、被告人が真実睡眠時無呼吸症候群に罹患していたかどうかを含めて争点となった。

　そこで本件判決では、被告人が事故当時、睡眠時無呼吸症候群に罹患していたかどうかは被告人の供述しかないものの、その可能性を否定することはできないことから、その前提で注意義務違反が存するかどうか検討された。

　そして、走行中に「一瞬意識を失って頭が意図せず下がるような状態になる

程の眠気を感じたのであれば、その後一度覚せいしたことがあったとしても、運転を直ちに中止して仮眠しない限り、眠気がなくなったとはいえないのであるから、眠気の原因が睡眠時無呼吸症候群にあろうが、疲労等にあろうが、再び一瞬又はそれ以上仮眠して意識を失うことは当然予想して然るべきである。」ことから、自車の運転を直ちに中止すべき自動車運転上の注意義務があったと認められるとし、「しかるに、被告人は、自車の運転を継続したというのであるから、前記した自動車運転上の注意義務に違反したというべきである。」と判示した。

　この判示から明らかなように、いったん強い眠気を感じたという事案がある以上、その段階で運転を中止しなかったことに過失を認めたものである。

5　平成26年３月25日前橋地裁判決（裁判所ウェブサイト）

　この判決の事案は、被告人が、乗客45名を乗せて大型観光バスを運転し、高速道路を走行中に仮睡状態に陥り、７名を死亡させ、38名に重軽傷を負わせる事故を起こしたものである。そして、被告人は、睡眠時無呼吸症候群に罹患していたことを理由に、眠気を感じることなく突然睡眠状態に陥ったものであるから、運転中止義務違反はなく、過失はないとして争われたものである。

　この点について、本件判決は、睡眠時無呼吸症候群との因果関係を否定し、眠気を感じながら、あえて運転を中止せず、漫然と運転を継続した過失があるとして、被告人を懲役９年６月及び罰金400万円に処している。

　具体的には、本件の公判前整理手続中に、弁護人の証拠保全の請求に基づき、被告人の睡眠時無呼吸症候群に関する鑑定が実施され、その結果、被告人は、中等症の閉塞性睡眠時無呼吸症候群に罹患していることが判明したものであるところ、本件判決は、睡眠時無呼吸症候群の研究者であるN教授の証言によると、「睡眠時無呼吸は慢性的な睡眠不足を引き起こすところ、慢性的な睡眠不足状態でも眠気を自覚しないことがあり、また、睡眠不足状態では、自動車の運転中などに眠気を感じることなく突然睡眠に陥ったり、一瞬脳が眠ってしまう（睡眠の脳波が出る）『マイクロスリープ』という状態になることがあり、被告人もそのように眠気を感じずに眠ってしまった結果、本件事故を起こしたというのである。

　このうち、睡眠時無呼吸症候群の患者が眠気を感じることなく突然眠ってしまう場合があるとの点については、検察官からの請求による専門家証人も、学

術的な見解等の相違はあるものの結論的にそのような場合があることは否定しておらず、一般論として、そのような場合があり得ることは認められる。しかしながら、一方で、Ｎ教授は、医学的データから被告人が眠気を感じていたか否かは分からないとか、睡眠時無呼吸症候群の患者であっても眠気を感じて居眠り運転をすることがある、睡眠時無呼吸症候群があって更に睡眠不足だったときに眠気を感じたというのは不自然ではないなどとも証言している。これを併せ考えれば、前記の点に関するＮ証言の趣旨は、仮に眠気を感じなかったという被告人の公判廷での供述が正しいものであるならば、それは医学的に見て何ら不合理なものではない旨を言うにすぎないものと解され、被告人の公判廷での供述を裏付けたり、補強するようなものではない。

　その他、本件事故前に眠気を感じたことはないとの被告人の公判廷での供述は、客観的証拠であるタコグラフチャート紙の記録と符合しないことは明らかであり、捜査段階の供述から変遷した理由についても合理的な理由は見いだし難い。以上検討したところを総合すれば、本件事故前に眠気を感じたことはないとの被告人の公判廷での供述は信用できない。」として、捜査段階において本件事故前に眠気を感じていたとの被告人の供述のほうが信用できるとし、被告人は、仮睡状態に陥る前に眠気を感じていたと認められることを理由として過失の認定をしたものである。

　この判決からも明らかなように、睡眠時無呼吸症候群による過失が認められるかどうかは、事故前の走行状態下において、眠気を感じていたかどうかに依拠するところが大きいといえよう。

6　平成26年7月4日東京地裁判決（公刊物未登載）

　この判決の事案は、被告人が、中型貨物自動車を運転し、首都高速湾岸線を走行中、仮睡状態に陥り、何ら制動措置をとることなく、渋滞のため減速して停止に近い状態にあった被害者運転車両に追突し、同車を、前方で停止していた大型貨物自動車との間に挟んで押し潰し、被害者運転車両に乗っていた4名を死亡させ、2名に重傷を負わせたというものであった。

　この事案の争点は、被告人の運転中止義務が認められる前提となる事実関係、すなわち、被告人が本件事故現場手前で眠気を感じていたかどうか、感じていたとすればその時間、また、被告人が眠気を感じていたとして、そのまま

運転を継続すれば仮睡状態で交通事故を起こすことの予見可能性及び結果回避可能性があったかどうかであった。

そして、本件判決は、被告人が重症の睡眠時無呼吸症候群に罹患していたと認定した上で、被告人が仮睡状態に陥ったのは、睡眠時無呼吸症候群の影響に加え、外的な複数の要因により、高まった眠気を抑制できなかったことによるが、眠気を感じて仮睡状態に陥るまでは相当の時間があったと認められ、その時点で、首都高を降りて運転を中止するとか、路肩や路側帯への停止が可能であったと認められるとして、運転中止義務違反の過失を認定したものである。

具体的には、「被告人が仮睡状態で本件事故を起こす約1、2分前頃に事故を起こすことなく正常に本件左カーブを走行したことからすると、少なくとも本件左カーブを走行する間、道路状況に応じてハンドルを操作しており、入眠に至る前の覚醒・入眠移行期において無意識の行動をとっていたもの(自動症)である可能性が高いが、未だ仮睡状態には至っていないものであり、本件左カーブ終了後の有明出口分流部付近から本件事故現場までの約1.6キロメートルの直線道路を走行している間に、仮睡状態に陥ったものと認められる。そして、前述したとおり、被告人の覚醒維持能力が高いことから、被告人は、眠気を感じてから眠りに陥るまでには相当の時間があったと認められること、前記のとおり、被告人は、辰巳ジャンクション分流部を過ぎた辺りから運転の記憶がないと認められるところ、その付近から記憶がない理由としては、その時点で、被告人に高度な眠気があったからと考えることができ、それ以外に合理的理由は見当たらないことからすると、被告人は、遅くとも、辰巳ジャンクション分流部を過ぎた辺りから高度の眠気が生じていたものであり、被告人はその眠気を感じていたと認められる。」として、この眠気を感じた時点において、運転を中止すべき義務があったのであり、それに違反したことについて過失を認めたものである。

7　無罪とされた睡眠時無呼吸症候群の事例

以上に述べた裁判例などからして、睡眠時無呼吸症候群が疑われる被疑者であっても、運転中に眠気を感じた時点があるはずであり、それを特定することにより、その時点での被疑者の運転中止義務違反が認められるものと考えられよう。

もっとも上記各裁判例とは異なり、睡眠時無呼吸症候群を理由として無罪判決を出された事案も数多くあることを認識しておく必要がある。例を挙げれ

ば、平成17年２月９日大阪地裁判決（判時1896号157頁）、平成20年11月５日名古屋地裁豊橋支部判決（公刊物未登載）（もっともこの判決は、その控訴審である平成21年７月27日名古屋高裁判決（高検速報（平21）号195頁）において、捜査段階では睡眠状態に陥ったとの供述は一切なかったのに、起訴後に供述を変遷させたことより、捜査段階の供述に信用性があるとして原判決を破棄して有罪としている。）、平成25年10月８日千葉地裁判決（判タ1419号386頁）などがある。

8　上記裁判例は自動車運転死傷処罰法３条２項に該当するのか

　では、上記の有罪とされた裁判例の事案について、これが自動車運転死傷処罰法３条２項における危険運転致死傷罪に該当するか検討する。

　まず、最初に、仮睡状態に陥って走行を続けることが「正常な運転が困難な状態」であることは明らかであろう。したがって、仮睡状態に陥って走行したことで人身事故を惹起させた場合には、この要件は充足する。

　それゆえ、構成要件上問題となるのは、眠気を感じながら運転を続ける行為が「正常な運転に支障が生じるおそれがある状態」であるかどうかであろう。そして、当該被疑者が重度の睡眠時無呼吸症候群に罹患していることが客観的に明らかであるのなら、それはいつ仮睡状態に陥るか分からない危険な状態で運転していることにほかならないことになり、その客観的な状態は、「正常な運転に支障が生じるおそれがある状態」といって差し支えないと思われる。

　ただ、その主観的要件としては、当該被疑者が、そもそも自己が睡眠時無呼吸症候群に罹患していることを認識しているかどうかが問題となるし（事故後に診断を受けて睡眠時無呼吸症候群であったとされる事案は多い。）、たとえ自己が睡眠時無呼吸症候群に罹患していることを知っていても、十分な睡眠をとっていたような場合には、仮睡状態に陥ることはないのであるから、そのような場合には、「正常な運転に支障が生じるおそれがある状態」であるとの認識をしているとはいえないであろう。

　実際のところ、睡眠時無呼吸症候群の影響に加えて、過労等により、仮睡状態に陥る危険性がある状態を十分に認識できる状況下での運転の場合などあれば、この主観的要件を立証できると思われるが、そのような状況がなければ、いくら睡眠時無呼吸症候群に罹患していたとしても、単に、通常の睡眠をとった上で、通常どおりの運転をしているというだけの状況では、「正常な運転に

支障が生じるおそれがある状態」にあったと認識していたと立証するのは容易ではないと思われる。

9　本設例の解答

　甲には、睡眠時無呼吸症候群に罹患している認識がないのであるから、単に、眠気を感じたからといって、それが「正常な運転に支障が生じるおそれがある状態」であると認識したとはいえないであろう。したがって、危険運転致傷罪の成立は困難であると思われる。

　ただ、それでも上記裁判例と同様に、眠気を感じた時点で運転中止義務が認められるのであるから、過失運転致傷罪が成立することになる。

4 その他の病気の場合

　これまで自動車運転死傷処罰法施行令3条2、4、及び6号について個々に検討してきたが、それ以外の病気であっても考え方は同様である。

　統合失調症や再発性の失神、そう鬱病の影響による危険運転致死傷罪としてこれまでに起訴された事案は筆者の知る限り存しないが、自動車運転過失致死傷罪の事案としては発生していたであろう。ただ、それらの場合、過失の有無もさることながら、責任能力に問題があるとも考えられ、起訴に至っていないことが多かったのではないかと思われる。

　今後は、そのような病気に罹患していながら運転をして人身事故を起こした場合、危険運転致死傷罪の成否を検討しなければならないが、上述した3種類の病気の場合と同様の検討をすることにより、結論を導き出せるものと考える。

　また、上記政令で規定されていない病気、例えば、認知症、心臓疾患等の病気の影響による場合は、法定されていないものである以上、それらの影響による危険運転致死傷罪は成立しない。それらについては、これまでどおり過失運転致死傷罪の成否を検討することになる。

そのほかの類型

第2部
第1章
制御することが困難な高速度
による危険運転致死傷罪の成否

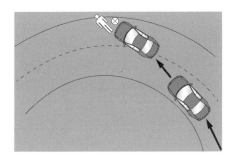

2条　次に掲げる行為を行い、よって、人を負傷させた者は15年以下の懲役に処し、人を死亡させた者は1年以上の有期懲役に処する。
(2)　その進行を制御することが困難な高速度で自動車を走行させる行為

　本類型において問題となるのは、「進行を制御することが困難な高速度」とはどの程度かという点である。
　本章では、
・　湾曲した道路
・　直線道路
・　丁字路での右左折
・　ドリフト走行
などについて検討する。

湾曲した道路における「進行を制御することが困難な高速度」とは

　制御困難な高速度での自動車の走行に係る危険運転致死傷罪の構成要件である「進行を制御することが困難な高速度」とは、どのような速度を指すのであろうか。まずは道路が湾曲していた場合から検討する。

Case 1

　Ａ車の運転者甲は、制限速度時速60キロメートルとされ、左に大きく湾曲した道路（同所の限界旋回速度は時速100キロメートル）に差し掛かったものの、速度を出しすぎていたので曲がりきれず、右に逸走して同所を歩行中の乙に自車を衝突させ、乙を負傷させた。

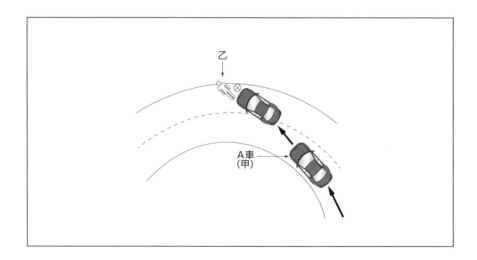

Case 1-1

　A車の速度は時速約120キロメートルであった。甲の刑責は？　（限界旋回速度を超えていた場合）

　「進行を制御することが困難な高速度」については、「速度が速すぎるため自車を道路の状況に応じて進行させることが困難な速度をいい、具体的には、そのような速度での走行を続ければ、道路の形状、路面の状況などの道路の状況、車両の構造、性能等の客観的事実に照らし、あるいは、ハンドルやブレーキの操作のわずかなミスによって、自車を進路から逸脱させて事故を発生させることになるような速度をいうと解される。」（平成22年12月10日東京高裁判決（判タ1375号246頁））と考えられている。

　そこで、このような観点からして、本設例の湾曲した道路を時速約120キロメートルで走行することが、この「その進行を制御することが困難な高速度」で走行させたことになるのだろうか。

　一般的には、その湾曲した道路の限界旋回速度（自動車がカーブに沿って走行できる最高速度をいう。）を超えて走行したのであれば、それはその道路を旋回できる限界を超えているのであるから、制御が困難になることは十分に予想されるところであろう。つまり、限界旋回速度を超えて自動車を走行させた場合、車輪が遠心力により横滑り等を起こし、運転操作が困難になるからである。

　したがって、先の東京高裁判決で示された各要素をも併せて検討することになるが、基本的には、限界旋回速度を超えている場合において、ハンドル操作等のミスにより事故を惹起した場合は、この進行を制御することが困難な高速度での走行による危険運転致死傷罪が成立すると考えてよいと思われる。

　ちなみに、平成20年5月13日仙台地裁判決（公刊物未登載）は、限界旋回速度が時速約80キロメートルの湾曲した道路を時速約84.6キロメートルで走行し、自車を路外に逸走させて立木に衝突させ、同乗者を死亡させた事案につき、限界旋回速度を超過して走行した事実に鑑み、「進行を制御することが困難な高速度」で走行したとして、危険運転致死罪の成立を認めている。[注]

　もっとも、「危険運転行為と死傷結果との間には因果関係が必要になる。刑法上の因果関係の意義について、現在の判例・通説は、実行行為の危険性が結果に

現実化した関係が必要であると解している。したがって、運転行為に内在する危険性がまさに死傷結果を引き起こしていると評価できる限度で因果関係が認められ、本罪が成立することになる。例えば『進行を制御することが困難な高速度』で自動車を走行させたためにカーブを曲がりきれずに歩道に乗り上げ、歩行者を死傷させた場合には因果関係が肯定され、本罪が成立する。これに対して、高速度で運転中、突然、歩行者が道路に飛び出してきて死傷事故に至った場合のように、運転行為の危険性とは無関係に事故が発生した場合には、本罪は成立しない。」（橋爪隆「危険運転致死傷罪をめぐる諸問題」法律のひろば 2014年10月号22頁）と解されていることも理解しておく必要がある。

Case 1-2

時速約90キロメートルであった場合はどうか。（限界旋回速度に近い速度で走行した場合）

---

1 限界旋回速度以下の場合について

A車の速度が時速約90キロメートルであった場合であるが、これは、限界旋回速度を超えることはないものの、それに近い速度で走行した場合である。

このような事案としては、先に示した平成22年12月10日東京高裁判決と、平成21年10月20日福岡高裁判決（高検速報（平21）号300頁）が参考になる。

2 平成22年12月10日東京高裁判決

まず、上記東京高裁の事案では、事故現場のカーブの限界旋回速度が時速約90キロメートルから100キロメートルであったところ、被告人は、その限界旋回速度を超過することはなかったものの、ほぼそれに近い高速度で本件カーブに進入し、わずかにハンドルを右に切りすぎて小回りとなったため、車輪が滑走して制御不能に陥ったものと認定され、「進行を制御することが困難な高速

（注） 平成27年4月23日札幌地裁判決（公刊物未登載）は、最高速度が50キロメートル毎時と指定されている下り勾配のＹ字交差点を右折進行するに当たり、その限界旋回速度を大きく上回る時速約118キロメートルないし126キロメートルの高速度で走行し、暴走させて街路灯柱等に衝突させ、自車同乗者のうち1名を死亡させるなどした事案において、本罪の成立を認めている。

度」での走行であったと判断されている。

　具体的には「当時、被告人車は、時速約90キロメートルから100キロメートルという本件カーブの限界旋回速度にほぼ近い高速度、（中略）本件カーブの限界旋回速度を時速10キロメートルも下回らないように考えられる速度で走行しており、本件事故は、そのような高速度で本件カーブに進入した上、わずかにハンドルを右に切りすぎて内小回りとなったため、車輪が滑走し始めたことにより発生したものと認めることができる。」とした上、「本件事故は、被告人車が高速度で本件カーブに進入したことに加えて、わずかにハンドルを右に切りすぎて内小回りとなったことによって発生しているが、このハンドル操作のミスの程度はわずかであり、しかも、本件では飲酒や脇見等の事実もなく、被告人がそのようなミスをしたのは、ひとえに、自車が高速度であったためであると考えられる。加えて、本件カーブを被告人車と同じ方向に進行する48台の車の速度を調査したところ、平均速度は時速約53キロメートルで、最高でも時速約71キロメートルであったのであり、被告人車の速度は、指定最高速度はもちろんのこと、他の車両の実勢速度と比較しても相当程度速かったといえる。

　以上の点にかんがみると、被告人車の速度は、本件カーブの限界旋回速度を超過するものではなかったが、ほぼそれに近い高速度であり、そのような速度での走行を続ければ、ハンドル操作のわずかなミスによって自車を進路から逸脱させて事故を発生させることになるような速度であったというべきであるから、進行を制御することが困難な高速度に該当すると認められる。」と判示した。

3　平成21年10月20日福岡高裁判決

　また、上記福岡高裁判決の事案では、事故現場のカーブの限界旋回速度が時速約77ないし95キロメートルであったところ、被告人は、ほぼそれに近い速度で進行していたが、カーブの終点付近において、ハンドルを多く切りすぎるというミスを犯し、中央線を越えて対向車線に進出したため、態勢を立て直すためハンドルを左に切ったところ、横滑りをし、制御不能となったものである。

　このような事案において、上記福岡高裁判決は、「本件カーブの限界旋回速度に近い速度で進行していた本件車両について、本件カーブに沿って適度にハンドルを右に切り、その終点に向けてそれまで右に切っていたハンドルをタイ

ミング良く左に戻していくという操作や対向車線にはみ出していたのを自車線内に戻すために、それまで右に切っていたハンドルを、単に戻すだけでなく、横滑りの状態を引き起こさないように適度に左に切り返す操作は、いずれもわずかなミスも許されない極めて繊細で高度な判断と技術を要すると考えられ、したがって、本件車両の走行は、刑法第208条の2第1項後段〔当時〕所定の『進行を制御することが困難な高速度』であったと認められる。」としているところである。

4　本設例の解答

　この2つのケースにみられるように、限界旋回速度に近い速度での進行は、わずかなミスをも許されないような状況に追い込まれることから、この限界旋回速度を基準にして、先のようにこれを超える場合はもちろんのこと、それに近い速度であっても、「進行を制御することが困難な高速度」と認定され得るものと考えて差し支えないであろう（ただ、この場合も、先の東京高裁判決で示された各要素をも併せ検討するのは当然のことである。）。

Case 1-3

　時速約80キロメートルであった場合はどうか。（制限速度以上限界旋回速度未満で走行した場合）

1　制限速度の位置付け

　では、A車の速度が時速約80キロメートルであった場合であるが、この場合は、限界旋回速度よりは遅いものの、制限速度は超えていることになる。このような制限速度は、「進行を制御することが困難な高速度」を考慮する上で、どのような位置付けをすべきであろうか。

　平成19年3月22日東京地裁八王子支部判決（判タ1264号340頁）や平成18年1月25日静岡地裁判決（裁判所ウェブサイト）などは、いずれも限界旋回速度を基準にしたものではなく、前者では、最高速度が時速30キロメートルと定められた道路であったにもかかわらず、時速約75キロメートルという高速度で走行したため、道路の湾曲に応じて走行させることができなかったものであり、後者

は、最高速度が時速40キロメートルと定められた道路であったにもかかわらず、時速約145から150キロメートルで走行したため、道路の湾曲に応じて走行させることができず、いずれも自車を制御不能にして事故を発生させたものであった。

これらの事案における判断においては、制限速度をはるかに上回る高速度であることが制御不能を来す原因の一つとして考えられているが、これも「進行を制御することが困難な高速度」の判断の際の重要な要素の一つとなり得ることは当然であろう。

2 制限速度超過が重視されなかった事例

しかしながら、だからといって制限速度超過は、必ずしもそれほど重視されるべき要素とはなり得ない。**平成20年１月17日松山地裁判決**（判タ1291号311頁）では、最高速度が時速50キロメートルとされた道路を時速約80キロメートルで走行し、右方の湾曲した道路に沿って走行することができず、左斜め前方に逸走させたという事案において、「進行を制御することが困難な高速度」であると認めず、業務上過失致死罪が成立するにとどまるとした。

この事故現場の限界旋回速度は、時速約93ないし120キロメートルであったところ、限界旋回速度の下限を約13キロメートルも下回っていることや、時速約70キロメートルで走行していた車両が存したことなども考慮されて、「進行を制御することが困難な高速度」とは認められないとされたものである（もっとも、検察官は、被告人車両の速度が時速約100キロメートルであると認定して起訴していたのであり、それが審理の結果、時速約80キロメートルであったと認定されたことに起因する結論であることを附言しておく。）。

3 本設例の解答

そこで、本設例において限界旋回速度を約20キロメートル下回る速度での走行についてどのように考えるべきであろうか。上記松山地裁判決では、約13キロメートル下回った事案で、「進行を制御することが困難

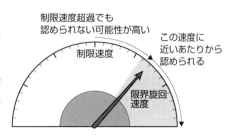

な高速度」とは認められないとされたものであるし、また、**平成16年5月7日千葉地裁判決**（判タ1159号118頁）も同様に約13キロメートル下回った事案であるが、同様に否定されている。

このような裁判例の傾向から考える限り、限界旋回速度を20キロメートルほども下回るような場合には、他の要素から「進行を制御することが困難な高速度」と認定される場合もあろうかとは思われるものの、一般的にはその主張が認められない可能性が高いと考えておいたほうがよいであろう。

なお、限界旋回速度には触れられていないが、時速80キロメートルを下回る速度で本罪の成立が認められたものとして、**平成28年5月24日横浜地裁判決**（公刊物未登載）がある。

この事案では、被告人が時速約78キロメートルで走行した行為が制御不能運転とされたものである。ちなみに、本判決で認定された罪となるべき事実は、次のとおりである。

平成27年8月23日午後5時8分頃、普通乗用自動車を運転し、神奈川県三浦郡内の最高速度が時速40キロメートルと指定された右方に湾曲する道路（片側1車線、1車線の幅約3メートル）において、その進行を制御することが困難な高速度である時速約78キロメートルで自車を走行させたことにより、自車を進路の湾曲に応じて進行させることができず、自車を道路左側端に暴走させ、折から道路左側路側帯内を歩行中の被害者3名に自車左前部を衝突させて同人らをはね飛ばすなどし、よって、そのうち1名を死亡させたほか、残りの2名にも重傷を負わせたものである。

さらに、同様に限界旋回速度には触れられていないが、時速約74キロメートル以上の速度での走行についても同様に本罪の成立が認められたものとして、**平成29年9月22日福井地裁判決**（公刊物未登載）がある。

この判決での事実認定として、被告人は、普通乗用自動車を運転し、最高速度が時速50キロメートルと指定された右方に湾曲する道路を進行する際、その進行を制御することが困難な速度である時速約74キロメートル以上の速度で自車を進行させたことにより、自車を進路の湾曲に応じて進行させることができず、対向車線に暴走させ、折から同車線を対面進行してきた被害者（当時52歳）運転の普通自動二輪車の前部に自車左フェンダー部を衝突させ、同人を路上に転倒させて、同人に骨盤骨折等の傷害を負わせ、同人を前記傷害に基づく

外傷性ショックにより死亡させたと認定された上、法的判断として、本件カーブ進入時における被告人車両の速度は、それが速すぎるために道路の状況に応じて自車を進行させることが困難な高速度、すなわち「進行を制御することが困難な高速度」であったと認めるのが相当であり、また、被告人は、通常一般人であれば進行を制御することの困難を感じるような事情を認識していたものと認められ、危険運転の故意に欠けるところはないとしたものである。

Case 1-4

時速約70キロメートルであった場合はどうか。

最後に、A車の速度が時速約70キロメートルであった場合であるが、この速度は、制限速度から10キロメートル超過する程度であり、このような速度では、「進行を制御することが困難な高速度」と認められないことが多いであろう。ただ、これでも車の性能や路面の状況によっては該当することもあると思われる。

 ## 公判につながる捜査上の重要ポイント

当該道路の客観的状況を証拠上明らかにしておくのはもちろんのこと、限界旋回速度の確定、さらには、同所を事故時と同じ時間帯において、他の車両がどれくらいの速度で走行しているのかも調べておく必要がある。被疑者の車両と同じような速度で走行している車両が多数認められるようなことがあれば、被疑者の惹起した事故の原因は、高速度によるものではないという認定がなされることになるからである。

このように、実勢速度の調査は、当該事故現場の道路において、路面の状態や時間帯等について事故当時と酷似した条件の下で、車両運転者がどの程度の速度で走行しているかを客観的な数値として示すことができる上、一定数以上の実例を把握できることから、走行実験と比べても、結果を一般化しやすい点に特徴があるといえる。ただ、「こういった判断手法に対しては、より低い速度では進行を制御することが比較的容易であることは示せていて

も、被告人車の速度になるとその制御が困難になることを積極的に示すことまではできていない、との批判もあり得るかもしれない。」「しかし、前出平成22年12月10日東京高裁判決で示された（中略）48台の車両の平均時速と最高速度は、いずれも、一般ドライバーが、具体的制御感覚・安全性感覚の点から、当該被告人車両の速度を出すことに高度の危険感を覚えることを示す有力な証左といえるから、それぞれの被告人車の速度の高度の危険性を推し量るに足るデータとして扱うことが許されよう。このようにみてくると、限界旋回速度に達しない速度の場合であっても、一般ドライバーが、制御感覚・安全感覚からどの程度の速度を出しているかを示すことにより、それより大きく上回る速度については制御困難運転性を肯定することが可能である、といえることとなろうかと思われる。」（曲田統「制御困難運転型の危険運転致傷罪の成立が認められた事例」刑事法ジャーナル30号144頁）とする見解も参考になろう。

　また、当該事件に無関係の警察官や民間のプロドライバーによって、全く同じ条件で同じ道路を走行してもらって、その際にどのように危険を感じたかを証言してもらうのも一つの方法である。

直線道路における「進行を制御することが困難な高速度」とは

　制御困難な高速度での自動車の走行に係る危険運転致死傷罪の構成要件である「進行を制御することが困難な高速度」とは、直線道路等においては、どのような速度を指すのであろうか。路面が隆起した道路を走行する場合と、通常の直線道路を走行する場合とに分けて検討する。

Case 2

　Ａ車の運転者甲は、制限速度が時速60キロメートルの直線道路において、その途中に道路が隆起した部分があることから、ここを高速度で進行することにより、車体が浮き上がり、その後落下する際の感覚を楽しむため、同所を高速度で走行したところ、ハンドル操作を誤り、道路左端の電柱に自車を衝突させ、同乗者を負傷させた。

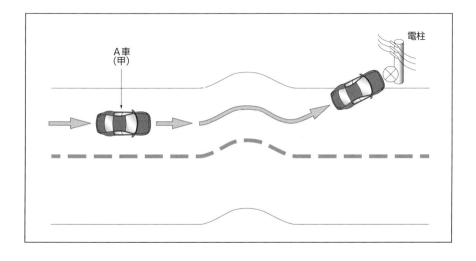

〔2〕第１章　制御することが困難な高速度による危険運転致死傷罪の成否

Case 2-1

Ａ車の速度が時速約100キロメートルだった場合の甲の刑責は？

1　平成22年９月28日東京高裁判決（判タ1352号252頁）

この判決の事案は、隆起部分のある道路を走行する際に、車体が浮き上がって落ちる感覚が生じることから、被告人は、この浮遊感を楽しむために、当該道路を高速度で走行した結果、着地した際に自車の運転制御を失って暴走させ、電柱等に衝突させて同乗者を死亡させるなどしたものである。

この事案では、被告人は、幅員が６メートル弱の道路の中央が隆起して高低差のある橋梁部分を走行する際、時速約90キロメートルを相当程度超える速度で自車を走行させていたものである。そこで、ほぼ同じ条件での走行実験の結果、車体と身体の浮き上がるのが分かり、タイヤがきしみ、ハンドル操作を誤れば車両の制御を失いかねない危険な状況に至ったという実験結果が得られ、この速度であれば、客観的に本件道路における「進行を制御することが困難な高速度」であることが明らかにされた。

また、被告人は、以前から本件事故現場を時速約60キロメートルで走行しており、その際、車体が浮き上がって落ちることを知っていたところ、本件事故時には、時速90キロメートルを相当程度超える高速度で走行していたのであるから、普段とは異なる高速度で走行しているとの認識を有するとともに、そのような高速走行が事故に結び付く危険性が高いことも十分に予想、認識していたものと認められるとされ、被告人の危険運転の故意も肯定できると判断されたものである。

2　弁護人の反論

なお、この「進行を制御することが困難な高速度」の解釈に関して、弁護人から、「刑法208条の２第１項後段〔当時〕にいう『進行を制御することが困難な高速度で、自動車を走行させる』とは、相当程度の時間にわたり危険な高速度で走行することをいうから、上記東京高裁判決の原判決が、本件事故時における短時間の走行速度をとらえて、『進行を制御することが困難な高速度』に該当するとしたのは、上記法条の解釈適用を誤っている」という主張が出された。

これに対し、上記東京高裁判決では、「しかし、刑法208条の２第１項後段〔当時〕にいう『進行を制御することが困難な高速度』とは、道路の状況に応じて進行することが困難な状態になる速度をいうのであり、走行中の短時間の速度であっても、道路の状況に応じて進行することが困難な状態になれば、これに該当し、相当程度の時間にわたり危険な高速度で走行する必要はないというべきである。」と判断していることも参考になると思われる。

3　本設例の解答

したがって、本設例では、上記裁判例よりも高速度で走行しており、道路幅や、路面の性質、その状態等は不明であるものの、「進行を制御することが困難な高速度」と認めて差し支えない事案であると思われる。

Case 2-2

Ａ車の速度が時速約80キロメートルであった場合はどうか。

1　平成25年５月23日千葉地裁判決（裁判所ウェブサイト）

Case 2-1で紹介した東京高裁判決の事案では、被告人は普段は時速約60キロメートルで走行していたものであるから、その速度に比べれば、時速約100キロメートルというのは高速度であるということができるが、時速約80キロメートルとなると、若干微妙であろう。ただ、地面が隆起している部分をあえて高速度で走行するものであるから、ハンドル操作を誤る危険性の高い状況下にあるほか、その操作の誤りはやはり高速度での走行であるが故にと考えられることから、この場合も「進行を制御することが困難な高速度」と認めてもよいのではないかと思われる。

実際にも、類似した形状の道路を走行した事案において、被告人が時速約82キロメートルで走行した行為について、「進行を制御することが困難な高速度」であるとして、危険運転致死傷罪の成立を認めた事案がある。

それが上記平成25年５月23日千葉地裁判決の事案であり、この判決で認められた罪となるべき事実は、次のとおりである。

被告人は、平成24年５月28日午後９時46分頃、甲を助手席に、乙を後部座席

に乗車させて普通乗用自動車を運転し、千葉県○○市内の直線道路を○○市方面から○○市方面に向かい進行するに当たり、体がふわっと浮き上がるような感覚を楽しんで自車内の雰囲気を盛り上げようと考え、その進路前方に長さ約47.5メートルの橋梁（a橋）があり、その入口側には橋梁に向かい急な上り勾配（以下「第1勾配」という。）が、橋梁を通過した出口側には急な下り勾配（以下「第2勾配」という。）がそれぞれ設けられているにもかかわらず、その進行を制御することが困難な時速82キロメートルを上回る高速度で自車を走行させた。

　そのため、被告人は、第1勾配通過後の橋梁上及び第2勾配で断続的に自車のタイヤが路面との間に摩擦がないか、ほとんどない状態を生じさせ、自車の制御が困難となって、自車を左前方に滑走させた。

　その結果、折から同所先交差点左側横断歩道上を同一方向に歩行していた丙（当時○歳）に自車前部を衝突させて同人を同所先歩道上に転倒させるとともに、自車を同交差点出口左側に設けられたコンクリート塀及び信号柱に衝突させるなどし、よって、前記丙に頭蓋骨骨折、頭蓋底骨折、外傷性クモ膜下出血等の傷害を負わせ、同日午後11時16分頃、○○市内の病院において、同人を前記傷害により死亡させ、前記甲（当時○歳）に加療約3か月間を要する脳挫傷、肺挫傷の傷害を、前記乙（当時○歳）に加療約3か月間を要する脳挫傷、頸髄損傷、頸椎骨折の傷害をそれぞれ負わせた。

2　同判決における争点

　この判決の事案において、弁護人は、被告人の走行は、「進行を制御することが困難な高速度」に当たらないとして争った。

　これに対し、本件千葉地裁判決では、被告人車両と同型の車両で実験走行をした証人の供述に基づき、「第1勾配を時速約80キロメートル以上で通過、走行した場合、第1勾配通過後、実験車両は強く上下動等するため、サスペンションは大きく伸縮し、車両のタイヤと路面との間に摩擦が全くないか、ほとんどない状態、すなわち、『ゼロG状態』が断続的に生じ、それが解消されないまま第2勾配に進入して本件事故現場である交差点付近まで『ゼロG状態』が連続して生じる。『ゼロG状態』では、不用意にハンドル操作やブレーキ操作をすると車両がスピンするおそれがあるため、的確に進行させるには、腰を

座席のシートに押しつけるなどして固定する運転姿勢を保ちながら、車両の上下動の衝撃によって不用意な操作をしないようハンドルを弱く握り、車にバランスのずれが生じた場合には、タイヤが路面に接着している瞬間に、わずかなハンドル操作をしてこれを修正することなどが必要である。」という事実関係を認定した上、このような『ゼロG状態』が生じた車両につき、上記のように求められる高度な運転操作を普通の運転者が行うことは極めて困難であるから、被告人車両で第1勾配を通過するに当たり、時速約80キロメートル以上で走行することは、ハンドルやブレーキ操作などのわずかなミスが加わるだけで、自車を道路状況に応じて的確に制御して進行させることが困難な状態になるといえると認定したものである[注]。

3 留意点

道路の幅員や隆起の程度、路面の状況などからして、高速度に起因する事故ではなく、純然たるハンドル操作の誤りが過失として捉えられることもあり得るので、その場合には、甲には過失運転致傷罪しか成立しないことになる。

Case 2-3

A車の速度が時速約60キロメートルであった場合はどうか。

この場合は、制限速度と同じ速度であり、この速度で「進行を制御することが困難な高速度」とは認め難いであろう。したがって、ハンドル等を的確に操作すべき義務に違反した過失運転致傷罪が成立する。

[注] 類似の事案として、**平成24年11月29日富山地裁判決**（公刊物未登載）もある。これは、同様に隆起した路面を時速約118キロメートルで走行し、自車を路外に逸走させて同乗者を死亡させたものであった。

Case 3

A車の運転者甲は、制限速度が時速60キロメートルの直線道路において、同所を走行していたところハンドル操作を誤り、道路左側の住宅に自車を衝突させ、同乗者を負傷させた。

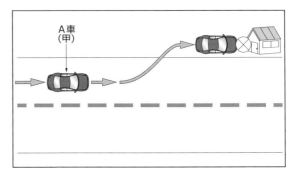

Case 3-1

時速約100キロメートルで走行した場合の甲の刑責は？

このような場合の事故においては、ハンドル操作を誤ったことが高速度を原因としているかどうかが大きな問題とされる。この点が問題となった事案として、**平成17年7月28日釧路地裁北見支部判決**（判タ1203号300頁）の事案が挙げられる。

これは、被告人が、友人4名を同乗させて普通乗用自動車を運転中、自車のタイヤが摩耗しており、雨天で路面が濡れていたにもかかわらず、時速約100キロメートルの高速度で走行し続けたため、その進行を制御できず、左側路外に逸脱させて電柱等に激突させ、同乗者のうち2名を死亡させ、うち2名に重軽傷を負わせたというものである。

この事案では、直線道路ではあったものの、路面の状況が滑走しやすく、制御不能をもたらしやすい状況にあった上、時速約100キロメートルもの高速度で走行したことで、制御不能を招いたものであることから、「進行を制御することが困難な高速度」と認められたものであった。

このように通常の直線道路であれば、相当な高速度を出しても、そのことだけで進行を制御できなくなることは少ないものの、天候、路面状況、タイヤの状況等の影響を受けて、高速度での走行を制御できなくなることもあり得るのである。

それゆえ、本設例においても、上記裁判例のような客観的状況が認められ、それらの影響もあって時速約100キロメートルの高速度で走行したことにより制御不能になったものと認められるなら、危険運転致傷罪が成立する。

つまり、ここで心にとめておくべき重要な事柄としては、「進行を制御することが困難な高速度」による危険運転致死傷罪は、湾曲した道路でなければ成立しないなどという誤った観念をぬぐい去ることである。

また、平成29年3月3日大阪地裁判決（公刊物未登載）の事案も同様に直線道路上での制御不能事案である。これは通常の道路状態での走行中の事案であるが余りに高速度であるがゆえに制御不能となったものである。

具体的には、被告人は、制限速度が時速50キロメートルと定められている片側2車線道路の第2通行帯を時速約163キロメートルで直進進行していたところ、自車を左前方に逸走させた後、右前方に逸走させた対向車線上に自車を進出させたことにより、対向車線を直進してきた被害者運転車両に衝突させ、その運転者らを死亡させるなどしたものである。

Case 3-2

A車の速度が時速約80キロメートルであった場合はどうか。

この場合、直線道路上であることから、時速約80キロメートルでの走行が、制御不能という状態を引き起こすほどの高速度であるといえるかどうか問題となるが、通常であれば、この程度の速度では「進行を制御することが困難な高速度」とは認め難いであろう。ただ、Case 3-1で示したような要素の作用により、時速約80キロメートルであっても、これに該当する場合がないとはいえないと思われるが、多くの場合は否定的に考えざるを得ないと思われる。そうであるなら、この場合は、過失運転致傷罪しか成立しないこととなる。

ちなみに、平成24年11月16日東京地裁判決（公刊物未登載）の事案は、最高指定速度時速50キロメートルの直線道路を、時速70数キロメートルで走行し、車内で流れる音楽に合わせて右転把したところ、自車をコントロールできなくなり、左転把したことで左前方に逸走させて、歩道上の通行人に自車を衝突させて死亡させるなどしたものであったところ、同判決は、「本件事故の直接的なあるいは

主要な原因は、車内で流していた音楽のリズムに合わせて右急ハンドルを切るという被告人の不適切なハンドル操作に求められるべきであって、進行速度が速すぎたがために生じた事故とは評価できないのであって、単に急ハンドルを切ろうと思い、そのとおりに切った、その時の速度が速かったというだけで、進行を制御することが困難な高速度となるものではない。」として、危険運転致死傷罪の成立を認めなかった。

この事案では、事故現場が、整備された片側3車線の直線道路で、見通しは良く、その幅員も狭くない上、事故当時、路面は乾燥しており、交通量も少なかったという状況に照らしても、最高指定速度を20数キロメートルオーバーしただけでは、制御が困難になるとは考え難く、同判決の指摘するように、単なるハンドル操作の不適切に事故の原因が認められる事案であったものと思われる。

Case 3-3

A車の速度が時速約60キロメートルであった場合はどうか。

このような制限速度での走行が、「進行を制御することが困難な高速度」であるとは考えられず、過失運転致傷罪しか成立しないことに疑いはない。

交差点での右左折の際の「進行を制御することが困難な高速度」とは

　これまでに説明してきた高速度走行に関する危険運転致死傷罪の事案は、湾曲した道路若しくは隆起した直線道路等であったが、交差点における右左折の場合でも同様である。「進行を制御することが困難な高速度」で右左折をしようとして、自車をコントロールすることができず、周囲の車両や歩行者に衝突すれば、同様に危険運転致死傷罪が成立することに留意する必要がある。

Case 4

　Ａ車の運転者甲は、制限速度が時速30キロメートルと定められた交差点を時速約90キロメートルで右折進行する際にハンドル操作を誤り、進路前方の歩道を走行中の自転車に自車前部を衝突させ、その運転者乙を負傷させた。

　甲の刑責は？

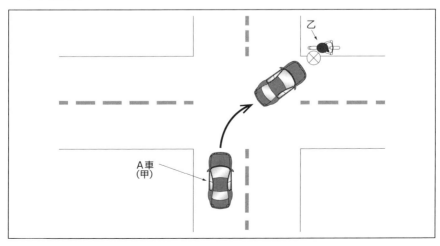

1 平成26年3月25日東京地裁判決（公刊物未登載）

この事案では、被告人は、平成25年2月14日午後4時頃、東京都葛飾区内の道路において、普通乗用自動車を運転中、同所に停車中のA運転の普通乗用自動車右後部に自車左前部を衝突させる物損事故を起こしながら、同所から逃走し、上記Aからの追跡を免れて逃走する目的で急加速させ、その頃、同区内の交通整理の行われていない交差点付近道路（指定最高速度時速30キロメートル）において、同交差点を右折進行するに当たり、その進行を制御することが困難な時速約88キロメートルの高速度で上記普通乗用自動車を走行させたことにより、自車を道路状況に応じて右折進行させることができず、進路前方の踏切方向に暴走させ、同踏切の踏切柵に自車左前部を、同車両侵入防止柵に自車右前部をそれぞれ衝突させた上、それらに乗り上げて自車を飛翔させながら同踏切内に進入し、折から同踏切内を自転車に乗って対向進行し、被告人車両の接近に気付いて降車したB及びCにそれぞれ自車を衝突させ、よって、即時同所において、上記Bを頭蓋内損傷により死亡させた上、上記Cに加療約2か月間を要する脳挫傷、右閉鎖性肺挫傷等を負わせたものであった。

この事案では、指定最高速度時速30キロメートルとされた道路において、時速約88キロメートルの高速度で進行したため、右折進行させることができずに踏切内に突っ込んでしまったというものであった。指定最高速度時速30キロメートルとされた道路で、時速約88キロメートルもの高速度で進行したのであれば、自車のハンドル操作等を適切に行うことは困難であると考えられ、「進行を制御することが困難な高速度」といってよいであろう。

2 本設例の解答

本設例では、時速約90キロメートルであり、上記判決の事案より高速度であるので、上記判決と同様に考えて、危険運転致傷罪が成立するとしてよいであろう。

③ 交差点での右左折の際の「進行を制御することが困難な高速度」とは　253

Case 5

A車の運転者甲は、制限速度が時速30キロメートルと定められた丁字路交差点を時速約50〜60キロメートルで左折進行する際に、ハンドル操作を誤り、自車を左方道路の対向車線上に逸走させ、同所を走行中の乙運転のB車に衝突し、乙を負傷させた。甲の刑責は？

1　平成26年1月26日仙台地裁判決（公刊物未登載）

　Case 4 より低い速度ではあるが、左折進行できなかった事案において、それが「進行を制御することが困難な高速度」と認められた事案もある。

　これは、**平成26年1月26日仙台地裁判決**の事案であるが、被告人は、平成25年3月19日午前6時頃、普通乗用自動車（軽四）を運転し、仙台市青葉区内の信号機により交通整理の行われている丁字路交差点を左折進行するに当たり、先に信号無視したため自車を追尾している警察車両から逃れようと考え、その進行を制御することが困難な時速約50ないし60キロメートルの高速度で同交差点内に進入したため、自車を左折車両進路に応じて進行させることができず、自車を左方道路の対向車線上に暴走させ、折から左方道路の第1車両進行帯を減速しながら同交差点に向けて進行してきた被害者運転の普通乗用自動車左前部に自車左前部を衝突させ、よって、同人に加療約4週間を要する頭部顔面打撲等の傷害を負わせたものであった。

　この事案では、時速約50ないし60キロメートルという速度で左折しようとしたものであり、それほどの高速度とはいえないものの、道路の状況に鑑みれば、左折進行できる速度ではないということで、「進行を制御することが困難な高速度」と認められたものと考えられよう。

2　本設例の解答

　本設例でも上記判決同様に「進行を制御することが困難な高速度」と認められよう。

「進行を制御することが困難な高速度」に交通法規による道路規制や、他の車両の走行状況は含まれるのか

　自動車運転死傷処罰法2条2号は、高速度による制御不能の場合における危険運転致死傷罪を規定しているが、これまでに述べたように、「進行を制御することが困難な高速度」とは、道路の状況に応じて自動車を進行させることが困難な高速度を指すと解されるところ、この場合の「道路の状況」に物理的な道路の形状、高低等が含まれることは当然であるが、それに限らず、交通法規による道路の規制も含まれるかどうかという点が問題となる。

　すなわち、高速度であるがゆえに交通法規に従うことができない状況、例えば、優先道路の手前で一時停止するなど安全に通行することができない状況にあったことも、「道路の状況」に応じた進行ができない場合に入るのかという問題である。

Case 6

　A車の運転者甲は、細い路地から広い片側2車線の優先道路と交差する交差点に進入するに際し、当該路地の最高速度は時速20キロメートルと定められており、しかも、左折のみ可で直進も右折も禁止されていたにもかかわらず、時速約80キロメートルで走行し、左右もよく見ないまま直進する意図で突っ込んだところ、左方道路から進行してきた被害者乙運転のB車に衝突し、その衝撃でB車を左前方に逸走させ、同所を歩行していた被害者丙に衝突させ、両名に重傷を負わせた。

　この場合、甲の刑責は？

④ 「進行を制御することが困難な高速度」に交通法規による道路規制や、他の車両の走行状況は含まれるのか　255

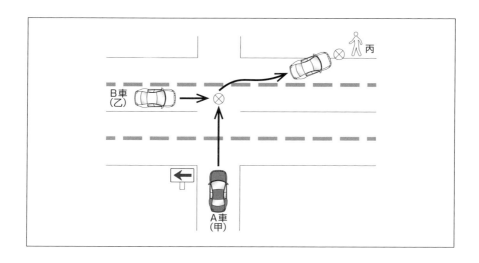

1　平成25年11月7日広島地裁判決（公刊物未登載）

本設例は上記判決を参考にしたものである。

(1)　検察官の主張

　この事案において、検察官は、「道路の状況に応じた進行」という観点からすると、速度が速すぎるため一時停止等できず、また、左折しかできない規制がされていたのに、高速度で進入するため、それらの法規に従って一時停止したり、左折進行することがおよそ不可能な状態にあった場合、それをもって「道路の状況」に応じた進行ができないといえると主張していた。

　それゆえ、この事案においては、被告人は、危険運転致死傷罪で起訴されていた。

(2)　本件判決の判断

　しかしながら、本件判決は、「『進行を制御することが困難な高速度』という文言から、運転者が交通法規に従って自動車を制御する、あるいは、交通の危険、すなわち他の自動車、歩行者等に対する危険を生じさせない方法で自動車を制御するといった考慮要素まで読み取るのは困難である。そうすると、交通法規による道路の規制に従うことの困難な高速度が刑法208条の2第1項後段〔当時〕にいう『進行を制御することが困難な高速度』に該当す

ると解釈することはできず、こうした理解は、運転者があえて交通法規に従わず、あるいは、交通の危険を生じさせる方法で自動車を運転した場合については、同条第2項〔当時〕において、妨害目的の直前進入等及び殊更赤無視の具体的な類型のみが危険運転致死傷罪の実行行為として規定されていることとも整合的である。」として、検察官の主張を否定した。

2　本設例の解答

　たしかに「進行を制御することが困難な高速度」という概念は、物理的な概念であり、この概念の中に法的な規制を持ち込むのは解釈として少々無理があるといわざるを得ないであろう（星周一郎「危険運転致死傷罪の要件解釈のあり方と立法の動向」『裁判員裁判時代の刑事裁判』478頁）。

　このような場合には、むしろ左右の優先道路から進行してくる車両の存在は当然に予期できるのであるから、自動車運転死傷処罰法2条4号の成立を考えるべきであり、判例上、対向車線を走行した場合に対向車と衝突した場合などに同号の「目的」の存在が認められていることなどに照らせば（詳細は後述する。）、それら左右道路上の車両の進行を妨害するものとして、同号違反の危険運転致傷罪の成立が認められるのではないかと思われる。

Case 7

　A車の運転者甲は、飲酒運転をしていたことから、警察からの追跡を免れようとして、最高速度が60キロメートルと法定されていた道路において、時速約105キロメートルにまで加速し、進路前方の交差点に進入した。同交差点は、交差道路が交差点の中まで中央線が設けられた優先道路であったところ、折から右方から進行してきたB車に自車前部を衝突させて、B車の運転者乙に重傷を負わせた。

　この場合の甲の刑責は？

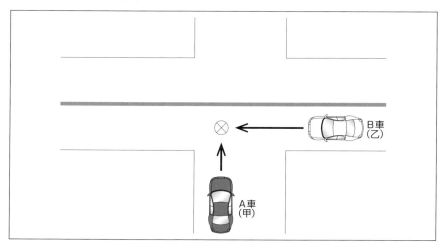

1　令和3年9月21日福井地裁判決（公刊物未登載）

　本設例は上記判決を参考にしたものである。

　本件福井地裁判決は、まず、「その進行を制御することが困難な高速度」の意義について、「法2条2号にいう『その進行を制御することが困難な高速度』とは、具体的な道路の状況、自動車の性能、貨物の積載状況等の客観的な事情に照らし、ハンドルやブレーキの操作をわずかにミスしただけでも自動車を進路から逸脱して走行させてしまうように、自動車を的確に走行させることが一般ドライバーの感覚からみて困難と思われる速度をいう。ここでいう「道路の状況」とは、道路の広狭、湾曲、勾配、路面の凹凸、滑りやすさなどの道路の

物理的な形状等をいうのであって、他の自動車や歩行者が進行の妨げになる形であらわれるかも知れないという事情を含まない。」と解釈を示した上、検察官が「その進行を制御することが困難な高速度について概ね同様の解釈を前提としつつ、考慮の要素となるべき道路の状況については、道路自体の物理的形状に限定されず、運転者において認識できる、道路の物理的形状と同視できるような車両の進路を構成する要素も含まれ、本件との関係では、交差道路には平均すると時速45キロメートルほどの自動車が2分に1台程度の割合で止まることなく通るとの事情が含まれる」と解すべきであり、また「停止車両の存在が考慮されるのであれば、走行車両が考慮されないのは合理的でないなどと主張」したことに対し、「前記の検察官が主張する事情は、運転者がその事情を知っていたときに、具体的に道路の形状をどのようなものと同視できるのかが明らかでない。わずかにでも動いていたら道路の状況に含まれないかはおくとしても、この意味で、停止車両がある場合と走行車両の場合とは基本的に異なる。

結局、交差道路にどのようなタイミングで自動車が通過するとしても当該車両との衝突を避けられる速度で交差点に進入するという進路をとるべきという検察官の主張は、その進行を制御することが困難な高速度であるか否かが、進路に沿って自車をコントロールすることができるかどうかという判断の問題であるものを、仮に自動車が出てきたとしても止まれるかという判断の問題であるように変容させる。検察官の主張は採用できない。」と判示した。

2 本設例の解答

Case 6でも述べたように、「その進行を制御することが困難な高速度」という概念には、法的な規制や、このCase 7で争点とされた「他の走行車両の状況」といった要素は含まれないという解釈が、裁判所において確定的に示されたものと理解すべきであろう。

本条文が立法化される法制審議会での議論の状況を踏まえても、物理的な条件に限定されると考えざるを得ないところである。

したがって、このような事案については、後述する妨害行為による危険運転致死傷罪の適用を考えるべきであろう。

5 ドリフト走行について

　ここでは、「その進行を制御することが困難な高速度」とは、時速何キロメートルでなければならないとして、客観的、数値的に高速度を示すものでなければならないのか、それとも、客観的、数値的には低くとも、当該道路状況や運転態様等に照らして「その進行を制御することが困難」になる速度であれば、それは自動車運転死傷処罰法2条2号にいう「高速度」に該当するのかどうかという点についての検討を求めるものである。

　同法2条2号の「進行を制御することが困難な高速度」での走行とは、一般的には、速度が速すぎるため、道路の状況に応じて進行することが困難な状態で自車を走行させることであり、これまで述べたように、カーブを曲がりきれないような高速度で自車を走行させるなど、そのような速度での走行を続ければ、車両の構造・性能等客観的事実に照らし、ハンドルやブレーキの操作のわずかなミスによって、自車を進路から逸脱させて事故を発生させることになると認められるような速度での走行を指すものと解される。

　そこで、そのような速度であるか否かの判断は、これまでに述べたように、基本的には、具体的な道路の状況、すなわちカーブや道幅、更には路面の状態等に照らしてなされるものの、車両の性能や貨物の積載の状況なども、高速走行時の安定性等に影響を与える場合があるので、判断の一要素になり得るといえるであろう（井上宏ほか「刑法の一部を改正する法律の解説」法曹時報54巻4号69頁）。

　では、右左折の際に後輪を横滑りさせることで速度をあまり落とさずに方向転換をする走法、いわゆるドリフト走行の場合はどのように考えるべきであろうか。

Case 8

甲は、三叉路交差点に進入して左折する際、後輪を横滑りさせることにより自車を左側に向ける、いわゆるドリフト走行により左折進行しようとした。甲は自車を時速約20ないし30キロメートルに減速させ、セカンドギアに入れ替え、左に急転把するとともにアクセルを強く踏み込み、後輪を路面上に滑らせて車体を左回転させたものの、自車を制御不能の状態に陥らせてしまい、そのまま車道から飛び出して歩道上に乗り上げ、同所を通行中の歩行者らに傷害を負わせた。

甲の刑責は？

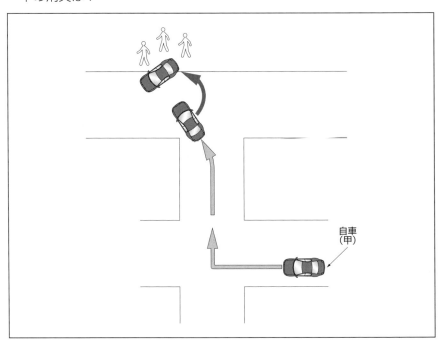

1　ドリフト走行による危険運転致死傷罪「進行を制御することが困難な高速度」の成否について

　本設例における被疑者が、本件交差点を左折進行するに当たって、限界旋回

速度の近似値又はそれを超えるほどの高速度でドリフト走行を行って左折進行したことにより、被疑者車両を制御不能の状態にしたのであれば、本類型の危険運転致傷罪が成立する余地はあると思われる。

ただ、そのためには、単なるハンドルやブレーキ操作が原因で自車を暴走させたものではなく、この交差点における左折進行の際の限界旋回速度が時速何キロメートルであるのかを明らかにし、ドリフト走行での速度がそれに近いものであり、そのような高速度下での運転操作のわずかなミスが暴走を招いたことを立証する必要がある。

2　ドリフト走行が問題となった事案

このようなドリフト走行が問題となった事案としては、**平成26年10月14日京都地裁判決**（公刊物未登載）が参考になる。

この事案では、ドリフト走行の際、限界旋回速度が時速42.1キロメートルであったところ、事故現場での走行速度が時速20〜30キロメートルと認定されたことや、被告人運転車両が制御不能に陥ったのは、急加速や急ハンドルという運転操作上の要因が複合した可能性があることから、必ずしも「制御することが困難な高速度」であったために、ハンドル・ブレーキ操作のわずかなミスによって自車を暴走させたものとは認められないとして、危険運転致死傷罪の成立を認めなかった。

また、同事案の控訴審判決である**平成27年7月2日大阪高裁判決**（判タ1419号216頁）も、ほぼ同様の理由から危険運転致死傷罪の成立を否定した。ただ、同判決では、「もとより、本件のようなドリフト走行や被告人が現に行ったような特殊な運転方法が、それ自体、改正前の刑法208条の2が定める危険運転行為に匹敵するほど極めて危険なものであることは明らかであるが、同条には、そのような運転方法を危険運転行為としては規定していないから、罪刑法定主義の見地から、本件運転行為について危険運転致死傷罪に問う余地はないといわざるを得ない。」と判示していることも参考になろう。

もっとも、その後、ドリフト走行について高速度による危険運転致死傷罪であるとして起訴され、有罪となった事例が存在する。それは、**平成29年7月19日静岡地裁沼津支部判決**（公刊物未登載）であるが、この事案は、次のとおりである。被告人は、平成29年2月24日午後11時22分頃、普通乗用自動車を運転

し、静岡県内の上り勾配で左に湾曲した片側1車線道路において、いわゆるドリフト走行をするために、同道路湾曲部分手前の直線道路でアクセルを踏みつつ瞬間的にクラッチを切るなどして後輪の回転数を上げ、時速約60キロメートルに急加速させながら左右にハンドルを切って後輪を滑らせながら車体を左右に滑らせ、さらに同湾曲部分手前で右転把して、その進行を制御することが困難な時速約44キロメートル以上の高速度で自車を右前方に滑らせて走行させたことにより、自車を道路の湾曲に応じて進行させることができず、右前方に暴走させ、同湾曲部右側のブロック塀に衝突させた上、自車右後部を同所路外で佇立していた被害者（当時29歳）に衝突させるなどし、よって、同人に全治約22日間を要する脳震盪、中心性延髄損傷等の傷害を負わせたものであるというものである。この事案は、京都の事案とは異なって、湾曲した道路を曲がり切れないという道路の状況に応じた運転ができないという特徴があり、この湾曲部での限界旋回速度は時速42キロメートルとされていたようである。そのため、ドリフト走行時の速度が時速約44キロメートルという速度であっても、「進行を制御することが困難な高速度」と認定されたものであるが、極めて妥当な判決であろう。

3 本設例の解答

本設例では、道路の状況次第で過失運転致傷罪が成立するにとどまる場合もあれば危険運転致傷罪が成立する場合もあろう。

第2部
第2章

そのほかの類型

運転技能を有しないで自動車を走行させる行為

に係る危険運転致死傷罪の成否

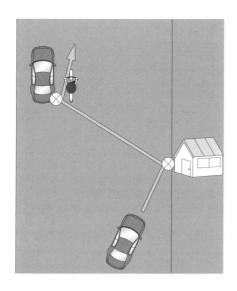

2条　次に掲げる行為を行い、よって、人を負傷させた者は15年以下の懲役に処し、人を死亡させた者は1年以上の有期懲役に処する。
(3)　その進行を制御する技能を有しないで自動車を走行させる行為

本類型による危険運転致死傷罪が成立するためには、その運転技能がどの程度でなければならないのか。

自動車運転死傷処罰法2条3号は、

　　その進行を制御する技能を有しないで自動車を走行させる行為

を危険運転致死傷罪の一つの類型として規定しているところ、この規定は、元々の刑法においても同様に設けられていた。

　ただ、長年にわたり、刑法上の危険運転致死傷罪としてこの類型のものが適用されたことはなかった。しかしながら、**平成29年1月24日大阪地裁決定**（裁判所ウェブサイト）で、この類型の危険運転致死罪が認定され、家裁送致されたことから、適用事例が登場することとなった。今後、同種事件の捜査に臨むに当たり、この類型の危険運転致死傷罪における捜査上の問題点などを把握しておく必要がある。

　なお、これまでこの類型の起訴がなかった理由は必ずしも明らかではないが、運転技能未熟ゆえに運転を開始しても人身事故に至るまで走行することができなかったか、たとえ人身事故が発生したとしても、その原因が運転技能未熟によるものか、通常の過失によるものか、その区別が困難な場合も少なくないことによるのではないかと思われる。

Case

　甲は、普通乗用自動車の運転経験が全くないのに、自車を時速約30ないし35キロメートルで走行させたところ、道路右端の建物に衝突しそうになったため、それを避けようとしてハンドルを左転把したが、同建物に衝突した。さらに、自車を左斜め前方に逸走させ、同方向に進行中の自転車に衝突し、乗車していた被害者を路上に転倒させた上、自車底部で同人を轢過するなどして重傷を負わせ、それに基づく失血により死亡させた。

　甲の刑責は？

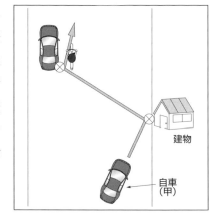

1 「進行を制御する技能を有しない」とは、どのような場合を指すのか

　ここでいう「進行を制御する技能を有しない」とは、ハンドル・ブレーキ等の運転装置を操作する初歩的な技能すら有しないような運転の技量が極めて未熟なことをいい、典型例としては、一度も運転免許を取得したことがなく、これまで自動車運転の経験もなくて、ハンドル・ブレーキ等の運転装置を操作する初歩的な技能がない者が、自動車を走行させた結果、進路に沿って進行できずに自車を対向車線に進入させ、人を死傷させた場合や、全く運転経験のない者が、自動車を盗んでどのように運転させればよいのか分からないまま、車を暴走させて人を死傷させた場合などが想定されている（大コメ刑法10巻510、511頁）。

　この「進行を制御する技能を有しない」かどうかの判断に際しては、事故態様、運転状況、運転経験の有無やその程度などを総合的に考慮して判断すべきであろう。

2 具体的にどのような運転状況が見られる場合に、この「進行を制御する技能を有しない」と判断されることになるのか

　例えば、

・右左折の際に的確に回ることができずに大回りをする
・ハンドル操作に当たって急転把する
・急発進、急停止をする
・道路に沿って進行することができない
・自車を付近の建造物等に衝突させる
・他車を急停止させるような突然の方向転換などをする
・蛇行運転をする

などといった運転状況が見られれば、この「進行を制御する技能を有しない」と判断されることになろう。

3 被疑者の運転技能が「進行を制御する技能を有しない」と判断されるために、上記のような外形的な運転状況を証拠化する以外に、どのような捜査をしておく必要があるのか

　まず、被疑者の走行経路に設置された防犯ビデオや目撃者の供述などから、被疑者の事故に至る運転状況や事故後の運転状況などを明らかにした上で、自

動車運転免許を有する一般人をして、被疑者が走行した経路を、同車種の車両によって同様に運転走行してもらい、通常の運転技能を有する者であれば、被疑者のような運転状況にならないことを立証する。またその他に、被疑者が走行した経路を一般車両が走行する状況をビデオ撮影等で明らかにすることで、他の車両の運転者は、全く問題なく適切に走行できており、それができない被疑者については、その原因が被疑者の運転技能未熟以外に考えられないという事実を明確にすることが考えられる。

その他に被疑者の運転経験を明らかにすることで、前問のような運転状況になった原因が技能未熟にあったことを補強する。

特に、人を死傷させることとなった事故態様は、およそ通常の運転技能を有していれば回避できるようなものであったか否かが重要なポイントとなる。事故の直前直後の運転状況はどうであったか、特に、事故後直ちに停車させているか、事故前後のハンドルの操作状況はどうであったかなど、その運転技能が十分であれば回避できる事故であったかどうかについて明らかにしておく必要があろう。

4 大阪地裁により有罪とされた事案の罪となるべき事実

そのうちの危険運転致死罪に関する部分は、以下のとおりである。

被告人は、平成27年8月13日午前9時22分頃、兵庫県○○市内の幅員約4.8メートルの道路において、普通乗用自動車の運転経験がなく、その進行を制御する技能を有しないで普通乗用自動車を時速約30ないし35キロメートルで走行させたことにより、自車を道路状況に応じ進路を適正に保持して進行させることができず、道路右端の建物への衝突を避けようとしてハンドルを左転把し、自車右後部を同建物に衝突させるとともに、自車を左斜め前方に逸走させ、折から同方向に進行中の被害者運転の自転車後部に自車前部を衝突させ、同人を同自転車もろとも路上に転倒させた上、自車車底部で同人を轢過するなどし、よって、同人に肋骨多発骨折及び頭部・顔面挫裂傷等の傷害を負わせ、即時同所において、同人を前記肋骨多発骨折に基づく失血により死亡させたものである。

第2部

第3章

そのほかの類型

妨害行為等
による危険運転致死傷罪の成否

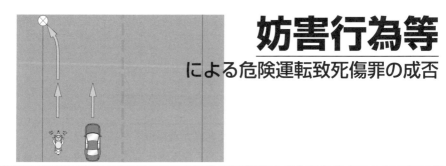

> 2条　次に掲げる行為を行い、よって、人を負傷させた者は15年以下の懲役に処し、人を死亡させた者は1年以上の有期懲役に処する。
> (4)　人又は車の通行を妨害する目的で、走行中の自動車の直前に進入し、その他通行中の人又は車に著しく接近し、かつ、重大な交通の危険を生じさせる速度で自動車を運転する行為
> (5)　車の通行を妨害する目的で、走行中の車（重大な交通の危険が生じることとなる速度で走行中のものに限る。）の前方で停止し、その他これに著しく接近することとなる方法で自動車を運転する行為
> (6)　高速自動車国道又は自動車専用道路において、自動車の通行を妨害する目的で、走行中の自動車の前方で停止し、その他これに著しく接近することとなる方法で自動車を運転することにより、走行中の自動車に停止又は徐行（自動車が直ちに停止することができるような速度で進行することをいう。）をさせる行為

　本類型による危険運転致死傷罪の要件は、
・　人又は車の通行を妨害する目的で、走行中の自動車の直前に進入し、その他通行中の人又は車に著しく接近したかどうか
・　重大な交通の危険を生じさせる速度で自動車を運転したかどうか
・　車の通行を妨害する目的で、走行中の車（重大な交通の危険が生じることとなる速度で走行中のものに限る。）の前方で停止し、その他これに著しく接近することとなる方法で自動車を運転したか
・　高速自動車国道又は自動車専用道路において、自動車の通行を妨害する目的で、走行中の自動車の前方で停止し、その他これに著しく接近することとなる方法で自動車を運転することにより、走行中の自動車に停止又は徐行をさせたか
である。
　本章では、この妨害行為を「幅寄せ行為」「追い上げ行為」に分け、それぞれについて
・　接近性の程度
・　妨害行為の被害者による犯罪の成否
について検討し、また、
・　逃走目的で対向車線上を走行した場合
などについても検討する。

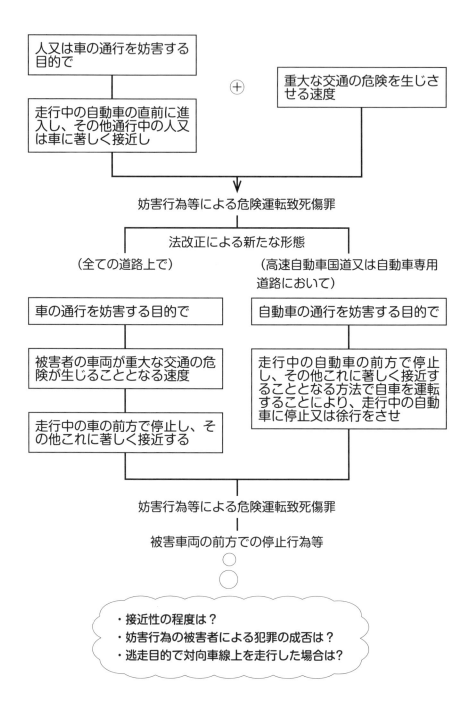

① 幅寄せ行為による妨害行為

妨害行為による危険運転致死傷罪では、被疑者の行為が、「走行中の自動車の直前に進入し、その他通行中の人又は車に著しく接近し」たと認められるかどうかが問題となる。

まず、その行為は、「人又は車の通行を妨害する目的」に基づくものでなければならないが、客観的な行為として、直前進入などの妨害行為等が認められれば、その目的は優に推認できるという場合が多いと思われる（ただ、この点が重要な問題となる場合もあるが、それはCase 2 で明らかにする。）。

そもそも「『通行を妨害する目的』」については、人や車といった相手方に自車との衝突を避けるために急な回避措置を採らせるなど、相手方の自由かつ安全な通行の妨害を積極的に意図することをいう（法務省法制審議会・刑事法（危険運転による死傷事犯関係）部会・第1回会議議事録4頁）。また、「この要件は、通行中の人又は車に著しく接近すること、すなわち客観的な妨害行為に対する認識を問題にするものであって、通貨偽造罪や文書偽造罪における『行使の目的』のように客観的行為を超えた認識を犯罪成立要件とするものではないと考えられる。」（武藤雅光「運転の主目的が『車の通行を妨害する』ことでなくとも、自己の運転行為によって他車の通行の妨害を来すのが確実であることを認識していた場合には、刑法第208条の2第2項前段における『車の通行を妨害する目的』が肯定されるとした事例」研修789号20・21頁）と理解されているものである。

また、「重大な交通の危険を生じさせる速度」というのは、自車が相手方と衝突すれば大きな事故を生じさせると一般的に認められる速度、あるいは、そのような大きな事故になることを回避することが困難であると一般的に認められる速度をいうと考えられている。そして、実際上は、時速約20キロメートル程度の速度で足りると最高裁が判断を示している（**平成18年3月14日最高裁決定・刑集60巻3号363頁**）。この点は、後に、殊更赤無視による危険運転致死傷罪で詳しく述べることと同様である。

Case 1で解説する妨害行為は、幅寄せ行為である。この場合、どの程度の接近行為があれば、「通行中の（中略）車に著しく接近」したといえるのであろうか。

また、その車両の間隔が仮に「著しく接近」したとまではいえないと認定された場合、甲が乙の傷害の結果に対して何らの責任を問われることはないと解してよいのか。

Case 1

A車の運転者甲は、先行する自動二輪車Bの運転者乙に嫌がらせをしようと考え、その右横に接近して時速約50キロメートルで約100メートルにわたって併走した。その時のB車のハンドルの右端とA車左横部との間の距離は約1メートルであった。すると、乙はA車の接近に動揺し、運転を誤り、道路左側の縁石に接触して転倒し負傷した。

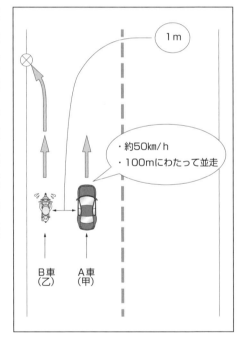

Case 1-1

この場合の甲の刑責は？

1 「著しく接近」とは

　本設例の妨害行為は、時速約50キロメートルの走行をしながら併走することによる幅寄せ行為であるところ、この行為自体からみて、「車の通行を妨害する目的」や「重大な交通の危険を生じさせる速度」については問題なく認められるであろう。そこで問題となるのは、これが「通行中の（中略）車に著しく接近」したといえるかどうかである。

　この要件の解釈については、「通行を妨害する目的で、自車を相手方の直近に移動させることを意味する。例えば、並進車両の通行を妨害する目的で、幅寄せをするような行為（中略）などがこれに当たる。なお、著しく接近したかどうかは、運転車両の速度や接近状況に照らし、相手方に回避措置をとらせることを余儀なくさせる程度であるかどうかによって決せられる。」（大コメ刑法10巻512頁）とされている。

　しかしながら、抽象的にはそのようにいえても、実際のところ、どの程度まで接近した場合に、「著しく接近」したといえるのかについては、この説明だけからでは必ずしも十分には判明しない。

　もっとも、先行車両の直前に割り込んで実際に衝突したような場合には、衝突している以上、「著しく接近」したといえるのは明らかである。例えば、平成29年12月27日京都地裁判決（裁判所ウェブサイト）の事案は、被告人が、普通乗用自動車を運転し進行中、ＡがＢを同乗させて運転する普通自動二輪車の速度が遅いのに進路を譲らないことに腹を立て、Ａ運転車両の通行を妨害する目的で、走行中の同車の直前に進入したことにより、同車に自車を衝突させて、Ａ及びＢを転倒させ、よって両名に傷害を負わせるなどしたというものであった。この事案の危険運転行為の態様は、四輪車等に比して安定性に欠ける２人乗りのオートバイの前方に、衝突するほどの至近距離で割り込もうとするものであり、本来的に危険性の高い行為であるとして危険運転致傷罪の成立を認めている。

2 裁判例の紹介

そこで、過去の裁判例を参考にして考えることとするが、そのための適切な事案としては、次の４件が挙げられる。

(1) 平成22年１月７日名古屋地裁判決（公刊物未登載）

この事案は、普通乗用自動車に乗車する被告人らが、被害者の運転する自動二輪車に嫌がらせをするため、同二輪車を追い上げ、時速約40キロメートルの速度で普通乗用自動車を運転して同二輪車の右側方を並進しながら、自車を左に寄せてその左側面が同二輪車の中心線と約90センチメートルの距離に到るまで著しく接近させたことにより、同二輪車の走行の自由を失わせてその前輪を歩道縁石に接触させ、被害者を路上に転倒させて傷害を負わせたというものである。

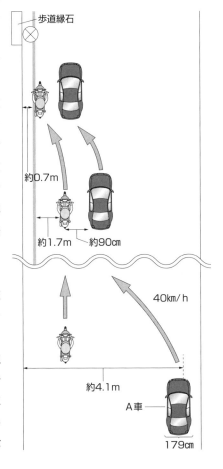

この事案では、被告人らが乗車する普通乗用自動車（以下「Ａ車」という。幅179センチメートル）が被害者運転の自動二輪車（ハンドル曲損後の幅約0.85メートル）の右後方に追いついた際、Ａ車の運転席は道路左端から約4.1メートルの位置であったが、徐々に左側へ寄り、約63メートル走行して追越しを始める際には、Ａ車の運転席は道路左端から約2.9メートルの位置であったこと、Ａ車は、同交差点を過ぎると、車道外側線から約1.7メートルの位置を走行していた本件二輪車と並走し、Ａ車の左側面と本件二輪車の中心線とは約90センチメートルの間隔であったこと、その後、本件二輪車は、道路左端から約0.7メートルの車道外側線上を走行していたが、バ

ランスを崩してふらつき、歩道縁石に接触して転倒したものであった。

　そのためにＡ車が本件二輪車に著しく接近したかどうかが争点となり、弁護人は、「著しく」接近したというのは、事故をもたらすほどの高度な危険性がある場合に限定すべきであるとした上、①Ａ車と本件二輪車はたえず1.4メートル前後の間隔があり、本件二輪車も歩道側に余裕の幅を残していたこと、②Ａ車と本件二輪車が並走した時間や距離も短いこと、③本件二輪車は容易に待避可能な場所付近を走行していたことから、本件二輪車に接触を避けるため急な回避措置を執らせることを余儀なくさせる状況ではなかったので、著しく接近したものとはいえない旨主張した。

　しかしながら、本件判決は、①の点についてはＡ車の左側面と本件二輪車の中心線とは約0.9メートルの間隔であったことが認められるから、弁護人の主張は前提を欠くものといわざるを得ないとし、また、②③の点についても、Ａ車が本件二輪車と並走していたのは、約22.4メートル、約２秒間であることが認められるものの、Ａ車は幅寄せをし、本件二輪車をふらつかせて移動させている以上、本件二輪車に回避措置を執らせることを余儀なくさせる程度に「著しく接近し」たということができると判決した。

　これだけ接近して走行していたのであれば、「著しく接近し」たというに十分であろうと思われる。

⑵　平成21年10月14日東京高裁判決（東高時報60巻153頁）
　この事案は、被告人が、普通乗用自動車を運転中、被害者運転の自動二輪車の通行を妨害する目的で、自車を時速約100キロメートルを超える速度で運転しながら第３通行帯から第１通行帯に進路変更をし、上記自動二輪車の直前に進入した上、同車に著しく接近しながら時速約90キロメートルで並進し、同車に急制動を余儀なくさせて走行の自由を失わせ、進路左側歩道上に設置された信号柱に激突させたというものである。

　この事案における被告人の妨害行為としては、上記高速度で進行しながら、被害者運転の自動二輪車の直前に進入したこと、さらに、幅員2.8メートルの第１通行帯の中に幅179センチメートルの被告人運転車両を完全に入れた上、幅90センチメートルの本件自動二輪車と左右の車間距離が約11センチメートルくらいしかないと認められる程著しく接近した状態で並進したと

いう行為が認定されている。

このような行為が、上記自動二輪車にとって回避措置を執らせることを余儀なくさせることとなる極めて危険な運転をしたものであることは当然であり、これが危険運転致死傷罪における妨害行為に当たることは明らかであろう。

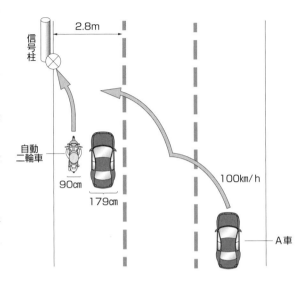

(3) 平成21年3月9日大阪地裁判決（公刊物未登載）

この事案は、被告人が、普通乗用自動車を運転中、被害者運転の原動機付自転車の通行を妨害する目的で、自車を時速約40～50キロメートルで運転しながら上記原動機付自転車に幅寄せをし、著しく接近したことから、同原動機付自転車の走行の自由を失わせ、歩道縁石に接触させて転倒させたというものである。

この事案における妨害行為である「著しく接近」という行為については、上記原動機付自転車のハンドルの右端から被告人運転の普通乗用自動車左側面までの間の距離が、1メートル程しかない状態で、100メートル以上にわたって並走したものであり、その極度の圧迫感などから被害者が運転操作を誤って歩

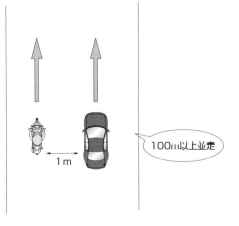

道縁石に接触したものであることから、これが妨害行為として認定されたものである。

この事案は当初不起訴とされたものを、その後の被害者側からの不服申立てにより再捜査して起訴したものであって、妨害行為を認定するための目撃供述の確保などに苦労があった事案である。

(4) 平成19年5月8日佐賀地裁判決（判タ1248号344頁）

この事案は、被告人が、普通乗用自動車を運転し、被害者運転の普通乗用自動車を追尾するなどしていた際、被害者運転車両を追い越した後、同車が対向車線に進出して自車を追い越そうとしたため、上記被害者運転車両の通行を妨害する目的で、時速約40キロメートルで自車を運転しながら、あえて右転把して同対向車線に進出し、自車を追い越そうとしている上記被害者運転車両の直前に自車前部を進入させて著しく接近し、これを見て衝突の危険を感じた上記被害者をして右転把させ、同人

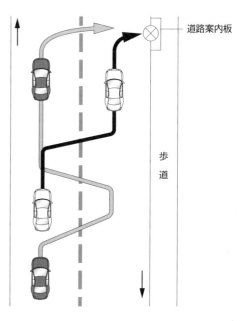

運転車両を対向車線外側の歩道上に乗り上げさせ、同所に設置された道路案内板の支柱に衝突させたというものである。

この事案では、追越しをかけようとしていた被害者車両の通行を妨害するために、あえてその進路上に自車前部を進入させたものであるが、その事実認定が問題となった。しかしながら、その際、最終的に両車両のドアミラー同士が接触するにまで至っていたのであるから、そのような外形的事実に疑いはなく、直前進入により著しく接近したものという妨害行為が認定されたものである。

276　〔2〕第3章　妨害行為等による危険運転致死傷罪の成否

3　本設例の解答

　　本設例の検討に当たっては、約1メートルの距離まで接近しているところ、上記(2)の事案では、約11センチメートルと極めて接近した状態であり、上記(4)の事案では、接触までしている上、いずれも直前進入などもしている事案であることから、本設例を検討する上ではあまり参考にならない。ただ、上記(3)の事案では、本設例と同様に約1メートルの距離まで接近していたものであるから、参考になろう。ただ、その際の両車の速度や並走する距離なども考慮されるべきであるが、時速約50キロメートルとかなりの高速度であることや、約100メートルにわたって並走していることを考慮すれば、「車に著しく接近」したものと認定し得ると思われる。

4　参考となる類似の事例

　　上記各事例のように1メートル前後まで接近している事案として、**平成30年12月17日横浜地裁判決**（月刊交通2020年5月号66頁）が参考になる。

(1)　本件は、被告人が、片側2車線道路の第2車両通行帯を運転進行中、第1通行帯を進行の被害者運転車両の通行を妨害する目的で幅寄せ行為を行い、さらに同車の直前に車線変更し直ちに急制動して同車に自車を著しく接近させ、被害者に左急転把を余儀なくさせ同車を横転させ傷害を負わせた行為について、危険運転致傷の罪に問われた事案である。

　　具体的には、平成30年1月13日、被告人が、被告人車両を運転して保土ケ谷バイパスを経由して一般国道16号線（通称横浜横須賀道路。以下「本件道路」という。）に流入し、横須賀方面に向かい第2車両通行帯を走行して進行中、午前11時28分頃、本件道路上り0.0キロポスト付近で、第1車両通行帯を走行するA車両が第2車両通行帯を走行中の被告人車両前方に車線変更して進入した。被告人は、午前11時28分頃、本件道路下り0.1キロポスト付近でA車両に追いつき、車間距離を詰めてその後方を走行した。

　　A車両と被告人車両は、午前11時29分頃、本件道路下り1.4キロポスト付近で同時に第2車両通行帯から第1車両通行帯へと車線変更したが、被告人車両は、本件道路下り1.5キロポスト付近に至るまでの間に第2車両通行帯に車線変更した。

　　被告人車両は、午前11時29分頃、同所付近において、時速約90キロメート

ルで、第1車両通行帯を走行するA車両の右側方直近に、第1車両通行帯と第2車両通行帯の車両通行帯区分線をまたぐように接近して並走し、A車両の右側と被告人車両の左側との距離は、最接近時で約80センチメートルとなった。

その後、被告人車両は、午前11時30分頃、時速約100〜110キロメートルで第2車両通行帯を進行してA車両を追い抜き、午前11時30分頃、本件道路下り1.7キロポスト付近で、左側ウインカーを点滅させず、ブレーキを踏みながら、第1車両通行帯を進行していたA車両の前方直近に進入し、午前11時30分頃には車線変更を完了し、更に減速した。被告人車両がA車両の前方直近に進入した際の両車両の前後の距離は約4.1メートルであり、その後約4.6メートルまで離れたが、被告人車両が減速したため、約2.8メートルまで縮まった。なお、被告人車両が車線変更を開始した際、被告人車両前方を走行する車両は存在しなかった。

被告人車両がA車両の前方直近に車線変更すると、直進していたA車両の進路が若干左にそれ、本件道路下り1.8キロポスト付近では更に左にそれて第1車両通行帯と路側帯の外側線上を走行した。さらに、被告人車両が減速すると、A車両は路側帯を走行するようになり、被告人車両と並走し始め、次第に車体が左に傾き、第1車両通行帯上で横転した。

(2) 以上の事実関係から、被告人が妨害目的をもって上記のような運転行為に及んだ結果、A車両が横転し、Aを負傷させたとして有罪判決を言い渡したものである。両車両の間隔が80センチメートルにまで接近し、また、その前方に進出して走行を妨害していたのであるから、妨害行為による危険運転致傷罪が認められて当然であろう。

なお、本件判決において認定された罪となるべき事実は、おおむね次のとおりである。

被告人は、平成30年1月13日午前11時29分頃、普通乗用自動車を運転し、横浜市保土ケ谷区内の一般国道16号（通称横浜横須賀道路）下り1.5キロポスト付近の片側2車線道路の第2車両通行帯を上川井方面から六ツ川方面に向かい進行中、第1車両通行帯を同方向に進行していたA（当時35歳）運転の中型貨物自動車の通行を妨害する目的で、重大な交通の危険を生じさせる速度である時速約90キロメートルで、同車との間隔を詰める幅寄せ行為を行

い、さらに、同日午前11時30分頃、同区狩場町内の同道路下り1.7キロポスト付近道路において、重大な交通の危険を生じさせる速度である時速約100ないし110キロメートルで、同車の直前に車線変更するとともに直ちに急制動して同車に自車を著しく接近させ、これにより、同人に左急転把を余儀なくさせるなどして同人運転車両を横転させ、よって、同人に加療約2週間を要する頸椎捻挫等の傷害を負わせたものである。

Case 1-2

上記A車とB車との間の距離が2メートルだったらどうか。あるいは、それが3メートルだったらどうか。

1 「著しく」とはいい難い

両車の間隔が2メートルの距離であったとすると、これはかなり離れているものと思われる。これくらいの距離があれば、車両1台分以上の長さとなるともいえることから、強い圧迫感を感じるとはいえないのではないかと考えられるからである。したがって、それだけ離れていたのであれば、「著しく接近し」たとはいえず、この危険運転致死傷罪は成立しないと考えられよう。

ただ、それでもその両車の速度が80～100キロメートルという高速度になっていた場合や、その並走される距離、また、当該道路の広狭、上り下りの状況などによっても異なるのであるから、それらの状況をも加味して総合的に判断することによって結論は異なることになると思われる。

しかしながら、その車両の間隔が約3メートルまでに広がっていた場合には、もはや「著しく接近し」とはいえないであろうと思われる。

2 その他成立し得る罪

では、この場合、甲には何らの犯罪も成立しないのであろうか。甲にはB車の走行を妨害する意図があり、そのために並走しているのであるから、その行為が乙の身体に対する有形力の行使として認められないかという問題である。もし、それが認められるのであれば、乙に対する暴行と、その結果的加重犯としての傷害罪が認められる可能性がある。

暴行の解釈として、行使された有形力が身体に直接接触しなくても、暴行と評価され得ることは、**昭和25年11月9日最高裁判決**（刑集4巻11号2239頁）が示している。

つまり、同判決は、「被害者が打撲傷を負うた直接の原因が過って鉄棒に躓いて顛倒したことであり、この顛倒したことは、被告人が大声で『何をボヤボヤしているのだ』等と悪口を浴せ、矢庭に拳大の瓦の破片を同人の方に投げつけ、尚も「殺すぞ」等と怒鳴りながら、側にあった鍬をふりあげて追かける気勢を示したので、同人は之に驚いて難を避けようとして、夢中で逃げ出し走り続ける中に起ったことであることは判文に示すとおりであるから、所論のように、被告人の追い掛けた行為と被害者の負傷との間には何等因果関係がないと解すべきではなく、被告人の判示暴行によって被害者の傷害を生じたものと解するのが相当である」としているように、被害者が被告人の行為に恐れをなして逃げようとする場面での傷害については、被告人の上記のような瓦の破片を被害者の方に投げつけるなどの暴行の結果であり、その暴行と鉄棒に躓いて転倒したことで生じた傷害の結果との間の因果関係も認められている。

この考え方に従えば、本件では、2メートル又は3メートルほど離れているとはいっても、時速約50キロメートルで走行する車両同士であるから、たとえ「著しく接近し」たとまでは認定し得なくても、それを暴行と捉えることが可能な場合もあるのではないかと思われる。そうであるなら、そのような暴行の結果、ハンドル操作を誤って事故を起こしたのであるから、乙の傷害の結果に対し、甲は傷害罪の責任を負うこととなる。

また、仮に、上記並走行為が暴行と認められなかったとしても、少なくとも、道路交通法70条の安全運転義務違反は成立する。すなわち、同条は、

> 車両等の運転者は、当該車両等のハンドル、ブレーキその他の装置を確実に操作し、かつ、道路、交通及び当該車両等の状況に応じ、他人に危害を及ぼさないような速度と方法で運転しなければならない。

と規定しているところ、正にこの条文の規定が対象としている禁止行為そのものだからである（罰則は、119条1項14号により、3月以下の懲役又は5万円以下の罰金）。

公判につながる捜査上の重要ポイント

　この種事案の捜査においては、その幅寄せ行為の状況を客観的に明らかにできるかどうか、その証拠を収集することができるかどうかに全てがかかっているといっても過言ではない。ちなみに、上記Case 1 - 1 で紹介した大阪地裁の判決の事案は、先に述べた目撃供述の確保の他にも被害者2名が高次脳機能障害を負ってしまったため、事故当時の記憶が全くなく、そのため被害者側から犯行状況を明らかにすることが非常に困難であった事案であった。

　それゆえ、被害者が事故状況を記憶していたのであれば、その供述内容を正確に証拠化すること、目撃者等の供述の確保も重要な捜査事項である。前記Case 1 - 1 で紹介した大阪地裁の判決では、被疑者運転車両の後方を走行していた運転者の目撃供述が決め手となり、長期の実刑判決が得られたものである。

　また、この幅寄せ行為の結果生じる被害者については、当該幅寄せをされた車両の運転者等でなくとも、当該幅寄せ行為の結果生じたものであれば、全く関係のない第三者であっても差し支えない。

　平成23年9月21日千葉地裁判決（公刊物未登載）の事案は、幅寄せ行為の結果、自車を制御不能にしてしまい、対向車線上に逸走させ、対向車両と衝突して、その運転者等を死亡させたものであるが、妨害行為による危険運転致死傷罪が認められている。

　ちなみに、同判決で認められた罪となるべき事実は次のとおりである。

　被告人は、平成21年8月26日午前9時8分頃、中型貨物自動車を運転し、片側2車線道路である国道16号線の第1車両通行帯を千葉県○○市内を進行中、進路前方を進行中の普通乗用自動車が交差点の黄色信号に従い停止したため停止せざるを得なくなり、その前に道を譲らせて追い抜いた車両が並んで停止したことに恥ずかしさを感じ、前方に停止した車両に腹を立てて、その走行を妨害しようと考えた。被告人は、進路前方を同方向に進行中の同車の通行を妨害する目的で、重大な交通の危険を生じさせる速度である時速約50ないし60キロメートルで、同県○○市○○から同市○○に至るまでの約

154メートルの間において、同車後部に自車前部を著しく接近させて、いわゆる「煽り運転」を行った後、その頃、同所付近道路において、同通行帯から第2車両通行帯に進路変更し、同所先に至るまでの約202メートルの間において、自車左側面部を前記普通乗用自動車右側面部に著しく接近させて並進する、いわゆる「幅寄せ運転」を行うなどしながら、重大な交通の危険を生じさせる速度である時速約70ないし80キロメートルに加速し、その頃、同所付近道路において、左急転把して第1車両通行帯を進行する同車の直前に進入させる運転（いわゆる「割込み運転」）をした。被告人は、これにより、自車を道路左側に設置されたガードレールに衝突させる危険を感じ、右急転把して自車を制御不能に陥らせて右前方に暴走させ、その頃、同市内道路において、自車を対向車線に進出させ、折から対向車線の第2車両通行帯を進行してきた被害者Ａ運転の普通乗用自動車右側面部に自車右前部を衝突させるなどした上、同人運転車両の後方を走行していた被害者Ｂ運転の中型貨物自動車前部に自車左側面部を衝突させ、よって、Ａに頭部破裂骨折等の傷害を負わせ、即時・同所において、Ａを前記傷害により死亡させるとともに、Ｂに加療約38日間を要する背部挫傷等の傷害を負わせた。

追い上げ行為による妨害行為

　ここでは、妨害行為等による危険運転致死傷罪において、追い上げ行為が「その他通行中の人又は車に著しく接近し」たといえるかどうかについて検討する。

Case 2

　Ａ車の運転者甲は、先行するＢ車の運転者乙に嫌がらせをしようと考え、その後方に接近して時速約50キロメートルで追走した。その時のＢ車の後方のバンパーとＡ車の最前部との間の距離は15メートルだった。
　乙はＡ車の接近に動揺し、運転を誤り、道路左側のガードレールに衝突し、負傷した。この場合の甲の刑責は？　また、Ｂ車とＡ車との間の距離がそれぞれ５メートル、若しくは、１メートルだったらどうか。

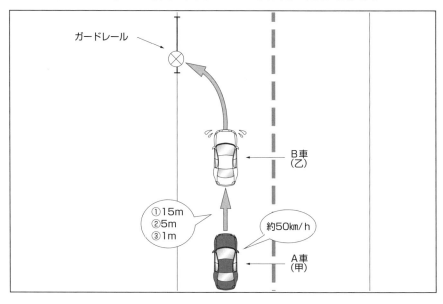

1 車間距離：15メートルの場合

　この場合に甲の行為は、「車に著しく接近し」たと認められるのであろうか。このような追い上げ行為の場合において、この要件を満たすかどうかについては、その実際の車間距離だけでなく、両車の速度、その追走される距離、また、当該道路の広狭、上り下りの状況などを総合的に判断することとなる。

　そして、このような追い上げ行為については、次の２つの事案が参考になる。

(1) 平成18年８月31日静岡地裁判決（判タ1223号306頁）

　この事案は、被告人が、普通乗用自動車を運転し、時速約50ないし60キロメートルで直進中、被害者運転の普通乗用自動車が進路変更して自車進路の直前に割り込んだことに憤慨し、最高速度が40キロメートル毎時に指定されている道路において、時速約120ないし130キロメートルの速度で進行して被害者運転車両を追い上げ、同車の後方約8.1メートル（車間距離にして約5.7メートル）ないし約30.1メートル（車間距離にして約27.7メートル）まで同車に自車を著しく接近させ、被害者をして、被告人運転車両との衝突の恐怖を覚えさせて同車両から離れるため、前方注視及び進路の安全確認不十分なまま被告人運転車両と同等以上の高速度で走行させたため、交差点内で右折車両と衝突させるなどの事故を起こさせたものである。

　この事案では、被告人運転車両は、上記のように、被害者車両を追尾していたものであるところ、同判決は、「被告人は、普通乗用自動車を運転し、片側２車線とはいってもすぐに１車線になる、最高速度が40キロメートル毎時に指定されている狭い一般道路において、被害者運転車両に対して、約200メートル近くにわたって、時速約120ないし130キロメートルの高速度で追い上げ、車間距離にして約5.7メートルないし約27.7メートルに著しく接近する行為を続けた結果、被害者運転車両の運転者において、被告人運転車両から逃げることに注意の多くを奪われ、前方注視及び進路の安全確認が不十分なまま高速度で進行することとなって本件事故を惹起させるに至っているのであるから、被告人の行為

は、重大な交通の危険を生じさせる速度で自動車を運転し、かつ、通行中の被害者運転車両に著しく接近させて、被害者運転車両の自由かつ安全な通行を妨害するものであることは明らかであり、しかも、被告人は、時速100キロメートル以上で走行している被害者運転車両に、更にそれを超える時速約120ないし130キロメートルの高速度で、車間距離にして約5.7メートルまで自車を接近させ、自分でも危険と考えたものの、その後も時速約120ないし130キロメートルで走行する被害者運転車両に約27.7メートルくらい接近させた状態で追い上げを続けているのであるから、被告人には、被害者運転車両の自由かつ安全な通行を妨害する意図すなわち『通行を妨害する目的』も優に認められる。」として、危険運転致死傷罪の成立を認めたものであった。

この事案では、約30メートルに接近した場合も「車に著しく接近し」た場合に含めているが、これはその際の速度が時速約120ないし130キロメートルという高速度であったからで、一般的に約30メートルという距離があれば、著しく接近したことにはならないことに留意しておく必要がある。車両の速度と接近した距離というのは、速度が速くなればなるほど、その距離が離れていても接近という認定に傾くものであり、逆に、速度が遅い場合には、その距離はかなり近いものである必要があるということである。

(2)　平成19年9月18日宇都宮地裁判決（公刊物未登載）

この事案は、被告人が深夜、普通乗用自動車を運転し、たまたま見つけた被害者運転車両の通行を妨害する目的で、その後方から警音器を吹鳴しながら追走し、時速約100キロメートルでその後方約1.6メートルまで接近するなどしたことから、被害者にも同程度の速度に加速させることを余儀なくさせ、ハンドル操作を誤らせて道路脇のガードレールに衝突させて死亡させたものである。

この事案では、時速約100キロメートルという高速度でありながら、車間距離約1.6メートルにまで接近したのであるから、これが「著しく接近し」に該当することは明らかであった。

(3)　本設例の解答

では、本設例ではどうであろうか。速度は、上記各事案と異なり、時速約50キロメートルと、それほど高速度という速度ではないこと、また、その車

間距離が約15メートルであって、通常の車両約2台以上分の長さがあり、それほど接近しているというわけではないことから、この状況では、上記裁判例の事案と比較しても、「著しく接近し」とは認められないのではないかと考えられる。

　もっとも、乾燥した平坦舗装路面において、時速50キロメートルで走行時に必要な車間距離を18メートルとするデータがあり（17訂版道路交通法解説252頁）、本設例の場合は適正車間距離より短いことから、「著しく接近し」ていることにならないか疑問を呈するむきもあろうかと思われる。

　しかしながら、安全な車間距離という概念と「著しく接近し」という概念とは別のものである。すなわち、前者はこれだけ離れていれば安全という基準であるのに対し、後者は、危険運転致死傷罪が成立するための危険性の高い行為と認定されるための基準であることから、両者の間にはおのずと差異があるのであって、前者に反した場合に直ちに後者が成立するということにはならないであろう。

2　車間距離：5メートルの場合

　この車間距離であれば、車1台分よりはやや長いという距離となろう。この距離で時速約50キロメートルで追い上げをされれば、通常の道路での走行状況であっても、追い上げをされた運転者は相当なプレッシャーを感じると思われる。

　また、特に、当該道路の状況等が狭いものであり、また、下りであるなど、先行車に圧迫感を与える要素が加われば、上記速度であっても、「著しく接近し」たと認定されてよいと思われる。

　また、本件ではB車は四輪の自動車であるが、二輪車であるか、四輪車であるかによっても、判断は異なるであろう。二輪車であれば、その走行安定性は四輪車より遙かに劣ることから、追い上げ行為による運転者に対する心理的圧迫感等は四輪の場合より相当に大きいものと考えられることから、距離も四輪の場合ほど接近していなくても、「著しく接近し」たと認められる場合はあろうかと思われる。

3 車間距離：1メートルの場合

その距離が1メートルだったらどうか。ここまで接近していたのであれば、上記各裁判例の事案よりも接近しているのであるから、その接近していた時間や距離等の各事案の持つ要素にもよるが、一般的には、先の裁判例ほどの高速度でなくても、基本的には「著しく接近し」たと認めて差し支えないのではないかと思われる。

この点、参考になる事案として**平成27年4月13日岐阜地裁御嵩支部判決**（公刊物未登載）が挙げられる。この事案は、被告人が、普通乗用自動車を運転し、岐阜県内の道路において、V₁運転の普通自動二輪車が深夜に爆音を立てて走行していたことに憤激し、同自動二輪車の通行を妨害する目的で、自車前方を同一方向に進行中の同自動二輪車後方に車間距離約1.4メートルまで自車を著しく接近させて追従し、重大な交通の危険を生じさせる速度である時速約50キロメートルで進行したことにより、同所先交差点を右折するため減速した同自動二輪車に自車を追突させ、その衝撃により、同自動二輪車を前方に逸走させて同交差点東方に設置されたカーポートの支柱等に衝突させるとともに、同自動二輪車同乗者V₂を同所付近に転落させ、よって、両名に傷害をそれぞれ負わせたというものであった。これなどは、後方1.4メートルに接近したものであるが、最終的に追突しているのであるから、「著しく接近し」に該当することは当然であろう。

4 追突した場合

(1) この場合は「著しく接近」という行為の究極の形態であり、この要件に該当することは当然である。ただ、ここで注意すべきは、このような場合には、単に、妨害行為による危険運転致死傷罪にとどまらず、殺人罪が成立する場合があり得るということである。

この点について、**令和元年9月11日大阪高裁判決**（裁判所ウェブサイト）が参考になる。この事案では、次のような「あおり運転」に係る死亡事故による事実関係が認定されている。

被告人は、被害車両である自動二輪車が被告人車両の前方に進入したことに腹を立て、片側3車線になったときの第1車線において、被告人車両前方にいた被害車両に対してハイビーム照射（2度目）を行い、クラクションを鳴らしたところ、被害車両は、急加速して被告人車両から離れ、車線変更し

て第3車線を走行するようになったが、被告人も被告人車両を加速させて被害車両を追跡し、第3車線に入って被害車両の後ろにつけてからは、速度を上げて、先行する被害車両との車間距離を詰めていったことを認めた上で、その車間距離が約10メートルとなった地点で被告人はブレーキを掛けたが、弱いブレーキであったため、被告人車両の速度が落ちず、被告人車両前部を被害車両後部に衝突させ、その結果、被害者を死亡させたものである。

(2)　この事案では、上記事実関係の認定は問題なかったが、被告人に殺意が存したかどうかが争われた。

　　この点に関する、本件大阪高裁判決は、第一審判決の認定に関して、「被告人は、被害車両を追跡し始めて、被告人車両と被害車両が衝突し、衝突後停車するまでの間、終始無言であったが、その停車した頃に、軽い口調で、『はい、終わり。』と言ったという事実を認定した上で、被告人は、高速度で被害車両を追跡し、被害車両と被告人車両の車間距離が詰まっていき、衝突の危険性が高まっているのを認識しながら、それが約10メートルという至近距離までブレーキを踏もうとはしなかったこと、しかも、被害車両は時速約83ないし85キロメートルであったから、時速80キロメートル程度に速度を落とせば衝突を避けることができたのに、被告人は約1.4秒間で時速が約12キロメートル減速する程度の弱いブレーキを掛けただけで、衝突を避けることが可能な速度まで落とさなかったこと、車間距離を詰めながら、その際には、既にしていたような威嚇的な行動に出ていないことから、その意図は単なる威嚇目的ではなかった行動と推認できること、前記発言内容と口調から、衝突が被告人の想定内の出来事であったと推認されるとして、これらの一連の被告人の言動からみて、被害車両と衝突することについて認識認容があったとしたが、このような原判決の判断に不合理なところはない。」として、被告人は被害車両が被告人車両と衝突してもかまわないという気持ちからあえて衝突させたとの主観的な事実を認定し、その衝突によって路上に転倒するなどして被害者が死亡する危険が高かったことから、衝突させた行為は客観的には殺人の実行行為足りうるもので、被告人には、その認識認容があるとして、被告人に殺人の未必の故意があると認定したものである。

(3)　このような悪質極まりない事案に対しては、妨害行為による危険運転致死傷罪にとどまらず、積極的に殺人罪をも視野において捜査しなければならないということを認識されたい。

3 妨害行為の後に停止させた場合

　幅寄せ等による妨害行為の後、相手方車両を停止させたところ、その後、同方向への進行車両等に衝突されたようなケースにおいては、危険運転致死傷罪は認められるのであろうか。

Case 3

　甲は、夜間、高速道路上において、乙が運転する先行車両（以下「乙車」という。）に対して、嫌がらせのため執拗に追い上げた上、その側面に幅寄せをするなどした上、追越車線を走行中の乙車の直前に自車を割り込ませて停止した。そのため、乙はやむを得ず自車を停止させたところ、甲は、自車から降りて乙車の運転席側に来て、乙を同車から引きずりだそうとした。すると、その直後、当該追越車線を走行していた丙運転に係る大型トラックが、丙の前方不注視により、乙車に衝突し、同車に乗っていた乙が死亡した。甲の刑責は？

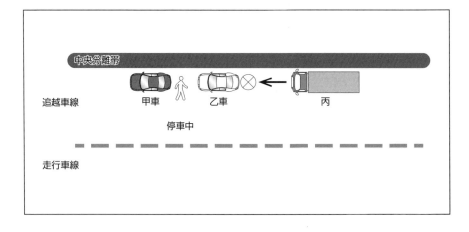

1　本件は、いわゆる「東名高速でのあおり運転事故」と呼ばれる事案を参考にしたものである。

　この「東名高速でのあおり運転事故」（以下「本件事故」という。）では、妨害行為による危険運転致死罪（2条4号）の適用が熾烈に争われた。

　しかしながら、第一審の平成30年12月14日横浜地裁判決（裁判所ウェブサイト）においても、その控訴審である令和元年12月6日東京高裁判決（判タ1479号72頁）においても、いずれも妨害行為による危険運転致死傷罪の成立は認められたところである。

　ここでは、本件事故に即して妨害行為による危険運転致死罪が成立することについて詳細に解説することとする。

2　この事案において、まず、検討しなければならないのは、路上に車両を駐停車させておいたところ、その後方から進行してきた車両が、前方不注視によって当該停止車両に気付かず事故が起きた場合、その車両を駐停車させていた運転者に刑事法上の責任はないのかという点である。

　従来、このような事故は、大型トラックの運転者が、夜間、幅員が狭く見通しも悪い道路上で駐車し、駐車を示す表示板等の設置もしないまま、運転席で仮眠していたところ、暗がりの中で大型トラックの発見が遅れた自動二輪車や原動機付自転車の運転者が追突して同運転者が死亡するといった場面で見られたものである。そして、多くの場合、同トラックの運転者は無傷であるという状況であった。

　このような事故において、従来は、事故原因は、前方不注視によって追突事故を発生させた自動二輪車等の運転者の過失にあるとして、同トラックの運転者は被疑者ともならず、自動二輪車等の運転者が被疑者死亡ということで不起訴処分となって事件としては終了していたのである。

しかしながら、たしかに後方から進行してきた自動二輪車等の運転者に過失がないとはいえないが、だからといって、夜間、見通しの悪い路上に、駐車を示す表示板も設置しないで停車していた大型トラックの運転者に、何も過失がなく刑事責任がまったく問われないということが妥当かとして問題にされたのである。

そこで、このような駐車行為に及んだ大型トラックの運転者についても、後方からの進行車両が追突することは予見可能であり、それを回避するための義務が認められると考えられ、前方不注視による追突事故を誘発するような形態での駐停車行為については、業務上過失致死傷罪が認められるとして、略式請求などによって処罰されるように変わってきたのである（この点についての詳細は、拙著「交通事件捜査における現場の疑問（第２版）」348頁以下参照。）。

したがって、本件事故において、丙について、前方不注視による過失運転致死罪（自動車運転死傷行為処罰法５条）が成立することは当然であるが、それだけにとどまるものではなく、乙車を停めさせたことによる責任が甲にもあり得るということが、まず、議論の出発点となる。

もっとも、従来のケースとは違って、本件事故は、追突してきた側が大型トラックで、追突された側が普通乗用自動車であり、また、死亡した者が追突した側ではなく、追突された側という違いはあるが、これは理論構成上に影響を与えるものではない。要は、誰が停車したのか、又は、させたのか、そして、その行為の結果、誰かが死亡するなどの結果が発生したかという点が重要なのであって、本件事故は、法的責任の構造としては、前述した従来のケースと同様に考えて差し支えないからである。

3　そこで、次に、乙車を駐停車させたことが事故の原因であるとして、当該駐停車行為について、甲に過失を認めることができるかという形で問題となる。このような問題についてのリーディングケースとなるのは、**平成16年10月19日最高裁決定**（刑集58巻７号645頁）である。

(1)　まず、この事案の概要は、次のとおりであります。

ア　この最高裁決定の被告人は、平成14年１月12日午前６時少し前頃、知人女性を助手席に乗せ、普通乗用自動車（以下「被告人車」という。）を運転して、高速自動車国道常磐自動車道下り線（片側３車線道路）を走行していたが、大型トレーラー（以下「A車」という。）を運転し、同方向に

進行していたＡの運転態度に立腹したことから、Ａ車を停止させてＡに文句を言い、自分や同乗女性に謝罪させようと考えた。

イ　被告人は、Ａ車と併走しながら幅寄せをしたり、Ａ車の前方に進入して速度を落としたりして、Ａに停止するよう求めた。これに対し、Ａは、当初は被告人と争いになるのを避けようとしていたものの、被告人が執拗に停止を求めてくるので、仕方なく減速し、午前６時頃、被告人が同道路上の第３通行帯に自車を停止させると、Ａも被告人車の後方に自車を停止させた。なお、当時は夜明け前で、現場付近は照明設備のない暗い場所であり、相応の交通量があった。

ウ　被告人は、降車してＡ車まで歩いて行き、同車の運転席ドア付近で、「トレーラーの運転手のくせに。謝れ。」などと怒鳴った。Ａが、運転席ドアを少し開けたところ、被告人は、ドアを開けてステップに上がり、エンジンキーに手を伸ばしたり、ドアの内側に入ってＡの顔面を手拳で殴打したりした。そのため、Ａは、被告人にエンジンキーを取り上げられることを恐れ、これを自車のキーボックスから抜いて、ズボンのポケットに入れた。

エ　それから、被告人は、Ａを運転席から路上に引きずり降ろし、自車まで引っ張って行き、被告人は、Ａの腰部等を足げりし、更に殴りかかった。そのため、Ａは、被告人に対し、顔面に頭突きをしたり、鼻の上辺りを殴打したりするなどの反撃を加えた。

オ　その頃、その付近で追突事故を起こした２台の車両がＡ車の前方の路上に停止した。そのうちの１台の車両から人が降りてきたので、被告人は、暴行をやめて携帯電話で友人に電話をかけ、Ａは、自車に戻って携帯電話で被告人に殴られたこと等を110番通報した。

カ　その後、被告人は、午前６時17、18分頃、同乗女性に自車を運転させ、第２通行帯に車線変更して、本件現場から走り去った。

キ　Ａは、自車を発車させようとしたものの、エンジンキーが見付からなかったため、暴行を受けた際に被告人に投棄されたものと勘違いして、再び110番通報したり、付近を捜したりしたが、結局、それが自分のズボンのポケットに入っていたのを発見し、自車のエンジンを始動させた。

ク　ところが、Ａは、前方に上記２台の停止車両があったため、自車を第３

通行帯で十分に加速し、安全に発進させることができないと判断し、それら車両に進路を空けるよう依頼しようとして、再び自車から降車し、同車両に向かって歩き始めた午前6時25分頃、停止中のA車後部に、同通行帯を進行してきた普通乗用自動車が衝突し、同車の運転者B及び同乗者3名が死亡し、同乗者1名が全治約3か月の重傷を負うという本件事故が発生した。

(2) この事案において、本件最高裁決定は、「以上によれば、Aに文句を言い謝罪させるため、夜明け前の暗い高速道路の第3通行帯上に自車及びA車を停止させたという被告人の本件過失行為は、それ自体において後続車の追突等による人身事故につながる重大な危険性を有していたというべきである。そして、本件事故は、被告人の上記過失行為の後、Aが、自らエンジンキーをズボンのポケットに入れたことを失念し周囲を捜すなどして、被告人車が本件現場を走り去ってから7、8分後まで、危険な本件現場に自車を停止させ続けたことなど、少なからぬ他人の行動等が介在して発生したものであるが、それらは被告人の上記過失行為及びこれと密接に関連してされた一連の暴行等に誘発されたものであったといえる。そうすると、被告人の過失行為と被害者らの死傷との間には因果関係があるというべきであるから、これと同旨の原判断は正当である。」として、被告人に過失を認めた原審の判断を是認したものである。

(3) この最高裁の事案と比較してみると、本件事故の事案は、非常によく似ていることがお分かりになると思われる。

ただ、被害者が、上記最高裁の事案では、前方不注視により追突した車両の運転者であったところ、本件事故では、停められた車両の運転者であったこと（最高裁の事案でいえばAに当たる者）である点が異なる程度で、それ以外の事故に至る経緯等や、時間帯が夜間であること、場所が追越車線又は第3通行帯であることなど現場の状況等も極めて類似していることが判明する。

したがって、本件事故においても、乙車を停止させたことは、「それ自体において後続車の追突等による人身事故につながる重大な危険性を有していたというべき」であり、甲に過失が認められることは当然である。

そして、その際、本件最高裁決定では、そのような被告人の過失とBらの

死亡との間の因果関係を認めたのであるが、これが非常に重要な点で、これについては、後述する。

4 もっとも、本件事故の処理に当たっては、甲の過失責任を主眼として問題としているわけではない。これまでの検討で、最低限、甲には過失運転致死の責任は問えることになることは分かったと思うが、では、単に、過失運転致死罪にとどまらず、故意犯である危険運転致死罪の成否についてはどうなるのであろうか。

(1) 危険運転致死傷罪が成立するためには、①人又は車の通行を妨害する目的があること、②走行中の自動車の直前に進入し、その他通行中の人又は車に著しく接近したこと、③重大な交通の危険を生じさせる速度で自動車を運転したことといった各構成要件を充足する必要がある。ここで自動車運転死傷処罰法2条4号の妨害行為による危険運転致死傷罪の構成要件である①から③の各要件が認定できるかどうかであるが、まず、甲は、本件事故において、乙車の通行を妨害する目的で同車に対して幅寄せ行為をしたり、乙車の直前に進入したことは明らかであるから、①及び②の要件である「人又は車の通行を妨害する目的で、走行中の自動車の直前に進入し」たとの要件を満たすことは当然であろう。

(2) そこで、③の「重大な交通の危険を生じさせる速度で自動車を運転する行為」に該当するか否かが問題となる。というのは、本件事故では、乙車を停止させた後に事故が発生していることから、事故時を捉えれば被疑者運転車両の速度は零となり、この要件を満たさないのではないかとの疑問も生ずるからである。

しかしながら、この「重大な交通の危険を生じさせる速度」が求められる対象となる「運転行為」は、必ずしも衝突した事故発生時そのものではない。というのは、この条文の規定の仕方をみれば分かるように、「走行中の自動車の直前に進入し、その他通行中の人又は車に著しく接近し、かつ、重大な交通の危険を生じさせる速度で自動車を運転する行為」と規定されているから、当該被疑者の「自動車を運転する行為」として、他車の直前に進入したり、著しく接近した際に、「重大な交通の危険を生じさせる速度」が出ていればよいのであって、本件事故でいえば、幅寄せ行為をしたり、直前に進入した際に、「重大な交通の危険を生じさせる速度」が出ていればよいと

いうことである。つまり、衝突をした際の速度として、「重大な交通の危険を生じさせる速度」が求められているわけではないからである。本件事故では、高速道路上で幅寄せ行為などをしているのであるから、それは当然に時速20キロメートルなどよりはるかに速い速度であろうから、この「重大な交通の危険を生じさせる速度」の要件は問題なく満たしていたのである。

分かりやすい例を挙げるとすれば、例えば、殊更赤無視による危険運転致死傷罪（2条7号）において、赤色信号を無視して、高速度で交差点に進入したものの、左右道路からの進行車両に気づいて急ブレーキを掛けた結果、自車の速度が零となって交差点内で停止したものの、その瞬間に青色信号に従って進行してきた左右道路からの車両の速度により事故が発生し、同車の運転者が死亡した場合などを考えてみれば明らかであろう。すなわち、この場合には、「重大な交通の危険を生じさせる速度で自動車を運転」して、赤色信号を無視して交差点に進入するという行為により、当該事故を発生させ、被害者を死亡させているのであるから、もうそれだけで構成要件は完全に充足していたのであり、事故時に急ブレーキにより自車の速度が零若しくは時速20キロメートル以下になっていたとしても、それゆえに危険運転致死傷罪の成立が否定されることにはならないからである。

このように、この「重大な交通の危険を生じさせる速度」というのは、2条4号前段で要求される運転行為の際に、この速度が出ていればよいのであって、衝突の瞬間の速度である必要はないのである。

したがって、本件事故においても、妨害行為による危険運転致死傷罪が成立するためには、幅寄せ行為をしたり、直前進入をする際に、時速20キロメートル程度の速度が出ていれば足りるのであり、実際にも、本件事故では、高速道路で幅寄せ行為等をした際の速度は明らかではないものの、それでも高速道路上で甲乙2台の普通乗用自動車が走行中に、甲車が乙車への追い上げ行為などもした上で、その直前進入に及んでいるのであるから、この場合には、「重大な交通の危険を生じさせる速度」が出ていたことは明らかと認定できるものと思われる。

(3) しかしながら、これまでに検討した構成要件を充足したとしても、本件事故発生時には、既に、被疑者甲による追い上げ行為、幅寄せ行為や直前進入行為は終了していることから、その後の事故については、甲が責任を負うこ

とはないのではないかとの問題がある。つまり、本法2条柱書きは、

　　　次に掲げる行為を行い、よって、人を（中略）死亡させた者は1年以
　　　上の有期懲役に処する。

と規定しているように、危険運転行為と致死という結果との間には、「よって」という文言が示すように、刑法上の因果関係が必要だからである。

　たしかに、甲の行為は一旦終了している。しかしながら、当該行為が終了していても、その後の結果発生が、相当因果関係、若しくは、危険の現実化という観点から刑法上の因果関係が存すると認められるのであれば、甲の上記行為により結果が発生したとして、その責任を追及することも十分可能である。

　そこで、もう一度、前記最高裁決定を基に検討してみるに、同決定の事案では、被告人がAの車両を停止させた後、Aが、自らエンジンキーをズボンのポケットに入れたことを失念し周囲を捜すなどして、7、8分間、危険な本件現場に自車を停止させ続けたことなど、少なからぬ他人の行動等が介在していたにもかかわらず、最高裁決定は、「それらは被告人の上記過失行為及びこれと密接に関連してされた一連の暴行等に誘発されたものであったといえる。そうすると、被告人の過失行為と被害者らの死傷との間には因果関係がある」としているのである。

　この考え方に沿って検討すれば、本件事故においても、そもそも甲が妨害行為による危険運転行為により乙車を停止させ、その直後に、丙車が衝突しているのであるから、甲の危険運転行為と密接に関連して発生した停車行為によって、被害者が死亡したのであって、そこに相当因果関係にしても（高速道路上で自動車を停車すれば、それに追突する車両があり得ることは一般人においても十分に認識可能である。）、危険の現実化にしても（事故発生に最も寄与しているのは、当該車両を停止させた行為であり、その行為が結果の危険を現実化したといえる。）、因果関係は明らかに認められるところである。

　そうであるなら、甲による危険運転行為と乙の死亡との間には因果関係があることから、本法2条柱書きの「よって」の要件を満たし、同条4号の危険運転致死罪が成立することになるのである。

　マスコミなどにおいて、停車した後であるから危険運転致死傷罪が成立し

ないという報道がずいぶんなされ、法曹関係者のコメントとしても同罪の成立には疑問があるなどと指摘していたものもありましたが、それらがいかに的外れなものであったかは本稿で十分お分かりいただけるものと思っている。

5　ただ、本件事故後に残された問題がある。本件事故では、幅寄せ行為や直前進入行為などという、いわゆる「あおり運転」を繰り返して被害者車両を停車させた結果、被害者2名が死亡するという結果を招いた。

　しかしながら、「あおり運転」をして被害者車両を停車させても、当該停車させる行為と因果関係を有する致死傷の結果が生じなければ、危険運転致死傷罪は成立しない。しかも、「あおり運転」だけでは、例えば、追上げをしたような場合であれば、道交法上の車間距離保持義務違反（道交法26条違反）により、それが高速自動車国道等であった場合には、同法119条1項4号により、3月以下の懲役又は5万円以下の罰金に、一般道路であった場合には、同法120条1項2号により、5万円以下の罰金に処せられるといった程度の軽微な犯罪にしかならないことになっていた（「あおり運転」に関する法的規制や問題点については、拙稿「危険運転致死傷罪をめぐる交通事件に関する質問と回答」月刊交通令和2年2月号50頁以下参照。）。

　そのため、警察庁では、妨害行為による危険運転致死傷罪に至らないまでも、「あおり運転」それ自体を厳罰化するため、道交法の改正に努め、道路交通法が改正されるに至った。

　また、本件事故では、妨害行為による危険運転致死傷罪が成立することは前述したように明らかであったが、では、甲車の運転者が乙車に対して、その進行を妨害する目的をもっていながらも、「あおり運転」などをすることなく、単に、乙車の前方を走行していて、急に停止し、乙車が甲車に衝突して乙車の運転者等が死亡した場合や、甲車が走行車線を低速度で変更して他の車線に進入したところ、そのため、後続の乙車が急停止をせざるを得なかったところ、乙車はその後続車に追突されて乙車の運転者等が死亡した場合などを考えてみたい。

　この場合には、前述した①及び②の構成要件は満たしていても、甲車の速度を考えてみるに、前者は停止しただけであるし、後者は低速度で車線変更をしただけであるから、いずれも③の「重大な交通の危険を生じさせる速度」の要

件は満たさないものと思われる。このような形態の妨害行為は、自動車運転死傷処罰法2条4号の射程外になっていたのである。

そのため、法務省では、このような場合をも危険運転致死傷罪に含めるために、自動車運転死傷処罰法の改正に努め、自動車運転死傷処罰法2条5、6号が設けられたのである。

令和2年の法改正により追加された規定に関する妨害行為（その1）

　前述したように、妨害行為による危険運転致死傷における運転行為における「重大な交通の危険を生じさせる速度」は時速約20キロメートルを基準とするものの、事故時においてその速度が要求されているわけではなく、「運転行為」をしている時に、その速度が出ていれば足りるわけである。
　ところが、妨害行為をする目的で、完全に自車を停止させることで妨害をする場合には、従来の妨害行為による危険運転致死傷罪は成立しない。そのため、このような事態に対処するためにも法改正が必要となった。
　つまり、「いわゆる『あおり運転』は、悪質・危険な運転行為であるところ、こうした運転行為による死傷事犯等が少なからず発生しており、この種事犯に対して厳正な処罰を求める国民皆様の声も高まって」いることなどを反映して（法務省法制審議会刑事法（危険運転による死傷犯関係）部会第1回議事録5頁。以下「第1回議事録」という。）、「あおり運転」に起因する事故等については、基本的には、2条4号の妨害行為による危険運転致死傷罪が適用されることになるものの、同号に掲げる行為は、妨害目的のほかに、妨害行為の際に、「加害者車両が『重大な交通の危険を生じさせる速度』で走行して『著しく接近』することが要件とされているため、例えば、通行妨害目的で、走行中の被害者車両の前方に進入して自車を停止し、被害者車両が追突するなどして人が死傷したとしても、『著しく接近』したときの加害者車両の速度が『重大な交通の危険を生じさせる速度』との要件を満たさなければ、同号に掲げる行為には該当しないこととなります。」（同上）として、加害者車両が完全に停止したことだけによる妨害行為の場合には、これまでの2条4号が適用できないという問題があった。
　すなわち、Case 3で説明した東名高速での事故では、加害者が「重大な交通の危険を生じさせる速度」で幅寄せ行為や直前進入行為をしていたことから、2条4号の適用ができたものの、そのような場合と異なり、幅寄せ行為や直前進入行為などをせずに、単に、被害者車両の前方で走行していたと

ころ、その際、妨害目的をもって、自車を停止させることで被害者車両を衝突させて、被害者を死傷させる場合は、妨害行為となるものは、「停止行為」しか有り得ず、そうであるなら、その際の速度は零となって、どのように考えても、「重大な交通の危険を生じさせる速度」の要件を満たさないことになる。

しかし、このような行為を放置してよいはずはなく、令和2年6月5日に法改正がなされた。

Case 4

甲は、大型貨物自動車を運転し走行していたところ、自車前方を走行していた乙の普通乗用自動車が、かねてより欲しかった外車の高級車であったことから、これを気ままに運転できる乙を腹立たしく思い、乙の運転を妨害してやろうと考えた。そこで、追越車線を走って、乙運転車両を追い抜き、十分な距離を進んだ後、乙の走行車線に入り、急停止した。乙は、前方で甲運転車両が急に停止したのでびっくりし、急ブレーキを踏んだものの、甲運転車両に衝突し、その衝撃で同乗者の妻がむち打ち症を負ってしまった。一方、甲は無傷であった。甲の刑責は？

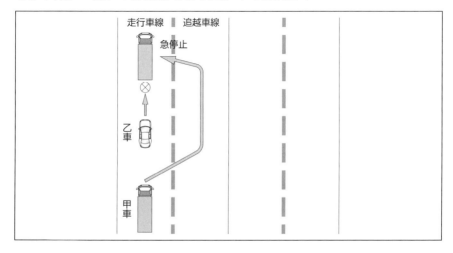

前述したように、令和２年の自動車運転死傷処罰法の改正により、新たに同法２条５号が設けられ、

　　　車の通行を妨害する目的で、走行中の車（重大な交通の危険が生じることとなる速度で走行中のものに限る。）の前方で停止し、その他これに著しく接近することとなる方法で自動車を運転する行為

との規定が追加され、これらの規定は同年７月２日より施行された。

　以下、この条文の解釈等について解説する。

１　まず、２条５号が設けられるに至った立法理由であるが、「加害者車両が『重大な交通の危険を生じさせる速度』で走行していない場合であっても、被害者車両が『重大な交通の危険が生じることとなる速度』で走行しているときは、通行妨害目的で、その前方で停止するなど両車両が著しく接近することとなる方法で自動車を運転すれば、被害者車両が追突するなどして死傷の結果が発生する危険性が類型的に高いことから、こうした行為を実行行為として捉え、よって人を死傷させた場合には、危険運転致死傷罪の対象としようとするもの」（第１回議事録５頁）である。

　それゆえ、２条５号では、「走行中の車（重大な交通の危険が生じることとなる速度で走行中のものに限る。）の前方で停止」する行為などを禁止の対象としているが、かっこ書きの部分は、進路の妨害をされる車両に一定以上の速度が出ていなければ事故に至る危険性は少ないことから、被害者車両において、「重大な交通の危険を生じさせることとなる速度」の要件を求めたものである。要は、２条４号が、「加害者車両が速いことで危険が生ずる場合」であるのに対して、２条５号は、「加害者車両は遅くても、被害者車両の方が速いことで危険が生ずる場合」であって、「現行法の規定の足らざるところを補う形の新しい規定になる」（第１回議事録９頁）ものである。

　そして、それぞれの速度についての表現が異なっているのは、２条４号の場合には、「加害者側がそれを惹起するという立場にあることから、重大な交通の危険を『生じさせる』速度と書いている」のに対し、２条５号では、「被害者車両は、通常の走行をしてきたところ、加害者によって、そのような危険な事態に陥らせられるという立場にあり、被害者側が危険を『生じさせる』のではなく、加害者の行為に起因して結果として、被害者の速度によって重大な交通の危険が生じることとなりますので、そのニュアンスの違いを表すものとし

て、若干文言を変えているものでございます。」（第1回議事録10頁）と説明されている。

2　そこで、「重大な交通の危険が生じることとなる速度」とは、実際のところ、時速何キロメートル程度を指すのかということが問題となるが、これは2条4号の「重大な交通の危険を生じさせる速度」と基本的に同じと考えてよい。

　　立法者は、その速度について、「通行妨害目的を持つ加害者車両が、被害者車両の前方で停止するなど、被害者車両に著しく接近することとなる方法で自動車を運転した場合に、被害者車両が加害者車両と衝突すれば大きな事故を生じることとなると一般的に認められる速度、あるいは、被害者車両が加害者車両の動作に即応するなどしてそのような大きな事故になることを回避することが困難であると一般的に認められる速度」（第1回議事録6頁）を意味するとしている。

　　極めて抽象的な説明だが、実際のところ、「重大な交通の危険を生じさせる速度」の場合と同じように、時速約20キロメートルというのが一応の目安になると考えてよいと思われる（もっとも、この速度以下では、「重大な交通の危険を生じさせる速度」に該当しないという意味ではない。詳しくは、本書356頁以下参照）。

3　また、そのような速度が出る場合は、人では考えられず、したがって、2条4号が、「人又は車」としているのに対し、2条5号では、妨害目的の部分も、進路を妨害する対象も、いずれも「車」だけに限定している。ちなみに、ここでいう「車」とは、「四輪以上の自動車、自動二輪車、原動機付自転車、軽車両等、道路上を通行する車全般を意味します。」（第1回議事録6頁）とされている。

4　さらに、妨害行為としては、Ⓐ自車を「走行中の車の前方で停止」させる場合のほか、Ⓑ「その他これに著しく接近することとなる方法」によることとなる。

　(1)　Ⓐは、文字どおり、自車を停止させる行為そのものであるが、ただ、ここでいう「停止」というのは、ただ「停止」しているというのではなく、この条文の「停止し、その他これに著しく接近することとなる方法で自動車を運転する行為」という文脈の中で捉えるべきもので、この「停止」という行為

は、「その他」以下の「運転する行為」と同質的な行為であると理解すべきであるとされている（第1回議事録17頁）。

　つまり、「現実に走行している段階から減速し、停車に至るという一連の運転が『停止』に該当するのであり、逆に申しますと、継続的に駐停車し続ける行為は、これに該当しない」（同上）と考えるべきであるのです。別の言い方をすれば、走行している状態から止まる行為を指しているのであり、停止を続けることは、運転行為としての停止に当たらないと考えられております。したがって、「他の車両にとって通行妨害になり得ることを十分に分かった上で、違法に路上駐車をし続けた結果、それから数分後、数十分後に衝突事故が起きたとしても、本罪は成立しない」ということになることには注意しておかなければならない（同上）。

　なお、「前方」とは、2条4号の「直前」よりも距離が長いという意味である。ただ、どの程度の距離をもって「前方」の範囲を区切るかは具体的な事案によることとなり、車の走行速度、見通し勾配等の道路状況により判断すべきである（濱田立「令和2年6月改正に係る通行妨害目的型の危険運転致死傷罪について」警察公論2021年4月63頁）。

(2)　⑧については、「被害者車両の走行速度や位置関係等を前提とした場合に、加害者の運転行為がなされることにより、両車両が著しく接近することとなる方法」（第1回議事録6頁）であるところ、その②の例として、「被害者車両と同一の車線の前方を走行する加害者車両が急減速すること、第一通行帯に停止していた加害者車両が、第二通行帯を走行してきた被害者車両が自車を追い越していく寸前に発進して、自車前部を被害者車両が走行する第二通行帯にはみ出させることなどが、この方法に該当すると考えています。」（同上）と説明されている。

(3)　さらに、2条5号の妨害行為は、「被害者車両の有する速度が一定程度以上であるがために、加害者車両が、被害者車両に接近していくという類型」であることから、「言わば加害者のコントロール下にない被害者車両が、その速度ゆえに加害者車両に近付いていくという関係」にあって、「そうした行為の特質等に鑑みますと、通行妨害目的での加害者車両の運転行為が行われた場合には、実際に被害者車両に著しく接近する前の段階であっても、そのまま走行すると著しく接近することとなるのであれば、被害者車両として

は急ブレーキを踏むなどして、加害者車両との衝突を回避できない可能性が高く、重大な死傷結果を生じる危険性が類型的に高いと考えられますし、また、結果的に加害者車両に著しく接近しなかったとしても、被害者車両が衝突を回避しようとして、ハンドルを急転把するなどして、ガードレールに激突するなど、死傷結果が生じる危険性が類型的に高いと考えられ」ることから、このようなことを考慮して、2条5号は、2条4号と異なり、「『著しく接近することとなる方法で』との要件を定めることとしている」(第1回議事録11頁) と説明されている。

したがって、2条5号では、「現実に接近することまでは必要ではなく、通常の事態が進展するならば、被害者車両が行為者の車両に著しく接近することが十分にあり得る状況における運転行為を実行行為」(第1回議事録11頁) として捉えているものである。それゆえ、「現実には著しく接近していない段階であったとしても、例えば、行為者が通行妨害目的で自車を停止させたところ、被害者車両がある程度接近はしていますが、なお著しく接近するに至らない段階において、行為者の急な停止行為に動揺し、衝突回避をしようとして、ハンドル操作を誤って自損事故を起こすという事例」についても、2条5号に該当すると考えられるとしている (第1回議事録11頁)。

また、2条4号と2条5号を比較した具体例として、先の(2)で述べた例を更に詳細に説明したものとして、「例えば、被害者車両が時速60キロメートルで、片側2車線の道路の第二通行帯、追い越し車線に相当するようなところを走っていったときに、加害者車両が歩道寄りの第一通行帯の方をゆっくり走っていて、そうした状態で、被害者車両が加害者車両を追い越すタイミングで、通行妨害目的で、あえて第二通行帯の方にハンドルを切って車の前部をはみ出させる、あるいは完全に第二通行帯の方に入るということをした場合には、現行の第2条第4号の適用対象とはならないと考えられます(下線は筆者による。)。他方で、そのように被害者車両がかなりの速度で走行しているときに、加害者車両が低い速度で突然入るようなことがありますと、衝突によって重大な交通の危険を生じさせる、あるいは被害者車両として、それを避けるためにハンドルを切ったりして、ガードレールに突っ込んだりするというような危険性が非常に高いといえると考えておりまして、そこで考えられる危険性というのは、やはり第4号で想定している危険性と類型的

〔2〕第3章　妨害行為等による危険運転致死傷罪の成否

に見て同程度のものといえますので、そのような事例が考えられるのではないかと思います。」（第1回議事録16頁）と述べられている。

5　さらに、主観的要件のうちの「車の通行を妨害する目的」であるが、これも2条4号の妨害目的と同様であり、前述したように、相手方に自車との衝突を避けるために急な回避措置を採らせるなど、相手方の自由かつ安全な通行の妨害を積極的に意図することをいう。

　　ただ、この場合、その相手方というのは、このような目的がある限り、特定の車の通行を妨害するまでの意図は必要ではないと考えられている。例えば、「加害者が自車の後方を走行している車の存在を認識していない場合であっても、そのような車がいるのであれば嫌がらせをしようと考えて急停止をする場合には、通行を妨害する目的の要件を満たす」ことになる（第1回議事録14頁）。

　　また、主観的要件のうちの故意について、2条5号の罪では、行為の客観面である「走行中の車（重大な交通の危険が生じることとなる速度で走行中のものに限る。）の前方で停止し、その他これに著しく接近することとなる方法で自動車を運転すること」が故意の対象となる。したがって、加害者は、実行行為の時点で、走行中の車を認識している必要があるが、その認識の程度としては、通常の故意と同じく、未必的なもので足りると考えられている（第1回議事録14頁）。

　　要するに、これら故意と目的を併せて説明すれば、加害者車両の後方を走っている車が存在するかもしれないと思ったものの、存在するのであればその車に嫌がらせをしてやろうと考えて急停車したような場合には、被害者車両の存在については未必的な故意があり、妨害目的も上述したように存在するということになる。

6　本問では、甲の行為は改正法の2条5号に明らかに該当しよう。

令和2年の法改正により追加された規定に関する妨害行為（その2）

　前述したように、妨害行為による危険運転致死傷における運転行為における「重大な交通の危険を生じさせる速度」は時速約20キロメートルを基準とするものの、事故時においてその速度が要求されているわけではなく、「運転行為」をしている時に、その速度が出ていれば足りるわけである。

　ところが、この妨害行為としては、加害者が、進路変更により、被害者車両の前方に入った場合でもよいのであるが、その際でも、別の進路に進入する際の速度が「重大な交通の危険を生じさせる速度」に該当すれば、これまでの2条4号が適用できる場合もあると思われるが、その進入速度がそれほど早くなく、そして、速度がさほど出ていない間もなくのうちに、停止した場合には、やはり2条4号の適用は無理ということがあり得るであろう。

　そして、上記同様の行為を高速道路上で行った場合には、たとえ上記のように加害者車両に衝突しなくても、停止させられたり、徐行させられたりするだけで、後続の他の車両から衝突される危険が増すわけであり、その結果、実際に他の車両から追突等されて負傷した場合なども保護の対象としなければならないと考えられたのである。この場合も、前記同様に、加害者車両には「重大な交通の危険を生じさせる速度」が出ていないことから、2条4号の適用はできなかったのである。

　しかしながら、「こうした行為は、被害者車両の走行速度や周囲の交通状況等によっては、重大な死傷事故につながる危険性が類型的に高く、現行の危険運転致死傷罪に規定されている行為と同等の当罰性を有するものと考えられ」（第1回議事録5頁）ることから、改正に至ったと説明されている。

Case 5

　甲は、大型貨物自動車を運転して高速道路を走行していたところ、渋滞のため走行車線はノロノロ運転の状態になっていた。ところが、追越車線はすいており、右後方から、同車線を高速度で走行して来る乙の普通乗用自動車を発見した。ところが、この車両は、甲がかねてより欲しかった外車の高級車であったことから、これで走行してきた乙を腹立たしく思い、乙の運転を妨害してやろうと考えた。そこで、ノロノロ状態でほぼ停止していた自車の右前部を、追越車線を走ってきた乙運転車両の進路前方に突き出した。すると、乙は、これに驚いて右にブレーキを踏んで自車を停止させたところ、後方から来た丙運転の大型貨物自動車に追突されて、乙は重傷を負った。甲の刑責は？

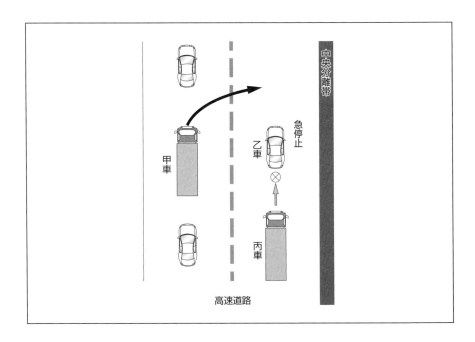

前述したように、令和２年の自動車運転死傷処罰法の改正により、新たに同法２条６号が設けられ、

> 高速自動車国道（高速自動車国道法第４条第１項に規定する道路をいう。）又は自動車専用道路（道路法第48条の４に規定する自動車専用道路をいう。）において、自動車の通行を妨害する目的で、走行中の自動車の前方で停止し、その他これに著しく接近することとなる方法で自動車を運転することにより、走行中の自動車に停止又は徐行（自動車が直ちに停止することができるような速度で進行することをいう。）をさせる行為

との規定が追加され、これらの規定は同年７月２日より施行された。

　以下、この条文の解釈等について解説する。

1　まず、２条６号が設けられるに至った立法理由であるが、「高速自動車国道や自動車専用道路においては、自動車を駐停車させること自体が原則として禁止されており、加害者車両が、通行妨害目的で、走行中の被害者車両の前方で停止するなど被害者車両に著しく接近することとなる方法で自動車を運転し、被害者車両を停止又は徐行させた場合には、そのような道路を走行中の他の運転者としては、そのような事態を想定して回避措置を採ることが通常困難であるため、後続の車両が追突するなどして死傷の結果が発生する危険性が類型的に高いことから、こうした行為を実行行為として捉え、よって人を死傷させた場合も、危険運転致死傷罪の対象としようとするもの」である（第１回議事録６頁）。

2　この２条６号では、自転車等の軽車両が高速自動車国道又は自動車専用道路を走行することは想定されないことから、通行妨害目的について、２条５号では、「車の通行を妨害する目的」とされているのに対し、２条６号では、「自動車の通行を妨害する目的」となっている（第１回議事録６頁）。また、「通行を妨害する目的」の意義は、先に述べた２条４、５号の場合と同じである。

3　そして、２条６号が適用されるための場所であるが、これは、高速自動車国道又は自動車専用道路である。

⑴　前者の「高速自動車国道」とは、そのかっこ書きにも書いてあるように、高速自動車国道法第４条第１項で規定されているものであり、すなわち、

> 高速自動車国道とは、自動車の高速交通の用に供する道路で、全国的な自動車交通網の枢要部分を構成し、かつ、政治・経済・文化上特に重

要な地域を連絡するものその他国の利害に特に重大な関係を有するもの
で、次の各号に掲げるものをいう。

　⑴　国土開発幹線自動車道の予定路線のうちから政令でその路線を指定
　　したもの

　⑵　〔略〕

と規定されているところ、そこでいう政令は、「高速自動車国道の路線を指
定する政令」であるところ、同政令によれば、関越自動車道、常磐自動車
道、中央自動車道、第一東海自動車道（通称「東名高速道路」）、近畿自動車
道などが挙げられている。

⑵　次に、後者の「自動車専用道路」についても、そのかっこ書きに書いてあ
るように、道路法第48条の４で規定されているものであり、同条の柱書に
は、

　　　　第48条の２第１項又は第２項の規定による指定を受けた道路又は道路
　　　の部分（以下「自動車専用道路」という。）

として、自動車専用道路を規定している。

　　そして、この道路法48条の２第１項本文では、

　　　　道路管理者は、交通が著しくふくそうして道路における車両の能率的
　　　な運行に支障のある市街地及びその周辺の地域において、交通の円滑を
　　　図るために必要があると認めるときは、まだ供用の開始（中略）がない
　　　道路（高速自動車国道を除く。）について、自動車のみの一般交通の用
　　　に供する道路を指定することができる。

と規定されており、道路管理者によって、首都高速道路や阪神高速道路など
がこれに指定されている。

⑶　そして、このような高速自動車国道や自動車専用道路に限定した理由とし
ては、一般道においては、車両の運転者にとって、その進路上で他の自動車
が停止又は徐行している事態は十分に想定し得ることから、２条６号に規定
される実行行為によって、被害者車両を停止又は徐行させた場合であって
も、重大な死傷結果が生じる危険性が類型的に高いとはいい難いと考えられ
る（第１回議事録20頁）に対し、高速自動車国道等では、「これらの道路に
おいては、自動車を駐停車させること自体が原則として禁止されており、こ
れらの道路を走行する者は、その進路上で他の自動車が停止又は徐行してい

るという事態を想定しているわけではないことから、加害者が、通行妨害目的で、自己の運転する自動車を被害者車両の前方で停止させるなど、被害者車両に著しく接近することとなる方法で運転し、これにより、被害者車両を停止又は徐行させた場合には、これらの道路を走行中の他の運転者としては、そのような事態を想定して回避措置を採ることが通常困難であるため、走行中の第三者車両が加害者車両又は被害者車両に追突するなどして重大な死傷結果が生じる危険性が類型的に高く、このような加害者の運転行為は、現行の危険運転行為と同等の危険性・悪質性を有すると考えられます。」（第1回議事録19頁）として、一般道と比較して、高速自動車国道等の路上で、他車に停止又は徐行をさせる行為の危険性が理由となっていることが説明されている。

　したがって、2条6号では、高速自動車国道及び自動車専用道路における行為のみを危険運転致死傷罪の対象とするのである。

4　そして、実行行為としては、「走行中の自動車の前方で停止し、その他これに著しく接近することとなる方法で自動車を運転すること」については、2条5号と基本的には同じでありますが、2条6号では、さらに、そのような運転行為により、「走行中の自動車に停止又は徐行（自動車が直ちに停止することができるような速度で進行することをいう。）をさせる行為」であることが要件として加えられており（なお、このような要件が追加されたことで、前段の「停止」という行為だけでは、2条5号の場合と異なり、未だ危険は生じていないので、その後、後続車が来て危険が現実化するまでのタイムラグが予定されていることになる（第2回議事録12頁））。

　このような要件が追加されたのは、「妨害相手を停止させることによって、その停止させられた被害者車両の後ろから追突車両、第三者車両が現れて、これに追突することによって、そういう状況に被害者車両を置くということを被害者車両を危険にさらす行為として捕捉するということでございます。（中略）接近するような形で被害者車両を停止させることによって被害者車両を危険にさらす、そこを危険運転行為として捕捉しようという考え方」（第1回議事録23～24頁）に基づくものである。

　そのため、危険にさらされるのは、停止等をさせられた車両のみならず、更にそこに追突する車両の危険も考えて規定されているものである（第1回議事

録24頁）。

　したがって、後続の車両と直接に衝突する場合などを想定した2条5号の場合とは異なることから、2条5号のように、「走行中の自動車」の速度として、「重大な交通の危険を生じさせることとなる速度」を直接的に要件としていないものの、ただ、この2条6号の「罪が予定している危険性というのは、周囲の車両が重大な交通の危険が生じることとなる速度を出しているということを前提として考えているということです。」（第1回議事録23頁）とされ、2条6号が、2条4号及び5号と「同じ法定刑で臨んでおりますので、そういう意味では、周囲の車両は、そのような速度で衝突すれば、重大な死傷結果が生じたり、あるいは回避措置困難であるような速度で走行していることによって生じている危険性であるという趣旨でございます」としている（同上）。

5　もっとも、このように被害者車両に速度要件がないことから、例えば、高速道路上で渋滞が発生し、のろのろ運転によって各車が進行していた際に、妨害目的をもってブレーキを踏んで、後続車両が停止し、それに更に、その後ろから来ていて車両がごつんという感じで追突したような場合にも、2条6号が成立するのかという問題が生じることになる。

　この点について、立法者は、「高速自動車国道又は自動車専用道路であっても、渋滞中で、他の走行車両が徐行や停止を繰り返しているというような場合には、通行妨害目的で、自己の運転する自動車を被害者車両の前方で停止させるなど、被害者車両に著しく接近することとなる方法で運転し、これにより、被害者車両を停止又は徐行させたとしても、重大な死傷の結果が生じる危険性が類型的に高いとはいい難いのではないかと考えられます。したがいまして、そのような行為によって、人に死傷結果が生じたとしても、（中略）実行行為が予定している危険性が現実化したものとはいい難いために、当該行為と死傷結果との間の因果関係が認められないこととなって、この危険運転致死傷罪の処罰の対象とはならないと考えているところでございます。」（第1回議事録21頁）と説明していることに注意する必要がある。

　また、別の言い方で、「この罪が予定している、どういう危険性を捉まえようとしているかということでいいますと、やはり通常止まっていないところから生じてくる危険性を実行行為として捕捉しようとしているわけですので、我々の今の考え方としては、因果関係の判断の中で、危険の現実化として、こ

こで予定している実行行為の危険性というのは、そういったほかの通行車両も、重大な交通の危険が生じることとなる速度で走行している、そういうことによって生じてくる危険が現実化したという場合でなければ、事実認定のところですけれども、因果関係が認められないということによって、外れてくるのではないかというふうな考え方を持っています。」（同上）とも説明されている。

　さらに、2条6号の「処罰の根拠は、一般的には前方車両の停止・徐行が想定されない状況において、想定に反するかたちで、走行中の車両に停止・徐行をさせた場合、他の車両が衝突を回避することが困難であり、類型的に生命に対する危険性をはらむという点に求められると考えますと、渋滞しており、前方車両の徐行・停止が十分に想定され得る状況については、衝突回避が困難な類型的状況とまではいえず、実質的な根拠を欠くことから、この場合には、本罪の成立を否定すべき場合があるという結論については賛成したいと存じます。（中略）現在の判例通説は、実行行為の危険が現実化した場合に因果関係を肯定するという立場であると理解しております。この立場からは、実行行為に内在している危険性が、具体的に因果経過及び結果発生として現実化することが必要であると解されます。具体的に申しますと、前方車両の停止・徐行が想定できない状況であるにもかかわらず、走行中の自動車を停止・徐行させ、他の車両の対応が困難な状況を設定することが本罪の実行行為の危険性であり、このような危険性が現実に実現したことが必要であると考えますと、このような状況が現実に生じていない場合については、実行行為に内在する危険が実現していないという意味で、因果関係を否定する理解もあり得ると思います。」（第1回議事録21～22頁）と説明されている。

　つまり、立法者の考え方は、渋滞によるのろのろ運転であっても、2条6号の構成要件は満たし、ただ、危険運転致死傷罪が成立するための各号の行為と、柱書に記載のある「よって、人を負傷させ」との要件である、「よって」に該当する因果関係が存しないとするものである。平たくいえば、渋滞の中で、妨害目的をもって、急ブレーキを掛けたとして、それで直後を走っている車両が停止しても、更に、その後の車両が追突をするのは、急ブレーキを掛けたことによって生じたものとしては認められないということである。いわば、渋滞の中で生じたそのような妨害行為があっても、その後の追突は、高速度で

走行してきたわけではないので、やはり追突をした運転者の過失によるところが大きく、刑事法的な因果関係の観点からは、妨害目的をもった急ブレーキを掛けた運転者の行為に起因するものとまでは認められないという理解でよいのだと思われる。

6　そこで、実際に、この２条６号の事例としてどのようなものが考えられるかについては、「例えば、高速自動車国道のサービスエリアの駐車場で、２台の車がそれぞれ駐車場から出発しようとする際にトラブルになって、両車両とも、重大な交通の危険を生じさせる速度に至らない、ゆっくりした速度で、そのままトラブル状態で本線車道の方に向かって、前後に連なって走行していったとします。そのまま本線車道に進入していって、そのうちの一方の車両、これが加害者側の車両ということになりますが、これがその後も、あえて加速せず、重大な交通の危険を生じさせる速度に至らないまま、他方の車両である被害者車両の前を走行し続けて、この被害者車両もまた、重大な交通の危険が生じることとなる速度に至らない、ゆっくりした速度で走行していたところ、この加害者車両の運転手が通行妨害目的で急ブレーキを踏んで停止したために、その後ろにいた被害者車両の方もブレーキを踏んで、加害者車両に著しく接近させられて停止し、そこに後方から時速80キロメートルで走行してきた第三者車両が追突して、被害者車両の運転手等が死亡した、というようなケースが考えられると思います。」（第１回議事録26頁）といった具体例が挙げられている。

6 本罪について共同正犯が認められる場合

　妨害行為による危険運転致死傷罪は、これが危険運転致死傷罪の一類型とされる以前は、暴行罪（人の死傷の結果が発生しなかった場合）や傷害罪（人の死傷の結果が発生した場合）によって処罰されていた。
　そのため、この妨害行為による危険運転致死傷罪についても、通常の故意犯と同様に共同正犯が認められる場合があるのかどうか検討する必要がある。

Case 6

　A車の助手席に乗車していた甲は、運転者の乙とともに、自動二輪車を運転する丙に嫌がらせをすることとし、同車に幅寄せをして、同車の中心線から約90センチメートルの位置まで接近した上、甲はA車の助手席の窓から身を乗り出して木刀を振り回し、木刀で同二輪車の後部を叩くなどしていたところ、丙は運転を誤って歩道の縁石に自車前輪を接触させて転倒し、傷害を負った。甲の刑責は？

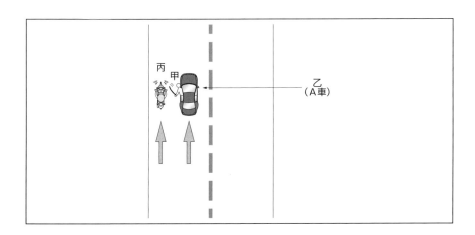

314 〔2〕第3章　妨害行為等による危険運転致死傷罪の成否

　これは前出平成22年1月7日名古屋地裁判決の事案を参考にしたものである。

1　共同正犯の成否
　本設例では、甲は運転者ではない。しかしながら、運転者乙と意思を通じて、丙に嫌がらせをするために幅寄せをし、更に、甲自身で助手席の窓から身を乗り出して木刀を振り回すなどしている。
　この場合、自動車の運転者ではない甲も、妨害行為による危険運転致傷罪の共同正犯として、その責任が問われることはないのであろうか。
　そこで、まず、共犯理論について確認しておくこととする。

(1)　共同正犯とは
　そもそも、共同正犯とは、二人以上の者が、一個の犯罪を共同して実現する意思の連絡のもとに、各人が実行行為の一部を分担して犯罪を実行した場合をいう（大コメ刑法〔第2版〕第5巻99頁）。
　この共同正犯のポイントは、他人と犯罪を共同実行した者は、各自がそれぞれ惹起した結果ばかりでなく、他の共同者が惹起した結果についても責任を問われるという点にある。この共同正犯の場合に、なぜ他の分担者の行為

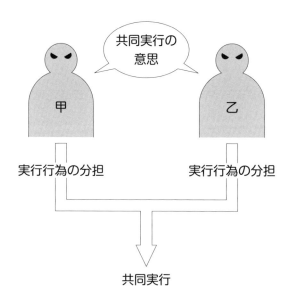

についても責任が問われるのかというと、例えば、甲と乙による共犯関係が問題となる場合に、甲の実行行為は、甲自身の実行行為であると同時に、乙の実行行為として評価されるため、乙は甲の実行行為についても責任を問われるのであるし、その逆も同様である。そして、そのような評価がなされるのは、それら各自の実行行為をすることにつき、甲乙間に意思の連絡が存するからである。その結果、甲の実行行為は、自己の単独の意思だけに基づいて行為するのではなく、乙の意思をも併せ実現するものにほかならないがゆえに、甲自身の実行行為であると同時に、乙の実行行為たる性質も持つことになるからである（同上101頁）。

　つまり、共同正犯の構成要件行為は「共同実行」することであり、この共同実行とは、客観的な「実行行為の分担」と主観的な「共同実行の意思」が必要である。そして、この共同実行の核心部分で、重要なのは共同実行の意思である（同上113頁）。

(2)　共同実行の意思とは

　そして、この「共同実行の意思」とは、二人以上共同して、ある構成要件に該当する事実を実現しようとして通じ合う意思のことである（同上131頁）。したがって、他の実行者と共同して行う意思でなければならず、つまり、ある犯罪を行うに際して、各行為者が相互に依存し、協力して犯罪を実現しようとする意思の連絡がなければならない。それゆえ、他人の行為を傍観又は認識しているだけでは、共同実行の意思があるとは認められないことになる。

　なお、この共同実行の意思は、相互的なものでなければならないが、必ずしも明示的に行われる必要はなく、黙示的になされるものであってもよく、行為者間の暗黙の連絡で足りると考えられている。

(3)　共同実行の事実が必要

　さらに、共同正犯が成立するための客観的要件として、客観的行為の分担、つまり、「共同実行の事実」が必要であるが、この「共同実行の事実」とは、二人以上の者が共同して実行行為を行うことをいう（同上143頁）。すなわち、各人が実行行為そのものを分担し、互いに他の共同者の行為を利用

し合い、協力して特定の犯罪を実現したということである。

このように二人以上の者の行為が、相互に他の共同者の行為を利用し合い、補充し合う関係において、全体として刑法的評価の対象となるところに、共同正犯の特色が見られる。

(4) 実行共同正犯

ただ、共同実行の事実には、二つの態様があり、その一つは、実行行為、すなわち、構成要件該当事実の実行行為を分担した場合で、実行共同正犯と呼ばれるものである。具体的には、自動車盗を例にとると、甲が自動車の鍵を壊してドアを開け、乙が同車に乗り込んで運転し、それをよそに運び出すという場合、甲及び乙は、当該自動車に対する窃取行為を分担しており、実行行為を分担して共同実行しているものといえる。

(5) 共謀共同正犯

これに対し、二人以上の者が特定の犯罪を行うため、共同意思のもとに一体となって、互いに他人の行為を利用し各自の意思を実行に移す謀議をなし、これら共謀者のうちのある者が共同の意思に基づいて実行した場合を、共謀共同正犯という。この場合、直接的には実行行為に及ばなかった者であっても、上記謀議により共同正犯の責任を負うことになるものである。

つまり、共謀共同正犯は、二人以上の者がある犯罪の実行を共謀し、共謀者のうちのある者が共謀に係る犯罪を実行したときは、現実には実行行為を行わなかった他の共謀者もまた刑法60条の共同正犯として処罰されるとするものである。

そして、そのように現実に実行行為に及ばない者についても共同正犯として刑責を負わせる必要があるのは、刑事政策的にみれば、特に集団的組織的犯罪の場合、自らは背後にあって策を弄し、謀議に主導的な役割を演じながら、実行には参加せず、他の者に実行を任せて犯罪の目的を達するという黒幕的人物もいるわけで、これらの人物を単に実行に直接参加しなかったというだけの理由で、教唆犯ないし幇助犯に止めるのは、実質的正義に反することから、ここに共謀共同正犯を認めようとする実質的理由があるとされている（同上265頁）。

そして、この概念は、判例上確立したものとなっている（**昭和33年５月28日最高裁判決**（**刑集12巻８号1718頁**）いわゆる「練馬事件」判決）。

(6) 共謀共同正犯の成立要件

共謀共同正犯の成立要件としては、客観的要件として、「二人以上の者が、ある犯罪の実現について共謀したこと」（謀議・共謀の存在）及び「その共謀者の中の一部の者がそれを実行したこと」（一部の者の実行）、主観的要件として、「共謀者が正犯意思を持つこと」（共謀者の正犯意思）である（同上304頁）。

ア　このうち、「謀議・共謀の存在」については、上記練馬事件判決でもその内容について判示されているが、更に細かく判示したものとして、**昭和43年３月21日最高裁決定**（**刑集22巻３号95頁**）が挙げられる。

同決定では、「共謀共同正犯が成立するためには、二人以上の者が、特定の犯罪を行なうため、共同意思の下に一体となって互いに他の行為を利用し、各自の意思を実行に移すことを内容とする謀議をなし、よって犯罪の実行をしたことを要し、右内容の謀議が成立したというためには、単に他人が犯罪を行なうことを認識しているだけでは足らず、数人が互いに他の行為を利用して各自の犯意を実行する意思が存することを要するけれども、実行者の具体的行為の内容を逐一認識することを要」しないとしている。

イ　また、「一部の者の実行」であるが、誰かしらの実行行為があれば足りるということである。共謀共同正犯が認められる実質的な価値がここにあるのであるが、客観的な実行行為が謀議に参加した者のうちの誰かによりなされ、当該目的とする犯罪が実現されれば、他の者の実行行為は要しないこととなる。

ウ　さらに、「共謀者の正犯意思」であるが、これが共同正犯である以上、その主観的要件として、当該共謀者において、たとえ一部の者に実行させるにしても、それが自己の犯罪であると認識していること、すなわち、自

らが正犯であるとの意思を持つことが必要である。

2 このような共謀共同正犯が本設例において認められるのか

　この点について、本件名古屋地裁判決は、「本件の『タチワル』行為（筆者注：被告人らによる一連の嫌がらせ行為を指す。）は、甲が遊び感覚で暇つぶしのために乙に持ちかけたものであって、甲及び運転者の乙は、『タチワル』行為の意味をよく認識した上で、その意思を相通じたものであるから、通行妨害目的で、車に著しく接近することについて、事前共謀の成立は優に認定することができる。しかも、甲は、運転自体を実行していないとはいえ、単なる同乗者ではなく、Ａ車の後部座席に積んであった木刀を左手に持ち、助手席の窓から身を乗り出し、「邪魔だ、どけ。どこのやつだ。」などと叫びながら、木刀を振り回し、木刀で本件二輪車の後部をたたき、本件二輪車の運転者が顔見知りであることに気付くまでＡ車から身を乗り出していたことが認められるから、甲は『タチワル』行為を積極的に分担し、本件二輪車の通行の危険を生じさせる上で重要な関与行為に及んでいる。そうすると、甲に運転者乙との危険運転致傷罪の共謀共同正犯が成立することは明らかである。

　これに対し、弁護人は、①甲に乙と同程度の重要性を持つ関与行為は認められないし、②甲は危険なあおり行為、幅寄せをする認識に欠け、死傷の結果が生じることの予見可能性もないので、危険運転の共謀をしたとは認められない旨主張する。しかし、①の点については、甲は、『タチワル』行為に及び、運転行為に匹敵する重要な役割を果たしたというべきである。また、②の点についても、（中略）甲らには危険なあおり行為や幅寄せをする認識がある上、傷害の結果について予見可能性があったこともたやすく否定できない（結果的加重犯である危険運転致死傷罪においては、結果の予見可能性は必要でないと解するのが相当である。）。したがって、弁護人の主張は採用し得ない。

　結局、甲は、乙と共謀の上、本件二輪車の通行を妨害する目的で、乙において、通行中の本件二輪車に著しく接近し、かつ、重大な交通の危険を生じさせる速度である時速約40キロメートルでＡ車を運転し、よって、丙に傷害を負わせたことが十分に認められるから、甲には危険運転致傷罪の共謀共同正犯が成立する。」と認定した。極めて妥当な判断というべきであろう。

逃走目的で対向車線上を走行した場合、「人又は車の通行を妨害する目的」が認められるか

　被疑者が逃走を目的として対向車線を走行した場合、幅寄せ等による妨害行為の場合とは異なって、被害者車両である対向車両に対して積極的に進路妨害をしてやろうなどという意図は、一般的には存しないであろう。そこで、そのような状況下での対向車線を走行しての追越し行為に、通行を妨害するという目的が存したといえるのか検討を要する。

　また、対向車線上で対向車両に気付き、急停止した直後に正面衝突したような場合には、「重大な交通の危険を生じさせる速度で自動車を運転し」たことになるのかという点も検討しなければならない。

Case 7

　Ａ車の運転者甲は、パトカーに追跡されて逃走していたものであるところ、進路前方に停止車両があったため、パトカーを振り切るために、これを避けて対向車線上に進出し、同車線上を時速約50キロメートルで逆走したところ、対向してきたＢ車と正面衝突し、同車の運転者乙を負傷させた。

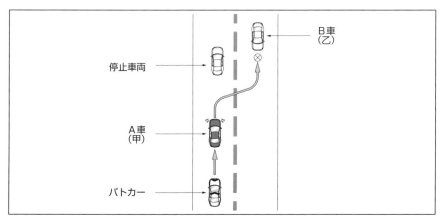

Case 7-1

この場合の甲の刑責は？

まず、甲の刑責を考えるに当たり、この「人又は車の通行を妨害する目的」については、「積極的意図が必要であるので、相手が急な回避措置をとることについて未必的な認識・認容では足りない。そこで誤って走行車線を変更して他の車両の直前に進入したために衝突した場合や、交差点で直進車両の前を横切って右折する際に、『場合によっては当該車両に急ブレーキを踏ませることになるかもしれない』と認識していた程度では、通常、『通行を妨害する目的』が認められないことが多いものと考えられる。」（大コメ刑法〔第2版〕第10巻512頁）と解されていることから、逃走のために対向車線を走行する場合、この目的の要件を満たすことになるのかどうかが問題となる。

そこで、その妨害目的を認定して、この危険運転致死傷罪の成立を認めた松山地裁判決及び広島高裁判決の2つの事案を紹介し、その上で、近時の東京高裁判決を更に紹介することとしたい。

1 平成20年11月28日松山地裁判決（裁判所ウェブサイト）

この事案は、飲酒運転による交通事故を起こした被告人が、事故現場から逃走していたところ、片側車線の車道幅員約3メートルの道路において、普通乗用自動車等4台の先行車両があったことから、これを追い越すため、対向直進してくる被害者運転の普通乗用自動車を前方約153.8メートルの地点に認めながら、時速約80キロメートル以上の速度で対向車線上にはみ出して先行車両の追越しを始め、対向直進してくる被害者運転車両に自車を著しく接近さ

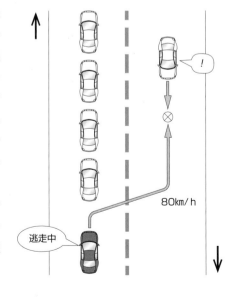

⑦ 逃走目的で対向車線上を走行した場合、「人又は車の通行を妨害する目的」が認められるか　*321*

せ、道路左端に避譲しようとした被害者運転車両右側面に自車前部を衝突させた上、そのまま被害者運転車両前部に正面衝突したという事案である。

　この事案においては、妨害目的の有無が争点となり、その点に関し、同判決では、「被告人は、比較的近接した地点で対向進行してくる被害者運転車両を認めたにもかかわらず、自車走行車線に先行車両が4台連なる状況で、反対車線にはみ出し、時速約80キロメートルもの高速度で追越しを開始したのであり、その行為は、客観的に認められる道路状況からして、被害者運転車両に対し、急制動や急転把などの被告人車との衝突の危険を回避する措置をとらせることを余儀なくさせるものであり、被害者運転車両の自由かつ安全な通行を妨げるものであることは明らかである。」とした上で、「被告人は、被害者運転車両との衝突を意図していたものではないにせよ、自らの走行が、被害者運転車両の自由かつ安全な通行を脅かす危険なものになることを十分理解しながら、逃走目的を達成するためあえてその行為に及んだのであって、結局、被害者運転車両の通行を妨害する積極的な意図を有していたものと認められる。」として、妨害行為及びその目的も認定した。

2　平成20年5月27日広島高裁判決（高検速報（平20）236号224頁）

この事案は、被告人が、普通貨物自動車を運転し、酒気帯び運転の発覚を免れるため、追尾してきた警察車両から逃れようと考え、そのため、反対車線を時速約70から90キロメートルで逆行していたところ、対向直進してきた被害者運転に係る大型貨物自動車の前方約24.9メートルの地点まで著しく接近し、同人に衝突の危険を感じさせて左にハンドルを切らせたものの、同車右前部に自車前部を衝突させ、被害者運転車両を左斜め前方に逸走させてその左前部を道

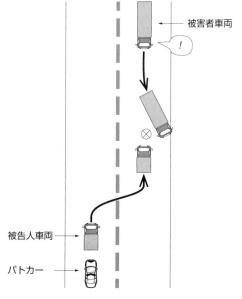

路左側の縁石に衝突させたというものであった。

この事案でも、上記の事案同様、専ら妨害の目的が存したといえるかどうかが争点となった。

この点につき、同判決は、「被告人は、警察車両の追跡から逃れるため、逆行を継続することにより、対向車両が被告人車と衝突する危険を生じさせるとともに、逃走を続けるために、対向車両に対し被告人車との衝突を避けるための措置を取らせることをも意図しながら、逆行を継続したものということができる。」と認定した上で、弁護人による「危険運転致傷罪が成立するためには、相手の自由かつ安全な通行を妨げることを積極的に意図することが必要であって、その未必的な認識では足りないとの解釈が立案担当者からも示されている（「刑法の一部を改正する法律の解説」法曹時報第54巻第４号71頁）と指摘した上、被告人の意思は、一貫して、警察車両から逃れることにあったのであり、被告人は、対向車両の自由かつ安全な通行を妨げることを積極的に意図していないから、被告人に人または車の通行を妨害する目的はなく、同罪は成立しない」旨の主張に対し、「確かに、被告人は、警察車両から逃れることを意図して、バイパスを逆行したものである。しかし、自動車専用道路であるバイパスを逆行すれば、直ちに対向車両の自由かつ安全な通行を妨げる結果を招くことは明らかであり、バイパスを逆行することと対向車両の自由かつ安全な通行を妨げることとは、表裏一体の関係にあるというべきである。また、上記認定事実に照らせば、被告人が、警察車両の追跡から逃れるため、バイパスを逆行することを積極的に意図していたことは明らかである。そして、バイパスを逆行することを積極的に意図していた以上、被告人は、これと表裏一体の関係にある対向車両の自由かつ安全な通行を妨げることをも積極的に意図していたと認めるのが相当である。」と判示したものである。極めて正当な判断であると思われる。

上記２つの裁判例によれば、対向車線を逆行することを積極的に意図していたのであれば、そこには表裏一体の関係となる対向車両の安全な走行を妨害する意図が積極的に認定され得るという論理で、また、自らの走行により対向車両の安全な走行を脅かすことを十分理解しながらあえてその行為に及んでいれば、そこには対向車両の通行を妨害する積極的な意図が認定できるとの論理で、それらの状況が認められる限り、妨害目的は認定できるということになる。

[7] 逃走目的で対向車線上を走行した場合、「人又は車の通行を妨害する目的」が認められるか　　323

3　平成25年2月22日東京高裁判決（判タ1395号368頁）

上記2つの判決より、さらに、その目的としての認識の内容について踏み込んだ判決として、この東京高裁判決が挙げられる。

(1)　この事案でも、被告人は、警察車両から追跡を受け、これを免れるために、片側1車線道路の右側部分を走行したものであるが、被告人は、同道路を対向進行してくる普通乗用自動車及びその後続車両を認めながら、前方を走行する自動車を追い越すために反対車線に進出し、同車線を時速約50ないし90キロメートルで走行し、上記対向進行してきた普通乗用自動車やその後続車両等に著しく接近し、それら車両運転者に衝突回避のための急制動措置を執らせ、その後続車両のうちの自動二輪車を転倒させて、その運転者を死亡させるなどしたものである。

(2)　この事案において、同判決は、「被告人が、車体の半分を反対車線に進出させた状態で走行し、（先行する）車両を追い抜こうとしたのは、パトカーの追跡をかわすことが主たる目的であったが、その際、被告人は、反対車線を走行してきている車両が間近に接近していることを認識していたのであるから、上記の状態で走行を続ければ、対向車両に自車との衝突を避けるため急な回避措置を取らせることになり、対向車両の通行を妨害するのが確実であることを

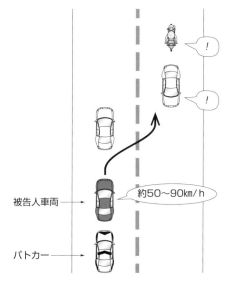

認識していたものと認めることができる。」として、まず、被告人の認識内容を確定した。

その上で、そのような認識と「人又は車の通行を妨害する目的」との関係について、「ところで、刑法208条の2第2項前段〔当時〕にいう『人又は車の通行を妨害する目的』とは、人や車に衝突等を避けるため急な回避措置をとらせるなど、人や車の自由かつ安全な通行の妨害を積極的に意図すること

をいうものと解される。しかし、運転の主たる目的が上記のような通行の妨害になくとも、本件のように、自分の運転行為によって上記のような通行の妨害を来すのが確実であることを認識して、当該運転行為に及んだ場合には、自己の運転行為の危険性に関する認識は、上記のような通行の妨害を主たる目的にした場合と異なるところがない（下線は筆者）。そうすると、自分の運転行為によって上記のような通行の妨害を来すのが確実であることを認識していた場合も、同条項にいう『人又は車の通行を妨害する目的』が肯定されるものと解するのが相当である。」と判示した。

　つまり、筆者において下線を引いておいた箇所の記載から明らかなように、自己の運転行為によって対向車線上の通行の妨害を来すのが確実であることを認識していた場合には、自己の運転行為の危険性に関する認識は、本条にいう「通行を妨害する目的」と異なるところがないとして、この目的の要件を満たすとしたものである。

(3)　これは、先の松山地裁判決及び広島高裁判決の見解をさらに推し進め、自己の運転行為によって通行の妨害を来すのが確実であることを認識していた場合には、自己の運転行為の危険性に関する認識は、本条にいう「通行を妨害する目的」と異なるところがないとして、この目的の要件を満たすとしたものである。

　別の言い方で述べれば、「通行を妨害する目的」が認められるためには、客観的な妨害行為についての確定的な認識が認められれば足り、それ以上の主観的な要件は求められないということである。

(4)　この目的に関し、「『通行を妨害する目的』が認められるためには、『積極的意図が必要であるので、相手方が急な回避措置をとることについて未必的な認識・認容では足りない』と解されていることから明らかなとおり、この目的要件は、未必的な認識・認容しか認められない場合を処罰の範囲から外すために設けられたものと解するのが相当である。つまり、『通行を妨害する目的』が認められるためには、客観的な妨害行為についての確定的な認識が認められれば足り、それを超える主観的超過要素は不要であると解される。そうすると、自己の運転行為によって上記のような通行の妨害を来すのが確実であることを認識していた場合には、正に、通行を妨害することを確定的に認識していたということができるのであるから、本判決の判断は妥当

なものと評価することができる。」（煙山明「刑法208条の２第２項前段にいう『人又は車の通行を妨害する目的』が肯定された事例」警察公論2014年６月号92頁）と理解するのが正当である（同旨・内田浩「運転の主たる目的と危険運転致死傷罪にいう『通行を妨害する目的』」ジュリ1466号172頁）。

(5)　ここで捜査上重要なこととして、上記のような確定的な認識は、対向車線上の走行を試みる者であれば、誰しも通常は有するものであることから、基本的に対向車線上の事故については、２条４号の妨害行為による危険運転致死傷罪の立件を考えて捜査すべきであるということである。

　　例えば、自己の進路上にたまたま障害物があったことから対向車線に出ざるを得なかったという事案でもなければ、対向車線上を走行する者は、パトカーや他の車両からの逃走による場合や、目的地への早期の到着を焦るなどして敢行することが多いと思われるが、それらいずれの場合であっても、対向車線上における自車の進行は、対向直進車両の進行を確実に妨害することになるとの認識はあるはずであるから、この点に関する供述の録取や、対向車線上の走行時間、走行距離、同車線の幅員等に照らして、妨害目的は認定できる場合が多いと思われる。したがって、対向車線上の事故は基本的に２条４号に該当するものと考えておく必要があるのである。

4　平成28年12月13日大阪高裁判決（裁判所ウェブサイト）

　本件の事案は、これまでの事案のように対向車線上を走行したものではないが、「人又は車の通行を妨害する目的」の解釈を更に広げる方向での解釈をしたものであることから、ここで紹介する。

(1)　本件事案の公訴事実の要旨

　　被告人は、平成24年９月９日午前４時33分頃、兵庫県加古川市内で、被告人車両を運転し、Ａ（当時17歳）が運転し、後部座席にＢ（当時15歳）及びＣ（当時17歳）が乗車している被害車両を追走中、被害車両の通行の妨害をしようと企て、その頃から同日午前４時35分頃までの間、最高速度が時速40キロメートルに指定されている道路を約1900メートルにわたり、警音器を吹鳴させながら、重大な交通の危険を生じさせる速度である時速60キロメートルないし95キロメートルの高速度で被告人車両を運転して被害車両を追い上げ、同車の後方約1.1メートルないし約30メートルまで著しく接近させると

〔2〕第3章　妨害行為等による危険運転致死傷罪の成否

ともに、被害車両と並走しようとして同車の右後方約55センチメートルまで被告人車両左側部を著しく接近させるなどし、Aに、被告人車両と同等以上の高速度で走行させ、的確な運転操作等を出来なくさせて、道路左側の縁石に被害車両を衝突させ、同車もろとも被害者らを路上に転倒させるなどし、よって、Aを死亡させ、Cに加療約2か月間を要する左腓骨骨折等、Bに加療16日間を要する左手関節捻挫等の傷害を負わせたというものである。

(2)　本件の事案の概要は、次のとおりである。

　ア　本件犯行当時、被告人は、被告人車両を、助手席にYを乗せて運転しており、一方、Aは、乗車定員2名、総排気量390ccのオートバイである被害車両を運転し、後部座席にB及びCを乗せていた。

　イ　被告人は、平成24年9月9日午前4時33分頃から同日午前4時35分頃までの間、指定最高速度時速40キロメートルで、追い越しのための右側部分はみ出し通行が禁止された片側1車線の県道を、約1.9キロメートルにわたり、クラクションを鳴らし、ヘッドライトをパッシングさせるなどしながら被告人車両を運転して被害車両を追走した。

　　そして、その際、時速約60キロメートルで被害車両を追走しながら、同車後方約1.1メートルに接近したり、同車と併走しようとして同車右後方約55センチメートルに接近したりした上、被害車両が加速すると、同様に加速して、時速約100キロメートルで走行する被害車両の後方約30メートルを時速約95キロメートルで追走した上、同車後方約3.9メートルないし約2.5メートルまで接近したりした。そして、被害車両が転倒する直前には、時速約60キロメートルないし65キロメートルで進行する同車後方を約5.8メートルに接近するなどしていた。

　ウ　上記のような被告人の行為により、Aは、運転を誤り、進行方向左側の歩道縁石に被害車両を接触させ、同車は、A、B及びCもろとも転倒した。

　エ　なお、上記県道は、上記約1.9キロメートルの区間において、比較的緩やかなカーブや直線が続く道路であり、特に、事故現場付近は比較的長い直線の後に緩やかに進行方向右側に湾曲するカーブが始まっており、その幅員は約10.2メートルであった。

(3)　このような事実関係の下、被告人の上記追い上げ、幅寄せ行為等が通行妨

害目的によるものであるかどうか問題とされた。

　そこで、そもそもこの通行妨害目的をどのように解するかがまず検討され、前述した**平成25年2月22日東京高裁判決**では、人や車の自由かつ安全な通行の妨害を積極的に意図する場合はもちろんのこと、そこまで至らずとも、自己の行為によって<u>通行の妨害を来すのが確実であることを認識していた</u>場合も含まれると解されるところ、本件大阪高裁判決の原判決である**平成28年2月2日神戸地裁姫路支部判決**（裁判所ウェブサイト）においても同様の解釈を採用して、被告人に自動車運転死傷処罰法2条4号の危険運転致死傷罪が成立するとした。

(4)　これに対し、本件大阪高裁判決は、「人又は車の自由かつ安全な通行を妨げることを積極的に意図して行う危険接近行為が極めて危険かつ悪質な運転行為であることはいうまでもないが、危険回避のためやむを得ないような状況等もないのに、人又は車の自由かつ安全な<u>通行を妨げる可能性があることを認識しながら、あえて危険接近行為を行う</u>のもまた、同様に危険かつ悪質な運転行為といって妨げないと考えられる。したがって、そのような場合もまた、通行妨害目的をもって危険接近行為をしたに当たると解するのが合目的的である。」とした。

　つまり、特段の事情などないのに、自由かつ安全な通行を妨げる可能性を認識して妨害運転行為に及べば、本罪の目的の構成要件を充足するとしているのである。上記東京高裁判決では、通行の妨害を来すのが確実であることを認識する必要があるのに対し、本件大阪高裁判決では、通行を妨害する可能性の認識で足りるとするのであるから、目的の構成要件を大幅に緩和したと評されるところである。

　ここまで目的の構成要件を緩和することの妥当性が問題となるが、本件大阪高裁判決では、「本件罪は目的犯とされているから、通行妨害目的の解釈も、目的犯における目的の解釈として合理的なものである必要があるところ、目的犯における目的の概念は多様であり、各種薬物犯罪における『営利の目的』のように積極的動因を必要とすると解されているものもあれば、爆発物取締罰則1条の『治安ヲ妨ゲ又ハ人ノ身体財産ヲ害セントスル目的』のように未必的認識で足りると解されているものもあり、さらに、背任罪における図利加害目的のように、本人の利益を図る目的がなかったことを裏から

示すものという解釈が有力なものもある。これを本件罪についてみると、本件罪において通行妨害目的が必要とされたのは、外形的には同様の危険かつ悪質な行為でありながら、危険回避等のためやむなくされたものを除外するためなのであるから、目的犯の構造としては、背任罪における図利加害目的の場合に類似するところが多いように思われる。そうすると、本件罪にいう通行妨害目的は、目的犯の目的の解釈という観点からも、人又は車の自由かつ安全な通行を妨げることを積極的に意図することのほか、危険回避のためやむを得ないような状況等もないのに、人又は車の自由かつ安全な通行を妨げる可能性があることを認識しながら、あえて危険接近行為を行う場合も含むと解することに、十分な理由があるものと考えられる。」として解釈の正当性を訴えている。

(5) このような解釈に基づき、本件大阪高裁判決では、「被告人は、当時、被告人車両を運転して、上記の状況を体験認識していたのだから、被害車両が被告人車両の運転行為により、自由かつ安全な運転を妨げられる危険の高いことを認識していたものと推認できる。」として、妨害目的が存したと認定し、被告人の控訴を棄却したものであった。

妨害行為に及ぶ際の目的の要件をここまで緩和することの法解釈的妥当性には疑問がないわけではないが、本件は、そもそもそこまで拡大解釈をしなくても、原判決が認定したように、被告人において、自己の行為により、自由かつ安全な通行の妨害を来すことを明らかに認定できるのであるから、このような問題を残すような解釈を採る必要はなかったものと思われる。

5 本設例での解答

本設例については、逃走するために積極的に対向車線上を走行したのであるから、その危険性は十分理解できているはずであり、その上で、あえてそのような走行を選択し遂行したのであるから、そこに対向車両の安全な通行を妨害するという認識が認められる。よって、妨害行為等による危険運転致傷罪が成立する。

Case 7-2

　甲はＢ車が対向してくるのを見て驚愕し、対向車線上で停止してしまったところ、Ｂ車が急制動をしたものの間に合わず、正面衝突し、乙が負傷した。この場合の甲の刑責は？

　このとき、甲は自車を停止させており、その速度がゼロである以上、「重大な交通の危険を生じさせる速度で自動車を運転し」たとはいえず、危険運転致傷罪は成立しないと考えるべきなのであろうか。

　しかしながら、急転把して高速度で対向車線に進入し、その後、間もなくのうちに対向車両との衝突が避けられないと感じ、急停止したような場合には、対向車線に進入して走行していた何れかの時点で「重大な交通の危険を生じさせる速度」であれば、この段階で「重大な交通の危険を生じさせる速度で『自動車を運転』する行為」に及んでいるのであって、構成要件は既に充足しているとみることができる。したがって、停止後の衝突は、因果の流れにすぎないもので、危険運転致傷罪が成立すると考えるべきである。この点はCase 3で述べたことと同じである。

　少なくとも条文上、事故発生の衝突時に「重大な交通の危険を生じさせる速度」が出ていることが要求されているわけではないので、上記のような解釈は可能であると考えられる。なお、この問題は、後述する殊更赤無視による危険運転致死傷罪のところでも再度取り上げることとする。

Case 7-3

　第２部第１章「制御することが困難な高速度による危険運転致死傷罪の成否」の「４　「進行を制御することが困難な高速度」に交通法規による道路規制は含まれるのか」のCase 6については、妨害行為による危険運転致死傷罪は成立しないのか。

　前述したようにこのような場合においても、２条４号の構成要件は満たすものと思われる。というのは、①の妨害目的を認定できる上、他の要件も認定できる

からである。

　そもそも、本件のような十字路交差点で左方道路から進行してくる車両の運転者は、当然に他の車両も道路標識等の標示に従って走行するものと思っているから、よもや自車の進路前方を横切って右方から直進進入してくる車両があるとは考えていないはずである。そして、その十字路交差点を直進しようとする加害者車両の運転者においても、そのような左方道路から進入してくる運転者の認識については、当然にかつ確実に分かっているはずである。

　そうであるなら、これまで述べてきたように、妨害目的の主観的な内容が、人又は車の通行を妨害することが確実であると認識しながら、それでもかまわないとして敢えて自車の走行を続けることであることに照らせば、加害者車両の運転者には、当然に左方道路からの進入車両の進行を妨害することになるという認識が確実にあるといってよいと思われる。そのような認識を有していたにもかかわらず、パトカーからの追跡を免れるために、敢えて同交差点を直進進行し、その結果、左方道路から進入してきた被害者車両と衝突し、同車両の運転者を死亡させたのであるから、2条4号を適用する上でなんの不都合もないからである。

　ただ、捜査上、留意しておくべき事項として、左方道路からの進入車両が存在し、その進行を妨害することを確実に認識しなければならないことから、そのような車両があまり存在しない、例えば、深夜であって交通閑散な道路であるなどの事情があって、左方道路から進入してくる車両なんてあるはずがないとの認識が持たれてしまうような道路状況であると、加害者車両の運転者に、人又は車の進行を妨害する認識が確実にあったとはいえない可能性が出てきてしまうことになる。したがって、当該交差点における事故当時と同じ時刻における交通量などを実況見分し、左方道路からの進入車両が十分に存しており、そのことは同交差点に道路標識等の標示に反して進入しようとする加害者車両の運転者にも十分に分かったはずであるという立証ができるようにしておく必要がある。

　また同様のことは、Case 6 に続いて紹介したCase 7 でもいえるところである。

8 横断者や右折車等に対して衝突した場合

Case 8

　甲は、普通乗用自動車を運転し、緩やかに右に湾曲する道路（法定速度制限、片側3車線）を走行し、進路左前方の路外施設の出入口に設けられた信号機により交通整理が行われている道路を青色信号に従って時速約120キロメートルで直進する際、対向右折車線から右折してきた普通乗用自動車と衝突し、同車運転者乙に傷害を負わせた後、自車を同所の歩道上に逸走させ、同所を走行中の自転車2台に衝突させ、その運転者らにも傷害を負わせた。甲の刑責は？

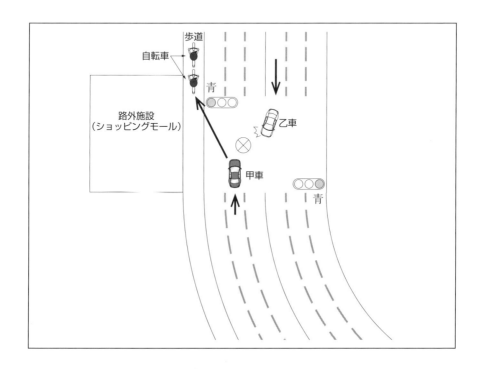

332 〔2〕第3章　妨害行為等による危険運転致死傷罪の成否

1　この問題の事案は、**平成28年1月21日千葉地裁判決**（判例時報2317号138頁）（以下「本判決」という。）の事案とほぼ同じものである。

　そこで、まず、本判決の内容から検討する。本判決は、起訴された数個の訴因のうち、危険運転致死傷罪での訴因についてはこれを認めず、過失運転致死罪が成立するにすぎないとした。ここでは、この事案を題材にして、危険運転致死傷罪の認定が本当に困難であったのかどうか検討することとしたい。

2　本判決の事案の概要

　この判決の事案は、次のとおりである。

　被告人は、飲酒の上、自動車を運転していたところ、平成26年5月27日午後10時6分頃、千葉県印旛郡酒々井町内の片側2車線道路の第2車両通行帯を時速約60キロメートルで進行中、信号機により交通整理の行われている交差点手前の同車両通行帯で被害者A運転の普通乗用自動車が停止していたので、自車の進路を右折車両進行帯に変更してA運転車両の右側から同車を追い越そうとした。

　その際、被告人は、同車との側方間隔を十分に保つことをせずに時速約80キロメートルで走行したことにより、折から発進しようとしていたA運転車両の右前部に自車左側面部を衝突させ、よって、Aに対し、全治約36日間を要する傷害を負わせた。

　その後、被告人が直ちに逃走したことから、Aがこれを追跡したため、その追跡を免れるため、時速約120キロメートルに加速して走行したところ、折から、前方左側路外施設に向かい対向右折しようとしていた被害者Bの原動機付自転車を前方約32.7メートルの地点に認めたものの、急制動の措置を講ずる間もなく、同車に自車前部を衝突させて同人を路上に転倒させて死亡させたものである。

3　この事案の争点及び本判決の判断

　本判決では、被告人が時速約120キロメートルで本件道路を進行した行為が自動車運転死傷処罰法2条2号にいう「その進行を制御することが困難な高速度で自動車を走行させる行為」に該当するのかどうかが問題とされた。

　この点について本判決では、まず、この行為の定義について、「危険運転致

死傷罪の『その進行を制御することが困難な高速度』とは、自動車の性能や道路状況等の客観的な事実に照らし、ハンドルやブレーキの操作をわずかにミスしただけでも自動車を道路から逸脱して走行させてしまうように、自動車を的確に走行させることが一般ドライバーの感覚からみて困難と思われる速度をいい、ここでいう道路状況とは、道路の物理的な形状等をいうのであって、他の自動車や歩行者の存在を含まないものと解される。」とした上で、検察官の「前記の道路状況には、道路の物理的な形状等のほか、歩道・路側帯や路外の施設の有無、それに応じた横断歩行者・車両の存在可能性等も含まれる。」とする主張に対し、「前記『進行を制御することが困難な高速度で走行』した状態は、その語義として、物理的な意味で自動車の制御が困難になった状態をいうものと解され、これに検察官が指摘するような考慮要素への対応が困難になった状態まで含まれると読み取るのは無理である。その他立法の経緯や過失運転致死傷罪との関係を考慮すると検察官の主張は採用できない。」とした。

4 検討

そこで検討するに、「進行を制御することが困難な高速度」と評価するためには、単に、車両側の速度や性能等のみならずそのタイヤが接地する路面の状況をも併せて考慮しなければならないことは当然である。乾燥した直線道路であれば制御できる速度であっても、凍結した湾曲道路では同様の速度でも制御できなくなるからである。したがって、この「進行を制御することが困難な高速度」かどうかの評価に当たっては、判決がいうように「物理的な意味で自動車の制御が困難になった状態」をいうのはもちろんであるが、それに加えて、歩道や路側帯、路外施設の有無や、そこを通行する歩行者等の有無なども考慮に加えることが許されるのかどうか検討しなければならない。

第2部第1章Case6で挙げた平成25年11月7日広島地裁判決と同様に、たしかに立法の過程などからしても、物理的な面での自車の操作可能性という観点から本罪が立法されたものと考えられる上、このような裁判例などに照らしても、交通法規による規制や、道路周辺の施設の有無や歩行者等の動向などを考慮要素として、「進行を制御することが困難な高速度」の概念に盛り込むのは少々無理があるといわざるを得ないであろう。

5 本件のような事案への対策

ここで検討すべきは、自動車運転死傷処罰法2条4号の適用である。

前述した平成25年2月22日東京高裁判決の考え方によれば、本条項の「目的」の要件を満たすためには、運転の主たる目的が通行の妨害になくても、自己の運転行為によって通行の妨害を来すのが確実であると認識して運転した場合には、その要件を満たすことになる。

そこで、その考え方を本件に当てはめて検討してみるに、被告人が路外施設やその周囲の状況を認識し、そこに自車が時速100キロメートルを超える高速度で進行すれば、路外施設に向かうために同道路を横断しようとする車両や歩行者等の通行に妨害を来すのは確実であると認識していたはずであると認定することは、もちろん証拠関係によるのではあるが、必ずしも不可能ではないと思われる。特に、そのような車両や歩行者等による通行や横断が頻繁であり多数に上るような状況があれば、この認識の程度はより深まるといえよう。

そうであるなら、被告人には、「人又は車の通行を妨害する目的」が存したと認定することは可能な場合も存すると思われ、その運転行為により被害者に衝突している以上、「通行中の人又は車に著しく接近し」たのであるから、同条項の要件を満たすものと考えてよいのではないかと思われる。

また、このような考え方に基づけば、前記広島地裁判決の事案についても、自車を高速度で当該交差点に進入させることは、左右道路からの進行車両の通行に妨害を来すことは確実であると認識していたであろうから、この訴因によるのであれば、危険運転致死傷罪の成立が認められてもよかったのではないかと考える。

ただ、その際には、先の4でも述べたように、当該事故当時において、そのように右折したりする車両が多数あり、自己の高速度の進行により、それら車両の進行を妨害することが確実であると、誰しも思うような客観的状況が実況見分等により証拠化することが必要になるであろう。

6 本設例の解答

路外施設への右折進入車両が頻繁にあるという客観的状況が認められ、甲がそれを認識していたと認められる状況が存在するのであれば、自動車運転死傷処罰法2条4号による危険運転致死傷罪を認めてよいと思われる。

9 信号機による交通規制のない交差点に高速度で進入した場合 335

 信号機による交通規制のない交差点に高速度で進入した場合

　これまで述べたように、他者の通行を妨げることを明確に認識していながら、あえてそれを避けることができないような態様で進行し、その結果、人を死傷させたような場合、2条4号の妨害行為による危険運転致死傷罪として捉えることはできないであろうか。

Case 9

　甲は、飲酒した上で普通乗用自動車を運転していたところ、パトカーを発見したので、Uターンして進路を急に変えたことから、不審に思われパトカーに追尾された。そこで、甲は、時速100キロメートル以上の高速度で逃走したところ、進路前方に信号機による交通規制がされていない交差点があった。この交差点は、甲も普段からよく通る場所で、その角にショッピングモールがあることから、多くの歩行者が横断歩道を渡るのを知っていた。しかも、当時、午後6時頃でもっとも多くの歩行者がショッピングモールから出て横断していることを知っていた。しかし、甲は、パトカーから逃げないと飲酒運転が発覚することから、前方の横断歩道上の歩行者の有無にかまうことなく、上記速度で突っ込んだところ、たまたま横断していた乙をはねて死亡させた。甲の刑責は？

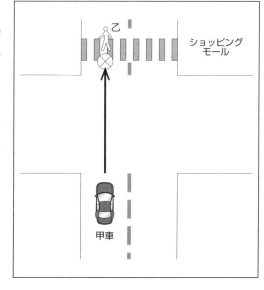

〔2〕第3章　妨害行為等による危険運転致死傷罪の成否

　このケースのように自車を高速度で走行させることで、進路前方の交差点における横断歩道上を通行中の歩行者の動静に対応することができず、その結果、横断者の通行を妨害することを確実に認識しながら、当該高速度で走行を続け、当該横断歩道上に突っ込んで、歩行者を死亡させたような場合には、2条4号の適当を考えるべきである。なお、信号機による交通規制がなされている交差点であれば、殊更赤無視による危険運転致死傷罪の成否を検討することになる。

　このように高速度、例えば、時速100キロメートル以上の高速度で走行すれば、進路前方の交差点等に設けられた横断歩道を誰か歩行者が横断していても、急停止や急転回などで回避することは不可能である。そうであれば、そのような状況を認識しながら、あえてその高速度で進行を続けた場合、加害者車両の運転者の認識としては、横断者があったとしても避けることはできない以上、その通行を妨害することが確実であると認識していることになるはずである。そうであるなら、これまで述べてきたように、2条4号における妨害目的は十分に認められると思われる。

　実際のところ、この形態での妨害行為による危険運転致死傷罪が起訴されたりはしていないと思われるので紹介できる裁判例はないが、高速度で横断歩道に突っ込むという形態の交通事故に対して、このように考えることは十分に可能なはずである。

　なお、この場合も、既に述べたことと同様で、事故当時における当該横断歩道の歩行者の数等の交通量などについての捜査などは不可欠の事項である。

　実際のところ、交通弱者が高速度による無謀運転の危険にさらされているのであるから、このような形態での交通事故に対しても、2条4号の積極的な適用が望まれるところである。

10 横断車両に対して高速で衝突した場合

Case 10

　Ａ車の運転者甲は、午後10時頃、片側３車線道路の第３車両通行帯を時速約146キロメートルで走行していた。

　甲は、自車進路前方左側に路外施設があり、同所から本件道路を横断しようとして進入して来る車両があることは知っており、そこから車両が進出してくることは予想していたが、自車が高速度で走行していることから、その進入前に通過できるものと思っていたし、多分、夜間でもあることから進入車両自体ないだろうと思っていた。

　ところが、上記道路からＢ車が進入してきた。これを見た甲は、同車がそのまま直進するものと考え、同車の通過した後方を進行しようと考え、第３車両通行帯から第２車両通行帯に変更し、同じ速度で進行を続けた。

　ところが、Ｂ車の運転者乙は、Ａ車の進行に驚いて第２車両通行帯上で停止してしまっていた。そのため、Ａ車は、Ｂ車の右側部に衝突し、乙及び同乗者の４名が死亡した。

　甲の刑責は？

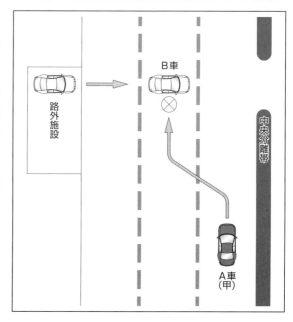

338 〔2〕第3章 妨害行為等による危険運転致死傷罪の成否

1 解説
　本件は、令和3年2月12日名古屋高裁判決（公刊物未登載）の事案を参考に
したものである。

2 事案の概要
　この事案において、検察官は、被告人の行為は、自動車運転死傷処罰法2条
2号の「その進行を制御することが困難な高速度で自動車を走行させる行為」
に該当するものとして同法違反の訴因を主位的訴因として起訴した。
　その際の公訴事実は、被告人が、本件道路の第3車両通行帯を進行するに当
たり、その進行制御することが困難な時速約146キロメートルの高速度で被告
人車両を進行させたことにより、被告人車両の進行を制御できず、左方路外施
設から中央分離帯の開口部に向かって横断してきた被害者車両右側面に被告人
車両前部を衝突させ、よって、被害者を死亡させたというものであった。

3 令和2年6月16日津地裁判決の内容
　しかしながら、令和2年6月16日津地裁判決（裁判所ウェブサイト）は、上記
主位的訴因を認めず、予備的訴因である過失運転致死傷罪を認定して、被告人
に対して懲役7年を言い渡した。
(1) この判決は、まず「その進行を制御することが困難な高速度」の解釈につ
　いて、次のとおり判示した。
　　法が規定する「その進行を制御することが困難な高速度」であるかどうか
　を判断するに当たっては、「物理的な意味での制御困難性」を問題にしなけ
　ればならないところ、それを基礎付けるものとして、①道路の形状や路面の
　状況、②被告人車両の性能、③被告人車両の実際の速度という従来の要素の
　ほかに、④被告人車両の進路に進出してくる他の車両の存在等によって、被
　告人車両の通過できる進路の幅やルートが制限されているという状況をも要
　素として考慮するとした。
　　上記④を加えた理由としては、ここでの「その進行を制御することが困難
　な高速度」かどうかは、「道路の状況がどのようになっているかを問題とし
　てよいところ、カーブや道路幅等の物理的な形状のみならず、駐車車両や他
　の走行車両等によって客観的に進路の幅が狭窄化している場合も道路の状況

の一つであるのだから、そう考えるのであれば、駐車車両も走行車両等の存在も含めた道路の状況として、「その進行を制御することが困難な高速度」であるかどうかを考慮してよいはずであるということによる。

たしかに、道路上に車両が何台も連なって駐車されており、そのため事実上、1車線になっているような場合であれば、それはもはや2車線の道路ではなく、1車線の道路とみて、道路の状況を判断することに不都合はなく、そのような道路を走行するのであれば、運転者としても1車線の幅員しかないものと考えて走行するはずである。

そうであるなら、そのような状況に応じて、運転操作が可能かどうかを判断する上での「その進行を制御することが困難な高速度」であるかどうかの判定に当たり、道路の状況として、上記の駐車車両の状況を考慮することは決して不当ではないであろう。また、そのようなことで1車線になっている場合と、違法建築が道路まではみ出して1車線を塞いでいる場合とどれほどの違いがあるかといえば、ほとんど同様に考えてよいともいえるであろう。

また、その前提で考察するのであれば、駐車車両でなくとも、超過密渋滞で、ほとんど停止するような速度での渋滞により1車線が塞がれている場合も同様に考えてよいはずであり、そうなれば、駐車しているか走行しているかは本質的な問題ではないこととなろう。

そうであるなら、脇道などから進入してくる車両の有無なども、それによって進行する車線が狭窄化するという意味で、道路の状況の一部を構成すると考えることも不当ではないと思われる。

(2)　たしかに傾聴すべき見解であり、これまでの裁判例や学説には見られないもので、一定の説得力をも有するものと評価し得よう。そして、被告人車両が時速約146キロメートルという高速度で走行していたことにより、事故を回避して走行できる進路が狭窄化されており、その進路を適切に走行するための運転操作をすることが困難となったことで本件事故を生じさせたと構成すれば、「その進行を制御することが困難な高速度で自動車を走行させた」と評価することも可能であるかと思われる。

(3)　しかしながら、本件津地裁判決は、その後の故意の認定で誤りを犯している。

すなわち、自動車運転死傷処罰法2条2号の犯罪を成立させるためには、

本罪の故意が必要であるのは当然であるところ、そのためには、「高速度走行の持つ一般的な危険を理解していたというだけでは足りず、『物理的な意味での制御困難性』を発生させ得る状況を認識していたことが不可欠である。しかも、本件では、法定速度を大幅に超過する高速度で走行していたことの認識があっただけでは足りず、『自車の進路に進出してくる車両等の存在によって、自車の通過できる進路の幅やルートが限られていて、そのため、そのままの高速度で進行すると、ハンドルやブレーキの操作の僅かなミスによって自車を進路から逸脱させる危険が生じる状況』の認識が必要である。」とした。

　しかしながら、この故意内容の設定は極めて疑問である。

　そもそも「故意」については、「構成要件に該当する『事実』そのものの認識を意味する」（高橋則夫「刑法総論（第４版）」175頁）のであり、「問題は、事実についてどこまで認識する必要があるか」（同上176頁）ということであるとされているところ、本件に関する条文は、「その進行を制御することが困難な高速度で自動車を走行させる行為」であるので、そこで要求される認識は、「高速度で自動車を運転させる行為」で足りるのか、それが「進行を制御することが困難」であることまでの認識が必要であるかということである。

　ところが、「進行を制御することが困難」な状態になっているかどうかは、きわめて科学的、専門的な判断を要することであり、また、一面、法的な判断でもある。それは交通物理学の専門家でなければ、当該車両の速度、路面の状況等を要素として、物理学的に判断しなければわからないことであるし、それが法的に「進行を制御することが困難」と評価されるかどうかも、また別問題となる。

　つまり、「その進行を制御することが困難な高速度」というものは、本来的に法的評価であり、道路の状況や当該車両の性能等に鑑みて、当該運転が「その進行を制御することが困難な高速度」でなされたと法律上評価することである。そのようなことについての正確な認識を素人たる国民一般に求めることは不可能であり、そうなると、本人が「進行を制御することが困難」とは思わなかったといえば、それで全て認識がなくなり、故意がなくなるのかという問題が起きることになる。

したがって、この判決でいう「物理的な意味での制御困難性」というものも同様に法的な評価を伴うものであって、その評価を行為者に求めるのは妥当ではなく、行為者に対しては、その基礎となる事実関係についての認識、認容が存するかどうかを求めれば足りるはずである。

これまでの「その進行を制御することが困難な高速度」についての故意の評価に関しても、例えば、路面が凍結して、しかもカーブとなっている道路において、高速度で進行した結果、自車を路外に逸走させ、同所にいた歩行者をはねて死亡させたという事案において、故意の内容として求められるのは、自車の速度、路面が凍結していた事実、そして、道路が湾曲していた事実という各事実についての認識で足りるのであり、「その道路を自車のような高速度で走行すると凍結した道路で湾曲していることから路外に逸走する」という認識ではなかったはずである。もし、そうであるなら、被告人が、上記各事実を認識してはいたが、その速度でも自車が路外に逸走するとは思っていなかったとの弁解が出されただけで、被告人には故意がなかったとして犯罪不成立としなければならなかったはずである。しかしながら、筆者の知る限り、そのような認識まで要求して故意が存しないとした裁判例は存しない。

また、このような問題は、同じ危険運転のうちの「アルコール又は薬物の影響により正常な運転が困難な状態で自動車を走行させる行為」の場合にも生じることである。この条文の関係では、運転者には、「正常な運転が困難な状態」であるという評価をともなった認識を求めることはないはずである。つまり、この際に求められるのは、酩酊の程度に関する科学的、法的判断を伴う「正常な運転が困難な状態」という認識ではなく、その根底にある事実の認識があれば、危険運転の故意としては十分であるとしているはずである。すなわち、この場合であれば、相当に酒に酔ってうまく運転できないなあというような認識で足りるとしているのである。そこに「正常な運転が困難な状態」という認識を求めた裁判例は存しない。

そうであるなら、この場合、自車が時速約146キロメートルの高速度で走行していること、進路前方左側に路外施設があり、そこからの進入車両の存在があれば衝突を避けることが不可能であると認識したことで足りるのであって、上記の高速度にプラスしてそのような認識があれば、それはとりも

直さず「物理的な意味での制御困難性」と評価できる認識に直結するのであるから、行為者の認識としてはそれで十分であると考えるべきである。

ましてや、本件判決が故意の内容として、その進路に関して述べていることは、被告人に対し、事故が生じる原因についての法的判断を伴った理解を求めるものに他ならず、およそ故意の内容となるべきものではないといえよう。

4 令和３年２月12日名古屋高裁判決の判示内容

本件判決では、まず、上記津地裁の「被告人車両の進路に進出してくる他の車両の存在等によって、被告人車両の通過できる進路の幅やルートが制限されているという状況」をも「その進行を制御することが困難な高速度」の判断要素に入れるのは妥当ではないとして否定した。

その理由として、危険運転致死傷罪が立法化されるに当たっての法制審議会の議論の内容としては、「立法担当者側は、一方で駐車車両もある意味で道路のカーブと同視できると述べていることとの対比からすれば、個々の歩行者や通行車両は進行制御困難性判断の考慮対象としては想定していない、すなわち、『道路の状況』という要素の中に歩行者や走行車両は含まれないとの考えに立っていると理解するのが自然である。」と判示したのである。

また、本件判決は、駐車車両などの静止状態にとどまるものであればともかく、他の走行車両の存在を進行制御困難性の判断要素に含めるとすると、その移動方向や移動速度は不確定かつ流動的であることから、「こうした走行車両との接触や衝突を避けるための進路も不確定かつ流動的にならざるを得ない。このような事前予測が困難な不確定かつ流動的な要素を抱える他の走行車両の存在を進行制御困難性の判断要素に含めるということは、類型的、客観的であるべき進行制御困難性判断にそぐわないといわざるを得ず、罪刑法定主義の要請である明瞭性の原則からみても妥当ではない。」として、他の走行車両の存在や動向を「道路の状況」に含めて、「その進行を制御することが困難な高速度」であるかどうかの判断に用いることは許されないとしたものであった。

たしかに理論的には、このような名古屋高裁判決の考え方もあり得るところであり、この考え方を一概に排斥するのは困難であろう。

5 本件のような悪質な交通事犯への対応

では、本件のような事故は、被害者が泣き寝入りをするしかないのであろうか。およそ交通法規を遵守する意識のかけらもない被疑者の暴走行為によって４名もの生命が奪われたにもかかわらず、わずか７年の懲役で済むのであれば、被疑者にとってこんなありがたいことはないであろうし、被害者の遺族にとってはやりきれない思いで一杯であろうと思われる。

そこで、これまで述べてきたように、本件においても、妨害行為による危険運転致死傷罪の適用ができないかを検討すべきであると考える。

自動車運転死傷処罰法２条４号では、「人又は車の通行を妨害する目的で、走行中の自動車の直前に進入し、その他通行中の人又は車に著しく接近し、かつ、重大な交通の危険を生じさせる速度で自動車を運転する行為」を構成要件としているところ、本件のような事案では、衝突しているのであるから、「車に著しく接近」していることに間違いないし、高速度での進行であるから後段の要件も当然に満たしている。問題となるのは、最初の「人又は車の通行を妨害する目的」が認められるかどうかだけである。

この点については、前述した平成25年２月22日東京高裁判決で述べられたように、本件のような高速度での走行を続ければ、左方の路外施設から進入してきた「車両に自車との衝突を避けるため急な回避措置を取らせることになり」、同車の「通行を妨害することが確実であることを認識していたものと認めることができる。」といえる状況がうかがわれる上、「『人又は車の通行を妨害する目的』とは、人や車に衝突等を避けるため急な回避措置をとらせるなど、人や車の自由かつ安全な通行の妨害を積極的に意図することをいうものと解される。しかし、運転の主たる目的が上記のような通行の妨害になくとも、本件のように、自分の運転行為によって上記のような通行の妨害を来すのが確実であることを認識して、当該運転行為に及んだ場合には、自己の運転行為の危険性に関する認識は、上記のような通行の妨害を主たる目的にした場合と異なるところがない。そうすると、自分の運転行為によって上記のような通行の妨害を来すのが確実であることを認識していた場合も、同条項にいう『人又は車の通行を妨害する目的』が肯定されるものと解するのが相当である。」と述べていることがそのまま当てはまるものといえよう。

たしかに、本件において、路外施設から進入してきた車両に回避措置を取ら

せることが確実であると認識していたかどうかだけは事実認定上問題となり得るが、本件事案のように、制限速度の時速約60キロメートルをはるかにオーバーする高速度での進行を続けていた以上、路外施設からの進入車両に対しては回避措置を取らざるを得なくなることが確実であるとの認識が存していたといえるのではないかと考えられる。

たしかに、本件津地裁判決で認定されているように、本件のような夜間に路外施設から本件道路に進入してくる車両の存在に殊更に注意を払いながら運転する者はまずいないとの指摘も分からないではないが、この種事件の捜査に当たっては、被告人が通勤経路として使っている道路であり、周囲の状況を熟知していることに照らせば、路外施設からの進入車両にこれまで出会ったことがあったかどうか、夜間といえども同施設からの進入車両の有無、台数等はどのようなものであったかなど、被告人の上記「回避措置を取らせることが確実であると認識」を立証できるだけの証拠収集が望まれるところであろう。

また、前述した平成25年11月7日広島地裁判決の事案（255頁）や、令和3年9月21日福井地裁判決の事案（257頁）についても、ここで述べたように妨害行為による危険運転致死傷罪の成立に向けた捜査が必要であろう。

第2部 第4章　　　　　　　　　　　　　そのほかの類型

殊更赤色信号無視
による危険運転致死傷罪の成否

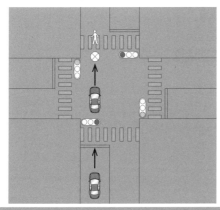

> **2条**　次に掲げる行為を行い、よって、人を負傷させた者は15年以下の懲役に処し、人を死亡させた者は1年以上の有期懲役に処する。
> (7)　赤色信号又はこれに相当する信号を殊更に無視し、かつ、重大な交通の危険を生じさせる速度で自動車を運転する行為

　本類型による危険運転致死傷罪の要件は、
・　赤色信号を殊更に無視したかどうか（信号表示に対する認識）
・　重大な交通の危険を生じさせる速度で運転したかどうか
である。
　加えて、同号の立法趣旨から
・　停止線で止まれなかった場合
・　信号表示に従うつもりが全くなかった場合
・　交差点内から発進した場合
・　事故発生場所による本罪の成否への影響
などを検討していく。

```
┌─────────────────────┐              ┌─────────────────────┐
│ 信号表示に対する認識が、│      ⊕      │ 重大な交通の危険を生じさ│
│ 「赤色信号を殊更に無視」│              │ せる速度か否か        │
│ したに当たるか        │              │                     │
└─────────────────────┘              └─────────────────────┘
```

殊更赤色信号無視による
危険運転致死傷罪

- 停止線で止まれなかった場
  合は？

- 信号表示に従うつもりが全
  くなかった場合は？

- 交差点内から発進した場合
  は？

- 事故発生場所が交差点外
  だった場合は？

殊更赤無視による危険運転致死傷罪の構成要件のうち「殊更赤無視」について

自動車運転死傷処罰法2条7号は、

> 赤色信号又はこれに相当する信号を殊更に無視し、かつ、重大な交通の危険を生じさせる速度で自動車を運転する行為を行い、よって、人を負傷させた者は15年以下の懲役に処し、人を死亡させた者は1年以上の有期懲役に処する。

と規定する。

1 「殊更」の意義

ここでいう「赤色信号を殊更に無視」するというのは、どのような場合を指すのであろうか。これは赤色信号であることを確定的に認識することであり、未必的な故意の場合を除外する趣旨で設けられた要件である。

すなわち、法制審議会における議論として、第3回会議議事録によれば、「もとより、信号機は道路におきます危険の防止などの理由により設置されるものでございまして、赤信号無視は、通常その行為自体において他の自動車や人との衝突を生じさせる危険性の高い行為であると考えられますし、実態的にも多くの死傷事故の原因となっているものでございます。しかし、故意で赤色信号に従わない行為の中にも、（中略）黄色信号から赤信号への変わり際に行うものもございまして、このような場合に、危険性が極めて高いとまでは言えないのではないか、あるいは反社会性の極めて高い行為とまでは言えないのではないかという考え方も直ちには否定できないところでございます。したがいまして、今回、赤色信号を殊更に無視する行為、すなわち赤色信号と申します社会一般にそれに従って進行することが期待されております進行禁止の指示に従わない行為のうち、そのような指示に従う意思のない者を処罰することといたしまして、信号の変わり際の赤信号であることの未必的な認識が認められるにすぎないよ

うな信号無視の場合などを除外することとしたものであります。」と述べられ、また、「信号の方でございますけれども、『殊更』を入れたということは、未必の故意的なものは除外したという御説明でございますけれども、それ以外の故意犯、未必の故意的なもの以外の信号無視という故意犯というものは、一応この『赤色信号を殊更に無視し』というものにすべて当たるということで解してよろしいのでしょうね。」との問に対し、「赤であるということを認識しておって、止まろうと思えば十分止まれるのにあえて行くという場合は、『殊更に無視』に当たるということになります。」と答えており、赤色信号であることを認識していること、そして、止まろうと思えば止まれること、さらに、それでもあえて進行したことの3つの要件さえ満たせば、この「殊更赤無視」に当たるとするのが、立法者の意思である。

　したがって、赤色信号看過の場合はもちろん対象外であるが、未必的な場合は除かれるものの、赤色信号を明確に認識しさえすれば、通常はこれに該当する。それゆえ、1回目の信号無視は「殊更」に該当せず、2回目以降でなければ検挙できないなどというのは、全くの誤りである。

2　道路交通法上の信号に関する規制

　また、これに関連して道路交通法上の信号に関する規制を概観しておくが、これは以下のとおりとなる。

　道路交通法上は、信号機の表示に関して、同法7条で、

　　道路を通行する歩行者等又は車両等は、信号機の表示する信号〔中略〕に従わなければならない。

とされ、その信号機の表示する信号の内容については、同法4条4項により、

　　信号機の表示する信号の意味その他信号機について必要な事項は、政令で定める。

とした上で、道路交通法施行令2条1項において、

法第４条第４項に規定する信号機の表示する信号の種類及び意味は、次の表に掲げるとおり〔後略〕。

とし、そのうちの信号の種類につき、「黄色の灯火」の区分に対応する信号の意味の欄において、

2　車両及び路面電車（以下この表において「車両等」という。）は、停止位置を越えて進行してはならないこと。ただし、黄色の灯火の信号が表示された時において当該停止位置に近接しているため安全に停止することができない場合を除く。

とされている。また、赤色の信号表示については、同条の表における「赤色の灯火」の区分に対応する信号の意味の欄において、

2　車両等は、停止位置を越えて進行してはならないこと。

とされている。後述のCase 1 では、それらの違反行為が存する余地があり、それらの違反に対しては、道路交通法119条１項１号において、３月以下の懲役又は５万円以下の罰金に処せられることとなる。

3　「殊更赤無視」の典型例

次に、「殊更赤無視」に該当する行為として、立法当初から想定されていたものとしては、

(1)　赤色信号であることについて確定的な認識があり、交差点手前の停止線で停止することが十分可能であるのに、これを無視して交差点内に進入する行為

(2)　信号の規制を全く無視して、およそ赤色信号であろうとなかろうと最初から信号表示を一切意に介することなく、赤色信号の規制に違反して交差点に進入する行為

が挙げられている〔法曹時報54巻４号33頁〕。

4 殊更赤無視による危険運転致死傷罪が成立しない場合

殊更赤無視による危険運転致死傷罪が成立しない場合であっても、信号の表示に関する違反があれば上述した道路交通法違反が成立するほか、その際の人身事故については、自動車運転死傷処罰法5条前段により、

　自動車の運転上必要な注意を怠り、よって人を死傷させた者は、7年以下の懲役若しくは禁錮又は100万円以下の罰金に処する。

とされている過失運転致死傷罪が成立する。

Case 1

A車の運転者甲は、A信号機が黄色ないしは赤色を示していたところ、停止線までに安全に止まれると思ったが、これを無視してそのまま時速約50キロメートルで交差点に進入した。A車が交差点に進入した時、右方から来たB車と衝突して、B車の運転者乙が負傷した。

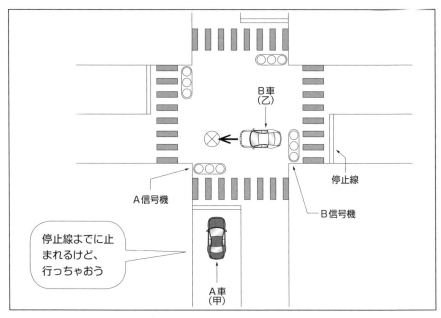

① 殊更赤無視による危険運転致死傷罪の構成要件のうち「殊更赤無視」について　**351**

Case 1-1

その進入時において、Ａ信号機はまだ黄色のままだったが、上記事故を惹起した。甲の刑責は？

1　甲の交差点への進入行為

　この場合、Ａ車の進路上の信号機の表示が、その進入時においても黄色であるということは、Ｂ車の進路上の信号機の表示は赤色ということになる。そうであるなら、Ｂ車の運転者乙は、赤色信号無視か看過のいずれかをしていることになる。では、甲が黄色信号表示を無視して同交差点へ進入した行為は、どのように評価されるべきことなのか。

　本設例では、黄色の灯火の信号が表示されていたのであるから、甲は停止位置、すなわち停止線を越えて進行してはならず、その手前で停止する義務があったものである。また、本設例では、甲は停止線までに安全に止まれると判断したのであるから、道路交通法施行令２条１項の表「黄色の灯火」の区分の２の但書の場合に該当せず、甲には道路交通法違反が成立する。

　そして、その違反に対しては、道路交通法119条１項１号において、３月以下の懲役又は５万円以下の罰金に処せられる。これは、信号機に従う義務に違反した行為を処罰するものであるから、信号機が黄色であるか、赤色であるかによって区別されるものではなく、いずれであっても同様に処罰されることになる。よって、本設例のような黄色信号無視であっても同条項における処罰の対象となる。

2　本設例の解答

　では、事故発生についての刑責は、どうであろうか。甲の同交差点への進入は道路交通法上許容されない場合であるものの、一方、乙も赤色信号無視か看過により進入したものである。この場合の過失の内容とすれば、乙の方が甲よりは大きいであろう。しかしだからといって、甲の過失が全面的に否定されるわけではない。甲には、黄色信号の表示に従って停止すべき義務があり、安全に停止線までに停止できたにもかかわらず、これをしなかった義務違反があるからである（もちろん、道路交通法上の義務違反と交通事故を惹起させたこと

の過失の内容とは、必ずしも常に直接的につながるものではないが、道路交通法上の義務違反がある場合は、それが事故発生の原因となって過失の内容を構成する場合は多いといえよう。）。

したがって、甲には、過失運転致傷罪が成立する。

3 過失の内容に関する留意点

この場合の過失の内容に関し留意すべきこととして、この信号機の表示を無視したという行為が過失を構成するわけではないということがある。つまり、信号機の表示を無視して走行するという行為それ自体に過失が存在するわけではない。というのは、甲がそのような信号機の表示を無視するという行為に出たのは、この場合、信号機の表示を無視して進入しても、左右道路からの進入車両はなく、事故が起きることはないと軽信したからである。そして、事故が発生したのは、そのような誤った判断に基づいて交差点に進入したこと、更にはその際に、左右道路からの進入車両に対して十分な注意を払わなかったからである。信号機の表示を無視するという行為は、もはやその交差点を、信号機により交通整理の行われていない交差点と認識して走行するということに他ならず、そうであるなら、その場合における過失の内容は、信号機の表示とは無関係なものとなる。つまり、通常の信号機のない交差点での事故の過失内容と同じになると考えられるのである。

それゆえ、その場合の注意義務の内容は、一般的には、左右道路からの進入車両の動静に対する注意義務等であり、その動静を十分に注視しなかったか、あるいは、そのような車両の進入はないと軽信して全く見ていなかったかであって、それらの動静注視不十分という認識義務違反となり、あるいは、進入車両不存在と漫然と軽信した判断義務違反が、この場合の過失の内容を構成するものと考える（ただ、犯罪事実等において赤信号を無視した事実を入れておくことは差し支えない。これらの点についての詳細は、逃げ得17頁以降参照）。

① 殊更赤無視による危険運転致死傷罪の構成要件のうち「殊更赤無視」について

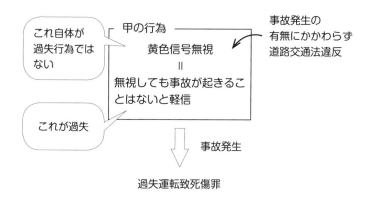

Case 1-2

その進入時において、甲は気付いていなかったが、A信号機は既に赤色に変化しており、上記事故を惹起した。甲の刑責は？

1 甲の交差点への進入行為

この場合、A車の進路上の信号機の表示が、その進入時において赤色に変化していたということは、B車の進路上の信号機の表示は赤色か、場合によっては青色ということになる。

そして、赤色に変化したことに気付かずとも、少なくとも黄色信号表示を無視して同交差点へ進入した甲の行為は、Case 1-1同様、停止線までに安全に止まれると判断される場合であるから、道路交通法施行令で除外される但書の場合に該当せず、甲にはCase 1-1同様に道路交通法違反が成立する。

2 本設例の解答

では、事故発生についての刑責は、どうであろうか。甲の同交差点への進入は、道路交通法上許容されない場合であり、また、乙も赤色信号無視か看過により進入したか、あるいは、青色信号表示に従って進入したか、そのいずれかである。ただ、いずれにせよ、Case 1-1同様、甲には、黄色信号の表示に従って停止すべき義務があり、安全に停止線までに停止できたにもかかわらず、これをしなかった義務違反があって、左右道路からの進入車両の動静を十分に注視しなかったなどの過失が認められると考える。ただ、乙がいわゆる全

赤といわれる状態で進入したか、青色信号に変化してから進入したかによって、甲の刑責の重さに影響はあるが、そのいずれであっても、甲の過失責任が否定されるわけではない。したがって、甲には、過失運転致傷罪が成立する。

Case 1-3

　その進入時において、Ａ信号機はちょうど赤色に変化したが、甲は、これをあまりよく見ておらず、信号機の表示の変わり目で、ひょっとしたら赤色に変わったかもしれないけど、それはそれで仕方ない、赤色であっても構わないと考えて、そのまま時速約50キロメートルで交差点に進入した。そのため上記事故を惹起した。甲の刑責は？

　この場合、甲は、信号機の赤色表示を未必的に認識したものであり、赤色信号表示を故意に無視した事案である。したがって、赤色信号無視に係る道路交通法違反が成立し、また、乙に対する事故の関係での刑責については、Case 1-2と同じである。

　ただ、このような場合に、殊更赤無視による危険運転致死傷罪を定めた規定に違反しないか検討を要するが、前述したように、信号の変わり目が除外されることは立法者の意思として明らかであることから、この場合には、殊更赤無視による危険運転致傷罪の規定は適用されない。

Case 1-4

　Ａ車の運転者甲は、Ａ信号機が黄色から赤色に変化したのを、はっきりと見て認識したが、これを無視して進入し、上記事故を惹起した。甲の刑責は？

　この場合、甲は確定的に赤色信号を認識している。このように赤色信号であることについて確定的な認識があり、交差点手前の停止線で停止することが十分可能であるのに、これを無視して交差点内に進入した場合には、前述したように、自動車運転死傷処罰法2条7号の危険運転致傷罪は成立する。

　したがって、甲は、人を負傷させた場合の刑として、危険運転致傷罪に処せら

れることになる（平成15年6月19日大阪地裁判決（判時1829号159頁）、平成18年3月14日最高裁決定（刑集60巻3号363頁）等）。

なお、赤色信号を無視して進入したところ、進行してきたのが自動車ではなく、路面電車であって、これと衝突したような場合であっても同様に考えて差し支えない。

すなわち、殊更に赤色信号を無視して、「重大な交通の危険を生じさせる速度」で走行し、その結果、人を死傷させたことが構成要件である以上、衝突した相手の交通機関が自動車に限定されているわけではないのであるから、それが路面電車であっても同様に考えてよいからである。

そして、本設例は、このCase 1-4 と同じであるから、本設例でも殊更赤無視による危険運転致傷罪が成立する。

殊更赤無視による危険運転致死傷罪の構成要件のうち「重大な交通の危険を生じさせる速度」について

殊更赤無視による危険運転致死傷罪を規定する自動車運転死傷処罰法2条7号は、

> 赤色信号又はこれに相当する信号を殊更に無視し、かつ、重大な交通の危険を生じさせる速度で自動車を運転する行為を行い、よって、人を負傷させた者は15年以下の懲役に処し、人を死亡させた者は1年以上の有期懲役に処する。

としており、ここでは、単に赤色信号等を殊更に無視するだけでは足らず、それが「重大な交通の危険を生じさせる速度」で自動車を運転した場合でなければならないとされている。

それでは、その「重大な交通の危険を生じさせる速度」というのは、どの程度の速度でなければならないと考えられているのか。

Case 2

A車が交差点に進入した時、右方から来たB車と衝突して、B車の運転者が負傷した。

A車の運転者甲は、A信号機が赤色であることを見てはっきりと赤色信号を認識し、直ちに停止措置を講ずれば、停止線までに停車できたものの、深夜であるし、閑散としているから、誰も左右道路から進入することはないだろうと思い、そのままこれを無視して進入することとした。

ただ、それでも万が一のことを考え、速度を時速約10キロメートル程度に落として交差点に進入した。しかし、上記事故を惹起した。甲の刑責は？

また、これが、時速約50キロメートルで同交差点に進入した場合であればどうか。

② 殊更赤無視による危険運転致死傷罪の構成要件のうち「重大な交通の危険を生じさせる速度」について

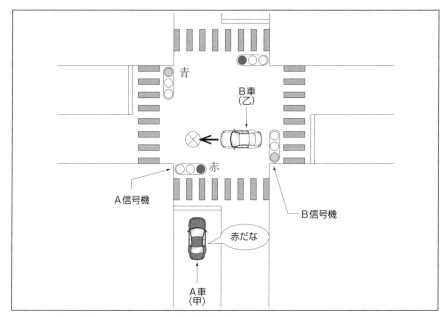

1 赤色信号殊更無視による危険運転致死傷罪の成立の要件について

まず、自動車運転死傷処罰法2条7号に規定する「赤色信号殊更無視」に該当するかどうか検討しなければならないが、本設例では、確定的に赤色信号を認識しており、停止線手前で停止することが十分可能であったのに、これを無視して交差点内に進入したのであるから、これまでに述べてきた立法者の意思に照らしても、「赤色信号を殊更に無視」した場合に該当するであろう。

しかしながら、それだけで上記危険運転致死傷罪が成立するわけではなく、更に「重大な交通の危険を生じさせる速度で自動車を運転」することが要件とされている。

2 「重大な交通の危険を生じさせる速度」とは

この「重大な交通の危険を生じさせる速度」というのは、時速約20キロメートル程度の速度で足りると最高裁が判断を示しており（**平成18年3月14日最高裁決定（刑集60巻3号363頁）**)、この解釈で確定している。

その理由としては、**平成18年9月12日東京高裁判決（高検速報（平18）号132頁）**が詳細に判示しており、「所論は、時速約20キロメートルという速度は、被告人の進行道路の指定最高速度（時速30キロメートル）を下回り、一般的にも速い速度とはいえないから、重大な交通の危険を生じさせる速度とはいえな

い、というのである。しかし、この現場交差点において、交差道路を青色信号に従って直進する車両は、相当の速度で進行してくることが予想されるのであるから、対面の赤色信号表示を無視して時速約20キロメートルの速度で交差点に進入すれば、交差道路を直進してくる車両を発見したとしても、直ちに急制動や転把等の措置を講じることにより衝突を回避することは極めて困難であって、衝突の危険及びこれにより人身に危害を及ぼす危険は極めて大きいというべきである。」として、本件における被告人車両の時速約20キロメートルの速度が自動車運転死傷処罰法2条7号にいう「重大な交通の危険を生じさせる速度」に当たることは明らかであると判示したことも参考になろう(注)。

3　本設例の解答

本設例では、時速約10キロメートル程度で走行しており、上記の「重大な交通の危険を生じさせる速度」に該当しないことから、危険運転致傷罪は成立しないこととなる。

一方、時速約50キロメートルで走行した場合には、これが「重大な交通の危険を生じさせる速度」であることは明らかであることから、この場合は、殊更赤無視による危険運転致傷罪が成立する。

4　時速20キロメートル以下では本罪は成立しないのか

「重大な交通の危険を生じさせる速度」について上述のように解するにして

(注)　平成16年12月15日東京高裁判決（高検速報（平16）号138頁）も同旨である。同判決では、「『重大な交通の危険を生じさせる速度』とは、赤色信号を殊更に無視した車両が、他車と衝突すれば重大な事故を惹起することになると一般的に認められる速度、あるいは、重大な事故を回避することが困難であると一般的に認められる速度を意味するものと解されるところ、具体的な場面においてこれに該当するかどうかは、他車の走行状態や自車との位置関係等に照らして判断されるべきである。これを本件についてみると、本件事故の具体的状況は前記のとおりであり、本件交差点において、被害車両は青色信号に従って直進しようとしていたのであるから、相当な高速度で交差点に接近することが通常であると考えられ、そのような車両の直前を右折する際に時速約20キロメートルで進行していれば、同車を発見してから直ちに制動や転把等の措置を執ったとしても衝突を回避することは極めて困難であって重大な事故の発生する可能性が大きいというべきであり、現に本件自動車が被害車両を発見しないまま衝突してから停止するまでに約7メートルもの距離を必要としたことは前記認定のとおりである。そうすると、本件の際に時速約20キロメートルで右折進行した行為は、重大な交通の危険を生じさせる速度によるものであったというほかない。」としている。

も、では、時速20キロメートルを下回ったら、例えば、時速19キロメートルと速度鑑定されたような場合には、これに該当しないのかという問題が起きよう。

これについては、前記最高裁決定も前記東京高裁判決も、いずれも被告人が時速約20キロメートルの速度で走行した事案において、そのような速度であれば、「重大な交通の危険を生じさせる速度」に該当すると判断したものであるから、それより速い速度はもちろん含まれることになるものの、だからといって、それより遅い速度が一切含まれないと言っているわけではない。したがって、事案によっては、この時速約20キロメートルを下回る速度であっても該当することはあり得るものと思われる。

5 「重大な交通の危険を生じさせる速度」を認定する時点

また、妨害行為のところでも触れたように、この「重大な交通の危険を生じさせる速度」を認定する時点は、どの時点であるのかも問題となろう。つまり、衝突した瞬間にその速度が必要であるのか、その衝突の直前か、若しくは衝突より以前の赤色信号を無視して走行していた時点でよいのかという問題である。通常は、衝突の危険を感じた瞬間に急ブレーキを踏んで速度は著しく落ちるはずであり、そうなるとその急制動措置以前は相当な速度が出ていても、衝突の時点では、時速20キロメートル以下になっている場合もあり得るであろう。そこで、このような場合には、この殊更赤無視の危険運転致死傷罪は成立しないのかという疑問が生じるからである。

しかしながら、この問題については、赤色信号を無視して走行していた時点の速度が時速約20キロメートルであれば、衝突した瞬間にはその速度が遅くなっていても差し支えないと考える。というのは、この危険運転致死傷罪の構成要件は、「赤色信号又はこれに相当する信号を殊更に無視し、」かつ、「重大な交通の危険を生じさせる速度で『自動車を運転』する行為」であり、このような行為の結果、人を死傷させた場合に処罰することとしているのであるから、ここでの処罰の対象となる実行行為は、赤信号を殊更に無視し、かつ、時速約20キロメートルを超える速度で『自動車を運転』する行為である以上、それは必ずしも事故の瞬間の速度を指すのではなく、殊更に赤色信号を無視して自動車を運転する際に求められる速度であると解することができるからである。

❸ 停止線までに停車できない場合

前述したように、「殊更赤無視」に該当する場合として、立法当初から想定されていたものの一つとして、「赤色信号であることについて確定的な認識があり、交差点手前の停止線で停止することが十分可能であるのに、これを無視して交差点内に進入する行為」が挙げられているが、この想定された行為態様からすれば、逆に言えば、停止線までに安全に止まれない場合は該当しないとも考えられることになり、この点の検討を要することになる。

Case 3

Ａ車が交差点に進入した時、右方から来たＢ車と衝突して、Ｂ車の運転者が負傷した。

Ａ車の運転者甲は、同乗者と話しながら本件交差点に向かって走行していたところ、話に夢中になってＡ信号機をよく見ておらず、この信号機に気付いた時には既に赤色を示していた。ところが、その時点では、もはやかなり交差点に近づいてしまっており、赤色信号に従って急ブレーキを掛けても停止線を少し越えてしまい、横断歩道上で止まるものと思われた。そこで、甲は、どうせ停止線で止まれないのなら仕方がないとして、そのまま時速約50キロメートルで同交差点に進入した。そのため、上記事故を惹起した。甲の刑責は？

③ 停止線までに停車できない場合　*361*

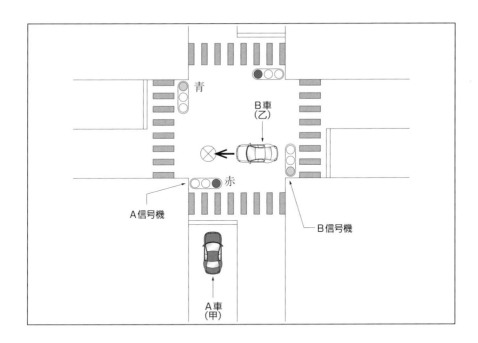

1　停止線前で停止できなくても成立する

　結論から言って、この場合も「殊更赤無視」による危険運転致死傷罪は成立する。これが議論となるのは、前述したように、立法の際に想定されていた「赤色信号であることについて確定的な認識があり、交差点手前の停止線で停止することが十分可能であるのに、これを無視して交差点内に進入する行為」が該当する一つの場合とされているところ、では逆に、停止線で停止することが可能でなかったら、これに該当せず、殊更赤無視に当たらないのではないかとの疑念が生ずるからである。

　しかしながら、ここで示された例は立法当時に考えた典型例であって、分かりやすい例であったことから使われていたにすぎないものであり、この典型例に当たれば殊更赤無視が認められるのはもちろんであるが、ただ、それに該当するかどうかがメルクマールとされているわけではないのである（中村芳生「危険運転致死傷罪（刑法208条の2第2項）における赤色信号の『殊更に無視』が問題となった事例」研修738号18頁参照）。つまり、「停止線を越えて停止することになったとしても、それによって特段の道路上の危険を生じさせない場所に停車することが可能であるにもかかわらず、そのまま交差点を通過した場合には、停止線を越えて停止する場合よりもはるかに悪質で危険な行為で

あり、およそ赤色信号に従う意思がなかったものと認められ」（同上20頁）るのであり、そのメルクマールとしては、「被告人が赤色信号を確認した時点で制動措置を講ずれば停止線で停止することが十分可能であったのかということではなく（上記典型例に当たるのかどうかではなく）、被告人が赤色信号を確認した時点で制動措置を講ずれば、停止線を越えても特段道路上の危険を生じさせない場所に停止することが可能であったかどうかなのである。」（同上）と考えるべきなのである。

2　平成26年3月26日東京高裁判決（判タ1403号356頁）

　これと同様の判断を示したものとして、**平成26年3月26日東京高裁判決**が参考になる。

　この事案は、被告人が、大型貨物自動車を運転して信号機により交通整理の行われている丁字路交差点（以下「本件交差点」という。）を直進しようとして、時速約60キロメートルの速度で本件交差点に進入した際、被告人が、本件交差点の出口に設置された横断歩道及び自転車横断帯（以下「本件横断歩道等」という。）から約87.3メートル手前の地点で赤色信号を認識し、同地点で直ちにブレーキを掛ければ、本件交差点入口の停止線を越えたとしても本件横断歩道等の手前で停止することができ、これによって本件交差点内での事故発生などの危険が生じる可能性はまずなく、かつ、本件交差点での衝突事故を回避できる状況にあるにもかかわらず、黄色信号を認識した時点で一旦アクセルから足を離したものの、赤色信号を認識して排気ブレーキを解除し、減速することもなくあえて従前の速度のまま進行したことで横断歩道を横断中の被害者らを死亡させるなどしたものである。

　この事案において、弁護人は、危険運転致死傷罪の成否に関して、被告人が赤色信号を認識した時点でブレーキを踏んでも本件停止線の手前で停止することが十分に可能であったとは認め難く、赤色信号を認めた時点でブレーキを掛けても本件停止線を越えてしまう場合には、赤色信号を殊更に無視したとはいえず同罪は成立しないと主張したのに対し、同判決は、「『赤色信号を殊更に無視する』とは、故意に赤色信号に従わない行為のうち、およそ赤色信号に従う意思のないものをいい、赤色信号であることについて確定的な認識があり、停止位置（本件では本件停止線）で停止することが十分可能であるにもかかわらず、これを無視して進行する行為がその典型的なものであるが、ここで停止位置で停止する可能性が問題とされるのは、赤色信号の意味として車両等が停止

3 停止線までに停車できない場合 363

位置を越えて進行してはならない旨定められていること（道路交通法施行令2条1項）による。しかし、停止位置で停止できず、それを越えて進行する車両に対し、赤色信号が何も規制しないということではなく、停止位置を越えて進行することを禁じる赤色信号の意味は、単に停止位置を越えることを禁じるのみならず、停止位置を越えた場合にもなお進行を禁じ、その停止を義務付けるものである。黄色信号が同じように停止位置を越えて進行してはならないものとされながら、当該停止位置に近接しているため安全に停止することができない場合を除く旨の例外が定められているのに対し、赤色信号についてそのような例外の定めがないことはそれを示している。そうすると、「殊更無視」の解釈に当たり、本件停止線で停止可能か否かが決定的な意味を持つものではなく、本件停止線で停止できないことから直ちに赤色信号の「殊更無視」が否定されるものではない。」旨判示している。

　本設例では、甲は、停止線を越えるにしても、本件横断歩道の手前で停止できるのであれば、本件事故の衝突地点までは至らないのであり、「停止線を越えても特段道路上の危険を生じさせない場所に停止することが可能であった」と考えられることから、この場合は、「殊更赤無視」による危険運転致傷罪が成立すると考えられる。

3　平成18年10月24日高松高裁判決（高検速報（平18）号391頁）

　ちなみに、同様の事案として、平成18年10月24日高松高裁判決が参考になるので紹介しておく。この事案は、次のとおりである。

　被告人は、時速約60キロメートルの速度で普通乗用自動車を走行させ、本件事故現場となる交差点に向かっていたところ、本件交差点手前の停止線の遠端から約31.4メートル手前に差し掛かった際、前方の本件信号が既に赤色灯火を表示していることに気付いた。

　被告人は、その時点で急ブレーキを掛ければ、停止線の手前、あるいは、せいぜい停止線をタイヤ1個分越えた

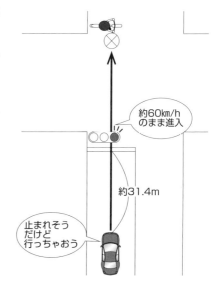

位置で停止できるだろうと考えたものの、横断者等はないものと軽信し、上記のとおり時速約60キロメートルのまま本件交差点に進入し、その結果、本件交差点出口側の道路を横断する被害者運転の自転車と衝突し、本件事故を起こした。

　この事案において、停止位置に関し、同判決は、「被告人運転車両の速度は時速約60キロメートルであったが、(中略)本件赤色信号を発見し、直ちに急ブレーキを掛けたとしても、本件交差点手前の停止線の手前で停止できなかった可能性はあるものの、停止線を約5.514メートル越える程度で済むと認められる。そして、この時の位置は、捜査報告書（中略）によると、停止線を越えて横断歩道上となる。」と認定した上、「被告人運転車両のような直進車両に対する赤色信号の意味は、停止線を越えた後も、なお、その進行を禁ずるものであると解するのが相当である。したがって、本件赤色信号に気付いて急ブレーキを掛けることにより停止可能な位置を越えて自動車を進行させた被告人の行為は、故意に赤色信号に従わずに自動車を運転したものと評価することができる。」とし、「このように、信号による交通規制の観点からいえば、被告人は、赤色信号を守るべき必要性の高い状況を認識しながら、およそ許容し得ない動機に基づき、赤色信号規制が実現しようとする道路上の安全の確保に対する配慮を全く欠いた態様で自動車を運転したと認められ、このような被告人の行為は、およそ赤色信号に従う意思のないものに当たると解するのが相当である。」として、これを認めなかった第1審判決を破棄して、殊更赤無視による危険運転致傷罪の成立を認めたものである。

公判につながる捜査上の重要ポイント

　被疑者の交差点進入前の速度と、その停止距離等の捜査が不可欠となる。被疑者が止まろうと思えば、たとえ停止線を越えても、どの付近で当該車両が停止するのかを確定しないことには、「停止線を越えても特段道路上の危険を生じさせない場所に停止することが可能であった」と認定することができないからである。この場合、EDRや速度鑑定の活用などが求められることとなろう。

④　交差点内から発進した場合

「殊更赤無視」による危険運転致死傷罪の規定からすれば、交差点に進入する前の段階での運転者の行為を規制しようとしていることは明らかであろう。そうであるとすれば、交差点に入って停車してから、再度発進するような場合は、ここに含まれるのだろうかという疑問が生じる。

そして、このような場合において、交差点の中から発進する行為に対し、そもそも赤色信号であることから走行してはならないという義務が存するのか。また、そのような義務が存するとしても、そのような走行は、殊更赤無視の危険運転致死傷罪の構成要件を満たすのか。さらには、交差点内の交通の安全を確保するために発進、進行することは、緊急避難など違法性阻却事由として許容されないかといった各問題を解決しなければならない。

Case 4

A車の運転者甲は、同乗者と話しながら本件交差点に向かって走行していたところ、話に夢中になってA信号機をよく見ておらず、この信号機に気付いた時には既に赤色を示していた。ところが、その時点では、もはやかなり交差点に近づいてしまっており、赤色信号に従って急ブレーキを掛けても停止線を少し越えてしまい、横断歩道上で止まるものと思われた。

そこで、甲は、同交差点内を通過するのは危険だと考え、停止線で止まれないとは思ったものの、急ブレーキを掛けたところ、横断歩道を通過したところで停止した。甲は、無事に停車できたことにほっとし、左右を見てみたところ、深夜であり、閑散として左右道路から進入する車両は見当たらなかった。

そこで、甲は、まだA信号機が赤色表示であり、B信号機等が青色表示であることを認識しながら、A車を発進させ、時速約50キロメートルで同

交差点内を直進したところ、同交差点出口の横断歩道上を横断中の歩行者をはねて傷害を負わせた。甲の刑責は？

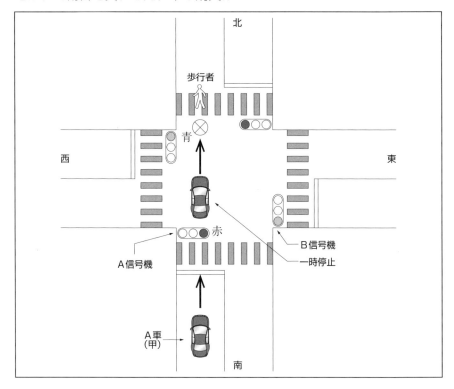

1　交差点内での赤色信号機の禁止規定について

　まず、停止線を越えた後の交差点の中において、赤色信号はその進行を禁じているかどうかについて検討する。道路交通法施行令2条1項の表において、赤色の灯火の意味につき、

　　2　車両等は、停止位置を越えて進行してはならないこと。

のほかに、

　　3　交差点において既に左折している車両等は、そのまま進行することができること。

という規定と、

4 交差点において既に右折している車両等（中略）は、そのまま進行することができること。（後略）

という規定があるところ、交差点内において、「既に」左折又は右折を開始している車両等については、赤色信号であるにもかかわらず、そのままの進行を認めていることに対し、直進車両については、進行できる余地が全く規定されていない。このような規定の仕方から見る限り、交差点内で停止した時点において、「既に」左折又は右折をしていたわけではないので、右左折をすることは許されていないし、直進については一切許容する規定がないことから、仮に青色信号で交差点内に入った場合であっても、停止線を越えた後の直進についてはその進行を禁ずるものであると解することができる。

また、Case 3で紹介した平成18年10月24日高松高裁判決は、この道路交通法施行令2条1項の解釈として、「上記法条の趣旨に照らすと、少なくとも、被告人運転車両のような直進車両に対する赤色信号の意味は、停止線を越えた後も、なお、その進行を禁ずるものである」と判示していることも参考になろう。

2 構成要件該当性について

ここで、本設例における甲の行為について、殊更赤無視の危険運転致傷罪の構成要件該当性を検討すると、甲は、交差点内において対面信号機が赤色表示であることを明確に認識していること、それにもかかわらずあえて発進進行し、同交差点を直進したものであることに照らせば、立法当時に想定された「赤色信号であることについて確定的な認識があり、交差点手前の停止線で停止することが十分可能であるのに、これを無視して交差点内に進入する行為」の場合と同様の評価をしてよい場合に該当すると考えてよいであろう。

ただ、同所で停車を続けることが交通の危険を生じさせるようなおそれがあれば、あえて発進進行しても、その行為は刑法37条の緊急避難に該当すると解するか、あるいは、停車を続けることができないのであるから、赤色信号に従いたいと思ってもこれができなかったもので、あえてこれを無視して発進進行したものではないとして、殊更赤無視の故意についての構成要件該当性を欠く結果となると解するかはともかくとして、いずれにしても危険運転致傷罪が成立しないと考える場合も存しないわけではないであろう。

そこから先は実際の事件における事実認定の問題となる。本設例では、そのような交差点内での交通状況等は設定していないので、仮に、甲が停止していた地点に停止を続けることが東西方向に進行する車両の通行を妨げ、それら車両との衝突の危険を発生させる状況がうかがわれるなら、甲が自車を発進進行させた行為は、違法性阻却事由があると解するか、そもそも構成要件的故意を欠くと解するかはともかくとして、危険運転致傷罪は成立しなくなる。しかし、逆に、そのような車両等の通行を妨げることによって衝突の危険を生じさせるおそれがないと認められるのであれば、甲は停車を続けるべきで、赤色信号の表示に反して直進進行する行為は、危険運転致傷罪が成立することとなる。

3 平成20年2月27日広島高裁岡山支部判決（高検速報（平20）号189頁）

本設例とほぼ同じ事案で、上記の各問題点が争われた事案として、平成20年2月27日広島高裁岡山支部判決が参考になる。

この事案では、交差点内に自車を停止させておくことが、自転車、歩行者又は車両等の通行を妨げたり、その通行に危険を及ぼしたりするおそれの有無等について、原判決である岡山地裁と控訴審判決である広島高裁岡山支部判決とが全く反対の認定をするなど事実認定で難しい面もあったものである。

ただ、最終的には、広島高裁岡山支部判決は、「被告人は、黄色信号を認識して停止を試みた結果として本件交差点内に停止するに至っているのであって、当初から信号規制をおよそ無視して交差点を通過、進行しようとしたものではないが、対面信号機が赤色を表示していることを知りながら、一時停止したにもかかわらず、直進進行して本件交差点内を横断したことが認められるのであるから、やはり赤色信号を無視したというべきである。実況見分調書等原審の関係証拠によれば、客観的に見て、被告人車が停止していた地点に停止を続けることは、自転車横断帯に被告人車前部が入って、同横断帯の幅の半分程度を塞ぐことから、ある程度自転車の通行の妨げにはなるが、その進行に危険まで生じさせるおそれはほとんどないといえ、また、上記実況見分調書を見ると、被告人車の後部が横断歩道を塞いでいるか必ずしも明確ではないが、同調書が200分の1で作成され、被告人車の車長が4.5メートルであることからすると、横断歩道を塞いでいないと認められるから、横断歩行者の歩行の妨げにはならず、その通行に危険を生じさせることはほぼないといえる。当審において

取り調べた証拠によれば、被告人車は停止地点で停止しても横断歩道を塞いでないことが明確に認められる。」などと認定した。

　そして、被告人が、「被告人車が本件交差点内に深く入り、停止地点に停止することが東西方向に進行する車両の通行を妨害し、交通の危険を発生させると考えたため、そして交通の危険を回避するためには、本件交差点から退出すべきであると判断した」旨主張したのに対し、「上記実況見分調書等、原審の関係証拠によれば、被告人車の停止位置は、自転車横断帯に車両前部が掛かっているだけで、東西ことに東から西に向かい被告人車の近くを通行する車両の妨げには全くなっていないのが一見明白であること、そして、被告人は、長年タクシー運転手をしていてこれまでに何回も本件交差点を通行していたことが認められ、これら事実に照らして被告人の上記判断の基で発進したとの供述は到底信用できない。」などとしてその主張を排斥した上、「上記認定事実、とりわけ、被告人車の停止位置から東西道路の見通しがよいことなどからすると、被告人は、一度停止したものの、対面信号が単に赤色信号であることを認識しながら、東西道路の車両が進行して来ないのを見て、被告人車を発進進行させたのであって、赤色信号を殊更に無視して直進進行したと認めるのが相当である。」として危険運転致傷罪の成立を認めたものであった。

4　左折進行及び右折進行の場合

　上記の広島高裁岡山支部の事案や、本設例は、いずれも交差点内から直進進行した場合であった。では、本設例の場合において、左折進行し、その結果、歩行者等に負傷させた場合はどうなるのであろうか。

　道路交通法施行令２条１項の表「赤色の灯火」において、

　　3　交差点において既に左折している車両等は、そのまま進行することができること。

という規定が設けられていることから、左折であれば、そのまま進行してもよいかのようにもみえる。しかしながら、前述したように、同施行令は、「既に左折している車両」について、特に進行を許しているのであるから、本設例のように一旦停止した車両にはその適用はないと考えられる上、そもそも同施行令は、あくまで青色信号に従って当該交差点に進入した場合（黄色信号で進入

を許される場合を含む。）を想定しているのであって、それゆえ、赤色信号を無視したり、看過するなどして当該交差点に進入したような場合には、その後の左折進行を許容するという趣旨ではないと思われる。そうであるなら、法の意図としては、そのような車両に対しては、赤色信号の持つ本来の意味に従い、一切の進行を許していないと考えるべきであろう。

　このような考え方に従えば、本設例のように赤色信号を看過して進入した場合には、左折進行もしてはならず、あえてそれを無視して発進進行した場合には、殊更赤無視に該当するといえよう。

　また、右折進行の場合も同様に考えればよい。

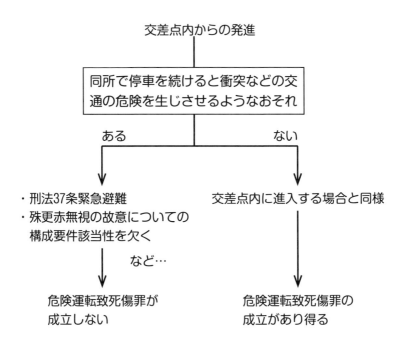

④ 交差点内から発進した場合　　**371**

 公判につながる捜査上の重要ポイント

　上記の広島高裁岡山支部の事案においては、当該停止場所が第1審裁判所が認定するような交通の危険を生じさせるおそれがある場所でなかったことの立証として、本件事故と同一時間帯に、同一場所に捜査車両を停止させた上、その際の交通状況をビデオ撮影し、さらに、ヘリコプターで周囲の状況を写真撮影するなどして、赤色信号であるにもかかわらず、あえて発進進行しなければならないような交通状況ではなかったこと、さらに、そのような発進進行の必要性についての判断を誤るような状況にもなかったことなどを補充捜査で明らかにしていた。

　したがって、このような事案においては、被疑者から、「交差点内で一旦停止した後に発進したのは、交差点内の危険を回避するためである。」との弁解がされて殊更赤無視ではないという主張が出されることを予想し、当時の交通状況を丁寧に再現し、被疑者の車両を停止させておいても、安全な交通に何らの支障もなかったという証拠収集をしておく必要がある。

赤色信号に気付いたときには、既に、交差点直前まで来てしまっていて安全に停止できないとされる場合

Case 5

　A車の運転者甲は、同乗者と話しながら本件交差点に向かって走行していたところ、話に夢中になって前方の信号機をよく見ておらず、この信号機の赤色表示に気付いた時には、既に、交差点手前数メートルの地点まで来てしまっていた。甲は、赤色信号であることは分かったものの、もし急ブレーキを掛けた場合には、交差点の真ん中で停まってしまい、左右道路から青色信号に従って進行する車両との衝突は避けられないと思い、一か八かで逆にアクセルを踏んで急加速して交差点を通り抜けようと決意した。そこで、アクセルを吹かせて急加速して交差点に進入したところ、左右道路からの進入車両と衝突することはなかったが、交差点出口の横断歩道上を歩行中の被害者Bをはねて負傷させてしまった。甲の刑責は？

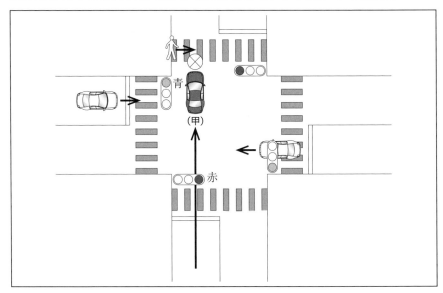

1　殊更赤無視による危険運転致死傷罪は、次のCaseで説明するように、信号
機の表示を全く意に介さない場合であるか、そうでなければ、特段の道路上の
危険を生じさせない場所に停車することが可能であるにもかかわらず、そのま
ま交差点に進入する場合に成立する。

　本ケースの場合には、実際には道路上の危険を生じさせない場所に停車する
ことが可能であったかどうかは必ずしも明らかではない。しかしながら、甲の
主観面としては、そのような場所に停車するのは不可能であると認識していた
のであるから、この場合、赤色信号を無視したくて無視したわけではなく、事
故を回避する意図でやむを得ず直進を続けたのであるから、殊更に赤色信号を
無視したのではないと認定されるおそれがある。

2　実際に、そのような判断が示された裁判例として、**平成28年11月7日千葉地
裁判決**（判例タイムズ1436号243頁）が挙げられる。この事案は、次のとおりであ
る。

　被告人は、平成27年4月23日午前6時52分頃、普通乗用自動車を運転し、千
葉市美浜区内の道路を時速約65キロメートルで進行し、同所先の信号機により
交通整理の行われている交差点を直進するに当たり、赤色信号に気付いたもの
の、自車を時速約70キロメートルに加速させて同交差点内に進入し、折から左
方道路から信号に従って同交差点に進行してきたA（当時34歳）運転の普通自
動二輪車に自車左前部を衝突させて同自動二輪車もろとも同人を路上に転倒さ
せ、よって、同人に多発外傷の傷害を負わせ、同日午前7時40分頃、同人を前
記傷害により死亡させた。

　この事案において、被告人は、捜査段階では、交差点に至るかなり手前（33
ないし39.5メートル）で赤色信号を認識したと供述し、その旨の実況見分調書
も作成されていた。にもかかわらず、法廷では、赤色信号を発見した具体的な
地点は特定できないが交差点の直前である旨主張し、裁判所も被告人の供述を
採用して、そのとおりの事実認定をした。

　そのように認定された事実関係に基づいて、本件判決は、「信号機による交
通整理がされており、片側2車線の道路と交差するといった本件交差点の形状
に照らし、本件交差点内が交通の安全を阻害するおそれがない場所であるとは
いえないことも考慮すると、本件交差点内に止まることを避けようとして本件
信号機の赤色信号を無視した被告人に、およそ赤色信号に従う意思がなかった

とはいえ、被告人が赤色信号を『殊更に無視した』と認めることはできない。」とした。

3　しかしながら、この判断は甚だ疑問である。そもそも、本件の争点は、被告人が赤色信号を認識した地点に関する事実認定の問題であるところ、被告人がその発見地点を特定できないとしているような供述に信用性を認めることができるのか問題である。自動車の運転者は、自己の運転中の行為で、それが事故に直結するようなものであれば、その記憶は鮮明に残るのが通常であろう。これまでの多くの赤色信号無視による交通事故においては、それが危険運転致死傷罪の成否が問題となる場合であれ、過失運転致死傷罪が問題となる場合であれ、赤色信号を認識した地点について運転者は特定していたのである。

　これに対し、本件被告人のように、どの辺りで赤色信号を認識したか供述できず、しかし、その一方で急停止の措置を講じても止まれない場所であったという供述態度は、まさに、都合よく危険運転致死罪の成立を回避できるものであって、そこに捜査段階の供述を変更して、危険運転致死傷罪の成立を阻止しようとの意図が含まれていないかと疑わざるを得ないであろう。

　この赤色信号の発見地点の特定ができないとする点に関して、本件判決は、「赤色信号に気付いた時点は瞬間的な一時点である上、その際、その地点を視覚的に特定するに足りる特徴的な風景等もなく、かつ、被告人運転車両の速度は時速約65キロメートルと相当に高速度であった。」、「本件実況見分では人が歩くよりも遅いくらいのスピードで本件見分車両を進行させているのであり、速度によって運転席からの見え方に違いが生じることなどから考えても、本件事故当日に被告人が赤色信号に気付いた地点を再現するのは容易なこととはいえない」ということを理由としているが、このような一般的な理由が妥当するのであれば、これまでの数多くの赤色信号無視の交通事故のほとんどにおいても同様に運転者による赤色信号を認識した地点の特定が不可能であったのでなければおかしいことになろう。他の赤色信号無視事案では、運転者は赤色信号を認識した地点を指摘して実況見分を行い、裁判においても、その実況見分調書を採用するかどうかはともかくとしても、赤色信号を認識した地点を特定した上で有罪、無罪の判断をしてきたのであり、本件判決は、このような数多くの裁判例の流れと大きく乖離する判断をしたのである。

4　上記の点は、あくまで赤色信号発見地点に関する事実認定上の問題である

が、本問のような事実関係であった場合、「殊更赤無視」による危険運転致死傷罪の成立は否定されるのであろうか。

　ここでいう「殊更赤無視」は、前述したように、道路上の危険を生じさせない場所に停車することが可能であったかにもかかわらず、それを無視してあえて赤色信号であるにもかかわらず進行した行為であるから、当該交差点内の車両等の通行量などはこの判断をする上で不可欠の要素である。

　つまり、左右道路の見通しがよく、左右道路からの進入車両が存在しないことが判明していたのであれば、交差点内に停止しても何も問題がないのであり、このような場合に、あえて赤色信号を無視して進行し、交差点出口での横断歩道上の歩行者に衝突したのであれば、それは殊更赤無視による危険運転致死傷罪を適用しても何の問題もないといえよう。したがって、真実、左右道路からの進行車両が多く、交差点内での停止は左右道路からの進入車両との事故に直結するという場合であれば、停止しないという判断もやむを得ないものとされる可能性はあり得るが（刑法37条の緊急避難の余地もあろう。）、そのような状況ではないことを知りながら、赤色信号であるにもかかわらず、単に赤色信号の発見が遅れたという一事をもって進行することにつき危険運転致死傷罪からの免罪符が与えられるというのは極めて不当であろう。

　つまり、その際の左右道路からの進入車両や歩行者の有無、数量、程度、頻度等、更には、当該交差点の広さ、特に、停止線から左右道路と実際に交差する地点までの距離等を考慮し、停止措置によって被害を避け得るかどうかを運転者として判断すべきであり、走行継続により被害を避け得ると判断したのであれば、その判断の妥当性が問われ、それが妥当であったとした場合に初めて「安全に止まれなかった」として、進行を継続したことで発生した事故に対する故意責任が免除されると考えるべきではないだろうか。

　したがって、赤色信号に注意せず走行していたため、停止線直前になって赤色信号を認識したものの、安全な位置で停止できないと勝手に判断し、ただ漫然とその進行を続けただけの場合には、殊更赤無視に該当すると考えるべきであり、一方、運転者として、直ちに急制動を講ずるのが安全か、逆に、そのまま進行を続けた方が安全かにつき、左右道路からの進入車両等の状況を判断した上で、あえて進行したのであれば、その場合には、「殊更赤無視」の故意が不存在としてよいものと思われる。

それゆえ、本問においては、左右道路からの進入車両の有無やその距離等が問題となり、その認定として、赤色信号に従って停止した場合、道路上の危険を生じさせない場所に停車することが客観的に不可能であり、左右道路からの車両との衝突が不可避であったとされるのであれば、あえて進行を続けた行為は、殊更赤無視行為とは認定できないものの、そのような道路状況ではなく、また、その道路状況を認識し得たのであれば、殊更赤無視行為と認定され、危険運転致傷罪が成立すると判断すべきことになる。

しかしながら、上記千葉地裁判決は、この点を全く検討することなく、交差点内が危険でないとはいえないという一般論だけで、証拠に基づくことなく、殊更赤無視行為を否定する認定をしたのは明らかに誤りであり、事実誤認であると言わざるを得ない。もっとも、この判決文からは、左右道路からの交通状況に関して、どのような審理がなされたのかは明らかではないが（少なくとも検察官にその立証を促したものの、検察官がこれに応じなかったという状況は窺われない。）、この点に関する審理を尽くした上でなければ、危険運転致死傷罪の成否を判断すべきではなかったといえよう。

5　一方、捜査上の留意事項としては、本件の被告人のような弁解が後の公判になって主張されることをあらかじめ予期し、被告人の赤色信号を認識した地点に関する実況見分を実施する際に、その認識の根拠等を極力明らかにし、その実況見分調書の信用性が揺らぐことのないように作成することを心がける必要がある。

6 信号表示に全く従うつもりがない場合（パトカーに追いかけられている場合など）

 信号表示に全く従うつもりがない場合（パトカーに追いかけられている場合など）

　「殊更赤無視」に該当する場合として、立法当初から想定されていたものとして、Case 1 及び Case 3 で検討した態様のほかに、「信号の規制を全く無視して、およそ赤色信号であろうとなかろうと最初から信号表示を一切意に介することなく、赤色信号の規制に違反して交差点に進入する行為」が挙げられているところ、どのような場合がこれに該当することになるのかを検討する。

Case 6

　Ａ車の運転者甲は、パトカーから停止を求められたにもかかわらず、これを無視して逃走することとした。本件交差点に向かって走行中、パトカーを振り切るため、Ａ信号機が何色であるか確認することもせず、何色であってもこの交差点を突っ切ろうと決意し、赤信号であったにもかかわらず、そのまま時速約80キロメートルで同交差点に進入した。そのため、右方から来たＢ車と衝突して、Ｂ車の運転者乙が負傷した。甲の刑責は？

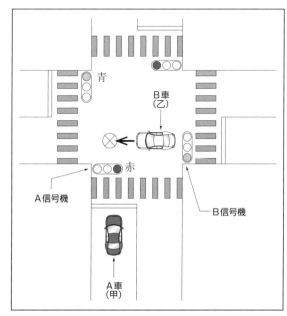

378 〔2〕第4章 殊更赤色信号無視による危険運転致死傷罪の成否

1 信号表示に全く従うつもりがない場合

　この場合も殊更赤無視による危険運転致傷罪は成立する。これは、立法当時想定されていた典型例のうちに、信号の規制を全く無視して、およそ赤色信号であろうとなかろうと最初から信号表示を一切意に介することなく、赤色信号の規制に違反して交差点に進入する行為が挙げられているところ、本設例では、パトカーの追跡を免れるために、信号表示がどのようなものであってもそれに従うつもりがなかったのであるから、立法者の意思に照らしても、「赤色信号を殊更に無視」した場合に該当する。

2 平成20年10月16日最高裁決定（刑集62巻9号2797頁）

(1)　このような場合について判断を示した**平成20年10月16日最高裁決定**によれば、「赤色信号を『殊更に無視し』とは、およそ赤色信号に従う意思のないものをいい、赤色信号であることの確定的な認識がない場合であっても、信号の規制自体に従うつもりがないため、その表示を意に介することなく、たとえ赤色信号であったとしてもこれを無視する意思で進行する行為も、これに含まれると解すべきである。」と判示しているが、これは、赤色信号の規制を全く無視し、信号表示を一切気にすることなく交差点に進入する行為も含まれるという解釈を最高裁としても明らかにしたものである(注1)。

　　この最高裁のケースも、パトカーに追跡されて逃走しようとする場合であり、パトカーを振り切るためには信号機の表示を意に介さないという場合には、通常この殊更赤無視の危険運転致死傷罪が適用され得るものであると理解されたい。

(2)　この点で上記最高裁決定と同様にパトカーに追尾されて、これから逃れるために信号機の表示を気にすることなく交差点に進入したことによる殊更赤

（注1）「本決定のいう『信号の規制自体に従うつもりがな』いことは、積極判断にとって、たしかに核心を衝く事情となる。だが、それは、被告人の悪質な内心傾向を根拠づけるからではなく、被告人が当該交差点の状況如何にかかわらず進入し、重大な死傷事故を引き起こす危険の高さを根拠づけるからである。（中略）本決定以後の裁判例が、（中略）犯罪事実を認定するとき、被告人が、いつ、どこで赤色信号を実際に確認したか、という点を問わないのも、本罪を正解している。」（古川伸彦「いわゆる赤信号無視類型の危険運転致死傷の罪における『殊更に無視し』の意義」『川端博先生古稀記念論文集（下）』444頁）とする見解は参考になろう。

⑥　信号表示に全く従うつもりがない場合（パトカーに追いかけられている場合など）　***379***

無視による危険運転致死傷罪の裁判例として、**令和元年8月19日盛岡地裁判決**（月刊交通2020年10月号82頁）が挙げられる。

ア　この判決の事案のうち危険運転致死傷罪に関する部分は、おおむね次のとおりである。

　被告人は、無車検・無保険の普通乗用自動車（以下「本件車両」という。）を運転し、信号機により交通整理の行われている交差点を直進するに当たり、赤色の警光灯をつけるなどした警察車両（以下「本件警察車両」という。）から追尾されたため、本件警察車両から逃れるべく、本件交差点の対面信号機（以下「本件信号機」という。）が赤色信号表示であろうともこれを意に介することなく進行しようと考え、本件信号機の赤色信号表示に従って第1車両通行帯（直進の進行方向別通行区分）に停車中の事業用普通乗用自動車（以下「本件タクシー」という。）の横をすりぬけて第2車両通行帯（右折の進行方向別通行区分）に進出して直進進行し、もって、本件信号機が現に表示する赤色信号を殊更に無視し、かつ、重大な交通の危険を生じさせる速度である時速約67〜78キロメートルで本件交差点に進入したことにより、折から、その左方道路から青色信号表示に従って進行してきたA（当時60歳）が運転する普通乗用自動車（以下「被害車両」という。）右側面後部に本件車両前部を衝突させ、よって、同人及びその同乗者に傷害を負わせたものである。

イ　本件では、被告人は、殊更に赤色信号を無視したのではなく、見落としたにすぎないと主張していた。

　そこで、本件判決では、「本件でまずもって検討すべきは、本件交差点に進入した際の状況であるところ、本件道路は、（中略）ほぼ一直線で、見通しの良い道路であるから、前さえ見ていれば、交差点の存在や信号機の信号表示を認識しないはずがない。しかも、本件事故当時の本件交差点では、（中略）本件タクシーが本件信号機の赤色信号表示に従って直進レーン（第1車両通行帯）で停車中であったのだから、このような交通状況からしても、本件交差点の存在や本件信号機の赤色信号表示を認識しないはずがない。しかるに、本件車両は、本件交差点の直前まで直進レーンを進行してきたが、本件交差点進入時に右折レーン（第2車両通行帯）へと転じている。この事実は、本件車両を運転していた被告人において、前

記のような交通状況を認識した上で、本件タクシーとの衝突を回避しよう
としたことを示すから、本件交差点の存在や本件信号機の赤色信号表示に
ついても認識していなかったはずがない。そうすると、被告人の本件交差
点での『信号に従う義務違反』は、被告人の見落とし（過失）に基づくも
のではなく、また、『ひょっとしたら赤になるかもしれないと思って信号
の変わり際で入ってしまった』という未必的な故意に基づくものでもな
く、明確な故意による信号無視と推認できる。」として、被告人におい
て、確定的に赤色信号を認識しながら、殊更にこれを無視したと認定した
ものである。

(3) また、パトカーに追われたわけではないものの、赤色信号に従うつもりが
なくて高速度で赤色信号を意に介さずに交差点に進入したものとして**平成29
年7月4日水戸地裁判決**（公刊物未登載）が挙げられる。この判決の事案は、
被告人が、乗用車を運転中、赤信号を殊更に無視し、制限速度を大幅に上回
る時速約114キロメートルで自車を交差点に進入させ、青信号に従って自転
車横断帯上を進行していた被害者運転の自転車に衝突し、被害者を約99.2
メートルはね飛ばして死亡させたなどとされたものである。本件判決では、
被告人は、信号機の信号規制に従うつもりがないため、その表示を意に介さ
ず、赤信号でありかつ直進矢印がなかったとしてもこれを無視する意思で被
告人車両を走行させたと認められるから、被告人は、およそ赤信号に従う意
思がなく、赤信号を殊更無視したというべきであり、危険運転致死罪が成立
すると判示したものである(注2)。

3 信号機の有無について認識しなかった場合

(1) このように、信号機の表示がどのようなものであっても無視しようとして
走行を続けている場合であれば、その過程で交差点に進入した際、そもそも
信号機の存在自体を認識していなかった場合（例えば、信号機のない交差点
であると認識していたと弁解しているような場合）でも同様に扱って差し支

（注2） この種の殊更赤無視による危険運転致死傷罪のケースは枚挙にいとまがない。平成26
年8月25日札幌地裁判決（公刊物未登載）、同27年1月23日那覇地裁判決（公刊物未登載）、
同年1月27日札幌地裁判決（公刊物未登載）、同年3月4日名古屋地裁判決（公刊物未登
載）、同年3月4日大阪地裁判決（公刊物未登載）など多数に上る。

⑥　信号表示に全く従うつもりがない場合（パトカーに追いかけられている場合など）　**381**

えない。この場合も、信号機の表示に従うつもりがないという点では同様だからである。つまり、信号機があろうとなかろうと、どうせその表示には従って止まるつもりがないというものであるのなら、たとえ信号機の存在が分かっていたとしても止まらないのであるから、殊更に無視している場合に含めてよいと考えられるからである。

(2)　この点で参考になるものとして、**平成29年10月17日東京地裁判決**（裁判所ウェブサイト）が挙げられる。

　この判決の事案は、被告人が、普通乗用自動車を運転し本件交差点を直進するに当たり、飲酒運転の発覚等を恐れ、警察車両の追跡から免れるため、本件信号機が赤色の灯火信号を表示していたのに、これを殊更に無視し、本件交差点内に進入したことにより、A運転の普通乗用自動車に自車を衝突させ、A運転車両をB車両に衝突させるなどし、Aを外傷性胸腔内損傷により死亡させるなどしたというものである。

　この事案において、被告人は、本件信号機の存在に気付いておらず、仮に本件信号機の赤色表示を認識していれば車両を停止させるつもりであったと供述し、これを受けて、弁護人も、被告人は赤色信号を殊更に無視したとはいえず無罪である旨主張していた。

　そこで、これらの点について、本件東京地裁判決は、おおむね「被告人車両が走行した国道○号線は大規模な幹線道路で、本件運転開始地点から本件交差点の手前までの間には一定の間隔で4機の信号機が設置されており、被告人もこれらの信号表示を確認したと述べていること、被告人がこれまでにも国道○号線を運転したことがあること等からすれば、上記4機目の信号機の先にもそれまでの信号機間の間隔からあまり差のない距離進行した辺りに次の信号機が設置されているであろうことを被告人は当然予測していたはずで、本件交差点に本件信号機が設置されていることを、少なくとも未必的には認識していたと認められる。それにもかかわらず、被告人は、上記認定のとおり、加速を続け、時速約160キロメートルという急停止することがおよそ不可能な高速度で本件交差点内に進入している。以上、被告人車両が進行してきた道路の状況や被告人の運転状況からすれば、被告人は、本件交差点内に進入する際、本件信号機の存在を確定的に認識していなかったとしても、パトカーの追跡から何としてでも逃れるため、信号機や信号表示を意に

介することなく、たとえ赤色信号であったとしてもこれを無視する意思で進行したものと認められる。」と判示して、「被告人が本件信号機の存在や自車の速度を確定的に正確に認識していたか否かにかかわらず、上記のような道路状況や、アクセルを踏み込んで加速を続け、時速約160キロメートルの高速度で本件交差点内に進入した被告人の運転状況に照らせば、およそ信号規制に従う意思がなかったことは明らかである」と判示し、被告人は、赤色信号を殊更に無視したものと認められるとしたものである。

(3) ただ、このような場合と異なり、一般的に、居眠りをしたり、脇見をしたりしていて、信号機の存在自体気付かなかった場合や、それが信号機により規制されている交差点であることなども気付かなかったという場合は、結論は異なることとなろう。この場合には、信号機の表示を殊更に無視しようという意図も存しないことになることから、たとえ当該信号機が赤色を表示していたとしても、殊更赤無視の危険運転致死傷罪は成立しないことになる。

公判につながる捜査上の重要ポイント

　被疑者のパトカーからの逃走の状況等から、およそ信号表示に従う意思が見られないと認定できる場合は多いと思われるが、その認定に当たっての主な証拠となるのは、その追跡に関わる警察官の証言である。その場合、関与する警察官は複数であるのが通常であるところ、その追跡状況等に関する証言が相互に食い違うと証言の信用性が低減し、本来明らかなはずの信号無視による走行状況が認定されないという場合もないではない。そこで、その際の目撃状況については、事故直後の記憶が鮮明なうちに、速やかに各警察官において報告書等で証拠化しておくことが肝要である。

7 交通事故の発生場所に関する成否への影響

　ここで検討の対象となるのは、実際の事故の現場が交差点内でなくてもよいのかという点である。

　「殊更赤無視」による危険運転致死傷罪を規定する自動車運転死傷処罰法2条7号は、これまでにも述べたように、交差点に進入する前の段階での運転者の行為を規制しようとしていることは明らかであろう。

　もっとも、これから検討するCase 7-1及びCase 7-2の場合は、A車は停止線を越えて交差点内に進入していないことから、赤色信号無視による道路交通法違反が成立していない場合であり、赤色信号による規制を遵守させることにより危険な運転行為を防止させようとする殊更赤無視の危険運転致死傷罪の成立を認める必要があるかどうか問題となる。

　また、逆に、Case 7-3の場合は、交差点を出てしまっていることから、そのような場合は、もはや交差点における信号機の表示は事故に無関係と考えるべきではないかとの問題が生じることになる。

　いずれにせよ、事故現場が交差点内ではない場合であっても、殊更赤無視行為と因果関係があると認められれば、危険運転致死傷罪は成立する。したがって、当該事故現場が交差点内でなかった場合でも、その事故原因が被疑者の赤色信号無視ではないかという観点からの捜査を怠ってはならないということである。

　交差点内でなくとも、殊更赤無視の危険運転致死傷罪は成立するということを念頭に置き、信号表示が事故発生にどのように影響したか、現場の状況や目撃者の供述を丁寧に検討することが必要であろう。

Case 7-1

A車の運転者甲は、本件交差点に向かって進行してきたが、対面信号機の赤色表示に従って停止していた先行車両の後方に一時停止した。しかし、甲は急いでいたので、対向車線上に進出して走行し、同交差点に進入しようとしたところ、その際、右方道路から青色信号に従って左折進行してきたB車と、交差点入口手前の停止線相当位置付近において衝突し、B車の運転者に傷害を負わせた。甲の刑責は？

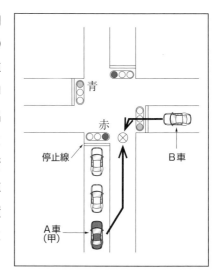

　一般的に、殊更赤無視をして進行する場合は、事故現場は交差点内となるのが通常であろう。しかしながら、殊更赤無視の危険運転致死傷罪の成否が道路交通法違反の成否と必ずしもリンクしなければならないということはなく、赤色信号無視が成立していなくても、殊更赤無視の危険運転致死傷罪が成立する余地はあると考えてよいと思われる。

　実際に、このCase 7-1のような事例に対し、**平成18年3月14日最高裁決定**（刑集60巻3号363頁）において、「被告人が自車を対向車線上に進出させたことこそが同車線上で交差点を左折してきた被害車両と衝突した原因であり、赤色信号を殊更に無視したことと被害者らの傷害との間には因果関係が認められない。」と主張した弁護人の上告趣意に対し、本件最高裁決定は、「しかし、被告人が対面信号機の赤色表示に構わず、対向車線に進出して本件交差点に進入しようとしたことが、それ自体赤色信号を殊更に無視した危険運転行為にほかならないのであり、このような危険運転行為により被害者らの傷害の結果が発生したものである以上、他の交通法規違反又は注意義務違反があっても、因果関係が否定されるいわれはないというべきである。」として、このような場合にも、殊更赤無視に

よる危険運転致傷罪を認めている。

　そして、同決定に対する最高裁調査官の意見においても、「赤色信号を殊更に無視する無謀な運転態度が顕現した以上、仮に道交法違反の罪としてはその成立の一歩手前（交差点直近ではあるが、停止位置を越えていない）であったとしても、危険運転行為に当たるという解釈も、成り立ち得るところであろう。危険運転行為は、あくまで交通取締法規違反それ自体としてではなく、人の死傷の結果を発生させる実質的危険性を有するものとして類型化されたものであることを直視すれば、前者の成否が後者の成否を画する必然性はないとも思われるからである。」（前田巌「時の判例」ジュリ1326号192頁）としていることも参考になろう。

　したがって、交差点の入口手前が事故現場となっても、「殊更赤無視」による危険運転致死傷罪は成立し得ると解すべきである。

　また、この場合、Case 2で述べた「重大な交通の危険を生じさせる速度」というのをどの時点で捉えればよいのであろうか。信号機の表示を無視するつもりで走行してはいるものの、実際に信号機のある交差点にまで至っていないことから問題になろう。

　この場合、対向車線に進出して走行し始めた時点で、殊更に赤色信号を無視するつもりでの走行を開始することになることから、その時点から衝突までの間に、時速20キロメートル程度の速度の走行があれば、この要件を満たすものと考えてよいと思われる。

Case 7-2

　A車の運転者甲は、パトカーに追跡されていたため、交差点手前の停止線から約6.2メートル後方で対面信号機の赤色表示に従って停止していたB₁車とB₂車の2台の車両の間をすり抜けて逃走を続けようとし、その間が約1.8メートルしかなかったにもかかわらず、その車両間に進入したところ、両方の車両に衝突し、両車両の運転者に傷害を負わせる事故を惹起した。甲の刑責は？

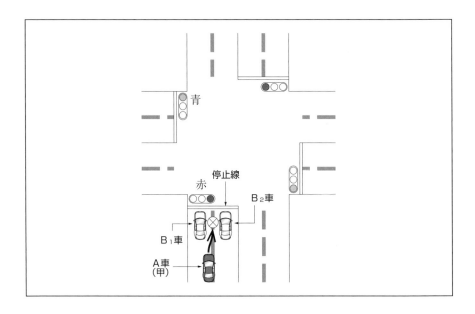

　本設例も、先のCase 7-1と同様に扱って差し支えないものである。交差点手前の停止線から約6.2メートル離れて停止していた車両に対するものではあるが、これも赤色信号表示を無視しようとして走行した行為に起因するのであるから、殊更赤無視による危険運転致傷罪が認められると考えてよい。実際に同様の事案において、有罪判決が言い渡されている（平成22年2月23日大阪地裁堺支部判決（公刊物未登載））。

Case 7-3

　Ａ車の運転者甲は、パトカーに追跡されていたため、対面信号機の赤色表示を無視して本件交差点に進入し、たまたま左右道路からの進行車両はなかったことから、同交差点内での事故は生じなかったものの、左右道路が青色信号になっていたことから、同交差点の横断歩道に達する前に歩行者乙は斜め横断を開始したところ、同横断歩道に至る直前にＡ車にはねられ、乙が負傷する事故が起きた。甲の刑責は？

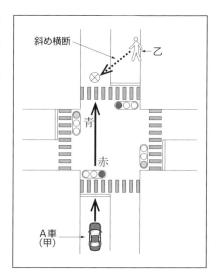

　このような場合は、確かに交差点内とは認定できないものであるが、それでも、当該事故は殊更赤無視をした行為に起因するものであり、因果関係が存すると認められる限りは、この危険運転致死傷罪を認めて差し支えないと考えられる。
　したがって、本設例のような歩行者の斜め横断の場合は、交差点の横断歩道を歩行している場合と本質的な差異はなく、危険運転致傷罪が認められるべきであろう。
　しかしながら、もちろんのことではあるが、その衝突地点が交差点から何十メートルも離れて、もはや赤色信号を殊更に無視した行為とは直接結び付かないような場所であれば、危険運転致死傷罪の成立は否定されることとなる。
　なお、交差点出口の対向車線上に赤色信号に従って停止していた普通乗用自動車に自車を衝突させた事案に本罪を適用したものとしては、**平成26年12月25日佐賀地裁判決（公刊物未登載）**がある。

8 交差点に進入しようとした際には青色信号に変化していた場合

Case 8

　甲は、普通乗用自動車を運転し、交差点Ａに向かって時速約50キロメートルで進行していた。甲は、連動した信号表示となる交差点Ａと交差点Ｂの信号機がいずれも赤色灯火を表示しているのを知りながら、いずれの信号をも無視して走行しようと考え、対向車線に進出した上、まず、交差点Ａの赤色信号を無視して走行し、交差点Ｂに差しかかった。その際、甲は、交差点Ｂが赤色信号であってもこれに従う意思はなかったことから、そのまま同速度で進行を続けたところ、交差点Ｂの信号表示が青色に変わり、そのため、同交差点の停止線手前で停止していた乙運転に係る車両が発進し、右折を開始した対向車線上を走行して同交差点に進入した甲運転の普通乗用自動車と衝突し、乙が負傷した。この場合の甲の刑責は？

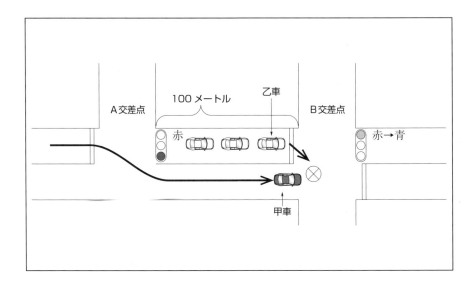

⑧ 交差点に進入しようとした際には青色信号に変化していた場合　389

　この場合、甲には、殊更赤無視の危険運転致傷罪が成立する。

　殊更赤無視は、およそ信号機の表示に従う意思がない状態で、赤色信号が表示されている交差点に進入する場合などに成立するが、その衝突場所は、これまでに述べたように、交差点内である必要はない（なお、本問では、交差点内の事故ではあるが。）。それが交差点手前であっても、交差点の外になっていても差し支えない（それが信号機の表示に支配されている範囲内にあると認められる限りにおいて）。

　例えば、前述した**平成18年３月14日最高裁決定**では、交差点の対面信号機の表示は赤色であるものの、衝突地点は交差点の手前である事案において、「被告人が対面信号機の赤色表示に構わず、対向車線に進出して本件交差点に進入しようとしたことが、それ自体赤色信号を殊更に無視した危険運転行為にほかならないのであり、このような危険運転行為により被害者らの傷害の結果が発生したものである以上、（中略）因果関係が否定されるいわれはないというべきである。」としているところ、本問においても、被疑者は、上記最高裁決定の下線の行為と全く同様の行為に及んでいるのであるから、同決定の趣旨を踏まえれば、本問においても殊更赤無視の危険運転致傷罪は成立すると考えるべきであろう。

　また、そのように考えないと、被疑者が殊更に赤無視をしようとして交差点に進入したものの、たまたまそれが赤色表示の終了間際であって、交差点内で左右道路から進行してきた車両と衝突した際に、青色表示になっていたからといって、その場合に、殊更赤無視の危険運転致死傷罪が成立しないとするのが不当であることは明らかであろう。そうであるなら、被疑者が交差点に進入しようと決意して、重大な交通の危険を生じさせる速度で交差点に進入しようとして自車を走行させたのであれば、その行為をもって殊更赤無視行為と評価すべきであり、交差点に進入した時には、たまたま青色に信号が変化していても、それは被疑者の殊更赤無視行為には何の影響も与えないと考えるべきであろう。

　たしかに、本件では事故現場が100メートル先の次の交差点になっているが、広い交差点であれば何十メートルという広さのものもあるのであるから、全体的にみて、最初の赤色信号無視が原因となって起きている以上、同一交差点内の場合と異なる扱いをする必要はないと考えられる。

殊更赤無視による危険運転致死傷罪における共同正犯の成否

「殊更赤無視」による危険運転致死傷罪について、共同正犯が成立する場合はあるのだろうか。つまり、刑法60条は、

　　二人以上共同して犯罪を実行した者は、すべて正犯とする。

としているところ、「殊更赤無視」による危険運転致死傷罪も故意犯である以上、共同正犯が成立することは理論的にあり得るといってよいのかという問題である。

これまで危険運転致死傷罪が共同正犯として敢行された事案は、妨害行為による危険運転致死傷罪の場合以外ではほとんどないのではないかと思われる。それだけに、殊更赤無視による危険運転致死傷罪において、もし共同正犯が認められるとするのであれば、どのような要件を満たした場合であろうか。

また、その犯行に及んだ者の周囲の者らについてはどのような刑責が負わされるべきであるのか、さらには、その犯行後の逃走の際に、自車の車底部に被害者を巻き込み、そのまま引きずって走行した場合の刑責についてはどのように考えるべきかなどについても併せて検討することとする。

Case 9

甲、乙、丙は飲み仲間であり、普段から3名で共に飲酒しては、その後、各自の普通乗用自動車により高速度で走行し、カーチェイスを繰り返していた。その際、3名とも誰も信号機の表示を守ることなく、赤色信号でもこれを無視して走行していた。

甲らは、事件当日夕方から居酒屋で酒を飲み、甲及び乙はいつものようにカーチェイスに行こうとしたところ、丙は、酔いすぎて運転をするのがおっくうになったため、甲に、「お前の車に乗せてくれ。」と言ったことから、甲はこれを了承し、両名とも、甲が運転するA車に乗り込んだ。

[9] 殊更赤無視による危険運転致死傷罪における共同正犯の成否

　そして、これまで同様Ａ車と乙が運転するＢ車とで競走し、赤色信号を次々と無視して、本件交差点に差しかかった。その際、甲のＡ車が先行し、同車両が同交差点に進入する20秒前に、その対面信号機の表示は赤に変わった。その時点で、Ａ車の速度は時速約150キロメートルであり、乙のＢ車も時速130キロメートル以上であった。

　そのような状況下で、まず、Ａ車が同交差点に進入したところ、左方から青色信号に従って進入してきた被害者Ｖ₁運転の自動二輪車と衝突し、被害者Ｖ₁を路上に転倒させて負傷させるとともに、同車両後部に乗っていた被害者Ｖ₂も路上に放り出された。

　被害者Ｖ₂が路上に放り出された直後、後続進行してきた乙は、Ｂ車で被害者Ｖ₂に乗り上げ、同人を自車下部に巻き込んだまま、約500メートルにわたり同人を引きずって走行し、同人を死亡させた。

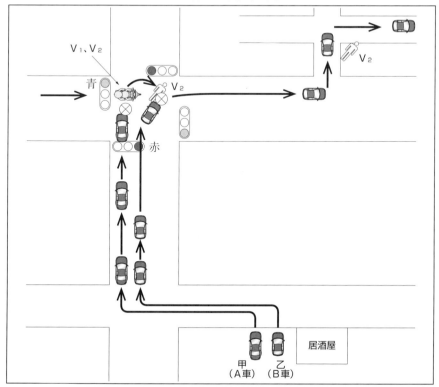

392　〔2〕第4章　殊更赤色信号無視による危険運転致死傷罪の成否

Case 9-1

　甲について、自動車運転死傷処罰法2条5号の殊更赤無視による危険運転致死傷罪は成立するか。仮に、Ａ車の同乗者丙が、交差点に進入したのは、信号が黄色から赤色への変わり目であったと主張していたらどうか。

　本設例では、甲の行為が、「赤色信号であることについて確定的な認識があり、交差点手前の停止線で停止することが十分可能であるのに、これを無視して交差点内に進入する行為」に該当するかどうか検討しなければならない。

　そもそも甲は、信号表示がどのようなものであってもこれに従うつもりはなかった上、客観的にも甲の進行方向の信号表示は赤色であったのであるから、「殊更赤無視」による危険運転致死傷罪が成立することは明らかである。

　また、同乗者丙が交差点進入時に、信号は黄色から赤色への変わり目であったと主張した場合であるが、前述したように、交差点進入時に、真実、信号機の表示が赤色への変わり目であった場合には、「殊更赤無視」とはならないものの、本設例では、客観的に赤色信号での進入が認定できることから、事実認定上の問題として、上記同乗者の主張は排斥されることになる。

　したがって、防犯カメラ映像や信号サイクル(注)、更には目撃者の供述などによって、甲らの侵入時に対面信号機の表示が赤色であったことを立証できるように証拠収集に努めておく必要がある。

(注)　例えば、事故現場となった交差点では防犯カメラ映像がなかったとしても、それより一つ前の交差点を甲らが通過する状況やそこでの信号表示は、同交差点付近に設置された防犯カメラにより撮影されていることがある。

　このような場合は、事故現場の一つ手前の交差点の信号サイクルと事故現場の交差点の信号サイクルを比べることによって、甲らが赤色信号であるにもかかわらず事故現場の交差点に進入したことが認定できる場合もあるということである。

Case 9-2

乙については、殊更赤無視による危険運転致死傷罪は成立するか。

1　乙によるV₂に対する危険運転致死罪の成否について

乙の車両は、本件交差点において、被害者V₂に乗り上げるなどしている。この段階で乙は、赤色信号を殊更に無視して同交差点に進入しているのであるから、まず、乙による当該行為について、被害者V₂に対する殊更赤無視による危険運転致死罪が成立するかどうか検討しなければならない。

つまり、乙の行為としては、甲と同様に、赤色信号を無視し高速度で本件交差点に進入したことから、「赤色信号を殊更に無視し、かつ、重大な交通の危険を生じさせる速度で自動車を運転する行為」により、被害者V₂を死亡するに至らしめていることになり、この危険運転致死罪の構成要件を充足しているかのようにみえるからである。

しかしながら、この条文の柱書きである

　　次に掲げる行為を行い、よって、人を負傷させた者は15年以下の懲役に処し、人を死亡させた者は1年以上の有期懲役に処する。

とするうちの「よって」という部分の解釈として、殊更赤無視などの運転行為をし、「よって」人の死傷という結果をもたらすことについて、そこに条件関係が必要であるのはもちろんのこと、相当因果関係についても同様に求められるものと考えるべきである。

ここで問題とする相当因果関係説とは、我々の社会生活上の経験に照らして、通常、その行為からその結果が発生することが相当だとみられる場合に因果関係の存在を認めようとする考え方で、判例上は、条件説を基本としつつも相当因果関係説の考えも取り込んで妥当な結果を導いている。もっとも、現在は、判例も「危険の現実化」という観点から因果関係の存否を判断している危険の現実化説に依っており、また、これが現在の通説であるといわれている[注]。

本設例では、予期しない他の者による交通事故の結果（後述する「共謀」等が存在しなかったとしての場合である。）、そこで放り出された被害者V₂が自車の前方に落下するという事態の発生が事故の原因となるのであるが、このよ

うな事態は、乙本人はもちろんのこと、通常一般人においても予測できることではない。

そうであるなら、このような被害者が自車前方に落下した結果、轢過してしまうという状況は、乙の運転行為と被害者の死傷との間に相当因果関係がないというべきであろう（なお、危険の現実化説に従っても、被害者の死亡という結果に最も寄与したのは、他の事故による自車前方への落下という事象であって、乙の運転行為自体ではないので因果関係を認めることは困難であろう。）。

つまり、二重轢過事故の場合などのように、他の加害者による予期しない被害者の発生等があった場合、後続の運転者がその直後に同被害者を轢過することについては、予見可能性及び結果回避可能性のいずれもが否定され、これまで業務上過失致死傷罪や自動車運転過失致死傷罪などの成立も否定されてきたのではないかと考えられる。つまり、避けることができない事故という評価をしてきたといえよう。そうであるなら、業務上過失致死傷罪などが成立しないのに、たまたま赤色信号を無視していたという事情があることにより、危険運転致死傷罪が成立するというのでは、いかにもバランスを欠いた結論であるといわざるを得ないであろう。そのような結論は、そこに相当因果関係が必要であるとの思考が欠落したことによる誤りであると思われる。

したがって、殊更赤無視による危険運転致死傷罪が成立するためには、当該赤色信号無視行為と人の死傷という発生した結果との間に、相当因果関係が必要であると考えなければならない。

それゆえ、乙の車両がたまたま車外に放り出された被害者V2に衝突したことだけを捉えて、被害者V2に対する危険運転致死罪が成立するというのは無理があるものと考える。

なお、この場合、避けることのできない乙の行為を通じてV2を死に至らしめたのであるから、甲がその責任を負うのは当然である。

㊟　危険の現実化説における、判例の見解は、「『行為の危険性が結果へと現実化したか』（危険の現実化）が基準とされて、因果関係の判断が行われているということができよう。」、「危険の現実化が判断基準であり、介在事情の予測可能性はその判断に意味を持ちうる限りで考慮されることである。」（山口厚「刑法総論（第2版）」60頁）と説明されている。

2 甲との共同正犯としての危険運転致死傷罪の成否について

　では、甲との共同正犯としての危険運転致死傷罪の成否はどうであろうか。危険運転致死傷罪が故意犯である以上、理論的には、共同正犯が成立する余地は十分にある。

　では、果たしてこれまでに述べてきた共犯理論を前提に、本設例で甲と乙との間に共同正犯関係が認められるのであろうか。

　本設例は、殊更赤無視の行為類型のうちの「信号の規制を全く無視して、およそ赤色信号であろうとなかろうと最初から信号表示を一切意に介することなく、赤色信号の規制に違反して交差点に進入する行為」による場合である。

　そして、甲と乙は、日常的に赤色信号を無視してカーチェイスをしており、また、本件事故に至る過程においても、本件事故現場となる交差点以前の経路となっていた交差点等において、それら交差点の信号機の表示を無視し、赤色でも関係なくカーチェイスを行って走行してきたのであるから、そのような行為に及んできた甲、乙は、両名の間には、赤色信号でも無視して、そのまま走行することで競走を続けようという黙示の共謀を認めることができるものと思われる。つまり、甲乙両名の間のカーチェイスに際しては、それまでの何度にもわたる同様の行為からして、赤色信号を無視してでも高速走行をするものであるとの認識が黙示的に存在し、それを相互に十分に認識、認容していると認められよう。

　そうであるなら、そのような信号無視を両名共に繰り返してきたという行為から、殊更赤無視をする意図について黙示の共謀が成立し（謀議・共謀の存在）、他方の殊更赤無視行為も自己の犯罪として認識しているものと考えられるから（共謀者の正犯意思）、そのうちのどちらかの行為により、人の死傷という結果が発生すれば（一部の者の実行）、他方についても共謀共同正犯が成立する余地はあるものと思われる。

　この場合、甲の行為により、V₁及びV₂に対する危険運転致死傷罪が成立するが、これについて乙も共同正犯として全く同様の責任を負うということである。

396 〔2〕第4章 殊更赤色信号無視による危険運転致死傷罪の成否

Case 9-3

乙の引きずり行為については、何罪が成立するのか。

1 乙による被害者V₂を巻き込んでの引きずり行為について

このような交通事故後の被害者の巻き込みによる引きずり行為については、多くの場合、道路交通法違反としての不救護・不申告のみならず、殺人罪でも起訴されている。

そこでこれまでの同種事例を見たところ、次のような事案が挙げられる。

2 平成19年2月2日大阪地裁判決（公刊物未登載）

(1) 判決において認定された罪となるべき事実

被告人は

第1 平成18年○月○日午前3時40分ころ、業務として普通乗用自動車（タクシー）を運転し、大阪府○市○丁目○番○号先道路を南から北へ向かい時速約70キロメートルないし80キロメートルで直進するに当たり、同所は最高速度が時速50キロメートルと定められており、かつ当時は薄暗く、上記自動車の前照灯（減光、下向き）の照射範囲である約32.7メートルを超える範囲の視認が困難な状況にあったのであるから、同照射距離で停止可能な時速60キロメートル以下の速度で走行すべきことはもとより、前方約54.5メートルの地点に障害物を発見した際、これが人である可能性があったのであるから、直ちに進路を変更するか、同障害物の手前で停止できるような速度に減速して進行すべき業務上の注意義務があるのにこれを怠り、前記時速70キロメートルないし80キロメートルの速度のまま走行し、上記障害物を発見しても直ちに減速しなかった上、左後方の後続車両のため進路を変更することができなかったのに、同障害物の手前で停止できるような速度に減速することもなく、漫然上記速度で進行した過失により、同障害物が路上に横臥している被害者（当時○歳）であることを前方約7.4メートルの地点に認め、急制動の措置をとる間もなく、同所において、自車前部を同人に衝突させ、よって、同人に肋骨多発骨折及び骨盤骨折等の傷害を負わせた上、同日午前9時こ

ろ、大阪府○市○○丁目○番所在の救命救急センターにおいて、同人を上記傷害に基づく出血性ショックにより死亡させた

第2　前記事故直後ころ、前記場所付近道路において、<u>自車底部から異音が聞こえてきたこと、ルームミラーで自車後方を確認したところ道路上に前記被害者の身体がなかったことなどから、自車を衝突させた同人が自車底部に引っかかっていることを認識し、そのままの状態で自車の運転を継続すれば、同人を死亡させる結果になるかもしれないことを認識したものの</u>、前記第1記載の交通事故の責任を免れるために逃走しようと考え、<u>そのためには同人が死亡することになってもやむを得ないと決意</u>し、時速約20ないし30キロメートルの速度での自車の運転を継続し、大阪府○市○町○番○号先道路において、対面信号機の表示に従って一時停止したものの、同人が車底部に引っかかっていることを認識しながら、再度、自車を発進させて進行し、○市○○丁目○番地先道路までの間、合計約137.2メートルにわたって同人を自車底部に引っかけて引きずったが、同人に左腰部摩滅性表皮剥脱等の傷害を負わせたにとどまり、死亡させるに至らなかった

第3　前記第1記載の日時及び場所において、前記被害者に傷害を負わせる交通事故を起こしたのに、直ちに車両の運転を停止して、同人を救護する等必要な措置を講じず、かつ、その事故発生の日時及び場所等法律の定める事項を、直ちに最寄りの警察署の警察官に報告しなかった
ものである。

(2)　殺意の有無について

　本件での争点としては、引きずりの認識についてではなく、そもそも引きずり行為は殺人の実行行為には当たらないとして問題とされた。

　この点につき、弁護人は、上記殺人未遂の事実について、タクシーである被告人車の地上高は通常の車より高いことや、引きずり行為により生じた摩滅性表皮剥脱等の傷害は、それだけでは通常人の死の結果をもたらすものではないことから、被告人の行った引きずり行為は、人が死亡する具体的危険性のあるものとはいえず、殺人罪の実行行為とは評価できず、被告人は無罪とされるべきであると主張した。

これに対し、本件大阪地裁判決では、「しかしながら、関係各証拠によれば、被告人は、被告人車の底部に被害者の身体を巻き込み、被害者の身体が、被告人車の底部に引っかかり、車底部と路面の間に挟まれ、圧迫されていることを知りながら、その状態のまま合計約137.2メートルにわたって被告人車を走行させ、この間、被害者を救助するどころか、信号待ちで停車した際も、車底部を見ることなく、かえって、走行中に引きずっている被害者の身体を車底部から外そうとして被告人車のハンドルを切るなどしていることが認められるのであるから、かかる被告人の行為は、車底部と路面とによる身体の圧迫や擦過により、あるいは車底部から外れた身体を後輪で轢過することにより、被害者を死に至らせる具体的危険性のある行為であることは明白であって、これが殺人の実行行為に該当することは優に認められる。そして、被告人は、被害者を被告人車底部に巻き込み引きずっていることを認識しながら、上記のとおり、被告人車を走行させたものであるから、被告人の捜査段階における供述を待つまでもなく、被告人が未必の殺意をもって本件犯行に及んだことは優に認定できるというべきである。」と判示した。

　ただ、引きずりの時点で被害者が既に死亡していたかどうかについての認識については、本件大阪地裁判決では触れられていないものの、この事件の控訴審判決である**平成19年５月30日大阪高裁判決**（公刊物未登載）では、「被告人は、前記の引きずり行為時に、同被害者が衝突前に既に死亡していたり、あるいは衝突直後に死亡したものとは認識しておらず、かえって生存している被害者を引きずっているものと認識していたことが認められるのである」としており、客観的に死亡していたか否かにかかわらず、生存者を引きずっているとの認識を認定していることから、この点でも殺意を認定する根拠としている。

3　平成21年８月21日大阪地裁堺支部判決（公刊物未登載）

(1)　判決により認定された罪となるべき事実

　被告人は、平成20年11月16日午前３時３分ころ、普通貨物自動車（以下「被告人車」という。）を運転し、大阪府○○市○○丁目○番○号付近道路（以下「本件事故現場」という。）を北から南に向けて時速約50ないし60キロメートルで進行中、被告人車前方を同方向に進行していた被害者（当時○

歳）運転の原動機付自転車（以下「被害車両」という。）後部荷台に被告人車前部を衝突させて、同人を被害車両もろともその場に転倒させ、被告人車底部に同人を巻き込んだ（以下、これを「本件事故」という。）ものであるが

第1　同日午前3時3分過ぎころ、引き続き被告人車を運転するに当たり、本件事故現場から約13.5メートル進んだ道路付近で、被告人車が何かに乗り上げた感じを受けるとともに、被告人車底部から衝突音や摩擦音を聞き、また、走行に抵抗を感じるなどしたことから、同車底部で路上に転倒した被害者の身体を引きずっている可能性があり、もしそうであれば、そのまま走行を続ければ、摩擦等により同人の身体が欠損し、同人が死亡するかもしれないと認識しながら、酒気を帯びて運転中に本件事故を起こしたことの発覚を免れるため、同人が死亡するかもしれないことも意に介さず、あえて被告人車の走行を続けようと決意し、そのころから同日午前3時12分ころまでの間、同所付近から、同府○市○町（以下略）所在の＊＊駐車場（以下「＊＊駐車場」という。）までの約6.6キロメートルにわたり、被告人車底部に被害者を引きずりながら被告人車を時速約30ないし50キロメートルで走行させ、よって、同人を持続性頭部れき圧に基づく持続性れき圧性脳挫滅により死亡させて殺害した

第2　酒気を帯び、呼気1リットルにつき、0.15ミリグラム以上のアルコールを身体に保有する状態で、同日午前3時3分ころ、本件事故現場付近道路において、被告人車を運転した

第3　冒頭に記載のとおり、同日午前3時3分ころ、本件事故現場において、本件事故を起こし、もって、自己の運転に起因して被害車両の運転者である被害者に加療不明の傷害を負わせたのに、直ちに車両の運転を停止して、同人を救護する等必要な措置を講じず、かつ、その事故発生の日時及び場所等法律の定める事項を、直ちに最寄りの警察署の警察官に報告しなかった

ものである。

(2)　殺意の有無について

この事案の争点は人を引きずっていることの認識及び殺意の有無であると

ころ、被告人は、公判廷において、本件事故後、被告人車を走行するに当たって、人を引きずっているという認識はなかった旨弁解し、弁護人らも、本件事故後、被告人が、被告人車を走行させるに当たって、抵抗感や違和感を感じたことは認めるものの、これらは速度を上げると解消したことに加えて、被告人が、本件事故当時、飲酒の影響で認知力が低下していた上、運転に集中して異変を感じにくい状況にあったこと、本件事故後の被告人が被告人車を走行させるに当たって採った行動等は人の身体を引きずっていることを認識していた者の行動としては不自然であることからすれば、被告人が被害者の身体を引きずっていることを認識していたと認めるには合理的な疑いが残り、したがって、被告人には殺意が認められない旨主張した。

　これに対し、検察官は、被告人が、本件事故現場から約13.5メートル進んだ付近で、走行に違和感、抵抗感を感じたことから、被告人車底部に被害者の身体を引きずっていることを認識し、その後もその認識を持ち続けていたにもかかわらず、あえて、本件事故現場から約13.5メートル進んだ地点から＊＊駐車場までの間、被害者を引きずって走行し続けたものであり、そのことからすれば、被告人には殺意が認められる旨主張した。

　それらの主張に対し、本件判決は、走行実験の結果などを斟酌して、被告人には人を引きずっているという認識があり、殺意は認められると認定した。

(3)　立証活動

　このような判決が得られるためになされた立証活動として、次のような走行実験が挙げられる。この走行実験は、車両重量を本件事故当時とほぼ同一になるように設定した被告人車底部に、被害者の身長・体重に近い状態に作成され、本件事故時の同人の着衣に近似する衣服を着用させた人体模型を巻き込ませた状態で、本件事故当時の路面状態に近似させるため事前に水を撒布した平坦地及び上りあるいは下り勾配のアスファルト舗装路を走行させたものである。

　そして、一般人2名に、被告人車の運転手として、この走行実験に参加してもらい、その際の走行感覚を感じ取ってもらったところ、走行中、絶えず、サイドブレーキを掛けたまま走行しているような、車の下で何かが擦れているような抵抗感と音があったことや、その感覚は、特に意識を集中させ

なくとも分かるほど異常なもので、通常であれば、直ちに停車して車の下を点検するであろうことなどを一致して供述し、これを証言してもらうことで被告人の殺意を立証した。

　つまり、このような一般人による走行感覚に照らしても、被告人が当時引きずりを認識していなかったはずはないという認定ができたものである。

4　平成24年10月19日長野地裁判決（公刊物未登載）

(1)　判決により認定された罪となるべき事実

　被告人は、

第1　酒気を帯び、呼気1リットルにつき0.15ミリグラム以上のアルコールを身体に保有する状態で、平成23年〇月〇日午前零時33分ころ、長野市〇〇丁目〇番〇号付近道路において、普通乗用自動車（以下「被告人車」という。）を運転し、

第2　第1記載の日時の直前ころ、第1記載の道路手前を〇町方面から〇方面に向かい時速約40ないし50キロメートルで被告人車を進行させるに当たり、前方左右を注視し、進路の安全を確認しつつ進行すべき自動車運転上の注意義務があるのにこれを怠り、交際中の女性に電話を掛けることに気を取られ、前方左右を注視せず、進路の安全を確認しないまま、漫然前記速度で進行した過失により、折から、進行道路の左側を被告人車と同一方向に並んで歩行中のA（当時〇歳）及びB（当時〇歳）を前方約4.7ないし4.8メートルに迫って初めて発見し、ハンドルを右に転把したが間に合わず、被告人車前部を被害者両名に衝突させ、Aをその衝突によりボンネット上にはね上げてフロントガラスに衝突させた上、進路前方路上に転落させて自車車底部に巻き込んで引きずり、Bを道路左側のアパート敷地内に転倒させ、よって、Aに全治期間不詳の左右後下腿部擦過打撲傷の傷害を、Bに全治約1か月間を要する脳挫傷及び外傷性くも膜下出血の傷害をそれぞれ負わせ、

第3　第2記載のとおり、被害者2名に傷害を負わせる交通事故（以下「本件交通事故」という。）を起こし、自己の運転に起因して人に傷害を負わせたのに、直ちに車両の運転を停止して、被害者2名を救護するなど必要な措置を講じず、かつ、その事故発生の日時場所等法律の定める事

項を直ちに最寄りの警察署の警察官に報告せず、

第4 本件交通事故の後、逃走中、被告人車底部に巻き込まれたAが、第1記載の道路から約200数十メートル○方面へ進行した○○・○・○・○丁目信号交差点の手前付近において悲鳴を上げるなどしたことから、Aを引きずっていることに気付き、長野市○○丁目○番○号のコンビニエンスストア前路上で一旦停止したが、酒気帯び運転及び本件交通事故の発覚を免れるため、更に逃走しようと決意し、このままAを引きずり続ければ死亡させるかもしれないと認識しながら、あえて同所から自車を再発進させ、長野市○○丁目○番○号の○神社横付近道絡までの約400メートルにわたり、時速約30キロメートルを下回る程度の速度で被告人車を走行させ、よって、その間に、Aに頭蓋内損傷等の傷害を負わせ、同日午前2時43分ころ、同市内病院において、Aをその傷害により死亡させて殺害した

ものである。

(2) 殺意の有無について

この事案においても殺意の有無が争点となり、被告人は被害者Aを引きずっていることを認識していなかったと主張した。

しかしながら、被害者の悲鳴が聞こえたかどうか、走行中に異変を感じることができたかどうかなどについて実験がなされ、その結果などから、被告人には被害者Aを引きずっているという認識があったものと認定された。

この実験は、被告人車と同型の実験車両を使用し、その車底部中央付近にダミー人形を固定して引きずりながら、拡声器を左方向に向けて助手席側後部席下方の車底部に取り付けたスピーカーから悲鳴を発し、被告人と同年代で運転歴の浅い若年運転者が、引きずり音と悲鳴を認識できるか否かを検証し、さらに、車内の音について周波数と音圧レベルの分析を行うことを目的とした「ダミー引きずり・悲鳴実験」であった。

この実験には、20歳から22歳までの学生男女3名が被験者として参加し、そのうち2名が証人として出廷したが、いずれも、アクセルペダルとスピード上に明らかな異変が生じ、この異変は運転者にはすぐ分かるはずだと証言しているほか、走行途中で上がった悲鳴についても聞こえたと断言した。そ

して、車内音の分析によれば、発生させた悲鳴音に該当する周波数（ヘルツ）において音圧（デシベル）の高まり（ピーク）が認められ、これらの証言の信用性を支えるものとなっていた。

したがって、この実験結果からすれば、被告人車と同型の車両の運転者は、通常は、引きずりによってアクセルやスピードに生じる「異状」や「悲鳴」に気付くことが分かると認定されたものであった。

そして、この長野地裁判決は、その控訴審である**平成25年5月13日東京高裁判決（公刊物未登載）**においても是認されている。

5 平成26年1月24日京都地裁判決（公刊物未登載）

(1) 判決において認定された罪となるべき事実

被告人は、

第1 平成24年〇月〇日午前2時頃、普通貨物自動車（軽四。以下「被告人車」という。）を運転し、京都府〇市〇町〇〇番地の5先道路（以下「本件事故現場」ともいう。）を南西から北東に向かい直進するに当たり、前方左右を注視し、進路の安全を確認しながら進行すべき自動車運転上の注意義務があるのにこれを怠り、前方を注視せず、進路の安全確認不十分のまま漫然時速約40キロメートルで進行した過失により、道路上に座っていたA（当時〇歳。以下「被害者」という。）を前方数メートルの地点に迫ってから初めて認め、急制動の措置を講じる間もなく、被告人車前部を被害者に衝突させてその後頭部を路面に打ちつけさせるなどし（中略）、よって、被害者に後頭部陥没骨折及び頭蓋底骨折等の傷害を負わせ、その頃、同市〇町〇〇番地の65先道路において、同人を前記傷害に基づく出血性ショックにより死亡させた。

第2 同日午前2時頃、同市〇町〇〇番地の5先道路において、被告人車を運転中、前記のとおり、被害者に傷害を負わせる交通事故を起こし、もって、自己の運転に起因して人に傷害を負わせたのに、直ちに車両の運転を停止して負傷者を救護する等必要な措置を講じず、かつ、その事故発生の日時及び場所等法律の定める事項を、直ちに最寄りの警察署の警察官に報告しなかった。

第3 同日午前2時頃、同市〇町〇〇番地の5先道路から同市〇町〇〇番地

先道路までの間において、直前に被告人車を衝突させた被害者の身体を被告人車の車底部で引きずっていることを認識したが、殺意をもって、同所から同市○町○○番地の65先道路までの約486メートルないし約548メートルにわたり、被告人車の車底部で被害者を引きずりながらあえて被告人車を走行させた上、被告人車の車輪で被害者の身体を轢過するなどしたが、被害者に背面広範部に及ぶ赤褐色表皮剥脱、左耳介挫創、耳介上部皮膚欠損及び骨盤複雑骨折等の傷害を負わせたにとどまり、死亡させるに至らなかった。

ものである。

(2) 殺意の有無について

　本件は殺人の点については未遂となっているものであるが、ここでも引きずりの認識が問題とされた。

　この点につき本件京都地裁判決は、「重量や形状が被害者と近似するダミー人形を用いた引きずり走行実証実験の結果によれば、車底部にダミー人形を引きずりながら被告人車と同型の車を走行させた際には、アクセルを踏んでも、エンジンの大きな回転音はするものの、スピードは上がりにくく、運転者には、車の下から何かがこすれているような異音が終始はっきりと聞こえたことが認められる。したがって、衝突直後から被害者の身体が被告人車を外れるまでの間、被告人車にも同様の異変等が生じ、運転席にいた被告人が、何らかの重い物体を引きずっていることはすぐに認識できる状況であったといえる。そして、衝突時に感じたであろう大きな衝撃や深夜でも人通りがあるという本件事故現場付近の状況に照らすと、衝突直後から、車底部に引っかかって引きずっているのが人であることは、被告人にとって容易に想像できたはずである。にもかかわらず、被告人が衝突直後に停止して異音等の原因を確認しなかったことは、被告人が人を引きずっていると認識しつつもその場から素早く逃走しようとしたことを推認させる。」として、その認識を肯定した。

　ただ、本件では、被害者を死亡させるに至った傷害は、引きずった行為によって生じた傷ではなく、それ以前の交通事故の際の傷害に起因するものと認められたことから、殺人未遂と認定されたものである。

6 平成29年3月1日大阪地裁判決（判例時報2355号111頁）

(1) 判決において認定された罪となるべき事実の概要

被告人は、

第1　被告人は、平成27年12月22日午前6時4分頃、普通貨物自動車（車両重量2480kg）を運転し、大阪府摂津市内の信号機により交通整理の行われている交差点を南方から西方に向かい、対面信号機の青色表示にしたがって左折進行するに当たり、同交差点左折方向出口には横断歩道が設けられていたから、同横断歩道上の自転車等の有無及びその安全を確認して進行すべき自動車運転上の注意義務があったのにこれを怠り、交通閑散に気を許し、同横断歩道上の自転車等の有無及びその安全を十分確認することなく、時速約14キロメートルで左折進行した過失により、折から対面信号機の青色表示にしたがって同横断歩道上を右方（北方）から左方（南方）に向かい横断中のA（当時68歳）運転の自転車を自車直前に発見し、制動措置を講じる間もなく、自車前部を同人及び同自転車に衝突させて同人を同自転車もろともアスファルト道路上に転倒させた上、転倒した同人を同自転車もろとも自車前部で数メートル引きずり、よって、同人に加療期間不詳の左体側部打撲傷等の傷害を負わせた

第2　前記記載の日時場所において、前記車両を運転中、前記記載のとおり、前記Aに傷害を負わせる交通事故を起こし、もって自己の運転に起因して人に傷害を負わせたのに、直ちに車両の運転を停止して前記Aを救護する等必要な措置を講じず、かつ、その事故発生の日時及び場所等法律の定める事項を直ちに最寄りの警察署の警察官に報告しなかった

第3　前記第1のとおりの事故を起こしたところ、前記第1記載の事故直後に、自車前部で前記Aを前記自転車もろとも引きずっているかもしれないと認識したが、同事故による刑責を免れるため、殺意をもって、その状態の自車を走行させて逃走しようと決意し、前記第1記載の日時頃から同日午前6時5分頃までの間、前記第1の衝突地点から約13.5メートル西側の道路付近から、自車車底部の状態を確認するために停車した通路及び同通路に隣接の駐車場までの間の約166.5メートルにわたり、自車を蛇行させるなどしながら相当速度で走行させて同人を同自転車もろとも自車車底部等で引きずる暴行を加え、その後、前記通路及び前記駐

車場において、同所から逃走するため、既に死亡していると思った同人の体幹部を自車右後輪で２度にわたりれき過して同人に体幹部圧迫による胸部挫滅の傷害を負わせ、よって、その頃、同所において、同人を同傷害に基づく心肺破裂により死亡させた

ものである。

(2) 殺意の有無について

　まず、被告人が被害者を引きずっていたことを認識していたかについて、本件判決では、「被告人は、本件車両の前部中央付近を、自転車にまたがって走行していた被害者の左側面に時速約14キロメートルで衝突させ、判示第１の事故を引き起こしたこと、被害者は、その衝突後、本件車両左右前輪の間辺りに挟まれた状態で引きずられたこと、被告人は、衝突の直前に目をつむったため衝突の瞬間は見ていないが、その直後、本件車両の左前方付近から自転車を引きずっているような音が聞こえたため、自転車を本件車両左前部で引きずっていると認識したこと、被告人は、サイドミラー等で被害者の様子を確認することはしなかったことが認められる。

　このように速くない速度で本件車両前部を衝突させた場合、自転車とともにそれにまたがっていた被害者もその場に転倒させたかもしれないと考えることは、ごく自然なことであるし、自転車を引きずっていることは明確に認識していたのであるから、自転車にまたがっていた被害者も引きずっているかもしれないと考えるのが自然であって、衝突の場面や道路に倒れている被害者の姿を確認していないのであればなおさら、そのような可能性を意識するのが当然といえる。」として、被害者を引きずっていたという認識を認定した。

　その上で、被告人による被害者の引きずり行為の際の殺意について、「被告人は、被害者が本件車両の車底部にいる状態で、約166.5メートルにわたり、途中蛇行させるなどしながら本件車両を相当速度で走行させたものであるが、この行為は、（中略）路面での擦過により身体に重大な損傷や傷害を生じさせたり、タイヤでれき過したりするなどして被害者を死亡させる危険性が高い行為であると認められる。そして、被告人は、（中略）被害者を本件車両車底部で引きずっているかもしれないと認識していたのであるから、

被害者が死亡する危険性が高い状況にあるかもしれないと認識しながら、本件車両を走行させたといえるので、本件引きずり行為について殺意を認めることができる。」と判示している。

7 本設例の解答

以上の各事案からも明らかなように、この種事案で問題となるのは、被害者を引きずっているという認識の有無である。その認識さえあれば、客観的行為は被害者を死に至らしめる危険性の高い行為であることから、殺人罪の成立が認められるのが通常である（もっとも、引きずり行為による傷害が致死の直接の原因となっていないような場合には、殺人未遂罪とされている。）。

そこで、本設例でも、乙に被害者を引きずっているという認識があったか否かが問題となることから、前記各裁判例において実施されたような実験等を行う必要があろう。

そのため、乙の認識を客観的に捉えるため、前記各事案では、いずれも被害者の体型、体重と似たダミーを使い、実際に犯行に用いられた車両と同様の車両に、一般人を乗せて、その引きずりを体験してもらって、その感覚を実況見分として証拠化し、法廷で証言してもらっている。同種事案が発生した場合には、そのような実験が不可欠であり、事故後の早い段階で実施する必要がある。

そして、そのような実験の結果として、一般時においても引きずりの認識が認められないとなれば、人を救護する必要がある状況も同様に認識し得ないことになり、その場合には、殺人罪のみならず、道路交通法違反の不救護・不申告の罪も成立しない場合があり得ることに留意しておかなければならない。

Case 9-4

同乗者丙には責任はないのか。

前述したように、危険運転致死傷罪の幇助犯が認められた事案として、**平成25年4月15日最高裁決定**（刑集67巻4号437頁）の事案などがあるが、これは運転者が相当に酒に酔っている状態であることを知りながら、これを黙認するなどした

ことによるもので、アルコールの影響により正常な運転が困難な状態での運転による危険運転致死傷罪についての幇助犯の成立を認めたものである。

これに対し、殊更赤無視の事案において幇助犯が認められた事案は見当たらないが、赤色信号無視をあおるような行為があれば、それは同乗者に殊更赤無視による危険運転致死傷罪の幇助犯が認められる余地が出てくるであろう。

また、そのような証拠関係がないため幇助犯の成立が認められない場合であっても、道路交通法65条4項で、

> 何人も、車両（中略）の運転者が酒気を帯びていることを知りながら、当該運転者に対し、当該車両を運転して自己を運送することを要求し、又は依頼して、当該運転者が第1項の規定に違反して運転する車両に同乗してはならない。

と同乗罪が規定されていることから（ちなみに第1項の規定は、「何人も、酒気を帯びて車両等を運転してはならない。」である。）、本設例の乗車の際のやりとりによれば、この同乗罪が成立することは明らかである。

Case 9-5

居酒屋の店長らには責任はないのか。

道路交通法65条3項は、

> 何人も、第1項の規定に違反して車両等を運転することとなるおそれがある者に対し、酒類を提供し、又は飲酒をすすめてはならない。

として酒類の提供を禁止し、同法117条の2の2第1項5号及び同法117条の3の2第2号によって処罰されることとしている。

ただ、ここでは、店側において、被疑者甲らが車両を運転することとなるおそれがあることを認識している必要があり、同被疑者らが同店に車で来るのが常習的になっており、そのような状況を店側が知っていたと立証できるのであれば、酒類提供罪に問うことは可能となろう（同乗罪や酒類提供罪の詳細については、現場の疑問52頁以下参照）。

⑨　殊更赤無視による危険運転致死傷罪における共同正犯の成否　*409*

Case 10

Case 9 は、甲及び乙が事故を惹起する交差点まで、赤色信号を次々と無視して走行していたものであるが、では、甲及び乙がカーチェイスはしているものの、事故に至るまで赤色信号を無視することなく走行し、事故を惹起した上記交差点においてのみ赤色信号を無視したとすれば、共同正犯は成立するのか。

　本設例は、いわゆる砂川市におけるカーチェイス危険運転致死傷事件と呼ばれるものと同じである。
　そこで、まず、この事案と判決の状況を概観した後、本件で共同正犯が成立するかどうか検討する。

1　事案及び裁判の概要

　平成27年6月6日午後10時半頃、普通乗用自動車及び普通貨物自動車がカーチェイスの末、北海道砂川市内の交差点において赤色信号を無視して突っ込んだことにより、左方道路から進行してきた普通乗用自動車と衝突し、同車に乗っていた被害者5名のうち4名を死亡させ、残り1名にも重傷を負わせたという事故が発生した。
　この事故は、それまで居酒屋で飲酒していた被告人甲及び乙らが更に別の店で飲み直すために砂川市内の一般道路を高速度で抜きつ抜かれつのカーチェイスをしていた際に発生したものであった。
　この事故においては、被告人両名に対する危険運転致死傷罪の成否や、被害者1名を引きずった後に死亡させていることから殺人罪の成否などが問題となる事案であったところ、**平成28年11月10日札幌地方裁判所**（判例時報2373号113頁）は、上記2台の普通乗用自動車等を運転していた被告人甲及び乙の2名に対し、危険運転致死傷罪などの成立を認め、いずれに対しても懲役23年の**判決**を言い渡した（以下、「本件判決」という。）。
　その控訴審である**平成29年4月14日札幌高裁判決**（判例時報2373号104頁）でも上記第一審判決は支持され、被告人両名の控訴は棄却された。その後、被告

人甲については、上訴権放棄により、同月24日確定した。一方、被告人乙については、上告したものの、**平成30年10月23日最高裁決定（裁判所ウェブサイト）**により乙に対して上告を棄却する決定が下された。

2　本件判決で認定された危険運転致死傷罪についての事案の概要及び罪となるべき事実

　平成27年6月6日午後10時半頃、普通乗用自動車及び普通貨物自動車がカーチェイスの末、北海道砂川市内の交差点において赤色信号を無視して突っ込んだことにより、左方道路から進行してきた普通乗用自動車と衝突し、同車に乗っていた被害者5名のうち4名を死亡させ、残り1名にも重傷を負わせたという事故が発生した。

　この事故は、それまで居酒屋で飲酒していた被告人甲及び乙らが更に別の店で飲み直すために砂川市内の一般道路を高速度で抜きつ抜かれつのカーチェイスをしていた際に発生したものであった。

　被告人両名は、平成27年6月6日午後10時34分頃、北海道砂川市（中略）内の先道路において、被告人甲が普通乗用自動車を、被告人乙が普通貨物自動車をそれぞれ運転し、同所先の片側2車線道路の第1車線を被告人甲運転車両（以下「甲車」という。）が奈井江町方面から滝川市方面に向かい進行し、同道路の第2車線のすぐ後方を被告人乙運転車両（以下「乙車」という。）が追走して、同所先の信号機により交通整理が行われている交差点を2台の自動車で直進するに当たり、互いの自動車の速度を競うように高速度で走行するため、同交差点に設置された対面信号機の表示を意に介することなく、同信号機が赤色を表示していたとしてもこれを無視して進行しようと考え、共謀の上、同信号機が約32秒前から赤色を表示していたのに、いずれもこれを殊更に無視し、被告人甲が、重大な交通の危険を生じさせる速度である時速約111キロメートルで同交差点内に甲車を進入させ、その直後に、被告人乙が、重大な交通の危険を生じさせる速度である時速約100キロメートルを超える速度で同交差点内に乙車を進入させたことにより、折から左方道路から信号に従い進行してきたA（当時44歳）運転の普通貨物自動車に被告人甲が甲車を衝突させて、前記A運転車両同乗者B（当時17歳）及びC（当時16歳）を車外に放出させて路上に転倒させた上、被告人乙が乙車で前記Cをれき跨し、そのまま同車両底部で同

人を引きずるなどし、よって、前記Aに心臓破裂、胸部大動脈裂開及び多発肋骨骨折等の傷害を、同人運転車両同乗者D（当時44歳）に胸部大動脈離断及び多発肋骨骨折等の傷害を、同車両同乗者E（当時12歳）に加療期間不明のびまん性軸索損傷及び頭蓋底骨折等の傷害を、前記Bに脳挫傷及び外傷性くも膜下出血等の傷害を、前記Cに右上腕骨骨頭部骨折、前胸部上方及び左右肩部の皮内出血並びに胸腹部前面の広範囲な表皮欠損等の傷害をそれぞれ負わせ、その頃、前記Aを前記心臓破裂等の傷害による外傷性ショックにより、前記Dを前記胸部大動脈離断等の傷害による外傷性ショックにより、前記Cを胸腹部圧迫による窒息により、それぞれ死亡させたほか、同日午後11時55分頃、前記Bを前記脳挫傷及び外傷性くも膜下出血の傷害により死亡させたものである。

3　本件における殊更赤無視による危険運転致死傷罪の構成要件該当性

(1)　本件事故状況について

本件では、上記交差点の北西角には農協の給油所（以下「給油所」という。）があり、同所に設置された防犯カメラに本件交差点の状況及びこれに通ずる道路の状況などが撮影されていた。

この防犯カメラの映像によれば、次のような事故の状況が判明する。

本件交差点に設置された被告人両名の対面信号機（以下「本件信号機」という。）が赤色を表示していたにもかかわらず、午後10時34分17秒、甲車が第1車線を走行して本件交差点に進入し、本件交差点内で、甲車の前部が、交差道路を信号に従い左方道路から走行してきた被害者A運転車両（以下「被害車両」という。）の右側面部と衝突した。

なお、この時の甲車の速度は時速約111キロメートルであったと認定されている。

甲車は衝突の衝撃によって東方向に逸れ、中央分離帯上に設置された街路灯に前部が衝突して停止した。乙車は、第2車線を走行し、甲車と間を置かずに本件交差点に進入して、乙車の右側面部が停止した甲車の後部に衝突したが、停止することなく事故現場を通過した。

(2)　本件における殊更赤無視行為の有無

このような状況において、被告人甲及び乙がそれぞれ赤色信号を確定的に

認識し、交差点手前の停止線で停止することが十分可能であるのに、これを無視して交差点内に進入したものであるのかどうかを検討しなければならない。

ア　本件赤色信号の視認状況

　この点について、被告人両名はいずれも赤色信号を見落としただけで殊更に無視したわけではないと主張していた。

　そのため、本件判決では、まず、被告人両名の車両の走行状況に照らし、本件赤色信号の視認状況について検討し、次のとおり認定した。

　すなわち、「本件信号機の見通し状況についてみると、実況見分調書（中略）及び（中略）証言によれば、本件道路上に車両を停止させて意識的に観察した場合、砂川市方面からは本件停止線の約776メートル手前の地点から目の前に見えており（中略）遅くとも（中略）本件停止線の約500メートル手前に至れば、進路前方に視線を向けさえすれば本件信号機が赤色表示であることを容易に認識できたと認められる（以下本件停止線の南側約500メートル手前を『信号認識可能地点』という。）。

　そして、給油所に設置された防犯カメラの映像（中略）によれば、本件信号機は本件事故発生の32秒前からずっと赤色表示であったところ、時速140キロメートルで走行したと仮定しても信号認識可能地点から本件停止線まで約13秒もの間（速度が遅ければより長い秒数になる。）、ずっと赤色信号が見える状況であったのであるから、本件信号機の赤色表示を見落とすことは、常識的に見て考えられない。」としたものである。

　このように、少なくとも本件停止線の約500メートル手前の地点から本件信号機の表示を確認することができ、しかもその信号機が赤色になっている間の約13秒間ずっとその表示が見える状況が続いていたのであるから、これを見落とすということは常識的に見て考えられないとしたわけである。

イ　被告人甲の主張

　そして、被告人甲は、その赤色信号を見落としたと主張する理由として、次のとおり供述していた。

　すなわち、「被告人甲は、本件事故の直前に足下に落下したサングラスを探していたために本件信号機の赤色表示を見落としたと供述し、その具

体的状況については、『本件交差点の手前にあるＧ店の付近でサンバイザーに掛けていたサングラスが落下したことに気付き、これを探すため、前方から視線を外し上半身を折り曲げて左側の足下を１、２秒左手で探ったが、サングラスは見つけられなかった。次に同じように足下の右側を探そうとしたらシートベルトのロックがかかったので、シートベルトを外してから、上半身を折り曲げて右側の足下を１、２秒探していた時に本件交差点に進入して事故になった。サングラスを探し始める直前に前方を見た時、本件信号機は青色だと思った。』」というものであった。

　このような主張に対し、本件判決は、次の３点の理由を挙げて、その主張は信用できないとした。

　まず、１点目は、給油所に設置された防犯カメラの映像から判断される甲車の走行状況から判断される点である。すなわち、「給油所に設置された防犯カメラの映像等によれば、本件信号機の表示は本件事故の35秒前に青色から黄色に変わっており、被告人甲がＧ店付近で青色信号を見たのだとすると、甲車は本件停止線までの間を35秒で走行したことになり、Ｇ店は本件停止線の手前約400メートルから450メートルに位置しているから、その間の甲車の速度は時速約41キロメートルないし46キロメートルとなって、被害車両との衝突時の甲車の速度が時速約111キロメートルであったことと整合せず、著しく不合理な走行をしたことになる。」というものである。

　客観的に明らかな位置関係と信号機の表示期間から検討したものであり、およそ実際の走行状況と異なる主張であることが明らかとされている。

　次に、２点目は、本件のような走行状況下において、被告人が供述するような前方不注視での運転が可能かという観点から判断される点である。すなわち、「そもそも400メートル以上もの距離を、まして高速度で、前方を見ずに、蛇行したり道路脇の縁石等にぶつかったりすることもなく走行できるとは考え難い。」としたものである。これも極めて常識的な判断であるといえよう。

　さらに、３点目は、被告人甲の供述自体の不自然性である。すなわち、「さらに、被告人甲の供述を前提とすると、サングラスを探していた時間

はせいぜい6秒程度と考えられるところ、仮に本件交差点に進入する直前の6秒間にサングラスを探していたのだとすると、その間の甲車の速度がそれまでの地点で確認できる最も速い時速140キロメートルだったと仮定しても、サングラスを探し始めた地点は本件交差点の約233メートル手前になり、信号認識可能地点からその地点に至るまでに容易に本件信号機の赤色表示を視認できたはずであるし、それにもかかわらず、本件交差点が間近に迫っている状況で、進路前方から視線を外してサングラスを探し始めるという行動を取ること自体、常識に照らし考え難い。」としたものである。これも極めて妥当な判断であるといえよう。

結局のところ、サングラスを探していて赤色信号を見落としたとする被告人甲の供述は、本件信号機の表示やこれを認識し得る距離等の客観的状況と整合しないものであって、およそ信用できない虚偽供述であることは明らかであるとされたのであった。

ウ　被告人乙の主張

一方、被告人乙は、その赤色信号を見落としたと主張する理由として、「進路前方の甲車のテールランプ付近を見た記憶があるが、本件信号機を見たというはっきりとした記憶がなく、本件交差点進入時には本件信号機が赤色表示であることを認識していなかった。」と供述していた。

そこで、本件判決では、そのような主張に対し、その供述の不自然性を指摘し、次のとおり判示した。「しかし、甲車のテールランプ付近を見ていたとしても進路前方の本件信号機は被告人乙の視界に入るはずであり、その赤色表示を見落とすことは考え難く、被告人乙の上記供述は不自然である。仮に被告人乙が甲車ばかりを注視し、本件信号機の表示を全く見ていなかったとすると、被告人乙が過去にも本件交差点を通行したことがあり、本件信号機の存在を知っていたにもかかわらず、信号認識可能地点に至った後も本件交差点に至るまで本件信号機の表示に注意していなかったことになるから、そのような運転態度は本件信号機の表示を意に介していなかったことの表れというほかない。」としたものである。

被告人乙の供述の不自然性を明快に指摘したものであり、「赤色信号を殊更に無視」する行為の類型のうち赤色信号であることについて確定的な認識があり、交差点手前の停止線で停止することが十分可能であるのに、

これを無視して交差点内に進入する行為の場合だけでなく、信号の規制を全く無視して、およそ赤色信号であろうとなかろうと最初から信号表示を一切意に介することなく、赤色信号の規制に違反して交差点に進入する行為の場合もあり得るとしたもので、いずれにしても妥当な判断であろう。

また、被告人乙の弁護人らが、「本件交差点は見通しが悪く、赤色信号を認識していれば本件交差点に進入するはずがない。」などと主張したことに対しては、「給油所に設置された防犯カメラの映像によれば本件事故の前に本件信号機が赤色表示となってから被害車両が本件交差点に進入するまでの32秒間に交差道路から本件交差点に進入してくる車がなく、交通量が閑散であったことや、被告人乙が過去にも本件交差点を通行した経験があることを踏まえれば、交差道路を進行してくる車はないだろうと判断したとしても不自然ではないから、赤色信号を認識していれば本件交差点に進入するはずがないとはいえない。」として排斥しているところである。

このようにして本件判決は、被告人乙が本件赤色信号を見落としたとする主張も退けたのである。

エ 被告人車両の走行状況

以上述べたように、被告人両名とも赤色信号であると認識していたとして、その上で、停止線までに停止できるにもかかわらず、あえて停止することなく本件交差点に進入したか、あるいは、その信号機の表示を意に介することなく進入したのかについても検討しなければならない。

(ア) 防犯カメラ映像に認める被告人車両の走行状況

この点については、本件交差点に至るまでの被告人両名運転車両の走行状況を明らかにしなければならないところ、給油所に設置された防犯カメラ以外の防犯カメラ映像を基に判断する必要がある。そのため、給油所から1,022メートル手前にある Ⓐ 地点の防犯カメラ映像、これより更に849メートル手前にある Ⓑ 地点の防犯カメラ映像、さらにそれより387メートル手前にある Ⓒ 地点の防犯カメラ映像に残された被告人両名運転車両の走行状況に基づいて判断されている。

すなわち、甲車及び乙車の走行状況を見ると、両車両は、いずれも Ⓒ 地点前の交差点から加速して先行車を追い越した後、制限速度時速60キロメートルを大きく超えた速度で走行を続けており、Ⓑ 地点前において

は、甲車は乙車に先行していたがいずれも時速約130キロメートルで走行し、Ⓐ地点前においては、乙車は時速約160キロメートルで走行し、その後ろを甲車が時速約135キロメートルないし140キロメートルで走行しており、その後、本件交差点に進入する際には、再び甲車は乙車に先行して走行していた。つまり、乙車が甲車を追い抜いた後、甲車が乙車を抜き返したことが、少なくとも1回はあったことになると認定されている。

㈠　その他の証拠に認める被告人車両の走行状況

　　また、その他の証拠関係に鑑みると、本件判決では、「このような状況下で、被告人甲が、乙車が甲車を追い抜いた際に『乙速いな。』と乙車の速度を意識する発言をしたこと、被告人乙が、Ⓒ地点前の交差点を過ぎて加速を始めた後、『これ以上出ない』又は『出せない』という自車の速度を上げようとする意欲をうかがわせる発言をしたことが認められるから、被告人両名は、いずれも、遅くとも信号認識可能地点に至るまでには、互いの自動車の速度を意識して自車を高速度で走行させていたことが推認できる。」として、高速度での走行を十分に意識していたことがうかがわれるとしている。

　　さらに、他の証拠からも、被告人両名が過去にも複数回、互いに競争するように自動車を高速度で走行させていた事実が認定できることに照らせば、このような被告人両名の過去の走行状況も被告人らが上記の認識を有していたとの認定を補強する事情になるとしている。

㈢　裁判所が認定した被告人車両の走行状況

　　このような証拠関係に基づき、本件判決は、「このように、被告人両名は、互いの自動車の速度を意識して自車を高速度で走行させる意思を有していたといえ、信号認識可能地点に至った後、相当程度の時間、赤色信号が容易に認識できる状況であったのに、甲車及び乙車のいずれもが停止又は減速することなく本件交差点に進入したことからすれば、被告人両名は、いずれも、本件信号機の赤色表示を認識しながらこれに従わず、又は信号表示を意に介することなく、減速もせずに高速度のまま本件交差点を通過しようと考えて、本件交差点に進入したものと推認できる。」と判示したものである。

前記の各証拠関係からすれば、抜きつ抜かれつのカーチェイスを行っていたことが明らかに認定できるのであり、いずれの車両もそのような状態のまま停止も減速もすることなく、本件交差点に進入したのであるから、本件信号機の赤色表示を認識しながらこれに従わず、又は信号表示を意に介することなく進入したものと認定できるところであろう。

(3) 殊更赤無視についての被告人両名の共謀

ア 危険運転致死傷罪における共謀についての考え方

共同正犯が成立するためには、これまでにも述べたように、二人以上の者の間に、主観的に共同実行の意思(共謀)が存すること(主観的要件)、客観的に共同実行の事実(共同加功の事実)が存すること(客観的要件)が必要とされる。もっとも、共謀共同正犯においては、二人以上の者がある犯罪の実行を共謀し、共謀者のある者が共謀にかかる犯罪を実行したときは、現実には実行行為を行わなかった他の共謀者もまた刑法60条の共同正犯として罰せられることになる。

本件では、被告人両名とも殊更赤無視の構成要件に該当する走行をしているものの、被害車両と衝突しているのは、甲車だけであることから、被告人乙について危険運転致死傷罪の刑責を問うには、被告人甲との共謀が認められる必要がある。

そのため、本件では、被告人甲及び乙の共同正犯として訴因が構成され公判請求されたことで、この点が大きな争点として審理されるに至ったものである。

もっとも、本件においても、被告人乙の単独犯としての危険運転致死傷罪も検討の余地がないではない。すなわち、本件では、乙車は、被害車両と衝突はしていないものの、同車から放出され路上に転倒したCをれき跨していることから、この事実を捉えて、被告人乙単独でのCに対する危険運転致死傷罪が成立するのではないかとの考え方もあり得ないではないからである。

しかしながら、この法律構成は、やはり無理があると思われる。つまり、前述したところではあるが、自動車運転死傷処罰法2条柱書きの「次に掲げる行為を行い、よって、人を負傷させた者は15年以下の懲役に処

し、人を死亡させた者は1年以上の有期懲役に処する。」という文言のうち、「よって」という部分の解釈として、殊更赤無視などの運転行為をし、「よって」人の死傷という結果をもたらすことについては、そこに条件関係が必要であるのはもちろんのこと、相当因果関係についても同様に求められるものと考えられるからである。

本件では、他者による交通事故の結果、そこで予期せず、被害者が放り出され、同人が自車の前方に落下するという事態の発生が、乙車による事故の原因となるのであるが、このような事態は、被告人乙本人はもちろんのこと、通常一般人においても予測できることではない。したがって、そのような場合、相当因果関係が存するとはいえないし、危険の現実化説によっても因果関係を認めるのは困難であろう。

また、本件と異なり、被害者運転車両と衝突した他車の運転者が全く関係のない者であった場合、このような事故が発生した際、放出された者を轢過した運転者に対しては、予見可能性及び結果回避可能性のいずれもが否定され、過失運転致死傷罪の成立も否定されると考えられる。そうであるなら、過失運転致死傷罪などが成立しない場合に、たまたま赤色信号を無視していたという事情があることにより、危険運転致死傷罪が成立するというのは、いかにもバランスを欠いた結論となってしまうことになる。これは、そこに相当因果関係が必要であるとの思考が欠落したことによる誤りであると思われる。

したがって、本件においても、被告人両名の走行状況などから、黙示の共謀が認められるのかどうか検討する必要がある。

イ　黙示の共謀についての判例の考え方

いずれも暴力団組長による拳銃所持の事案であるが、共謀とされる意思連絡がどの程度のもので共謀が認められるか参考になると思われる。

(ア)　平成15年5月1日最高裁決定（刑集57巻5号507頁）

これは、暴力団組長が直接の指示こそ下していなかったものの、スワットと呼ばれるボディガードらの拳銃の所持を概括的にとはいえ確定的に認識し、また彼らに対して拳銃を持たないように指示命令することができる立場にいながら、警護を当然のものとして受け入れ、これを認容していたという事実関係が認められ、また、ボディガードらもそのこ

とを認識して、終始組長の近辺にいて行動を共にしていたという事案である。

このような事実関係において、本件最高裁決定は、「被告人とスワットらとの間にけん銃等の所持につき黙示的に意思の連絡があったといえる。そして、スワットらは被告人の警護のために本件けん銃等を所持しながら終始被告人の近辺にいて被告人と行動を共にしていたものであり、彼らを指揮命令する権限を有する被告人の地位と彼らによって警護を受けるという被告人の立場を併せ考えれば、実質的には、正に被告人がスワットらに本件けん銃等を所持させていたと評し得るのである。」として、被告人とスワット5名との間に拳銃の所持について共謀共同正犯が成立するとしたものである。

(イ) 平成21年10月19日最高裁判決（判例時報2063号155頁）

これも上記(ア)と同様に、暴力団組長が配下の者に警護のために拳銃を持たせていた事案であるが、本件最高裁判決は、「B会幹部であるDとEは、JR浜松駅から本件ホテルロビーに至るまでの間、F会からのけん銃による襲撃に備えてけん銃等を所持しB会総長である被告人の警護に当たっていたものであるところ、被告人もそのようなけん銃による襲撃の危険性を十分に認識し、これに対応するため配下のD、Eらを同行させて警護に当たらせていたものと認められるのであり、このような状況のもとにおいては、他に特段の事情がない限り、被告人においても、D、Eがけん銃を所持していることを認識した上で、それを当然のこととして受け入れて認容していたものと推認するのが相当である。」として、拳銃を所持していた配下の者との間の共謀関係の存在を認めたものである。

ウ　被告人両名の共謀関係の有無について

上記の最高裁の考え方に従って本件をみるに、本件では共謀関係が認められるのであろうか（もっとも、上記最高裁決定等はいずれも継続犯についてのものであり、即成犯である殊更赤無視による危険運転致死傷罪とは若干状況を異にするものであることは当然である。）。

端的にいって、被告人両名は相互に高速度での走行を認識し合い、それを許容しあっていることは、これまでに認定された事実関係から明らかで

ある。その上で、赤色信号に遭遇した際には、自ら減速するなどして、停止線で停止するよう意思表示を相手方に示すことは十分に可能な状況にあったはずである。このような状況は、拳銃の所持を認識し、それをそのまま継続するように容認していた最高裁の判例と同様と認められ、しかも、それを相互に認識、認容している状況も同様である。その上で、被告人両名とも赤色信号で停止することが十分可能であったにもかかわらず、いずれも減速すらせずに継続して高速度での走行の意思を表示し合い、停止しようとしない走行状況を容認したまま走行を続けたところに、黙示の意思連絡があり、共謀を認めることができるのではないかと思われる。

　本件判決では、被告人両名の走行状況について次のとおり認定している。すなわち、「被告人両名は互いの自動車の速度を意識して自車を高速度で走行させる意思を有していたといえるところ、関係証拠によれば、被告人両名は、そもそも同じ場所から出発して一緒に飲みに行くために同じ目的地を目指していたのであり、Ⓒ地点前の交差点での発進時には同じように加速して先行車を追い越し、その後もいずれも高速度のまま走行を続け、Ⓑ地点前、Ⓐ地点前及び本件交差点のいずれの地点においても、2台の自動車が相前後して非常に近い距離で走行していること、本件交差点に至るまでの間に甲車及び乙車の前後が入れ替わるなどしていることが認められる。このような客観的事情をも併せて考えれば、被告人両名が互いに相手とは無関係に高速度で走行したとは到底考えられず、甲車及び乙車がⒸ地点前で先行車を追い越してから本件交差点に進入するまでの間、被告人甲は乙車が高速度で走行する状況を、被告人乙は甲車が高速度で走行する状況を互いに認識した上で、一方が速度を上げればそれに応じてもう一方も速度を上げるなどして、互いの自動車の速度を競うように高速度で走行していたことは明らかであり、現に被告人乙は、高速度で走行する甲車についていくために、自分も高速度で走行した旨供述しているところである。

　そして、甲車と乙車は、このように互いの走行状況を認識しながら自らも高速度での走行を続け、信号認識可能地点に至ってから本件交差点に至るまでの間も、いずれも減速したり停止したりする様子を見せることなく高速度のままで本件交差点に接近していったのであるから、そのような相

手の停止しようとしない走行状況を被告人両名は互いに認識していたということができる。

　そうすると、被告人両名は、相手が赤色信号に従わずに高速度のままで本件交差点を通過しようとする意思を有していることを認識し、自らも一緒に赤色信号に従わずにそれまでの走行と同様に競うように高速度のまま本件交差点を通過しようとする意思を有していたといえる。

　このような事情に照らせば、被告人両名は、本件交差点に進入する時点において、本件信号機の赤色表示に従わずに高速度のままで本件交差点を通過しようとする意思を相通じていたといえるから、赤色信号を殊更無視して重大な交通の危険を生じさせる速度で本件交差点に進入することにつき、被告人両名の間に共謀が成立していたと認めることができる。」としたものである。

　すなわち、被告人両名は相互に高速度での走行を認識し合い、それを許容しあっていることは、これまでに認定された事実関係から明らかである上、赤色信号に遭遇した際には、自ら減速するなどして、停止線で停止するよう意思表示を相手方に示すことは十分に可能な状況にあったはずである。その上で、被告人両名とも赤色信号で停止することが十分可能であったにもかかわらず、いずれも減速すらせずに継続して高速度での走行の意思を表示し合い、停止しようとしない走行状況を容認したまま走行を続けたところに、黙示の意思連絡があり、共謀を認めることができるのである。

　本件のように、直接結果を惹起したわけではない共同正犯者が、直接正犯者が行った行為について「自分が行った」とみなされるためには、最低限、その行為を心理的または物理的に促進する影響を与えることが必要であると考えられることに照らしても、被告人乙の上記一連の行為は、被告人甲の結果発生に至る危険性の高い行為を促進させるに足る心理的影響を与えたものであり、共同正犯としての刑責を負うに十分であろう。

　また、本件の控訴審である札幌高裁判決においては、「被告人両名は、同じ目的地に向けて走行を開始した後、信号認識可能地点以降も相当な時間と距離にわたり高速度で走行を続けた上、本件交差点が迫っても減速等の停止に向けた格別の措置を講じることなく時速100キロメートルを上回

る高速度で進行していたものであり、そうした走行に当たり互いに相手車両の走行状況に関する認識を妨げる格別の事情が見当たらず、むしろ、各被告人が、自車の走行状況に加えて相手車両の走行状況を認識していたばかりか、原判決が説示するように、互いの走行速度を意識し、自動車で競走する意思の下に、本件交差点が迫っても互いに停止する状況にないことを知りながら、上記の高速走行を続けていたものと認められる。これらの事情に照らすと、被告人両名は、本件交差点に至るに先立ち、殊更に赤色信号を無視する意思で両車両が本件交差点に進入することを相互に認識し合い、そのような意思を暗黙に相通じて共謀を遂げた上、各自がそのままの高速度による走行を継続して本件交差点に進入し、本件危険運転の実行行為に及んだことが、優に肯認できるというべきである。」旨判示し、明確に共謀の存在を認めた。

　その後の本件最高裁決定の対象となったのは、実際には被害者運転車両と衝突をしなかった被告人乙のみであるところ、同決定では、「被告人と甲は、本件交差点の2キロメートル以上手前の交差点において、赤色信号に従い停止した第三者運転の自動車の後ろにそれぞれ自車を停止させた後、信号表示が青色に変わると、共に自車を急激に加速させ、強引な車線変更により前記先行車両を追い越し、制限時速60キロメートルの道路を時速約130キロメートル以上の高速度で連なって走行し続けた末、本件交差点において赤色信号を殊更に無視する意思で時速100キロメートルを上回る高速度で甲車、被告人車の順に連続して本件交差点に進入させ、（中略）事故に至ったものと認められる。

　上記の行為態様に照らせば、被告人と甲は、互いに、相手が本件交差点において、赤色信号を殊更に無視する意思であることを認識しながら、相手の運転行為にも触発され、速度を競うように高速度のまま本件交差点を通過する意図の下に赤色信号を殊更に無視する意思を強め合い、時速100キロメートルを上回る高速度で一体となって自車を本件交差点に進入させたといえる。

　以上の事実関係によれば、被告人と甲は、赤色信号を殊更に無視し、かつ、重大な交通の危険を生じさせる速度で自動車を運転する意思を暗黙に相通じた上、共同して危険運転行為を行ったものといえる」として、被告

人乙に対して、共同正犯としての責任を認めている。

　ただ、本件最高裁決定は、あくまでこの事案に即した事例判決であるので、この決定から直ちに殊更赤無視の場合には常に共同正犯が成立するという論理までには至らないであろう。本件のように、2台の車両の運転者相互間に高速度でカーチェイスを行うという強い意思の連絡があるという前提に基づき、その行為態様に照らして暗黙の共謀という事実認定が可能であったがゆえの判断であることを忘れてはならない。

第2部 そのほかの類型

第5章

通行禁止道路の進行
による危険運転致死傷罪の成否

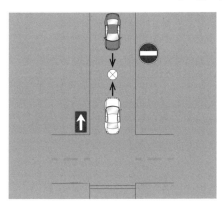

2条　次に掲げる行為を行い、よって、人を負傷させた者は15年以下の懲役に処し、人を死亡させた者は1年以上の有期懲役に処する。
(8)　通行禁止道路（道路標識もしくは道路標示により、又はその他法令の規定により自動車の通行が禁止されている道路又はその部分であって、これを通行することが人又は車に交通の危険を生じさせるものとして政令で定めるものをいう。）を進行し、かつ、重大な交通の危険を生じさせる速度で自動車を運転する行為

本類型による危険運転致死傷罪は、自動車運転死傷処罰法の成立に伴い、新設された。
本章では、
・　一方通行道路を対向直進した場合の事故
・　片側1車線の道路での追い越した場合の事故
・　一方通行道路の出口での事故
・　一方通行道路と一般道路が交差する交差点上での事故
の各場合などについて検討していく。

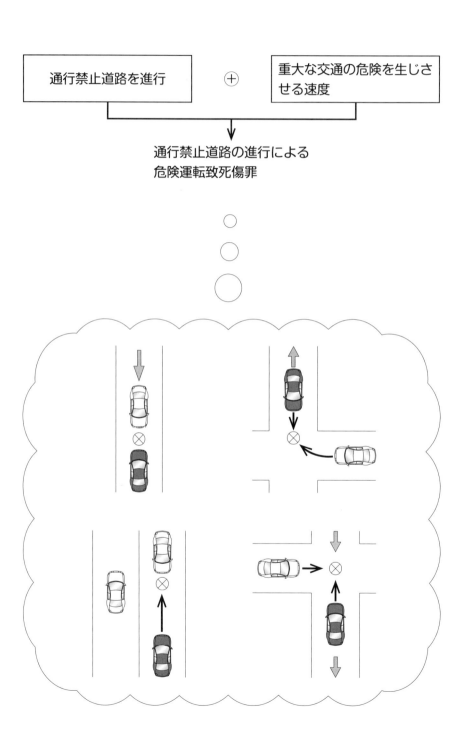

1　問題の所在

　自動車運転死傷処罰法の成立により、新たに通行禁止道路の進行による危険運転致死傷罪が設けられた。

　自動車運転死傷処罰法2条8号は、

　　通行禁止道路（道路標識若しくは道路標示により、又はその他法令の規定により自動車の通行が禁止されている道路又はその部分であって、これを通行することが人又は車に交通の危険を生じさせるものとして政令で定めるものをいう。）を進行し、かつ、重大な交通の危険を生じさせる速度で自動車を運転する行為

と規定されているが、ここでいう「通行禁止道路」とはどのようなものをいうのか、その際の認識としてはどのようなものが求められるのかなどについて理解しておく必要がある。

2　この類型の危険運転致死傷罪が設けられた理由

　ここで規定されているような「通行禁止道路」においては、当該道路を通行する者にとって、自動車が進行してくることはないはずであるとの前提で通行しており、このような道路を自動車で進行する行為はそれだけで高度の危険性を有するものであり、かつ、重大な交通の危険を生じさせる速度で運転する行為は、これまでの危険運転致死傷罪と同等の危険性・悪質性が存するといえるからである（法制審議会刑事法（自動車運転に係る死傷事犯関係）部会第5回会議議事録3頁等）。

3　ここでいう「通行禁止道路」とは、何を指すのか

　自動車運転死傷処罰法2条8号において、通行禁止道路については、括弧書きで、「道路標識若しくは道路標示により、又はその他法令の規定により自動車の通行が禁止されている道路又はその部分であって、これを通行することが人又は車に交通の危険を生じさせるものとして政令で定めるものをいう。」としており、自動車運転死傷処罰法施行令2条において以下の4つの道路等がその対象とされている。

まず、同条１号では、

　道路交通法第８条第１項の道路標識等により自動車の通行が禁止されている道路又はその部分（後略）

とされており、具体的には、車両通行止め道路、普通自転車等及び歩行者等専用道路がこれに該当すると考えられている。
　次に、同条２号では、

　道路交通法第８条第１項の道路標識等により自動車の通行につき一定の方向にするものが禁止されている道路又はその部分（後略）

としており、具体的には、一方通行道路がこれに該当する。
　次に、同条３号では、

　高速自動車国道又は自動車専用道路の部分であって、道路交通法第17条第４項の規定により通行しなければならないとされているもの以外のもの

としており、具体的には、高速道路及び自動車専用道路の中央から右側部分がこれに該当する。
　なお、ここで留意しておくべきこととして、高速自動車国道等であっても、中央分離帯などで走行車線が区分されていない道路は、その対象外であるということである。つまり、この３号では、「道路交通法第17条第４項の規定」が引用されているが、この条文は、

　車両は、道路（歩道等と車道の区別のある道路においては、車道。（中略））の中央（軌道が道路の側端に寄って設けられている場合においては当該道路の軌道敷を除いた部分の中央とし、道路標識等による中央線が設けられているときはその中央線の設けられた道路の部分を中央とする。（中略））から左の部分（以下「左側部分」という。）を通行しなければならない。

とされているように、中央線によって車線を区別している場合や、そもそも中央線がない場合などには、道路の左側を通行しなさいというものであることから、中央分離帯によって車線が区別されている場合の通行の仕方

を示すものではない。したがって、この規定により通行しなければならないとされているもの「以外」のものが、ここで対象とする通行禁止道路に該当することから、中央分離帯によって完全に区切られている高速自動車国道等のみが通行禁止道路に該当するのである。

　最後に、同条４号では、

　　道路交通法第17条第６項に規定する安全地帯又はその他の道路の部分

としており、具体的には、安全地帯及び道路の立入禁止部分がこれに該当する。

Case 1

A車の運転者甲は、一方通行の道路を逆行して、時速約50キロメートルで走行したところ、一方通行の標識に従って走行してきたB車と正面衝突し、B車の運転者乙が負傷した。この場合の甲の刑責は？

また、このような甲の行為が、当該一方通行道路に進入する際に進入禁止の標識を見落としたことによるものであった場合はどうか。

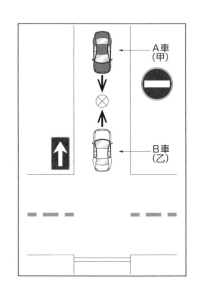

1 本設例の解答

従来の危険運転致死傷罪に、この通行禁止道路の進行による類型が追加されたが、それは前述したように、通行禁止道路を進行するという行為は、高度の危険性を有するものである上、それが「重大な交通の危険を生じさせる速度」での走行であった場合、類型的に危険性、悪質性が高いと認められるからである。

なお、ここでいう「重大な交通の危険を生じさせる速度」とは、これまでの危険運転致死傷事犯における場合と同様に解すればよい。

したがって、本件による時速約50キロメートルでの一方通行道路の逆走は、本類型の典型例に当たるものであり、甲には、通行禁止道路の通行による危険運転致傷罪が成立する。

2 故意の内容

そして、この場合の故意の内容としては、「通行禁止道路」であることを認識していることが必要である。したがって、これを見落として一方通行道路であることを認識していなかった場合には、本罪は成立しない。

ただ、その認識に当たっては、それは道路標識等によって具体的な規制内容を認識している場合は当然であるが、それ以外にも、道路の幅員や対向車からの合図などによって通行禁止道路であるということを認識した場合も含まれる。しかしながら、通行禁止道路であることを知りながら、これを無視してあえて進行する意図などは求められていないことから（この点、「殊更に」赤信号を無視する場合と異なる。）、そのような主観的要件は不要であり、未必的な認識であっても差し支えない。

公判につながる捜査上の重要ポイント

本設例のような事故が発生した場合、最初に証拠化する必要があるのは、通行禁止道路を通行したことの認識である。客観的な事故状況等は、他の交通事故と同様で、特に問題となることはないのであるが、通行禁止道路であることについて認識したかどうかは、事故直後の被疑者の供述をまたなければならないところもあるので、速やかに確認する必要がある。

また、通行禁止道路には時間帯が区切られて通行禁止となるものもあり（例えば、子供の通学などへの配慮から、午前7時30分から午前9時までの間通行禁止となる場合など）、そのような場合には、被疑者が同道路に進入した時間や、それについての被疑者の認識を正確に特定する必要がある。その点について、通行禁止とされる時間以前の時間帯に走行していたと思っていたとの弁解などを崩すことができずに起訴できなかった事案もあるので要注意である。

Case 2

A車の運転者甲は、先行する車両を追い越すため、道路の右側部分に進出して追越しを図ったところ、たまたま当該対向車線を走行してきたB車と正面衝突し、B車の運転者乙が負傷した。この場合の甲の刑責は？

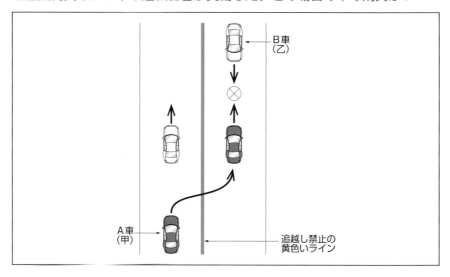

　ここで問題とされる道路は、通常の片側1車線の対向道路である。ただ、センターラインの表示は、はみ出し追越しを禁止しているものである。このような場合、右側にはみ出して追越しをすることは許されていないことから、その意味で、その右側部分は、通行禁止道路であり、本条にいう「通行禁止道路」に該当するかどうか問題となる。
　しかしながら、追越しのための右側はみ出し通行禁止道路については、通常の走行においても、障害物等を避けるために右側にはみ出して進行してくる車両がないわけではない。
　それゆえ、右側はみ出し通行が禁止されている道路における右側道路部分は、「通行禁止道路」として政令で指定されていないと解されている。
　したがって、本設例のような場合には危険運転致傷罪は成立しない。

Case 3

A車の運転者甲は、一方通行の道路を逆行して、時速約50キロメートルで走行したところ、一方通行道路が終わって交差点内に出たところで、そこで右折してきたB車と衝突し、その運転者乙を負傷させた。この場合の甲の刑責は？

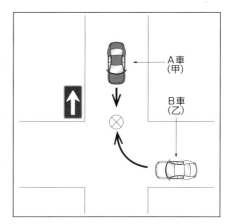

本設例は、「通行禁止道路」の範囲に関して、その出口での事故がその対象となるかどうかの問題である。

一方通行道路の出口での事故については、通行禁止道路を進行し、それが重大な交通の危険を生じさせるような速度で運転されており、死傷との間に因果関係があれば、実際に死傷が生じた場所が通行禁止道路内であるかどうかは問われないものと考えられている。

そのような事案として、平成27年5月12日大阪地裁岸和田支部判決（公刊物未登載）が参考になる。

この判決で認められた罪となるべき事実は、次のとおりである。

被告人は、平成26年8月11日午前7時45分頃、普通乗用自動車を運転し、道路標識により自動車の通行が禁止されている大阪府内の道路を進行し、かつ、時速約20キロメートルの速度で自車を運転し、もって通行禁止道路を進行し、かつ、重大な交通の危険を生じさせる速度で自動車を運転したことにより、同道路の出口である○○先の交通整理の行われていない交差点に前記速度のまま進入した際、折から右方道路から同交差点へ進行してきたV運転の原動機付自転車を右斜め前方約2メートルの地点に認め、急制動の措置を講じたが間に合わず、同車左側面部に自車前部を衝突させて同人を同人運転車両もろとも路上に転倒させ、よって、同人に加療約6週間を要する右肩甲骨烏口突起骨折等の傷害を負わせたものである。

しかしながら、逆に、当該通行禁止道路に入る前の入り口の段階では、そもそも「通行禁止道路を進行し」という要件に該当しないことから、これに該当しないものと考えられる。

Case 4

　甲は、居酒屋等で飲酒した後、普通乗用自動車Ａ車を運転して帰宅しようとした際、警ら中のパトカーからマイクで停止を求められたことから、酒気帯び運転の発覚を免れるため、急加速し、図のとおり走行して、一方通行道路に進入し、これを時速約50キロメートルで逆走したところ、左方道路から進入してきた被害者乙運転のＢ車と衝突し、乙及び同乗者丙の2名を死亡させた。

　甲は、事故現場に自車を放置したまま逃走し、約50分後に発見されて逮捕された。その際、甲からは呼気1リットル中0.45ミリグラムのアルコールが検出された。また、その際、甲は、自己の走行してきた道路が一方通行であるとは知らなかったなどと弁解した。

　甲の刑責は？

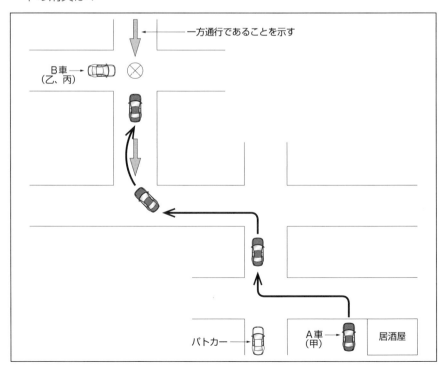

1 左右道路と交差している部分は「一方通行道路」に含まれるのか

まず、本設例のように一方通行道路が続いている途中で、左右道路と交差している部分がある場合、当該交差点上が「一方通行道路」に含まれるかという問題があるが、これについては含まれると解されている。

立法者の意思として、一方通行の規制が、交差点で中断している場合に、一方通行規制されている道路を逆走した上、当該交差点に進入した直後に人に衝突して死亡させた場合（すなわち、衝突した場所自体は、「通行禁止道路」の外であった場合）であっても、当該一方通行道路を重大な交通の危険を生じさせる速度で進行したことと、人の死傷との間に因果関係が認められるときは、本罪は成立し得ると解されている（「法制審議会刑事法（自動車運転に係る死傷事犯関係）部会第5回会議議事録」石井委員及び上富幹事発言）。

したがって、本設例における被疑者の行為は、法律上「通行禁止道路を進行し、かつ、重大な交通の危険を生じさせる速度で自動車を運転する行為」により被害者を死亡させたものであるから、人の死傷との間の因果関係も認められ、自動車運転死傷処罰法2条8号違反と認定し得ることになる。

そして、このように一方通行道路などのような通行禁止道路を進行し、交差道路から進入してきた被害車両と衝突して、被害者に傷害を負わせた事案として、**平成26年12月10日東京地裁判決**（公刊物未登載）がある。

この判決で認められた罪となるべき事実は、次のとおりである。

被告人は、平成26年5月30日午前8時15分頃、普通自動二輪車を運転し、東京都○区内の道路標識により自動車の通行が禁止されている道路を、重大な交通の危険を生じさせる速度である時速約37キロメートルの速度で運転したことにより、左方道路から進行してきたV運転の自転車に自車を衝突させて転倒させ、よって、Vに加療約21日間を要する左臀部打撲後皮下血腫等の傷害を負わせたものである。

2 平成27年7月16日静岡地裁沼津支部判決（公刊物未登載）

本設例では、被疑者は、本件走行経路が一方通行道路であるとは知らなかったなどと弁解しているが、このような認識の点が同様に問題となった事案として、**平成27年7月16日静岡地裁沼津支部判決**が参考になる。

同判決では、一方通行道路の逆走の認識について曖昧な供述をしていた被告人に対し、「被告人が逆走した一方通行道路区間における走行実験によれば、夜間、車両の前照灯をつけ、時速約40キロメートルの速度で走行した場合、運

転者は、少なくとも一方通行道路区間の中程にある、2対の進入禁止の道路標識並びに逆向きの『止まれ』の道路標示を認識することができると認められる。そして、前記進入禁止の道路標識は、赤地に白の配色で、夜間でも車両の前照灯の反射で相当に目立って見えること、前記逆向きの『止まれ』及び逆向きの矢印等の各道路標示も、道路の中央に大きく描かれていたことからすると、時速50キロメートル以上の高速度で走行している場合であっても、特段の事情がない限り、普通に前方を見ていれば、これらの道路標識及び道路標示を当然に認識することができたと認められる。」として、当該一方通行道路の道路状況からして、一方通行道路であることの認識が十分に可能であったと認定している。

さらに、同判決では、被告人の固有の事情についても言及しており、「この点につき、被告人は、飲酒の上、警察車両の追跡から逃げる途中で逆走をしたものであるが、被告人は、本件事故から約50分後の飲酒検知の際、約10メートルを真っ直ぐ正常に歩行し、10秒間直立でき、質問に正常に応答することができていたのであって、飲酒していたとはいえ認識能力が大きく損なわれていたとは認められない。また、自動車運転中に進路前方の状況に意識を向けていなかったとは考え難い。そうすると飲酒の上、警察車両の追跡から逃走することに気を取られていたとしても、被告人において、前記道路標識及び道路標示の認識を欠くような特段の事情は見当たらない（なお、被告人は、道路標識は視界に入っておらず、道路標示は視界に入っていても逃げるのに必死で気付かなかったとか、逆向き矢印の道路標示を見ても一方通行かどうかはわからないなどと弁解するが、内容自体不自然・不合理で、前記の走行実験における視認状況に照らして到底信用することができない。）。

そして、前記道路標識及び道路標示は、本件道路が一方通行道路であることを当然に想起させるものというべきであるから、被告人は、本件逆走行為時、前記道路標識及び道路標示を認識しており、少なくとも本件道路が一方通行道路かもしれないという程度の認識があったと優に認定することができる。」としたものであった。

同事案では、飲酒酩酊の程度が一方通行の認識に影響を及ぼすものであったことから、被告人の酩酊の程度等についても検討し、一方通行の認識を欠くに至る状況にはなかったと認定したものであり、この点も参考になろう。

3 捜査のポイント

上記の判決で示されたように、被疑者が一方通行道路であることの認識を否

認したような場合、被疑者が実際に走行した速度と同様の速度で走行実験を行い、その際における標識等の認識の可能性を客観的に明らかにし、その視認状況に照らして被疑者の弁解が合理性をもつものであるかどうかを判断することとなろう。

4 認定された罪となるべき事実

なお、前記判決において認定された罪となるべき事実は、次のとおりである。

被告人は

第1　酒気を帯び、呼気1リットルにつき0.15ミリグラム以上のアルコールを身体に保有する状態で、平成26年○月○日午前1時45分頃、静岡県○市内の道路において、普通乗用自動車を運転した

第2　前記日時頃、前記車両を運転し、同市内○○先から同市内○○先の信号機により交通整理の行われていない交差点に至るまでの間の道路標識等により自動車の通行につき一定の方向にするものが禁止されている通行禁止道路を走行し、かつ、重大な交通の危険を生じさせる速度である時速50キロメートル以上の速度で○○町方面から○○町方面へ向かい同交差点内に進入したことにより、同交差点内の同市○○先道路において、折から左方道路から進行してきた被害者A運転の普通乗用自動車右側面に自車前部を衝突させ、よって、同人に大動脈破裂による腹腔内出血の傷害を、同人運転車両の同乗者被害者Bに頭蓋骨・頸椎間脱臼による頸髄損傷の傷害を、それぞれ負わせ、同日午前3時8分頃、同市内の○○病院において被害者Aを、同日午前4時45分頃、同市内の○○病院において被害者Bを、それぞれ前記傷害により死亡させた

第3　前記第1記載の日時場所において、前記第1記載の車両を運転中、前記第2記載のとおり、被害者A及びBに傷害を負わせる交通事故を起こし、もって自己の運転に起因して人に傷害を負わせたのに、直ちに車両の運転を停止して同人らを救護する等必要な措置を講じず、かつ、その事故発生の日時及び場所等法律の定める事項を、直ちに最寄りの警察署の警察官に報告しなかった

ものである。

438 〔2〕第5章　通行禁止道路の進行による危険運転致死傷罪の成否

Case 5

　A車の運転者甲は、車道が混んでおり、その車道に沿った歩道が広かったことから、そこに乗り上げ時速約50キロメートルで走行した。
　すると、たまたま歩道上を対向して歩行してきた乙の発見が遅れ、自車前部を同人に衝突させて同人を負傷させた。甲の刑責は？

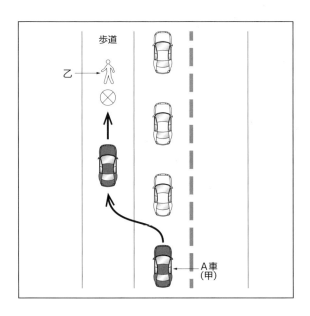

 1 「歩道」は、この「通行禁止道路」に含まれるのか
　(1)　そもそも「歩道」上を車両が高速度で暴走して人を死傷させるような事態は、それほど想定される事象ではないが、広い「歩道」であれば車両が通行できる余地もあり、また、自動車運転死傷処罰法における「自動車」には、原動機付自転車も含まれることから（1条1項）、原動機付自転車が「歩道」上を高速度で走行して人の死傷事故が起きるという場合もないではないであろう。

そうなると、そのような場合、「歩道」は、同法施行令2条の各号におけ
る規制の対象となる道路等に含まれるか否か問題となる。

(2) そもそも「歩道」とは、道路交通法2条1項2号に定義規定が設けられて
おり、

　歩行者の通行の用に供するため縁石線又はさくその他これに類する工作物
によって区画された道路の部分をいう。

とされているところ、同法17条1項は、

　車両は、歩道又は路側帯（中略）と車道の区別のある道路においては、車
道を通行しなければならない。（後略）

とし、その違反に対しては、同法119条1項6号により、3月以下の懲役又
は5万円以下の罰金に処せられることとなる。したがって、歩道上を車両で
走行した場合には、ここで定められた各規定に基づいて刑罰に処せられるこ
ととなる。

(3) しかしながら、そのような「歩道」上を高速度で走行し人を死傷させるよ
うな結果を生じた場合、自動車運転死傷処罰法2条8号に該当する余地はあ
るのであろうか。

　このような「歩道」とされる「道路の部分」が同法施行令2条各号に該当
するかどうか検討するに当たり、その該当可能性があるのは、同条1号又は
4号であろう（同条2、3号が該当しないことは明らかである。）。

　しかしながら、結論としては、いずれも該当しないこととなる。すなわ
ち、同法施行令2条1号の規定は、「道路交通法第8条第1項の道路標識等
により自動車の通行が禁止されている道路又はその部分」とされており、ま
た、施行令2条4号の規定で引用されている道路交通法17条6項は、

　車両は、安全地帯又は道路標識等により車両の通行の用に供しない部分で
あることが表示されているその他の道路の部分に入つてはならない。

と規定されていることから、いずれも道路標識や道路標示による「道路標識
等により」車両の通行が禁止されている道路部分であることを要求してお
り、これに対し、「歩道」は、「縁石線又はさくその他これに類する工作物に

よって区画された」道路の部分であることから、法解釈上、施行令2条1号及び4号には該当しないと解することになるからである。

2 本設例の解答

では、自動車運転死傷処罰法2条8号による危険運転致死傷罪が成立しないとして、アルコールの影響も考えられない場合、ここで問題としているような歩道上を車両が走行して人を死傷させたような行為に対して、危険運転致死傷罪が成立する余地は全くないのであろうか。

このような場合、多くは自動車運転死傷処罰法2条4号の妨害行為等による危険運転致死傷罪に該当するのではないかと考えられる。

確かに、この危険運転致死傷罪の類型は、目的犯とされているが、その目的の認定については、前述したように、近時の判例上、かなり広く捉えられていることから、ここで問題とされる事案においても適用できる余地があるのではないかと思料する。

すなわち、前出平成25年2月22日東京高裁判決では、被告人が、その自動車を走行させていた際、警察車両から追跡を受け、これを免れるために、片側1車線道路の右側部分を通行したという事案において、対向進行してきた普通乗用自動車やその後続車両等に著しく接近し、それら車両運転者に衝突回避のための急制動措置をとらせ、その後続車両のうちの自動二輪車を転倒させて、その運転者を死亡させたものであったところ、運転の主たる目的が前述したように通行の妨害になくとも、自分の運転行為によって通行の妨害を来すのが確実であることを認識して当該運転行為に及んだ場合には「通行を妨害する目的」が存するものと判示したことに照らせば、歩道上の人の通行を妨害しようという意図が主たる目的でなかったとしても、自己の運転行為によって、人の通行の妨害を来すのが確実であることを認識して、歩道上で自車を走行させたのであれば、この「人又は車の通行を妨害する目的」が肯定されることとなろう。その上で、それが、重大な交通の危険を生じさせる速度であって、人に著しく接近して衝突すれば、この類型の危険運転致死傷罪が成立することになるといえよう。

そして、このような事案の捜査に当たっては、事故当時における当該歩道上の通行人の数、その年齢別、更には、歩道の幅員等を捜査し、当該歩道上を原

動機付自転車等により走行すれば、人の通行を妨害することが確実であると、誰しも認識できたはずであるという客観状況を明らかにしておく必要がある。例えば、小学生が通学する時間帯であり、集団登校をしてかなりの数の小学生が歩道上を通行しており、しかも、それほど幅員が広い歩道でもないなどの状況が明らかにできれば、そんな場所を原動機付自転車等により走行すれば、「人の通行を妨害する」ことが確実であると認識したはずであると立証が可能になるものと思われる。

　したがって、歩道上の車両の走行による事故についても、まず、２条４号の妨害行為による危険運転致死傷罪の成立を念頭において捜査すべきであるといえるであろう。

　したがって、この考え方に従えば、本設例では、自動車運転死傷処罰法２条４号の危険運転致傷罪が成立する。

第**2**部

第**6**章

そのほかの類型

無免許加重類型

　自動車運転死傷処罰法6条1項は、

　　　第2条（第3号を除く。）の罪を犯した者（人を負傷させた者に限る。）が、そ
　　の罪を犯した時に無免許運転をしたものであるときは、6月以上の有期懲役に処
　　する。

とし、同条2項は、

　　　第3条の罪を犯した者が、その罪を犯した時に無免許運転をしたものであると
　　きは、人を負傷させた者は15年以下の懲役に処し、人を死亡させた者は6月以上
　　の有期懲役に処する。

とし、同条3項は、

　　　第4条の罪を犯した者が、その罪を犯した時に無免許運転をしたものであると
　　きは、15年以下の懲役に処する。

とし、同条4項は、

　　　前条の罪を犯した者が、その罪を犯した時に無免許運転をしたものであるとき
　　は、10年以下の懲役に処する。

として、同法2条から5条までの罪を犯したときに無免許であった者については、こ
れらの罪と無免許運転罪との併合罪による処断刑以上の法定刑を定めている。

　これは、無免許運転が自動車運転のための最も基本的な義務に違反した著しく規範
意識を欠いた行為であるとともに、運転免許制度が予定している運転に必要な適性、
技能及び知識を欠いているという意味で、抽象的・潜在的ではあるが危険な行為であ
るところ、無免許運転の機会に人を死傷させた事案は、このような反規範性や危険性
がいわば顕在化・現実化したと評価できることから、加重された本罪が設けられたの
である（前出高井17頁）。

444 〔2〕第6章　無免許加重類型

Case

　甲は、以前から速度違反などを繰り返していたことから、運転免許取消処分を受けていた。ある時、甲は、忘年会においてビールを飲んだにもかかわらず、さほど酔ってもいなかったことから、その後帰宅する際に、自己の普通乗用自動車を運転した。そして、甲は、時速約40キロメートルで運転中、道路脇のクリスマスのイルミネーションに脇見をしていた前方不注視により、信号待ちをしていた乙運転に係る普通乗用自動車に追突した。その結果、乙は全治2週間の頸椎捻挫の傷害を負った。その後、現場に駆けつけた警察官が飲酒検知をしたところ、呼気1リットル中に0.2ミリグラムのアルコールが検出された。甲の刑責は？

1　無免許運転と過失運転致傷罪の関係

　まず、乙運転車両に追突した甲の行為は、同法6条4項に該当することになろう。甲の酩酊の程度や運転態様からしてアルコールの影響による危険運転致傷罪は成立しないであろう。しかしながら、それが過失運転致傷罪に該当することは明らかであり、甲は無免許であるから、同法6条4項の無免許過失運転致傷罪が成立する。

　従来は、無免許運転罪と過失運転致死傷罪とは、併合罪の関係にあると解されていたが、同法6条の罪が新設されたことにより、一罪として無免許過失運転致死傷罪が成立することになる。そのため、例えば、同罪の一部として無免許運転罪が起訴され、これが裁判所に係属している間に、これと同じ時の過失運転致死傷行為を同法6条4項に該当するとして訴追しようとする場合には、追起訴ではなく、訴因変更によることになる。

　また、同様の事例で、無免許運転罪だけで起訴され、それが確定してしまった場合には、後に過失運転致死傷行為について処分しようとしても、確定判決の既判力に抵触して起訴することはできないであろう。

　なお、無免許運転罪については、一回の無免許運転に一つずつの無免許運転罪が成立すると考えられるから[注]、同日中に数回の無免許運転行為を

繰り返し、その最後の無免許運転行為の際に過失により人身事故を起こしたような場合には、最後の行為については、無免許過失運転致死傷罪が成立し、それ以外の無免許運転罪とは併合罪の関係になる。

2 無免許過失運転致傷罪と酒気帯び運転罪（又は酒酔い運転罪）の関係

飲酒検知の結果からして、甲の行為は、酒気帯び運転罪が成立することになろうが、問題は、無免許過失運転致傷罪と酒気帯び運転罪の罪数関係である。

これまで、飲酒した上無免許で車両を運転し、その結果、過失により人身事故を起こした場合には、無免許運転罪と酒気帯び運転罪は観念的競合となり（昭和49年11月28日最高裁決定（判例時報759号109頁）等）、それと過失運転致傷罪が併合罪になると考えられていた。

しかしながら、本法で無免許過失運転致傷罪という新しい類型が作られたことから、この罪と酒気帯び運転罪とが併合罪になると考えるべきである。

もちろん、考え方としては、上記最高裁決定の趣旨を踏まえて、酒気帯

(注) これは昭和51年10月18日東京高裁判決（判例時報840号123頁）等で示されており、確定した判例である。ちなみに、同判決では、この点について、「犯罪の個数は、社会通念から見た犯罪行為の回数、法益侵害の回数、犯意の個数等種々の観点から総合的に観察して決すべきところ、自動車の無免許運転罪においては、特定の日に特定の車両を運転したときに、社会通念上一回の犯罪行為がなされ、その都度道路交通の安全と円滑に対する危険が生じたものと考えられ、これらの点に着目すれば、たとえ無免許運転の犯意が数回にわたって同一または類似のものであるとしても、特定の日に特定の車両を運転した毎に一罪が成立するものと解するのが相当である。」と判示している。

もっとも、一連の犯意に基づく場合には、包括一罪とされる。すなわち、昭和63年7月21日東京高裁判決（判例時報1303号148頁）の事案は、交通事故の前後にまたがる無免許運転が一罪を構成するとされたもので、同判決は、「原判決は、本件事故をひき起こしたころの無免許運転を第一の事実、本件事故の約20分後に本件事故現場を立ち去るころの無免許運転を第四の事実として捕らえ、両者を別個の犯罪として処断していることが明らかであるが、関係証拠を検討してみても、被告人が、本件事故現場等において、無免許運転をとがめられる等して運転を断念し、その後更に犯意を新たにして無免許運転を開始したような事実は認められず、かえって、当然のこととし当初からの予定どおり無免許運転を継続した事実が認められるのであるから、本件事故の前後にまたがる無免許運転は、同一の犯意に基づき継続的に行われた一連の無免許運転で、法律上一個の道路交通法違反の罪が成立するに過ぎないものと解するのが相当である。」と判示されている。

び運転罪と無免許での運転行為が観念的競合となり、結局、酒気帯び運転罪と無免許運転過失致傷罪全体が観念的競合になるという考え方もないではないであろう。しかしながら、本法6条においては、無免許運転と本法2条から5条までの罪が結合した罪として新たに法定しているのであるから、その無免許部分だけを切り離して観念的競合とし、それを媒介として本法6条の罪が全体として観念的競合になるとするのは、独立した罪として本法6条を規定した趣旨から外れるといわざるを得ないのではないかと思われる。

また、そのように考えず、あくまで全体が観念的競合になるとすると、次のような不都合が起きることになる。つまり、①酒酔い状態で、かつ、無免許で運転し、その結果、過失により人身事故を起こした場合には、酒酔い運転による道路交通法違反（5年以下の懲役等）と無免許過失運転致死傷罪（10年以下の懲役）が観念的競合となり、その処断刑は、10年以下の懲役となる。しかしながら、②酒酔い状態で、運転免許を有している者が、その結果、過失により人身事故を起こした場合には、酒酔い運転による道路交通法違反と過失運転致死傷罪（7年以下の懲役等）が併合罪となり、その処断刑は、10年6月以下の懲役となる。この場合、②の場合の運転免許を有している者のほうが、①の場合の無免許の者より重く処罰されることになり、明らかな刑の不均衡を招く結果となってしまうのである。

3　無免許危険運転致死傷罪と酒気帯び運転罪（又は酒酔い運転罪）の関係

同法2条1、2及び4から8号までの各危険運転致傷罪を犯した者、また、同法3条の危険運転致死傷罪を犯した者が、その行為の時に無免許であった場合には、同法6条1項又は2項の無免許危険運転致死傷罪が成立する。

そして、その際に酒気帯び運転罪の成立が認められるのであれば（もっとも同法2条1号や3条1項の場合には、そもそも酒気帯び運転罪が成立しないのでこの対象とはならない。）、前述したように、この場合も、無免許危険運転致死傷罪と酒気帯び運転罪は併合罪となる。

なお、この無免許危険運転致死傷罪について、同法2条3号の運転未熟

の危険運転致死傷罪の類型が除かれている。そもそも、このような進行を制御する技能を有しないで自動車を走行させる類型では、運転能力を有していながら無免許で運転する行為以前の問題であることから、無免許運転罪は成立せず、単に、危険運転致死傷罪のみが成立すると考えられてきたので、同法6条においてもその対象から除外している。

また、同法2条の類型において危険運転致死罪の場合を除いているのは、同罪が既に十分に法定刑として重いので、無免許による加重類型を設けなかったものである。したがって、同法2条の危険運転致死罪が成立する場合に、無免許であったとしたら、その際には、危険運転致死罪と無免許運転罪が成立し、両罪は併合罪となる。さらに、危険運転行為の結果、傷害を負わせた被害者と死亡させた被害者がいた場合には、同法6条1項の対象とはならず、危険運転致死罪と危険運転致傷罪が観念的競合となり、これと無免許運転罪とが併合罪になる。

4 無免許危険運転致死傷罪又は無免許過失運転致傷罪と道路運送車両法違反（無車検）又は自動車損害賠償保障法違反（無保険）の関係

この場合においても、前述した酒気帯び運転行為が無車検・無保険の違反行為に置き換わるだけで、それらの違反と無免許危険運転致死傷罪又は無免許過失運転致死傷罪とは併合罪となる。

5 捜査上の留意事項

1でも述べたが、同法6条により無免許運転罪と過失運転致死傷罪とが一罪となることから、無免許運転だけで起訴されて、それが確定してしまうと、後に過失運転致死傷行為について起訴できないということが重大な問題となり得る場合があることに留意しておく必要がある。

例えば、A県に住む被疑者がB県に買い物に行こうとし、普通乗用自動車を無免許で運転していたところ、A県内のオービスにより犯行が認知された。にもかかわらず、被疑者は、そのまま無免許運転を続け、10分後にB県内に入って、一方通行道路を無視して走行し、対向車両に衝突して相手方運転者に重傷を負わせた事故が惹起したとする。そして、その際に被

疑者も重傷を負って入院したというケースを考えてみる。

この場合、Ｂ県内での同法２条８号の通行禁止道路の走行による危険運転致傷罪が成立しているが、この罪は、同法６条１項により、Ｂ県内の無免許運転と一罪となる関係にある。この場合には、Ｂ県の警察がこの事件を捜査することから、無免許運転と危険運転致傷罪とを別々に処理することはあり得ない。したがって、無免許運転だけが先に検察庁で処理されてしまうということは考えられない。

しかしながら、問題となるのはＡ県内での無免許運転である。これが、１で説明したように、同じ日のうちでも別の無免許運転であって、一連のものではないのであれば併合罪となり、Ａ県内の警察が通常の形で処理し、これがＢ県の事件より先にＡ県内の検察庁に在宅送致され、同検察庁がＢ県での被疑者の事故を知らずに、この無免許運転だけを罰金処理してしまっても大きな問題とはならない。

しかしながら、この被疑者の無免許運転は、Ｂ県への買い物に行くためのもので、Ａ県内の違反もＢ県内の違反も同一の犯意に基づく一連のもので、しかも両者の時間的間隔がわずか10分であるから、一つの行為であると評価される可能性は高い。そうなった場合に、上記のような処理がされた場合には、大きな問題となる。すなわち、Ａ県内での無免許運転に対する処罰による既判力がＢ県内の危険運転致傷罪にも及んでしまい、一事不再理として、もはやＢ県内の事故について処罰することができなくなってしまうからである。

特に、先に設定したように、被疑者が長期間入院などして、Ｂ県内の事故の捜査が在宅扱いとなって長期間を要した場合には、Ａ県内の無免許運転が先に処理されてしまう危険が高いことから、注意が必要である。Ｂ県の警察の取調べで、被疑者が同じ日にＡ県でも無免許運転をして、どうもオービスに写っているようだと述べれば、直ちに照会することで判明するであろうが、被疑者自身、オービスで捕捉されたと気付いていなかったり、分かっていてもそれを黙っていた場合には、Ｂ県の警察は、被疑者のＡ県内での違反行為を知るのは相当に難しいものと思われる。

これを防止するためには、Ｂ県の警察官が無免許での事故があった場合

には、直ちに近隣の県などに対して、同じ日の無免許運転の検挙がないかどうかを自ら確認するしか方法はないものと思われる。各都道府県警察でこの問題に対処できるシステムを既に構築して機能させているのであれば杞憂に過ぎないこととなって大変に結構なことであるが、万一、そのような対策がなされていないのであれば、捜査に従事する各警察官において、この問題点を把握し、念頭に置いて捜査に従事することが必要であろう。

6　本設例に対する解答

　無免許運転により過失運転致傷罪を犯したのであるから、同法6条4項の無免許過失運転致傷罪が成立し、別に成立する酒気帯び運転罪とは、併合罪となる。

そのほかの類型

第2部
第7章
危険運転致死傷罪の競合関係

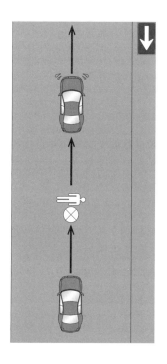

　ここからは、いままで見てきた危険運転致死傷罪の各類型がそれぞれ競合するのかについて検討していく。
　また、危険運転致死傷罪の枠から少しはみ出すことになるが、不救護・不申告の道路交通法違反について、捜査上のポイントをまとめたCaseを設けた。共に交通事故事件捜査の際の参考にされたい。

〔2〕第7章　危険運転致死傷罪の競合関係

❶ 危険運転致死傷罪の各類型が競合する場合

　危険運転致死傷罪については、自動車運転死傷処罰法2条において8つの類型が規定されている。

　これらの類型の各危険運転致死傷罪が別々の機会に敢行された場合、それらが併合罪となるのは当然である。異なる機会に異なる類型の危険運転致死傷行為に及ぶことはあり得ることであり、それらは併合罪となる。

　ここでは、同一の機会に異なる類型の危険運転致死傷行為に及ぶことが可能かどうか、また、その際の擬律についてはどのように考えるべきかについて検討することとしたい。

1　アルコール等の影響により正常な運転が困難な状態で自動車を走行させる行為（2条1号）と進行を制御することが困難な高速度で自動車を走行させる行為（2条2号）とが競合する場合

(1)　このような場合、2条1号が成立するのであれば、それは正常な運転が困難な状態にある以上、高速度での走行を制御するという以前の問題であり、基本的には両者が競合して成立するという事態が起き得ないのではないかと思われる。したがって、アルコール等の影響により正常な運転が困難な状態にあったのであれば、たとえ高速度で走行していたとしても、それは自車を制御するという以前に正常な運転をしていなかったことが法的評価の対象となり、2条1号だけが成立するものと考えられる。

　　もちろん、飲酒酩酊の程度が正常な運転が困難な状態にまでは至っておらず、事故の主たる原因が高速度にあり、それを制御できなかったことにより人身事故が発生したと認められるのであれば、危険運転致死傷罪として成立するのは2条2号だけであり、飲酒運転については、併合罪として、酒酔い運転ないしは酒気帯び運転が成立するということになろう[注]。

(2) もっとも、この点が問題となったのは、高速度での進行をした際、ア
ルコール等の影響があったがゆえに、自車を制御することができなかっ
たという事案において、危険運転致死傷罪の成否についてどのように考
えるかということに関してであった。

そのような点が問題となったのは、**平成16年5月7日千葉地裁判決**
（判タ1159号118頁）の事案であり、被告人は、千葉県〇〇市内の道路にお
いて、普通乗用自動車を運転し、同所が前方の見通しの悪い左方に湾曲
した道路で、道路標識により最高速度が40キロメートル毎時と指定され
ていた道路であったところ、ハンドル及びブレーキを的確に操作せず漫
然時速70キロメートル以上の高速度で進行したことで、自車を対向車線
に進入させて、折から対向進行してきた被害者運転の普通乗用自動車の
前部に自車前部を衝突させ、よって、同人及び同乗者を全身打撲等によ
り死亡させたというものであった。

この事案において、検察官は、時速約70キロメートルで走行すること
が、「酒気を帯びていない通常人においては車両の進行を制御すること
が困難な高速度に当たらないとしても、高濃度の酒気を帯びた者におい
ては、飲酒の影響により、運転操作の正確性や反応の機敏性等が、酒気
を帯びていない者に比して相当程度劣り、車両の進行制御能力にかなり
の減退をきたすことは一般的・類型的に明らかであるから、高濃度の酒
気を帯びた者が自動車を運転する場合には、より低速度での走行であっ
ても進行制御困難な速度の要件を満たすことが多いと考えるべきであ
り、被告人は、本件事故後約2時間（中略）を経過した時点で呼気1リッ
トルにつき0.3ミリグラム以上のアルコールを身体に保有していたので
あるから、このような相当高濃度の酒気を帯びていた被告人においては、

㊟　この種の競合事案は数多く見られる。ちなみに、前出平成27年4月23日札幌地裁判決の事
案では、被告人が酒気を帯びた状態で、最高速度が50キロメートル毎時と指定されている下
り勾配の交差点を右折進行するに当たり、その進行を制御することが困難な時速約118キロ
メートルないし126キロメートルの高速度で進行し、暴走させて街路灯柱等に衝突させて自
車同乗者を死亡させるなどした事案において、酒気帯び運転罪と自動車運転死傷処罰法2条
2号の危険運転致死傷罪の成立を認め、両者は併合罪としている。また、これとほぼ同様の
事案について、**平成26年11月26日札幌地裁判決**（公刊物未登載）、**平成19年3月22日東京地裁
八王子支部判決**（判タ1264号340頁）も同様の判断をしている。

454　〔2〕第7章　危険運転致死傷罪の競合関係

本件カーブを時速73キロメートル以上の速度で進行することは、車両の進行を制御することが困難な高速度での走行に当たる」旨主張した。

　つまり、進行制御能力の判断に当たって酒気を帯びていたことを考慮し、そのような状態である場合には、通常人であれば制御することが可能な速度であっても、当該被告人については、車両の進行を制御することが困難な高速度での走行に当たると主張したものである。

(3)　しかしながら、本件判決では、「酒気を帯びた者がそうでない者に比べて運転操作の正確性や反応の機敏性等において劣ることは一般的に認められるところであり、また、被告人が、本件事故当時上記のとおり相当程度の酒気を帯びた状態にあり、そのことが本件事故に少なからず影響した可能性は十分に推測できる。しかしながら、どの程度のアルコールを身体に保有すれば自動車の運転にどの程度の影響があるかを客観的に判定することは困難である上、アルコールの影響は個人差の極めて大きい事柄であるから、この点を反映させて、相当程度の酒気を帯びた者において車両の進行を制御することが困難な高速度がどの程度のものであるかを客観的、類型的に明らかにすることは、ほとんど不可能に近いというべきである。加えて、刑法208条の2〔当時〕が、危険運転行為を4つの類型に分類して処罰することとするとともに、アルコールの影響については、その1項前段において『アルコール又は薬物の影響により正常な運転が困難な状態で』自動車を走行させたことをもって一つの危険運転行為の類型としていることをも考えると、同条1項後段の車両の『進行を制御することが困難な高速度』で自動車を走行させたとの類型については、運転時における運転者の心身の状態等の個人的事情については、これを考慮しない趣旨であると解するのが相当である。所論は、同条1項前段及び後段のいずれの類型にも当たらない行為について、アルコールの影響と高速走行とが相まって人を死傷させたという第5の類型を創設するものとの非難を免れない。」としたものである。

　この判決では、その理由とするところの後段に理由として重要な部分があり、そもそも当時の立法で4つの類型を定めたのであるから、それ以外の類型を創設することとなるような主張は許されないとしたもので

ある。したがって、捜査に当たっては、各類型が競合するように見えても、どの類型の危険運転致死傷罪が成立するのかを正確に見極め、その構成要件が充足できるように証拠の収集を図る必要があるのである。

　ちなみに、呼気 1 リットル中に0.49ミリグラムのアルコールを保有する状態でありながら制御不能な高速度で走行した危険運転致死傷事件として、**平成28年 4 月28日横浜地裁判決**（公刊物未登載）がある。

　この判決で認定された罪となるべき事実は、次のとおりである。

　　被告人は、少年であるが、

　第 1　公安委員会の運転免許を受けないで、かつ、酒気を帯び、呼気
　　　　1 リットルにつき0.15ミリグラム以上のアルコールを身体に保有
　　　　する状態で、平成27年 2 月21日午前 3 時46分頃、神奈川県茅ヶ崎
　　　　市内の道路において、普通乗用自動車を運転し、

　第 2　上記日時頃、上記車両を運転し、上記場所先の最高速度が40キ
　　　　ロメートル毎時と指定されている道路を藤沢市方面から平塚市方
　　　　面に向かい進行するに当たり、その進行を制御することが困難な
　　　　時速約124キロメートルの高速度で自車を走行させたことによ
　　　　り、道路状況に応じて自車を進行させることができず、自車を右
　　　　前方に逸走させ、同所先交差点右前方に設置された街路灯等に自
　　　　車左側部を衝突させ、自車を横転させるなどし、よって、自車同
　　　　乗者のB（当時16歳）に外傷性クモ膜下出血等の傷害を負わせた
　　　　ほか、同C等 4 名にそれぞれ傷害を負わせ、同日午前 5 時33分
　　　　頃、上記Bを上記傷害により死亡させたものである。

2　アルコール等の影響により正常な運転が困難な状態で自動車を走行させる行為（2条1号）と進行を制御する技能を有しないで自動車を走行させる行為（2条3号）とが競合する場合

　これについては、全く自動車を運転したことがない者が極度に酩酊して自動車を発進させて人身事故を起こしたような場合が考えられよう。このような場合に、その事故の原因が酩酊に起因するものであるのか、運転技量未熟によるものであるかを検討することになろうが、通常、そもそもま

ともに運転する技能を有しない者であれば、酩酊していてもいなくても事
故につながる危険があるのであるから、このような場合は、2条3号が成
立すると考えるのが自然であると思われる。ただ、この場合に、2条1号
と2条3号が両方とも成立し、それが観念的競合になるということも理論
的にあり得ないというわけではないと思われる。

3　アルコール等の影響により正常な運転が困難な状態で自動車を走行させる行為（2条1号）と妨害行為（2条4号）とが競合する場合

　この場合、そもそも飲酒酩酊等により正常な運転が困難な状態にあるの
であるから、そのような者が他車等に妨害行為ができるということは、妨
害行為という正常な運転行為が必要になることから、矛盾することになろ
う。もし、妨害行為と認定できるような行為が認められるのであれば、そ
れは正常な運転が困難な状態にあったことにはならないので、2条4号が
成立し、飲酒等については、酒酔い運転等の別罪が併合罪として成立する
ことになろう。

4　アルコール等の影響により正常な運転が困難な状態で自動車を走行させる行為（2条1号）と殊更赤無視行為（2条7号）とが競合する場合

　この場合も、そもそも飲酒酩酊等により正常な運転が困難な状態にある
のであるから、そのような者が信号を見極めて進行できるということは、
赤色信号を認識してそれを無視するという正常な運転行為が必要になるこ
とから、上記3同様、矛盾することになるのではないかと思われる。その
ため、もし、赤色信号を正確に認識した上で殊更赤無視行為と認定できる
ような行為が認められるのであれば、それは正常な運転が困難な状態に
あったことにはならないので、2条7号が成立し、飲酒等については、酒
酔い運転等の別罪が併合罪として成立することになろう。

　もっとも、通常は、そのような酩酊下において赤色信号を無視して走行
した場合、赤色信号であったことを認識していないほど酩酊していたと認
定されることが多く、正常な運転が困難な状態にあったとして、2条1号
の成立を考えるものと思われる。

①　危険運転致死傷罪の各類型が競合する場合　　**457**

5　アルコール等の影響により正常な運転が困難な状態で自動車を走行させ
る行為（２条１号）と通行禁止道路進行行為（２条８号）とが競合する場合

　　この場合も、そもそも飲酒酩酊等により正常な運転が困難な状態にある
のであるから、そのような者が通行禁止道路を認識して進行できるという
ことは、通行禁止道路を認識してそれを無視するという正常な運転行為が
必要になることから、上記３、４同様、矛盾することになるのではないか
と思われる。そのため、もし、通行禁止道路と明確に認識してあえて進行
した行為と認定できるような場合であれば、それは正常な運転が困難な状
態にあったことにはならないので、２条８号が成立し、飲酒等について
は、酒酔い運転等の別罪が併合罪として成立することになろう。

　　もっとも、この点についても、上記４の殊更赤無視の場合と同様で、通
常は、そのような酩酊下において通行禁止道路を無視して走行した場合、
当該場所が通行禁止であったことを認識していないほど酩酊していたと認
定されることが多く、正常な運転が困難な状態にあったとして、２条１号
の成立を考えるものと思われる。

6　進行を制御することが困難な高速度で自動車を走行させる行為（２条２
号）と進行を制御する技能を有しないで自動車を走行させる行為（２条３
号）とが競合する場合

　　このような競合は、通常は考えられないであろう。進行を制御する技能
を有しない者が、進行を制御することが困難な高速度で自車を走行させる
という場合を想定するのは困難だからである。

　　ただ、仮に、そのような事態が招来されたとしても、その際の事故の原
因は、やはり、そもそも進行を制御する技能がないところに起因するので
あろうから、２条３号違反が成立するものと考えられる。

　　また、２条２号の関係では、２条４号、７号及び８号との競合は想定し
難いと思われる。

7 進行を制御する技能を有しないで自動車を走行させる行為（2条3号）と、2条4、7及び8号の各危険運転行為が競合する場合

いずれも外形的に4号、8号に該当するかの行為に見られたとしても、そもそも進行を制御する技能を有していないのであるから、2条3号だけが成立するのではないかと思われる。

8 妨害行為（2条4号）と殊更赤無視行為（2条7号）とが競合する場合

これは十分にあり得るものと思われるので、以下、2つの設例を挙げて検討する。

妨害行為による危険運転致死傷罪と、殊更赤無視による危険運転致死傷罪について、それらの犯罪の適用が見込まれる場合、両罪とも成立するのか、それとも優先関係などがあって一方だけしか成立しないのか、また、仮に両罪が成立するのであれば、その場合、その両罪の関係はどうなるのかを考えなければならない。

Case 1

　A車の運転者甲は、先行する自動二輪車Bの運転者乙に嫌がらせをしようと考え、その右横に接近して時速約50キロメートルで約100メートルにわたって併走した。その時のB車のハンドルの右端とA車との間の距離は1メートルだった。B車が逃げようと走り続けていたところ、前方の交差点の信号機は赤色表示をしていたが、乙はA車が怖かったので赤色信号であっても止まるわけにはいかず、そのまま進入することとし、一方、甲も赤色信号であることは分かっていたが、乙が止まらないことから自車も同様に進入することとした。

　すると、乙は、交差点内で、運転を誤り、交差点左斜め前の角のガードレールに衝突して転倒し負傷した。また、甲は、右方から来たC車と衝突し、その運転者丙に傷害を負わせた。

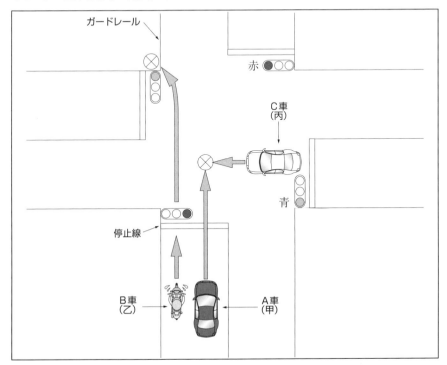

Case 1-1

　この場合の甲の刑責は？

　まず、甲の行為は、乙に対する妨害行為に基づく危険運転致傷罪の構成要件を満たしている。そして、甲は赤色信号であることを確定的に認識しながらこれを無視していることから、丙に対する殊更赤無視による危険運転致傷罪の構成要件も充足している。

　このような場合、それぞれの構成要件が満たされる以上、いずれの罪も成立すると考えることに特段の問題が生じるわけではないので、両罪が成立し、両者は観念的競合となると考えるべきである。

Case 1-2

　この場合において、乙はガードレールにぶつかったが、Ｂ車が壊れたものの運良く物損事故で済み、乙は負傷しなかったとしたら、甲の刑責は？

　この場合において、乙は、妨害行為を受けたことが原因で、ガードレールにぶつかったが、Ｂ車が壊れたものの運良く物損事故で済み、乙は負傷しなかったのであるから、「よって人を死傷させた」という要件を満たさないので、妨害行為に基づく危険運転致傷罪は成立しない。

　ただ、甲の乙に対する犯罪が全く成立しないかは検討を要するところである。甲に乙に対する暴行の故意が認められるなら、それは、乙が乗車しているＢ車を転倒させるなどして乙に対する暴行の意図を達せようとするわけであり、そこには転倒等することによりＢ車が損壊することもあり得ると認容する意図が含まれているはずである。そうであるなら、甲は、乙に対する暴行の故意の中に、Ｂ車が損壊したり、その衝突した対象物件が損壊することも認識、認容しているはずであるといえよう。そこで、甲の故意の内容がそのようなものである以上、乙の自動二輪車Ｂ車が損壊した点と、ガードレールが損傷した点の両者について、器物損壊罪が成立すると思われる。

　また、丙に対する殊更赤無視による危険運転致傷罪が成立することについては当然である。

Case 2

　A車の運転者甲は、パトカーに追跡されて逃走していたものであるところ、進路前方の交差点の赤色信号に従って停止していた車両があったため、パトカーを振り切るために、これを避けて対向車線上に進出し、赤色信号が表示されていることを知りながら、同車線上を交差点内に向かって時速約50キロメートルで逆走したところ、青色信号に従って交差点内に左折進行してきたB車と正面衝突し、同車の運転者乙を負傷させた。この場合の甲の刑責は？

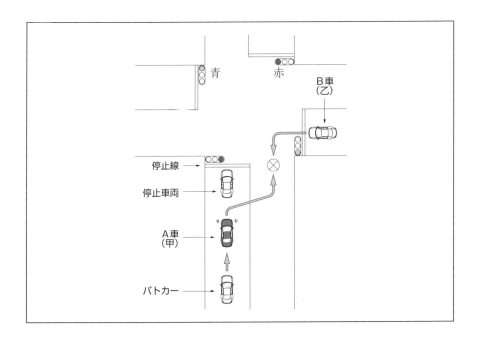

　この場合の甲の刑責については、妨害行為等による危険運転致傷罪と、殊更赤無視による危険運転致傷罪の構成要件を、いずれも充足することから、両罪が共に成立することになる。そして、両者の関係は、観念的競合である。

〔2〕第7章　危険運転致死傷罪の競合関係

1　妨害行為（2条4号）と通行禁止道路進行行為（2条8号）とが競合する場合

これは実際にあり得るものと思われる。例えば、先行車両に極度に接近して追い上げ、同車両が逃げるのをそのまま高速度で追いかけ、先行車両が一方通行禁止道路に逆走して進入し、それを更に自車も、同所への進入が禁止されていると分かりながら、これを無視して進入し、先行車も自車も前方から直進してきた車両と衝突し、いずれの車両の運転者に対しても傷害等を負わせたような場合である。

このような場合は、純粋に、故意犯として1つの行為により数個の罪名に触れる行為に及んだ場合であるから、観念的競合として、2条4号の危険運転致傷罪と2条8号の危険運転致傷罪が成立する。

2　殊更赤無視行為（2条7号）と通行禁止道路進行行為（2条8号）とが競合する場合

このような競合が起きるような道路状況は、実際のところ想定し難いのではないかと思われる。ただ、理論的には、両者が1つの行為によって、同時に成立することは矛盾するようなものではないと考えられよう。

2 危険運転致死傷罪と道路交通法違反となるひき逃げとがなされた場合

　危険運転致死傷罪の類型の競合ではないが、この罪が犯された後、事故現場から逃走することにより、道路交通法違反としての不救護・不申告の罪が成立することもしばしば見られる。
　この種事案の大半は、自車での被害者との衝突の事実が否定できないことから、外形的事実は認めるものの、「人」をひいたり、はねたりしたとは思わなかった、ゴミか石だと思った、あるいは、猫か犬だと思ったなどと弁解して、人に衝突させたことの認識、すなわち故意を否認するケースが多いと思われる。
　そして、捜査の結果、その弁解が否定しきれないとして嫌疑不十分とされることも決して珍しいことではない。しかしながら、そのような処理は、まさにひき逃げによる「逃げ得」を許す結果となっているもので、そのような弁解がなされても、公判請求できるように証拠収集に努めなければならない。では、どのような捜査を実施すべきであろうか。

Case 3

　Ａ車の運転者甲は、一方通行道路を逆走した際、進路前方道路上において、酔余のあまり転倒後起き上がれない状態にあった乙に気付くことなく、自車前部を乙に衝突させた上、その身体を乗り越えて自車前後輪で轢過することにより胸部外傷等の傷害を負わせ、その後間もなくのうちに乙を死亡させたにもかかわらず、現場から逃走した。その際、Ａ車のバンパーは、本件事故によりその下部が凹んだ。

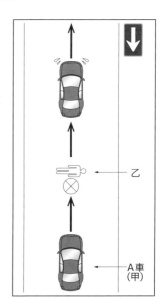

464 〔2〕第7章 危険運転致死傷罪の競合関係

　本設例において通行禁止道路の進行による危険運転致死罪が成立することは明らかである。では、その後のひき逃げ行為について必要とされる捜査はどのようなものであろうか。特に、「人」をはねたという認識を立証するための捜査活動に絞って検討する。

1　衝突の際の客観的状況から得られる証拠関係

　まずは、その衝突の際の客観的状況を明らかにしなければならない。被疑者の故意、つまり、人に衝突したとの認識を立証するためには、その客観的状況から、いくら被疑者が否認しても、人に衝突したことに気付かないはずはないという事実関係を明らかにする必要があるからである。

（車両の損傷状況の証拠化）

⑴　そのため、被疑者運転車両の損傷状況を明らかにし、それだけの損傷がある以上、人と衝突したことが分からないはずはないといえるものがあるかどうかがまず問題となる。

　　例えば、人と衝突した衝撃でフロントガラスが割れたり、ひびが入ったりしたような場合には、その認識が肯定されるのが通常であろう。**平成24年7月13日金沢地裁判決**（公刊物未登載）の事案では、「被告人が聞いた衝突音、感じた衝撃の大きさ、見たフロントガラスの損傷状況等に照らし、被告人は本件事故の発生を確定的に認識したことが明らかである。そして、車道上の衝突という本件事故の態様を併せ考えれば、被告人は、本件車両が進路上で何かに衝突したことについて、未必的に認識していたと強く推認することができる。その上で、衝突の対象から歩行者や自転車乗り等の『人』を除外すべき合理的な根拠（例えば、自動車専用道路上の衝突や野生動物の出没する山中での衝突等）は見出し難いから、被告人は人身事故の可能性を十分に認識していたといわなければならない。」と判示している。

⑵　もっともその損傷の程度如何によっては、故意の認定がなされない場合もないではない。

　　平成21年2月2日京都地裁判決（公刊物未登載）の事案では、被疑者は、普通乗用自動車を運転し、進行車線左側の路側帯を歩いていた被害者に自車

左前部と左ドアミラーを衝突させるという人身事故を起こしたところ、左の
ヘッドライトは破損しなかったが、左前部から側面に至るフェンダーがやや
凹むとともに、左ドアミラーのカバーとガラス部が脱落したという事案にお
いて、「被告人車両は、ヘッドライトやボンネットには破損はなく、左フロ
ントフェンダーの凹みも、運転席からは確認できない程度のものであったと
認められることも、被告人が事の重大性に気付かなかった可能性を示唆する
事情といえる。」などとして、人を轢いたことの認識がなかったとして、無
罪としている。

(3) また、**平成14年4月16日東京高裁判決**（判時1824号133頁）の事案は、被告
人が、普通貨物自動車を運転して交差点を左折進行した際に、同所を横断す
る自転車等の有無及び安全の確認を怠り、道路を横断してきた自転車前部
に、自車の左側面部を衝突させて転倒させ、自転車運転者を5日後に死亡さ
せたというものであった。

まず、被告人運転車両に残された損傷状況について、「被告人車両の左側面
には、その前方から順に、①左側後部ドア中央部付近の下方に縦約11セン
チメートル、横約10センチメートルにわたる波状を呈する印象痕及びその後方
の印象痕（以下「印象痕」という。）、②左側リアフェンダーの地上高約67セ
ンチメートルで、車体後部から約60センチメートル前方の部分に縦約3セン
チメートル、横約23センチメートルにわたる横6条の擦過痕（以下「6条の
擦過痕」という。）、③左側後部の地上高約95センチメートルないし約101セン
チメートルで、後輪車軸の後方約35センチメートルの地点から後方に約42セ
ンチメートル続く2条の擦過痕（以下「2条の擦過痕」という。）が存在する。

印象痕は、車体表面の汚れが拭われたものであり、その部分の車体にへこ
みなどの損傷は認められない。6条の擦過痕は、車体の表面に塗料ようのも
のが付着している上、ところどころムラになって車体に傷が付いていること
がルーペを使って確認することができる。2条の擦過痕は、約30センチメー
トルにわたって上下に波を打ったように灰色の塗料ようの物質が付着してい
る部分と、それと連続して約17センチメートルにわたりほぼ直線状に黒色の
樹脂ようの物質が付着した部分とでなる。このうち、波を打ったような痕跡
は、ところどころ車体に傷が付いていることがルーペを使って確認できる

が、車体にへこみなどは認められない。」という状況が認められたところ、「印象痕は、本件自転車の前輪が接触して表面の汚れが拭われたもの、6条の擦過痕は、本件自転車の前かごの右側下部が接触して形成されたもの、2条の擦過痕のうち波を打ったような部分は、本件自転車の右側ブレーキレバー先端が接触して形成されたもの（中略）と認められる。」と認定された。

　そして、第1審判決では、被告人の故意を認定し、ひき逃げについても有罪とされていたが、本件東京高裁判決では、「被告人車両に残された本件自転車の擦過痕等の状況に照らすと、被告人車両は、前輪及びハンドル部分が回転させられ、被告人車両の進行方向に多少動かされて、不安定な状態にある本件自転車に対し、その前かごの右下部、右側ブレーキレバーの先端、右側ハンドルグリップの先端を順次左側リアフェンダー部分でこすりながら進行したことになる。そして、被告人車両の左側リアフェンダー部分の塗装には、ルーペで確認できる程度の細くかすかな傷跡が残されているが、ハンドルグリップの先端が接触した箇所は樹脂が付着しただけで、車体に損傷はない。しかも、それらの接触の時間は、0.04秒とか0.08秒というほんの一瞬である。そうすると、被告人車両に対し、運転者に感知されるほどの強い衝撃が伝えられたとは考えにくい。この接触により被告人車両の表面を擦る何らかの音が生じたことは考えられるが、その想定される大きさや時間からすると、走行中の運転者に感知される可能性が高いとはいい難く、被告人がこの音で接触を感知したはずであると断定することは困難である。」などとし、上記程度の損傷状況などに照らして、自転車との接触を認識し得たとは認められないとし、無罪としたものである。

(4)　本設例では、バンパーの下部が凹んだという損傷状況であるが、これは若干微妙であろう。それだけの損傷があればかなりの衝撃があったものとは思われるものの、被疑者に対して、人との衝突の認識を裁判所が認定するかどうかは確定的にはいえないように思われる。

（衝撃音の証拠化）

(1)　そこで、次に、その衝撃の大きさを客観的に示す衝撃音について明らかにしておく必要がある。

まずは、事故の目撃者や付近住民でその衝撃音を聞いた者がいないかを捜す必要がある。人と衝突した際の衝撃音は場合によっては、相当に大きい場合もあるのであって、何十メートルも離れた民家内にいた者がこれを聞いてびっくりして窓を開け、事故現場の方の様子を見るような場合もあるので、付近住民からの聞き込みも欠かせない捜査である。

ただ、被疑者運転車両内で聞こえるかどうかは、自車の走行音や室内での別の音響などの影響もあるので、車外の人には聞こえたかもしれないが、自分には聞こえなかったとの主張がされることがあるので、その観点からの捜査も必要である。

(2) そもそも音とは、物体の振動が空気の振動を起こし、その空気の振動が聴覚器官に到達することで、当該人に覚知されるものであり、その音は、大きい、小さい、高い、低いといった違いを持つものである。まず、高い、低いという点については、空気の振動数の多さ、つまり周波数の高低によって感じるものであり、周波数が高いほど音は高く聞こえる。また、大きい、小さいという点については、人間が感じる音の強さであり、同じ周波数であれば、音圧が増大するほど音は大きく感じる。

そして、周波数は、一定の振動のサイクルが1秒間に繰り返される回数のことであり、その単位はヘルツで表される。つまり、1秒間にn回の振動がある場合、それをnヘルツと呼ぶ。なお、音の大小について用いられる単位は、デシベルとかホンである。

(3) このような音の性質に照らし、事故現場で、実際にその衝撃音を聞いた人を対象にして、運転席にいた被疑者にも聞こえたはずであるとの実験を行うことも検討されてよいと思われる。

具体的には、その衝撃音がどの程度であったか、実験室内で同様の高さと大きさの音を聞いてもらって、その音が何ヘルツで、何デシベルであったかを明らかにし、今度は、被疑者運転車両の内部での音の状況を再現し、その外部において上記の衝撃音と同様のヘルツとデシベルの音を発生させる。そのような状況下で外部の衝撃音が聞こえるものであるかどうかを、同車両内において、上記の衝撃音を聞いた人でも、あるいは、全く無関係な一般人で

もよいが、第三者に入って聞いてもらい、それが聞き取れるかどうかの実験をして証拠化するということも考えてよいと思われる。

（衝撃の度合いの証拠化）

(1)　これについては、被害者と同様の体格、体重になるようなダミーを用い、これに被疑者運転車両と同種、同型の車両を用いて衝突させ、その際の衝撃の程度を力学的に測定するという方法がある。その衝突により生じた振動を測定し、それを地震の場合における震度に換算することにより、衝撃の程度を明らかにすることができる。

　　ただ、この方法では、抽象的に震度いくらいくら程度の揺れといっても、具体的にイメージすることが困難でもあり、さらに、その震度の揺れがあっても、被疑者が実際にそれを体感した場合に、どのように感じるかは必ずしも一律にいえることではないという問題が残されることになる。

(2)　そこで、上記同様に、被害者と同様の体格、体重になるようなダミーを用い、これに被疑者運転車両と同種、同型の車両を用いて衝突させ、その際、同車に全く無関係な一般人に運転してもらい、その衝撃の程度を体感してもらうという実験を行うことも有効であると思われる。もっとも、その衝撃が相当に大きいもので、運転者にむち打ち症の危険をもたらすおそれのある場合には、警察官等が運転するのもやむを得ないであろう。この点について、「人の胸の厚さなどは、25センチメートルもあり、腰部などでも20センチメートル程度もある。歩道の縁石の高さは、15センチメートル程度であるが、時速約40キロメートルもの速度で自動車が勢いよく乗り上げることはない。もし、乗り上げたなら、ものすごい衝撃であることは容易に想像できる。人の場合は、20センチメートル以上の厚さがあるのであるから、その衝撃の大きさは、想像に難くない。捜査員は、毅然と被疑者と対峙してもらいたいものである。」（山崎俊一「車両による人体乗り上げと轢過の認識性」捜研701号76頁）という見解も参考になろう。

　　このような実験は、被害者を引きずって逃走した場合における殺人罪の適用の可否を検討する場合には、しばしば使われている方法である。この場合、一般人としてどのような揺れや衝撃を感じるのかという具体的な程度を

立証することができることから、単純なひき逃げ事案の場合であっても、被疑者があくまで人を轢いたという認識を争う場合には、その犯意を立証する上で役立つものであると考えられる。

(3) また、当該事故の目撃者がいれば、被害者と衝突した際の被疑者運転車両がどのようにバウンドしたかなど、その揺れの程度を表す事実を証拠化することも必要である。それほど大きくバウンドしたのであるから、人を轢いたことを認識しなかったはずがないとの立証が可能になるからである。

　また、そのような動きは、目撃者だけでなく、付近を走行している車両に設置されたドライブレコーダに記録されることもあるので、そのような観点からの証拠収集も必要である。特に、路線バスなどは必ずドライブレコーダを付けていることから、事故の時間帯に路線バスが通過していないかは必ずチェックしなければならない。

2 事故後の被疑者の言動等から得られる証拠関係

　次に、事故後の被疑者の言動を明らかにする必要があろう。被疑者が人を轢いたという認識を前提とする言動をしていないかどうかを検討する必要がある。

(衝突直後の行動)

(1) 通常であれば、人などを轢いたことで大きな衝撃を受けた場合、自動車の運転者としては、その原因を明らかにしようとして、同車両を停止させた上、衝突箇所の点検をするであろう。にもかかわらず、そのような行動をしないという場合には、人を轢いたということを確定的であるか、未必的であるかはともかくとしても、それを認識していたものと強く推認することができると思われる。

(2) また、被疑者が自車を停止させるかどうかは、道路の状況や、同方向への進行車両の有無及びその動静等に影響されることがあるにしても、何らかの衝撃を感じたのであれば、最低限、バックミラー等により、何が原因であったかを確認するのが通常であろう。にもかかわらず、そのような行動をしな

いという場合には、これも人を轢いたということを確定的であるか、未必的であるかはともかくとしても、それを認識していたものと推認させる事情となろう。

(3) さらに、実際に人を轢いたかどうかを、後続車両の運転者に聞く場合などもあろう。このような場合には、そのような行動自体から、当該後続車の運転者の返答如何にかかわらず、人を轢いたことを未必的に認識していると推認できる余地があると思われる。そうでなければ、わざわざそのようなことを他の車両の運転者に聞く必要などないからである。

　平成24年1月17日大阪地裁判決（公刊物未登載）の事案では、被告人が、自動車を運転して進行中、反対車線を走行中の自動車と衝突して道路上に転倒した被害者を、自車で礫過し、死亡させたとする交通事故において、自動車運転過失致死及び不救護・不申告による道路交通法違反の成否が問題となった。

　そして、同判決では、本件事故現場付近の状況から、通行人等が道路の中央線付近に転倒した状態でいることの予見可能性を前提として進路の安全を確認すべき予見義務を課すということには合理的な疑いが残るとして、自動車運転過失致死については無罪とされたものの、不救護・不申告についての道路交通法違反については有罪とされた。

　後者について有罪としたその理由とするところは、被告人は、交通量の多い本件道路において、危険を顧みず、路上に転倒する被害者の手前およそ7.8メートルの地点において、左にハンドルを切る回避措置を講じていること、被告人が被害者を轢いた際、何かに乗り上げたと認識していること、被害者を轢いた後、交差点において赤信号に従って停車すると、直ちに自動車を降りて、後続車両の運転手に乗り上げたものは何かと尋ねていることなどの事実が認められるところ、「これらの事情からすると、被告人が被害者をひいた当時、被告人においては、確定的に人をひいたという認識がないにしても、少なくとも、乗り上げたのがビニール袋などではなく人かもしれず、人をひいたかもしれないとの認識を未必的に有していたものと強く推認できる。」と判断したものである。

　また、被告人が、轢いたものが人だとは思わなかった旨を主張したもの

の、同判決では、「そうであれば、交通量の多い本件現場で後続車との衝突の危険を冒して左にハンドルを切る必要はないし、わざわざ降車してまで尋ねるのも不自然であり、要するに、被告人の述べるところは、できれば人であってほしくないとの希望的感情の域を出ないものである。そして、関係証拠を精査しても、他に前記推認を覆す事情は見出せない。」としたものである。

ここでは、被告人が後続車両の運転者に乗り上げたものが何かと尋ねている行動などが、被告人の人を轢いたという未必的な認識を推認させる間接事実として用いているものである。

（衝突後の運転及び逃走状況）

人を轢いたことを明確に認識し、逃走を強く意図した場合には、被疑者は、速度を上げて走行し、場合によっては、信号機の表示を無視して走行するなどの行動に出ることもあろう。この場合には、そのような行動自体から、人を轢いたことを認識していたものと推認することができよう。

しかしながら、特に、そのような速度を上げることなく、信号機の表示にも従って走行した場合には、人を轢いたことを認識していなかったと推認されることになるのであろうか。確かに、そのような推認も可能ではあると思われるが、次に述べる他者への言動の場合のように、人を轢いたことについて未必的な認識しかなかった場合においてもそのような行動をとる余地があり、必ずしも認識していなかったとはいえない場合もあるものと思われる。

（逃走後の言動）

被疑者は、逃走後に、その家族や友人らに当該事故について話すことがある。その場合に、実は人を轢いたことが分かっていても、他者に対しては、必ずしも明確に人を轢いたと述べない場合も見受けられる。というのは、行動心理学的な観点からいえば、自分が人を轢いたという事実を明確に認識していた場合は別として（その場合は単に他者に嘘を言っていたというにすぎない。）、できれば人を轢いたという事実があってほしくないと願うあまり、そこでは人を轢いたことの認識がなかったかのような言動をすることがあるからである。つまり、自分で自分をだますかのような自己の認識とは反対の認識を表明し、それを他者が肯定することで、自己が当初有した認識を否定しようとするので

ある[注]。

それを外部から見ていると、本当に人を轢いたことを知らなかったかのような言動に見えるが、実際のところは、人を轢いたかもしれないと認識しており、その可能性はあると判断しており、しかし、そうあってはほしくないと願っていて、きっと違うに決まっていると結論付けるという心理経過を経て、外形的に発露した言動においては、何かを轢いたから気持ち悪いが、人を轢いたなどとは思っていないという言動を呈することになる。

このように事故後の被疑者の言動については、それを表面的にそのまま受け取るのではなく、行動心理学的にどのような言動をとる可能性があるのかという観点からの検討も怠ってはならない。

これは事故後の被疑者と関係者との間の電話でのやりとりやメールでのやりとりについても同様に考えられるところである。

（犯行現場への戻り）

被疑者が事故現場に戻るのには必ず理由がある。轢いたのが人であると思っていなければ、事故現場に戻る必要はないのであるから、特段の理由がないにもかかわらず、事故現場に戻っているという行動は、それが特に深夜であるような場合には、轢いたのが人であるかもしれないという未必的な認識を裏付けることになろう。

[注] 行動心理学上は「正常化バイアス」又は「正常性バイアス」という言葉で説明されている。
この「正常化バイアス」又は「正常性バイアス」という概念は、災害の際の逃避行動の遅れを説明する際などに用いられるものであるが、一般的には、次のように説明される。
すなわち、「我々は安心を得て心の安定を保ちたいという強い欲求を持っている。周囲の多様なリスクにいちいち反応することは、我々の心身をストレスフルな状態に置き、心の安定を保持できなくしてしまう。そこで、小さな異変や異常は、正常の範囲内の出来事として処理してしまうという、心的なメカニズムが働くようになる。このリスクに対して鈍感にさせる心のメカニズムは、我々が神経症に陥ることを防いでくれるかわりに、我々のリスク感知を遅らせ、対処を緩慢にする。これが正常性バイアスである。」（海保博之ほか「安全・安心の心理学」12頁）と理解されている。
これを本ひき逃げをした被疑者の行動に当てはめてみると、同被疑者は、自己が人を轢いたという非常にストレスフルな状態を、未必的か確定的かは不明であるものの認識したため、これを正常な範囲内の出来事として処理するため、ゴミを踏んだにすぎないと認識しようとする心的なメカニズムを働かせたと説明されることになる。

3 逮捕後の被疑者の供述状況から得られる証拠関係

逮捕後の弁解の状況も、被疑者が人を轢いたことを認識していたものと推認させることがあり得る。虚偽の弁解をしているということが、事故当時の人への衝突の認識を推認させるものとなり得る余地があるということである。

被疑者が逮捕当初、人を轢いたことについて、後から考えれば人であったかもしれないと弁解し、犯行時の故意を否認しておきながら、その後、このような弁解が後に合理的な理由なく変遷して、人を轢いたと思ったことなど一度もないというように変わることがある。このような弁解の変遷は、むしろ、人を轢いたことを未必的にせよ認識していたからこそ、それを否定しようとしているものと推認することができると考えるべきであろう。

さらに、被疑者は、人ではなく、ゴミや石であったと思ったと弁解することも多いが、ゴミや石であるのなら、事故後、直ちに停止して自車の損傷状況を確認することになんらの問題もないはずであるのに、止まることなく走行を続けた場合には、その弁解が虚偽であることを推認させるであろう。また、事故現場に戻った場合、ゴミや石であればその必要は全くないのであるから、そのような行動と弁解が矛盾することも、人を轢いたという認識を推認させる方向に働く弁解であるといえよう。

判例索引

昭和25.11. 9最判 …………… 279

昭和33. 5.28最判 …………… 317

昭和43. 3.21最決 …………… 317

昭和46.12.23最判 …………… 13

昭和49.11.28最決 …………… 445

昭和51.10.18東京高判 ……… 445

昭和63. 7.21東京高判 ……… 445

平成14. 4.16東京高判 ……… 465

平成15. 5. 1最決 …………… 418

平成15. 6.19大阪地判 ……… 355

平成16. 5. 7千葉地判 …… 240・453

平成16.10.19最決 …………… 290

平成16.12.15東京高判 ……… 358

平成17. 2. 9大阪地判 ……… 230

平成17. 7.28釧路地北見支判 …… 248

平成18. 1.25静岡地判 ……… 238

平成18. 3.14最決

………269・355・357・384・389

平成18. 8.31静岡地判 ……… 283

平成18. 9.12東京高判 ……… 357

平成18.10.24高松高判 …… 363・367

平成19. 1.26大津地判 ……… 225

平成19. 2. 2大阪地判 ……… 396

平成19. 3.22東京地八王子支判

………………………238・453

平成19. 5. 8佐賀地判 ……… 275

平成19. 5. 9大阪地判 ………… 9

平成19. 5.30大阪高判 ……… 398

平成19. 9.18宇都宮地判 …… 284

平成20. 1. 8福岡地判 ……… 40

平成20. 1.17松山地判 ……… 239

平成20. 2.27広島高岡山支判 …… 368

平成20. 5.13仙台地判 ……… 235

平成20. 5.27広島高判 ……… 321

平成20. 9.19仙台地判 ………… 90

平成20.10.16最決 …………… 378

平成20.11. 5名古屋地豊橋支判

………………………… 230

平成20.11.28松山地判 ……… 320

平成21. 2. 2京都地判 ……… 464

平成21. 2.24仙台高判 ……… 90

平成21. 3. 9大阪地判 ……… 274

平成21. 7.27名古屋高判 …… 230

平成21. 8.21大阪地堺支判 …… 398

平成21.10.14東京高判 ……… 273

平成21.10.19最判 …………… 419

平成21.10.20福岡高判 …… 236・237

平成21.11.27東京高判 ……… 84

平成22. 1. 7名古屋地判 …… 272

平成22. 2.23大阪地堺支判 …… 386

平成22. 9.28東京高判 ……… 244

平成22.12.10東京高判 …… 235・236

平成23. 1.19福岡地判 ……… 42

平成23. 2.14さいたま地判 …… 84

平成23. 9.21千葉地判 ………… 280
平成23.10.31最決
　　 … 5 ・ 9 ・34・40・51・73・127
平成23.11.10松江地判 ………… 202
平成24. 1.17大阪地判 ………… 470
平成24. 3.21横浜地判 ………… 222
平成24. 3.26札幌地判 ………… 226
平成24. 4.27広島高松江支判 …… 202
平成24. 5.10名古屋高判 …199・200
平成24. 7.13金沢地判 ………… 464
平成24.10.19長野地判 ………… 401
平成24.11.16東京地判 ………… 249
平成24.11.29富山地判 ………… 247
平成24.12. 6京都地判
　　 ………………131・142・144
平成24.12.14大阪地判 ………… 132
平成25. 2.22東京高判 …… 323・440
平成25. 4.15最決 ………… 84・407
平成25. 5.13東京高判 ………… 403
平成25. 5.23千葉地判 ………… 245
平成25. 5.29仙台地判 ……………74
平成25. 6.10名古屋地判
　　 ……………52・132・142・148
平成25.10. 8千葉地判 ………… 230
平成25.11. 7広島地判 ………… 255
平成26. 1.24京都地判 ………… 403
平成26. 1.26仙台地判 ………… 253
平成26. 2. 4千葉地判 ……………53
平成26. 2.28札幌地判 ………… 220
平成26. 3.25東京地判 ………… 252

平成26. 3.25前橋地判 ………… 227
平成26. 3.26東京高判 ………… 362
平成26. 7. 4東京地判 ………… 228
平成26. 7.14福岡地判 ………… 164
平成26. 7.28長野地松本支判 …… 61
平成26. 8.12福岡地飯塚支判 …… 113
平成26. 8.25札幌地判 ………… 380
平成26. 9. 1前橋地判 ……………63
平成26. 9. 2札幌地判 …… 194・195
平成26. 9. 3甲府地判 ……………58
平成26. 9.18神戸地姫路支判 …… 170
平成26. 9.29名古屋地判 ……… 171
平成26. 9.30名古屋地判 ……… 165
平成26.10. 7東京地判 ………… 168
平成26.10.14京都地判 ………… 261
平成26.10.16東京地立川支判 …… 171
平成26.10.24神戸地判 ………… 173
平成26.10.29佐賀地判 ………… 168
平成26.11.26札幌地判 ………… 453
平成26.12. 2前橋地判 ………… 165
平成26.12.10横浜地判 ………… 112
平成26.12.10東京地判 ………… 435
平成26.12.16神戸地明石支判 …… 219
平成26.12.17東京地判 ………… 171
平成26.12.19名古屋地豊橋支判
　　 ………………………… 120
平成26.12.25佐賀地判 ………… 387
平成26.12.26新潟地長岡支判 …… 203
平成27. 1.23那覇地判 ………… 380
平成27. 1.27札幌地判 ………… 380

平成27. 1.29さいたま地判‥‥‥‥55

平成27. 3. 2千葉地八日市場支判

‥‥‥‥‥‥‥‥‥‥‥‥‥120

平成27. 3. 4大阪地判‥‥‥‥‥380

平成27. 3. 4名古屋地判‥‥‥‥380

平成27. 3.23東京地判‥‥‥‥‥158

平成27. 4.13岐阜地御嵩支判‥‥286

平成27. 4.23札幌地判‥‥‥236・453

平成27. 5.12大阪地岸和田支判

‥‥‥‥‥‥‥‥‥‥‥‥‥433

平成27. 7. 2大阪高判‥‥‥‥‥261

平成27. 7. 9札幌地判‥‥‥‥‥75

平成27. 7.16静岡地沼津支判‥‥435

平成27. 8.24東京地判‥‥‥‥‥219

平成27.10.13岡山地倉敷支判‥‥218

平成27.12. 8札幌高判‥‥‥‥‥79

平成28. 1.15東京地判‥‥‥‥‥152

平成28. 1.21千葉地判‥‥‥‥‥332

平成28. 2. 2神戸地姫路支判‥‥327

平成28. 4.28横浜地判‥‥‥‥‥455

平成28. 5.24横浜地判‥‥‥‥‥240

平成28. 6. 8東京高判‥‥‥‥‥152

平成28. 6.13長野地判‥‥‥‥‥92

平成28. 6.30福岡地久留米支判

‥‥‥‥‥‥‥‥‥‥‥‥‥176

平成28. 9.28札幌地小樽支判‥‥108

平成28.10.14大阪地堺支判‥‥‥178

平成28.11. 2大阪地判‥‥‥‥‥33

平成28.11. 7千葉地判‥‥‥‥‥373

平成28.11.10札幌地判‥‥‥‥‥409

平成28.11.21佐賀地判‥‥‥‥‥176

平成28.11.22広島地呉支判‥‥‥175

平成28.11.24大阪地判‥‥‥‥‥177

平成28.12. 9福岡地判‥‥‥‥‥177

平成28.12.13大阪高判‥‥‥‥‥325

平成29. 1.26札幌高判‥‥‥‥‥108

平成29. 1.24大阪地決‥‥‥‥‥264

平成29. 2. 9広島地判‥‥‥‥‥104

平成29. 2.27大阪地岸和田支判

‥‥‥‥‥‥‥‥‥‥‥‥‥175

平成29. 2.28仙台地古川支判‥‥176

平成29. 3. 1大阪地判‥‥‥‥‥405

平成29. 3. 3大阪地判‥‥‥‥‥249

平成29. 3.13大阪地判‥‥‥‥‥179

平成29. 3.29神戸地判‥‥‥‥‥209

平成29. 4.18最決‥‥‥‥‥‥‥79

平成29. 4.14札幌高判‥‥‥‥‥409

平成29. 6.27東京地判‥‥‥‥‥205

平成29. 7. 4水戸地判‥‥‥‥‥380

平成29. 7.19静岡地沼津支判‥‥261

平成29. 9.22福井地判‥‥‥‥‥240

平成29.10.17東京地判‥‥‥‥‥381

平成29.12.27京都地判‥‥‥‥‥271

平成30. 1.19宮崎地判‥‥‥‥‥211

平成30. 2.22東京高判‥‥‥‥‥208

平成30. 7.20札幌地判‥‥‥‥‥101

平成30.10.23最決‥‥‥‥‥‥‥410

平成30.12.14横浜地判‥‥‥‥‥289

平成30.12.17横浜地判‥‥‥‥‥276

平成31. 3. 6大阪地判‥‥‥‥‥214

令和元. 8.19盛岡地判 ………… 379

令和元. 9.11大阪高判 ………… 286

令和元.12. 6東京高判 ………… 289

令和 2. 6. 8青森地判 ………… 18

令和 2. 6.16津地判 ………… 338

令和 3. 2.12名古屋高判 … 338・342

令和 3. 9.21福井地判 ………… 257

城　祐一郎（たち　ゆういちろう）　著者略歴

1983年 4 月	東京地検検事任官
2004年 4 月	大阪地検特捜部副部長
2006年 1 月	大阪地検交通部長
2007年 6 月	大阪地検公安部長
2008年 1 月	法務総合研究所研究部長
2009年 4 月	大阪高検公安部長
2009年 7 月	大阪地検堺支部長
2011年 4 月	最高検刑事部検事
2012年11月	最高検公安部検事
2016年 4 月	明治大学法科大学院特任教授（法務省派遣）
2017年 4 月	最高検刑事部検事
2018年 4 月	昭和大学医学部教授（薬学博士）
	警察大学校講師
	慶應義塾大学法科大学院法務研究科非常勤講師（国際刑事法担当）
	ロシア連邦サンクトペテルブルク大学客員教授

〔主な著書〕
『盗犯捜査全書――理論と実務の詳解――』（2016年、立花書房）
『Q&A実例交通事件捜査における現場の疑問［第 2 版］』（2017年、立花書房）
『マネー・ローンダリング罪――捜査のすべて――［第 2 版］』（2018年、立花書房）
『殺傷犯捜査全書――理論と実務の詳解――』（2018年、立花書房）
『現代国際刑事法――国内刑事法との協働を中心として――』（2018年、成文堂）
『取調べハンドブック』（2019年、立花書房）
『医療関係者のための実践的法学入門』（2019年、成文堂）
『知恵と工夫の結晶！　組織犯罪捜査のツボ』（2021年、東京法令出版）
『性犯罪捜査全書――理論と実務の詳解――』（2021年、立花書房）

第 3 版
ケーススタディ危険運転致死傷罪

平成28年 9 月20日	初　版　発　行
平成30年 9 月25日	第 2 版 発 行
令和 4 年 4 月 1 日	第 3 版 発 行
令和 5 年11月10日	第 3 版 2 刷発行

著　　者　　城　　祐　一　郎

発　行　者　　星　沢　卓　也

発　行　所　　東京法令出版株式会社

112-0002	東京都文京区小石川 5 丁目17番 3 号	03(5803)3304
534-0024	大阪市都島区東野田町 1 丁目17番12号	06(6355)5226
062-0902	札幌市豊平区豊平 2 条 5 丁目 1 番27号	011(822)8811
980-0012	仙台市青葉区錦町 1 丁目 1 番10号	022(216)5871
460-0003	名古屋市中区錦 1 丁目 6 番34号	052(218)5552
730-0005	広島市中区西白島町11番 9 号	082(212)0888
810-0011	福岡市中央区高砂 2 丁目13番22号	092(533)1588
380-8688	長野市南千歳町1005番地	

〔営業〕TEL 026(224)5411　FAX 026(224)5419
〔編集〕TEL 026(224)5412　FAX 026(224)5439
https://www.tokyo-horei.co.jp/

©YUICHIRO TACHI Printed in Japan, 2016
　本書の全部又は一部の複写、複製及び磁気又は光記録媒体への入力等は、著作権法上での例外を除き禁じられています。これらの許諾については、当社までご照会ください。
　落丁本・乱丁本はお取替えいたします。

ISBN978-4-8090-1439-0